DIE BERLINER MAUER IN DER WELT

Hrsg. von Anna Kaminsky
im Auftrag der Bundesstiftung zur Aufarbeitung der SED-Diktatur

Aktualisierte und erweiterte Neuauflage,
erarbeitet von Lena Ens und Moritz Reininghaus

IN MEMORIAM

Dr. Ulrike Guckes
geb. Gleinig

1978–2013

DIE
BERLINER MAUER
IN DER WELT

Die Berliner Mauer in der Welt
Herausgegeben im Auftrag der Bundesstiftung
zur Aufarbeitung der SED-Diktatur
Kronenstraße 5
10117 Berlin
www.bundesstiftung-aufarbeitung.de
buero@bundesstiftung-aufarbeitung.de

Dritte aktualisierte und erweiterte Auflage
Erstausgabe 2009

1. Auflage der Neuausgabe – Berlin: Berlin Story Verlag 2021
ISBN 978-3-95723-184-0
Alle Rechte vorbehalten.

Redaktionsschluss: 15. April 2021
© Bundesstiftung zur Aufarbeitung der SED-Diktatur, 2021
Berlin Story Verlag GmbH
Leuschnerdamm 7, 10999 Berlin
Tel.: 030 20911780
Fax: 030 692040059
UStID: DE276017878
AG Berlin (Charlottenburg) HRB 132839 B
www.BerlinStory.de, E-Mail: Service@BerlinStory.de
Umschlag und Satz: Norman Bösch
Umschlagabbildungen:
Simi Valley, Kalifornien, Ronald Reagan Presidential Library and Museum (s. S. 182),
Sosnówka, Polen (s. S. 116), Yokohama, Japan, TÜV Rheinland Yokohama (s. S. 272)

WWW.BERLINSTORY.DE

Die ab dem 13. August 1961 von den kommunistischen Machthabern in Ost-Berlin errichtete Mauer teilte nicht nur die einstige deutsche Hauptstadt in Ost und West. Die Mauer wurde auch zum Symbol des menschenverachtenden Regimes hinter dem „Eisernen Vorhang" und zum Symbol für die Teilung der Welt in den von der Sowjetunion beherrschten Ostblock mit seinen kommunistischen Diktaturen und die demokratischen Staaten der westlichen Hemisphäre.

Noch im Sommer 1989, als es in den kommunistischen Staaten längst gärte und die Menschen ihren Protest immer mutiger zu artikulieren begannen, konnte sich weder in Ost noch West wirklich jemand vorstellen, dass diese Mauer in absehbarer Zeit fallen, die kommunistischen Diktaturen überwunden wären und der Kalte Krieg ein Ende finden würde. Während die SED-Führung in der DDR noch über den dauerhaften Bestand der Mauer schwadronierte, hatte in Polen die unabhängige Gewerkschaft Solidarność in halbfreien Wahlen triumphiert. Während das SED-Regime immer noch auf Menschen schießen ließ, die versuchten, ihre Vorstellung von einem selbstbestimmten Leben durch Flucht in den Westen zu verwirklichen, begann die ungarische Staats- und Parteiführung den „Eisernen Vorhang" zu öffnen. Noch am 5. Februar 1989 erschossen ostdeutsche Grenzsoldaten den 20-jährigen Chris Gueffroy bei seinem Versuch, die Mauer nach West-Berlin zu überwinden. Hunderte Menschen wurden an der Mauer in Berlin und an der innerdeutschen Grenze bei ihren Fluchtversuchen von ostdeutschen Grenzern erschossen. Das unmenschliche Grenzregime und die Mauer zerstörten das Leben ungezählter Menschen, die Freunde, Familie oder ihre Heimat verloren und oft über Jahrzehnte voneinander getrennt waren.

Die Friedlichen Revolutionen in nahezu allen Ländern des ehemaligen Ostblockes und der Fall der Berliner Mauer gehören zu den großen historischen Ereignissen. Mit diesen Revolutionen überwanden die Menschen in der DDR und in Mittel- und Osteuropa die kommunistischen Diktaturen und schufen so die Voraussetzungen für das Ende der deutschen und europäischen Teilung. Infolge der mittelosteuropäischen Revolutionen von 1989/1991 zerfiel das sowjetische Imperium binnen weniger Monate. Mit den Hunderttausenden, die auf und an der Berliner Mauer tanzten und feierten, wurde die Mauer nunmehr auch zu einem Symbol für den Freiheitswillen und für den erfolgreichen Kampf gegen Unfreiheit und Diktatur.

Binnen weniger Jahre verschwanden in Berlin fast alle Spuren, die die Mauer und die Teilung im Stadtbild hinterlassen hatten. Zu groß schien der Wunsch mit der Erlangung von Freiheit, Demokratie und Einheit alle Spuren, die an die schreckliche Geschichte erinnerten, zu entfernen. Erst etwa 15 Jahre nach dem Fall der Mauer und nachdem fast nichts mehr an die Teilung im Stadtbild erinnerte, besann sich der Berliner Senat auf ein Gesamtkonzept zur Erinnerung an die Berliner Mauer und die Teilung der Stadt. Die wenigen noch vorhandenen Reste der Mauer und Mauerorte sollten nun erhalten und in einem Gesamtkonzept aufeinander bezogen werden.

Während die Berliner begannen, sich der Mauer so schnell wie möglich zu entledigen, gab es außerhalb Deutschlands ein großes Interesse an den Resten der Mauer. Ungezählte der tonnenschweren Betonplatten, mit denen West-Berlin eingemauert worden war, fanden auf unterschiedlichen Wegen einen neuen Standort. Sie sind heute auf allen Kontinenten zu finden, wo sie als geschichtsträchtige Erinnerungsstücke, als Siegestrophäen, als Freiheitssymbole oder auch als Kunstobjekte an die überwundene Teilung der Welt und den Kampf für Freiheit und Demokratie erinnern. In den letzten Jahren sind zudem neue Installationen hinzugekommen oder bestehende Mauerdenkmäler genutzt worden, um auf neuere politische Entwicklungen aufmerksam zu machen oder Proteste durch die Nutzung symbolträchtiger Mauersegmente zu verstärken. Dies betraf ebenso Proteste gegen Donald Trumps Vorhaben, an der Grenze zu Mexiko eine Mauer zu bauen, die die illegale Einwanderung in die USA unterbinden soll, wie die Nutzung von Mauerteilen als Bezugspunkt für die Forderungen nach Demokratie und Freiheit in Belarus.

Für den vorliegenden Band wurden rund 170 Orte weltweit ausfindig gemacht, an denen sich heute Mauerteile befinden. Vorgestellt werden über 280 komplette Mauersegmente sowie etwa 40 kleinere Teile, die zur Vorder- und auch Hinterlandmauer gehörten, die den Grenzstreifen auf West- bzw. Ost-Berliner Seite markierten. Einige der in der 2. Auflage dieses Buches enthaltenen Mauerteile sind heute nicht mehr auffindbar. Vielleicht tauchen sie in einigen Jahren mit einer neuen Botschaft versehen wieder auf.

Die heutigen Besitzer der Mauerteile wurden für dieses Buch gebeten, die Geschichte „ihres" Mauerteiles zu erzählen. Entstanden sind spannende, kuriose, aber mitunter auch tragische Berichte, in denen sich die vielfältige und komplexe Erinnerung an die Berliner Mauer spiegelt: Es sind Geschichten von Künstlern in aller Welt, die aus Mauerresten ein Freiheitsdenkmal schaffen wollten, von Schülerinnen und Schülern, die ihre Vorstellungen von einer besseren Welt auf die steinernen Flächen auftrugen, von Politikern, deren politisches Schicksal durch die Mauer maßgeblich geprägt wurde, aber auch von Privatpersonen, deren Schicksal auf die ein oder andere Weise mit dem geteilten Deutschland verbunden war wie beispielsweise Tom Kaulitz, der Heidi Klum ein Mauerteil zur Hochzeit schenkte. Kunstmuseen und -sammler stellen die Mauerteile vor allem wegen der mitunter farbenprächtigen Graffiti in ihren Ausstellungen aus; in den Geschichtsmuseen stehen die Mauerteile oftmals stellvertretend für die Epoche der Ost-West-Konfrontation und den Sieg von Freiheit und Demokratie über Unfreiheit und Diktatur. Im portugiesischen Wallfahrtsort Fátima weihte der Papst ein Mauerdenkmal, aber auch in den Vatikanischen Gärten ist ein Mauersegment zu finden. Selbst auf dem Mars hat die Erinnerung an die Mauer dank der NASA ihre Spuren hinterlassen. So entstanden anrührende, pathetische, kunstvolle oder auch witzige und kuriose Darstellungen und Kunstwerke.

Die Reste der Berliner Mauer wurden so als Zeugnisse des Kalten Krieges, der Konfrontation zwischen demokratischen und diktatorischen Staaten, als Trophäen oder auch als symbolische Warnungen vor neuen Grenzen oder Menschenrechtsverletzungen über den gesamten Erdball verteilt. Unabhängig von der jeweiligen konkreten Interpretation der Mauersegmente vor Ort zeigen sie vor allem eines deutlich: Die Erinnerung an die deutsche Teilung und die Freude über den Fall der Mauer als Symbol für den Zusammenbruch der totalitären kommunistischen Systeme sind in aller Welt bis heute präsent und werden immer wieder mit neuen Botschaften und einer neuen Sinngebung versehen.

Allen, die mit ihren Geschichten, Fotos, Recherchen und sonstiger Unterstützung zum Entstehen dieses Buches beigetragen haben, sei an dieser Stelle herzlich und aufrichtig gedankt. Ohne ihre Bereitschaft, ihre eigenen Erlebnisse und Erfahrungen, Bilder und Erinnerungen zur Verfügung zu stellen und selbst in den entlegensten Gegenden auf Spurensuche zu gehen, hätten wir viele der abgebildeten Geschichten nicht erzählen und zeigen können. Vielen Dank!

Berlin, März 2021
Anna Kaminsky

Am 13. August 1961, nachts um 1 Uhr, ging am Brandenburger Tor das Licht aus und Angehörige von Polizei und Kampfgruppen zogen an der Sektorengrenze auf. Zehn Minuten später meldete der DDR-Rundfunk, dass an der West-Berliner Grenze eine „Ordnung" eingeführt werde, die eine „verlässliche Bewachung und wirksame Kontrolle" gewährleiste.[1] Innerhalb weniger Stunden sperrte die DDR-Führung die Grenze nach West-Berlin durch Stacheldrahtsperren ab. In den folgenden Tagen und Wochen ließ sie eine undurchlässige Grenzanlage, die Berliner Mauer, bauen. Sie trennte die Millionenstadt in zwei Teile. Die Bilder von der Ungeheuerlichkeit dieser Grenzschließung gingen um die ganze Welt. Die Verzweiflung der betroffenen Menschen und die Ansicht vom Brandenburger Tor mit einer menschlichen Mauer aus schwer bewaffneten Grenzposten haben sich tief in das kollektive Gedächtnis eingeprägt.

Am 9. November 1989 stand das Brandenburger Tor erneut im Mittelpunkt des weltweiten Interesses: Die Mauer war gefallen. Nun sah man Bilder von jubelnden Menschen, die auf der Mauerkrone vor dem Brandenburger Tor tanzten. Die Euphorie über das Ende der Teilung bewegte nicht nur die Berliner, nicht nur die Deutschen in Ost und West, sondern wieder die Menschen in aller Welt.

Mehr als 28 Jahre hat die Mauer Berlin geteilt. Ihr Anfang und ihr Ende markieren wichtige Stationen einer historischen Epoche, die unter dem Begriff „Kalter Krieg" in die Geschichte eingegangen ist. Die Berliner Mauer offenbarte die Unmenschlichkeit des DDR-Grenzregimes, dessen Menschenverachtung in Todesschüssen auf Flüchtlinge seinen stärksten Ausdruck fand. Mit dem Fall der Mauer am 9. November 1989 wurde sie darüber hinaus zum Symbol für die friedliche Überwindung der Teilung. Damit war das Ende der DDR besiegelt und die Wiedervereinigung Deutschlands möglich geworden.[2]

DEUTSCHLAND UNTER BESATZUNG DER SIEGERMÄCHTE DES ZWEITEN WELTKRIEGES[3]

Die Ursachen der deutschen Teilung lagen in dem von Nazideutschland angezettelten und verlorenen Zweiten Weltkrieg. Als sich die Niederlage Deutschlands abzeichnete, verhandelten die Alliierten über eine territoriale Neuaufteilung des Landes nach dem Sieg der Anti-Hitler-Koalition. Sie legten die Aufteilung des Deutschen Reiches in drei, später vier Besatzungszonen fest und vereinbarten für die Reichshauptstadt Berlin einen Sonderstatus. Die Stadt sollte ebenfalls in vier Sektoren aufgeteilt werden und eine gemeinsame Militärkommandantur bekommen. Bei der Festlegung der Besatzungszonen und Sektoren orientierte man sich an den alten Landes- und Stadtbezirksgrenzen. Mit der Aufteilung Deutschlands sollte das Machtsystem Hitlers endgültig zerstört werden.

Auf der Konferenz in Jalta im Februar 1945 wurde die Einsetzung eines Alliierten Kontrollrats als oberste Regierungsgewalt beschlossen. Die Alliierten gingen davon aus, dass es keine getrennten Zuständigkeiten in den einzelnen Besatzungszonen geben würde, sondern diese gemeinsam zu verwalten und zu regieren seien.

VOM MAUERBAU ZUM MAUERFALL
KURZE GESCHICHTE DER TEILUNG

Maria Nooke

Das Brandenburger Tor nach dem Mauerfall

---

1   Hertle, Hans-Hermann: Chronik des Mauerfalls. Die dramatischen Ereignisse um den 9. November 1989, 10. Aufl., Berlin 2006, S. 14.
2   Zur Geschichte der Berliner Mauer: Henke, Klaus-Dietmar (Hg.): Die Mauer. Errichtung, Überwindung, Erinnerung, München 2011; Hertle, Hans-Herrmann/Jarausch, Konrad H./Kleßmann, Christoph (Hg.): Mauerbau und Mauerfall. Ursachen, Verlauf, Wirkung, Berlin 2002 sowie die umfangreiche Online-Dokumentation www.chronik-der-mauer.de.
3   Zur Entwicklung Deutschlands nach 1945: Steininger, Rolf: Deutsche Geschichte: Darstellung und Dokumente in vier Bänden, Bd. 1: 1945–1947, Frankfurt (Main) 2002. Zur Nachkriegsordnung siehe auch www.bpb.de/geschichte/deutsche-geschichte/grundgesetz-und-parlamentarischer-rat/nach-der-katastrophe, Zugriff am 26.11.2020.

Im Potsdamer Abkommen vom 2. August 1945 einigten sich die Siegermächte auf die Grundlinien der gesellschaftlichen und politischen Umgestaltung Deutschlands. Dazu gehörten die Demokratisierung der politischen Strukturen, eine umfassende Entmilitarisierung und Entnazifizierung, die Dekartellisierung der Wirtschaft und eine Dezentralisierung in Politik, Verwaltung und Wirtschaft. Aber schon bei diesen Verhandlungen auf der Potsdamer Konferenz wurde deutlich, dass eine gemeinsame Deutschlandpolitik der früheren Verbündeten wegen der unterschiedlichen machtpolitischen Interessen nicht mehr möglich war.

In der Folgezeit zeigten sich die Auswirkungen der gegensätzlichen Interessen auch durch die Installierung unterschiedlicher politischer und wirtschaftlicher Systeme. In der Sowjetischen Besatzungszone (SBZ) wurden sozialökonomische Bedingungen als Grundlage für die Errichtung einer Volksdemokratie nach sowjetischem Vorbild forciert. Innerhalb kurzer Zeit konnte eine kommunistische Einparteienherrschaft errichtet und die Wirtschaft durch Vergesellschaftung von Eigentum in eine Planwirtschaft überführt werden. In den westalliierten Besatzungszonen entstanden dagegen wirtschaftliche und politische Strukturen, die in der demokratischen Tradition der westlichen Besatzungsmächte und einer privatwirtschaftlichen Eigentumsordnung standen. Die Beziehungen zwischen den Alliierten verschlechterten sich aufgrund dieser unterschiedlichen Positionen stetig. Im März 1948 verließ der sowjetische Vertreter den Alliierten Kontrollrat. Eine gemeinsame Vier-Mächte-Verwaltung für ganz Deutschland war damit gescheitert. Die beiden Teile Deutschlands entwickelten sich immer mehr zu eigenständigen Staaten.

Die deutsche Bevölkerung reagierte auf ganz eigene Weise auf diese Situation. Schon unmittelbar nach Kriegsende strömten Millionen von Menschen über die Demarkationslinien. Sie waren auf der Suche nach Heimat, Familienmitgliedern oder auch nur nach Verpflegung, um das Überleben zu organisieren. Dabei war die Wanderung aus der sowjetisch besetzten Zone in die westlich gelegenen Zonen von Anfang an stets größer als die von Westen nach Osten. Die Mehrzahl der Flüchtlinge waren Vertriebene aus den deutschen Ostgebieten, die nun zu Polen gehörten. Mit voranschreitender Sowjetisierung der Verhältnisse in der SBZ waren auch zunehmend politische und wirtschaftliche Gründe Anlass für Fluchten.

Den endgültigen Bruch zwischen den Alliierten löste die einseitig in den Westzonen durchgeführte Währungsreform aus.[4] Um angesichts der schwierigen Versorgungslage und des florierenden Schwarzmarktes eine stabile Finanz- und Wirtschaftspolitik in Gang setzen zu können, und damit auch die Wirtschaftsentwicklung im westeuropäischen Kontext zu stärken, wurde am 20. Juni 1948 in den westlichen Besatzungszonen anstelle der Reichsmark die D-Mark eingeführt und zum offiziellen Zahlungsmittel erklärt. Eine Reaktion vonseiten der Sowjetunion war vorprogrammiert, da sonst die gesamte Wirtschaft in der SBZ zum Erliegen gekommen wäre. Denn das alte Geld floss dorthin, wo es noch Wert hatte – insbesondere nach Ost-Berlin. Am 24. Juni konterte die Sowjetische Militäradministration (SMAD) mit der Einführung der Ost-Mark in ihrem Machtbereich. Die Anweisung der SMAD an den Berliner Oberbürgermeister, diese Währung auch für die westlichen Berliner Sektoren als verbindlich durchzusetzen, erklärten deren Besatzungsmächte umgehend für unwirksam und legten die D-Mark als Zahlungsmittel für West-Berlin fest. Damit kursierten in Berlin zwei Währungen.

Gleichzeitig mit der Währungsumstellung begann die sowjetische Seite mit der Berlin-Blockade.[5] Sämtliche Zugangswege nach West-Berlin wurden unterbrochen. Der westliche Teil der Stadt war damit in seiner Existenz bedroht. Lebenswichtige Versorgungswege waren von einem Tag auf den anderen

4   Sudrow, Anne: Kleine Ereignisgeschichte der Währungsreform 1948, in: Aus Politik und Zeitgeschichte, 27/2018, https://www.bpb.de/apuz/271679/kleine-ereignisgeschichte-der-waehrungsreform-1948?p=all, Zugriff am 09.01.2021.
5   Wetzlaugk, Udo: Berliner Blockade und Luftbrücke 1948/49, Berlin 1998.

abgeschnitten. Lieferungen von Kohle, Strom und Lebensmitteln blieben aus. Die Sowjetunion wollte durch den Entzug der Lebensgrundlagen auf die Bevölkerung Druck ausüben und Berlin dem Einfluss der Westmächte entziehen. Aber die Westalliierten gaben Berlin nicht auf, sondern sorgten für das Überleben der Stadt durch eine Luftbrücke. Über Monate starteten und landeten im Minutentakt Flugzeuge der amerikanischen und britischen Luftwaffe mit überlebenswichtigen Gütern zur Versorgung der Bevölkerung in der abgeriegelten Teilstadt. Diese Erfahrung, auf die Hilfe der westlichen Siegermächte trauen zu können, führte bei den West-Berlinern zu einem grundsätzlichen Wandel im Verhältnis zu den Alliierten: Aus Besatzern wurden Freunde. Sie hatte eine bleibende Wirkung, die sich auch in der Zeit nach dem Mauerbau widerspiegelte, als die Stadt wiederum einer extremen Situation unterworfen war.

SICHERUNG DER DEMARKATIONSLINIE UND EINSCHRÄNKUNGEN ZWISCHEN DEN ZONEN

Die Gründung der beiden deutschen Staaten im Jahr 1949 und die Eskalation des Kalten Krieges wirkten sich gravierend auf die Absicherungen an den Demarkationslinien zwischen den Besatzungszonen und in Berlin aus.[6] Anfangs galten die Grenzen zwischen den Besatzungszonen und den Berliner Sektoren lediglich als Verwaltungsgrenzen. Sie wurden aber im Zuge der Entwicklung zu politischen Einflussgrenzen und auch zu echten Zoll- und Wirtschaftsgrenzen.

Zunächst war das Passieren an der innerdeutschen Demarkationslinie ohne große Probleme möglich, allerdings jenseits der offiziellen Übergänge bereits illegal. Schon 1946 wurde in der SBZ auf Basis einer Kontrollratsdirektive der SMAD die Deutsche Grenzpolizei gegründet, die sowjetischen Dienststellen unterstand. Gleichzeitig wurde die Demarkationslinie zwischen der SBZ und den drei Westzonen für drei Monate gesperrt, um den Abfluss von Gütern und die Abwanderung von Menschen einzudämmen. Ab 1948 wurde vonseiten der SBZ verstärkt nach sogenannten Grenzverletzern gefahndet. Man versuchte, Schiebern und Schmugglern das Handwerk zu legen, aber auch angebliche Saboteure und Spione aufzuspüren. Ab 1950 übertrug die SMAD der Grenzpolizei auch die Kontrollaufgaben an den Übergängen.

Zur Steuerung des Besucherverkehrs zwischen den westlichen Zonen und der SBZ erfolgte 1946 ebenfalls auf Betreiben der sowjetischen Besatzungsmacht die Einführung von Interzonenpässen. Diese hatten eine Gültigkeit von 30 Tagen und wurden für die Erledigung dringender familiärer und geschäftlicher Belange ausgestellt. Noch während der Berlin-Blockade erließ die SMAD eine Verfügung, wonach für Besucher der SBZ neben den Interzonenpässen auch eine Aufenthaltsgenehmigung notwendig wurde. Damit wollte man den Reise- und Besucherverkehr zwischen den Zonen generell einschränken. Ein illegales Überschreiten der „Grünen Grenze" war zwar weiterhin möglich, viele wählten aber eher den ungefährlichen Weg über Berlin. Denn durch den Sonderstatus der Stadt war West-Berlin relativ frei zugänglich.

Am 1. April 1948 wurde auf Weisung der SMAD um Berlin eine Polizeiformation „Ring um Berlin" gebildet, die auf einer Strecke von 300 km um die gesamte Stadt, also auch um West-Berlin, Kontrollen durchführte. Dadurch sollte die offene Grenze so gut wie möglich überwacht werden, denn die Abwanderung aus dem sowjetischen Einflussbereich wurde zu einem immer größeren Problem. Bei Gründung der DDR im Oktober 1949 hatten bereits 1,9 Millionen Bürgerinnen und Bürger das Land Richtung Westen verlassen.

Die politisch gegensätzlichen Interessen der Sowjetunion auf der einen und der USA, Großbritanniens und Frankreichs auf der anderen Seite verhinderten den Abschluss eines Friedensvertrages. 1952 unternahm die Sowjetunion mit der Stalin-Note einen Vorstoß, um die deutsche Frage zur Sicherung der eige-

---

6   Zur Entwicklung der innerdeutschen Grenze: Ritter, Jürgen/Lapp, Peter Joachim: Die Grenze. Ein deutsches Bauwerk, 8. Aufl., Berlin 2011; Lapp, Peter Joachim: Grenzregime der DDR, Aachen 2013, S. 22–33.

nen Einflussinteressen zu lösen. Der sowjetische Regierungschef Josef Stalin bot die Wiedervereinigung in einem neutralisierten Gesamtdeutschland an, freie Wahlen sollten unter alliierter Kontrolle stattfinden. Er wollte damit die Einbindung Westdeutschlands in das westliche Verteidigungsbündnis verhindern. Die Westmächte lehnten diesen Vorschlag als unglaubwürdig ab. Sie sahen darin den Versuch der Ausweitung des sowjetischen Einflusses auf Deutschland.

Diese Ablehnung, angebliche Diversionsaktivitäten sowie die anhaltende Abwanderung veranlassten die DDR-Behörden unter Einfluss der Sowjetunion, im Mai 1952 zwischen der DDR und der Bundesrepublik die Grenze zu schließen, um grenzüberschreitende Bewegungen unter Kontrolle zu bekommen. Damit wurde die Demarkationslinie zu einer wirklichen innerdeutschen Grenze. Zur Absicherung der 1.378 Kilometer langen Grenzlinie wurde auf Anweisung der sowjetischen Kontrollkommission auf DDR-Seite eine fünf Kilometer breite Sperrzone mit gestaffelten Sicherheitsbereichen eingerichtet. Nur mit Genehmigung konnte dieser Bereich betreten oder befahren werden. Versammlungen und Veranstaltungen waren ab 22 Uhr verboten.

Entlang der Grenzlinie wurde ein zehn Meter breiter Kontrollstreifen umgepflügt, Waldungen in diesem Bereich wurden abgeholzt. Dahinter erfolgte die Installation von Wällen, Gräben und Stolperdrähten mit Alarmanlagen. Das Überschreiten des Zehn-Meter-Kontrollstreifens war unter Androhung der Festnahme verboten. Bei Nichtbeachtung der Anordnungen durch die Grenzpolizei wurde geschossen.

An den Zehn-Meter-Streifen schloss sich ein 500 Meter breiter Schutzstreifen an, in dem ca. 110 Ortschaften lagen. Die Bewohner dieser Dörfer wurden besonders harten Bestimmungen unterworfen. Der Aufenthalt im Freien war im 500-Meter-Streifen nur von Sonnenaufgang bis Sonnenuntergang erlaubt, jeglicher Verkehr nach Einbruch der Dunkelheit verboten. Veränderungen an den Grundstücken durften ohne Genehmigung nicht mehr vorgenommen werden. Mit der Einrichtung des Schutzstreifens erfolgte die Schließung zahlreicher Gaststätten, Erholungsheime und Pensionen. Strecken der Brockenbahn, die im landschaftlich reizvollen Harz die Urlaubsorte mit dem höchsten Berg verband, mussten stillgelegt werden. Denn die Bahn durfte nicht mehr durch westliches Gebiet fahren.

Bewohner des Sperrgebietes bekamen keine Interzonenpässe mehr. Ebenso erhielten Personen aus Westdeutschland ab sofort keine Einreisegenehmigung in den Fünf-Kilometer-Streifen. Um die Empörung der Bevölkerung im Keim zu ersticken, wurde in einer gezielten Aktion die Zwangsumsiedlung von sogenannten feindlichen, kriminellen und verdächtigen Elementen aus dem Schutzstreifen veranlasst. Unter dem Namen „Aktion Ungeziefer" wurden 11.000 Bewohner innerhalb weniger Tage und unter unwürdigen Umständen, teilweise mit Einsatz von Gewalt, aus ihrer dörflichen Heimat vertrieben und in grenzferne Orte gebracht.[7] Sie verloren dabei nicht nur ihre Heimat und den sozialen Rückhalt ihrer Dorfgemeinschaft, sondern auch einen großen Teil an Hab und Gut. Etwa 3.000 Personen entzogen sich dieser Zwangsmaßnahme durch Flucht in den Westen.

Die Schließung der Grenze führte auch zu einer Unterbrechung zahlreicher Verkehrsverbindungen: 32 Eisenbahnlinien, drei Autobahnen, 31 Fern- und Bundesstraßen, 80 Landstraßen erster Ordnung, 60 Landstraßen zweiter Ordnung sowie Tausende Gemeindewege wurden gesperrt.[8] Im Westen entstand so ein „Zonenrandgebiet", was negative Auswirkungen auf die wirtschaftliche Lage in den grenznahen Gebieten und auf die Lebenswirklichkeit der Bewohner hatte. Mittels Förderprogrammen versuchte die Bundesregierung, die prekäre Situation der betroffenen Menschen in diesem Gebiet zu mindern. Auf der

---

7 Bennewitz, Inge/Potratz, Rainer: Zwangsaussiedlungen an der innerdeutschen Grenze, Berlin 1994.
8 Zu diesen und den folgenden Angaben: Ritter/Lapp 2011, S. 24.

DDR-Seite wurde die Bevölkerung mit Sondervergünstigungen ruhiggestellt. Die Bewohner des Sperrgebietes erhielten Lohn- und Gehaltszuschläge, Steuererleichterungen und Rentenaufbesserungen. Außerdem wurden sie besser mit Konsumgütern versorgt.

Auch um Berlin gab es 1952 im Zuge der Grenzschließung ähnliche Einschnitte: 200 Straßen wurden unterbrochen. Damit waren knapp 75 Prozent der Verkehrsverbindungen zwischen West-Berlin und dem Umland nicht mehr nutzbar. Zwischen dem Bezirk Potsdam und West-Berlin wurde an verschiedenen Stellen ein Kontrollstreifen umgepflügt; zahlreiche private Grundstücke, häufig Eigentum von West-Berlinern, wurden durch die Grenzsicherung vereinnahmt. Entschädigungszahlungen an Grundstückseigentümer und Zwangsumgesiedelte fielen gering aus oder erfolgten überhaupt nicht. Zusätzlich zu den Maßnahmen an den Demarkationslinien wurde eine Unterbrechung der Telefon- und Stromleitungen zwischen Ost- und West-Berlin vorgenommen. Die DDR strebte eine getrennte Infrastruktur für Ost-Berlin an.

Die Fluchtbewegung ebbte jedoch nicht ab.[9] Die meisten Flüchtlinge suchten ihren Weg über die weiterhin offenen Sektorengrenzen in Berlin. Insbesondere innenpolitisch brisante Situationen, wie während der Kollektivierung der Landwirtschaft oder bei dem forcierten Aufbau des Sozialismus im Vorfeld des Volksaufstandes vom 17. Juni 1953, bewegten viele DDR-Bürger zur Flucht. Um den Flüchtlingsstrom zu bewältigen, richtete die Bundesregierung 1953 in West-Berlin das Notaufnahmelager Marienfelde ein. Hier und in weiteren Aufnahmelagern hatten die Flüchtlinge ein Notaufnahmeverfahren zu durchlaufen, das bei Anerkennung als Flüchtling eine Integration in die bundesdeutsche Gesellschaft befördern sollte.[10]

Im November 1953 beschlossen die Westmächte ihrerseits die Aufhebung des Interzonenpasszwanges und verzichteten auf die Ausstellung von Aufenthaltsgenehmigungen. Damit gab es von westlicher Seite keine Reisebeschränkungen mehr. Das DDR-Passgesetz von 1954 dagegen stellte die sogenannte Republikflucht unter Strafe.[11] Das Strafmaß umfasste eine Haftstrafe von bis zu drei Jahren. Ende 1957 erfolgte eine weitere Verschärfung der Bestimmungen. Nun waren auch die Vorbereitung sowie der Versuch der Republikflucht strafbar.[12] Ebenso erfolgte eine Einschränkung bei der Bewilligung von Westreisen durch die DDR-Behörden. Bestimmte Alters- und Berufsgruppen, so z. B. Studenten, bekamen keine Genehmigungen mehr für eine Reise in die Bundesrepublik oder ins westliche Ausland.

DAS CHRUSCHTSCHOW-ULTIMATUM UND DIE ZWEITE BERLIN-KRISE

Im Herbst 1958 löste der sowjetische Partei- und Staatschef Nikita Chruschtschow mit einem Ultimatum an die Westalliierten die Zweite Berlin-Krise aus. Er forderte die „Umwandlung West-Berlins in eine selbstständige politische Einheit – eine Freie Stadt", die entmilitarisiert sein müsse und in „deren Bestehen sich kein Staat, auch keiner der beiden deutschen Staaten einmischen dürfe".[13] Sollten die Alliierten diesen Forderungen zu einer Übereinkunft nicht innerhalb einer Frist von sechs Monaten nachkommen, werde er die geplanten Maßnahmen mit der DDR verwirklichen und dieser einseitig Souveränität zugestehen.

---

9 Statistische Angaben zur Fluchtentwicklung: Wendt, Hartmut: Die deutsch-deutschen Wanderungen – Bilanz einer 40jährigen Geschichte von Flucht und Ausreise, in: Deutschland Archiv 24 (1991), S. 386–395; Bispinck, Henrik: „Republikflucht": Flucht und Ausreise als Problem für die DDR-Führung, in: Hoffmann, Dierk; Schwartz, Michael; Wentker, Hermann (Hg.): Vor dem Mauerbau. Politik und Gesellschaft in der DDR der fünfziger Jahre, München 2003, S. 285–309.
10 Effner, Bettina/Heidemeyer, Helge (Hg.): Flucht im geteilten Deutschland. Erinnerungsstätte Notaufnahmelager Marienfelde, Berlin 2005; Allen, Keith R.: Befragung Überprüfung Kontrolle. Die Aufnahme von DDR-Flüchtlingen in West-Berlin bis 1961, Berlin 2013.
11 Passgesetz der Deutschen Demokratischen Republik vom 15. September 1954, Gesetzblatt der Deutschen Demokratischen Republik 1954, S. 786.
12 Eisenfeld, Bernd/Engelmann, Roger: 13. August 1961: Mauerbau, Bremen 2001, S. 25–28; Gesetz zur Ergänzung des Strafgesetzbuches – Strafrechtsergänzungsgesetz – vom 11. Dezember 1957, Gesetzblatt der Deutschen Demokratischen Republik 1957, S. 643.
13 Steininger, Rolf: Der Mauerbau. Die Westmächte und Adenauer in der Berlinkrise 1958–1963, München 2001, S. 41. Zur Berlinkrise siehe auch Wilke, Manfred: Der Weg zur Mauer, Berlin 2011, S. 196–251; Lemke, Michael: Die Berlin-Krise 1958–1963, in: Henke (Hg.) 2011, S. 32–48.

Chruschtschow wollte die Schwachstelle Berlin als Hebel für seine politischen Ziele nutzen und die Anerkennung der durch den Zweiten Weltkrieg geschaffenen Situation in Europa zementieren. Außerdem zielte sein Vorstoß darauf ab, die atomare Bewaffnung der Bundeswehr zu verhindern und das westdeutsche Militärpotenzial zu reduzieren. Sein Vorschlag, Berlin zu einer „freien und entmilitarisierten Stadt" zu machen, bezweckte die Aufhebung des Viermächtestatus und ließ den Westen befürchten, dass die Sowjetunion die Stadt letztlich doch in ihren Machtbereich integrieren würde. Mit dieser angestrebten politischen Lösung zur Schwächung des Westens[14] wollte Chruschtschow gleichzeitig das „Schlupfloch Berlin" schließen und das Flüchtlingsproblem unter Kontrolle bekommen. Die Sowjetunion strebte zu diesem Zeitpunkt keine Wiedervereinigung mehr an. Die Westalliierten waren aber nicht bereit, ihre Rechte aufzugeben und wiesen den Vorschlag zurück. Der Vorstoß der Sowjetunion führte zu einer Verunsicherung der Bevölkerung und ab 1960 wiederum zum Anwachsen der Fluchtwelle. Viele Bewohner der DDR fürchteten, der Fluchtweg über Berlin würde endgültig verloren gehen.

In diese gespannte Situation fiel das Treffen des neu gewählten amerikanischen Präsidenten John F. Kennedy mit dem sowjetischen Staatschef Nikita Chruschtschow am 3. und 4. Juni 1961 in Wien. Chruschtschow drängte auf den Abschluss eines Friedensvertrages und drohte wiederum, diesen einseitig mit der DDR zu vollziehen, wenn die USA nicht bereit seien, auf seinen Vorschlag einzugehen. Auch der Bundesrepublik würde man separat einen Friedensvertrag anbieten. Damit wäre dann der Kriegszustand beendet und alle aus der Kapitulation rührenden Verpflichtungen hinfällig. Dies betreffe sämtliche Besatzungsrechte und auch den Zugang nach Berlin, einschließlich der Luftkorridore. Chruschtschow drohte, jede Verletzung der dann entstandenen Souveränität der DDR würde als Kriegserklärung gewertet.

Kennedy verdeutlichte dagegen, dass mit Chrustschows Vorschlag den USA die legalen Rechte auf Anwesenheit in Berlin genommen werden sollen und damit die Möglichkeit, die Verpflichtungen gegenüber den zwei Millionen Bewohnern der Stadt zu erfüllen. Das würde die Glaubwürdigkeit und das Vertrauen der Partner in die USA erschüttern. Es gehe nicht nur um Berlin, sondern um ganz Westeuropa und um die Sicherheit der USA, für die Berlin ein wichtiger strategischer Punkt sei. Kennedy wollte das politische Kräftegleichgewicht der Nachkriegsordnung aufrechterhalten, dessen Verschiebung er für gefährlich hielt. Die beiden Vertreter der Großmächte trennten sich in Wien, ohne eine Einigung gefunden zu haben.

Bei einer Rede an die Nation am 25. Juli 1961 benannte Kennedy noch einmal die Grundsätze, die vonseiten der USA für West-Berlin galten und verteidigt würden: das Recht auf die Präsenz der Westmächte in der Stadt, das Recht auf den freien Zugang zur Stadt und die Existenzsicherung von West-Berlin und seiner Bewohner. Sie sind als seine „Three Essentials" in die Geschichte eingegangen. In einer groß angelegten Informationskampagne wurden diese Grundsätze weltweit bekannt gemacht. Kennedy formulierte sie ausdrücklich für West-Berlin, jedoch nicht für Gesamtberlin, wie es dem Sonderstatus entsprochen hätte. Diese Position signalisierte der Sowjetunion, dass Kennedy ihre originären Siegerrechte in ihrem Sektor respektierte und im Interesse der Vermeidung einer militärischen Konfrontation die Grenzschließung akzeptierte.[15]

DIE DDR VOR DEM MAUERBAU

Mit Beginn der Sommerferien 1961 stieg die Fluchtwelle aus der DDR sprunghaft an. Viele nutzten die Gelegenheit, ihre Flucht als Urlaubsfahrt zu tarnen. Sie reagierten damit sowohl auf die außenpolitische

---

14 Vgl. die Analyse von Gerhard Wettig in Wilke 2011, S. 211 f.
15 Vgl. Wilke 2011, S. 308 ff.

Situation als auch auf die dramatische Wirtschaftslage und die drastischen Versorgungsprobleme, die sich immer weiter zuspitzten.[16]

In einer Propagandaoffensive stellte die SED die Fluchtbewegung als gezielte Abwerbung aus dem Westen dar. Zur Verhinderung von Fluchten gründete sie in den Betrieben „Komitees gegen den Menschenhandel", angebliche „Menschenhändler" wurden in inszenierten Prozessen zu hohen Strafen verurteilt. Mit diesem Vorgehen versuchte die SED davon abzulenken, dass die Flüchtlinge aus freiem Willen die DDR verließen. Angegriffen wurden auch sogenannte Grenzgänger; Menschen, die im Ostteil der Stadt oder im Berliner Umland wohnten und ihren Arbeitsplatz in West-Berlin hatten.[17] Sie wurden auf den Bahnhöfen verschärft kontrolliert, teilweise wurde ihnen der Ausweis entzogen, sodass sie nicht mehr ihre Arbeitsstellen in West-Berlin aufsuchen konnten. Ihre Anzahl war aufgrund des Wirtschaftsgefälles zwischen West- und Ost-Berlin vor dem Mauerbau auf 56.000 angestiegen.[18] Die Vergünstigungen der Grenzgänger, die einen Teil ihres Lohns in D-Mark ausgezahlt bekamen, wurden propagandistisch genutzt, um Neid und Missgunst unter der Bevölkerung zu schüren und das rigide Vorgehen staatlicher Stellen gegen diese Personengruppe zu rechtfertigen. Der in Westgeld ausgezahlte Lohnanteil sollte einem Zwangsumtausch unterliegen, viele Leistungen in der DDR fortan mit D-Mark beglichen werden. Anfang August wurden die Grenzgänger dazu gedrängt, ihre Arbeitsstellen in West-Berlin aufzugeben und sich in DDR-Betrieben arbeitssuchend zu melden.

Die Propaganda der SED zielte darauf ab, West-Berlin als gefährlichen Krisenherd im Ost-West-Konflikt anzuprangern. Sie unterstellte der Bundesregierung intensive Kriegsvorbereitungen mit dem Ziel, die DDR und Teile Polens erobern zu wollen.

Die zunehmenden Maßnahmen gegen Flüchtlinge und Grenzgänger sowie die heftige Propagandakampagne in der DDR ließen im Westen die Erkenntnis reifen, dass es nicht bei einzelnen Schikanen bleiben würde. Eine Fernsehrede Nikita Chruschtschows am 7. August 1961 weckte bei Beobachtern die Befürchtung, dass umfassende Sperrmaßnahmen an der Berliner Grenze zu erwarten seien. Man rechnete aber damit, dass die Maßnahmen sich auf den „Ring um Berlin" beziehen würden. Niemand kam auf die Idee, die Stadt könnte innerstädtisch abgeriegelt werden. Das war eine völlige Fehleinschätzung, wie sich bald zeigen sollte.

ENTSCHEIDUNGEN ZUM MAUERBAU UND VORBEREITUNG DER GRENZSCHLIESSUNG

Nach Aussagen des stellvertretenden tschechoslowakischen Verteidigungsministers Jan Šejna, der 1968 in den Westen überlief, hatte der Staatsratsvorsitzende der DDR und SED-Parteichef, Walter Ulbricht, bereits auf einer Tagung des Warschauer Paktes am 28. und 29. März 1961 die Überlegung vorgetragen, durch Berlin eine Stacheldrahtbarriere zu ziehen.[19] Vor diesem Hintergrund wird Ulbrichts Ausspruch auf der Pressekonferenz am 15. Juni 1961 verständlich, niemand habe die Absicht, eine Mauer zu bauen, der sich durch die Ereignisse am 13. August endgültig als Lüge entlarven sollte. Auch die Tatsache, dass bereits große Mengen an Baumaterialien wie Zaunpfähle und Stacheldraht in Berlin lagerten, um solche

---

16 Zur Fluchtentwicklung und zu den Motiven für eine Flucht: Effner, Bettina/Heidemeyer, Helge: Flucht im geteilten Deutschland, Berlin 2005. Dokumente zum Mauerbau und seiner Vorgeschichte, in: Camphausen, Gabriele/Nooke, Maria: Die Berliner Mauer. Ausstellungskatalog, Dokumentationszentrum Berliner Mauer, Dresden 2002.

17 Roggenbuch, Frank: Das Berliner Grenzgängerproblem. Verflechtung und Systemkonkurrenz vor dem Mauerbau, Berlin/New York 2008. Zum Grenzgängerproblem siehe auch Münkel, Daniela (Hg): Die DDR im Blick der Stasi. Die geheimen Berichte an die SED-Führung 1961, 2. Aufl., Göttingen 2016, S. 170–173.

18 Götz, Julius: „Jagd auf Grenzgänger. Wie die Kommunisten das Recht auf Freizügigkeit in Berlin untergraben", in: *SBZ-Archiv* 15 (1961), S.234–239, hier: S. 234 ff.

19 Eisenfeld/Engelmann 2001, S. 41.

Absperrmaßnahmen zu realisieren, deutet auf längerfristige Planungen hin. Die Entscheidung zur Grenzschließung fiel schließlich im Juli und Anfang August 1961.[20]

Ulbricht hatte sich aufgrund der Ergebnisse des Wiener Gipfels und der dramatischen Versorgungskrise in der DDR, die mit einer steigenden Abwanderung der Bevölkerung verbunden war, zu einer propagandistischen Offensive entschlossen. Darin forderte er die Lösung der Berlin-Frage und den Abschluss eines Friedensvertrages. Gleichzeitig drängte Ulbricht die sowjetische Führung zur sofortigen Grenzschließung. Chruschtschow bezog in seine Entscheidung, die am 20. Juli getroffen worden sein soll, Erkenntnisse der Geheimdienste über die militärische Stärke der Westmächte, die amerikanische Politik und geplante Abwehrmaßnahmen mit ein.[21]

In die Entscheidung wurden auch die Warschauer-Pakt-Staaten eingebunden. Vom 3. bis 5. August 1961 fand in Moskau eine Konferenz ihrer Parteiführer statt, auf der die mit dem Vorschlag eines Friedensvertrages verbundenen Probleme und die der offenen Grenze zu West-Berlin diskutiert wurden. Walter Ulbricht wurde von den Genossen wegen des langsamen Wirtschaftswachstums und der hohen Konsumausgaben in der DDR heftig kritisiert. Ulbricht bekräftigte seine Position, die offene Grenze zu West-Berlin sei als Ursache zu sehen und verlangte eine umgehende Abriegelung. Die Warschauer-Pakt-Staaten befürchteten jedoch bei einer Grenzschließung unkalkulierbare Wirtschaftssanktionen, die sich nicht nur auf die DDR auswirken würden.

Es gab für das Problem nur zwei mögliche Lösungen: Die vollständige Kontrolle aller Zugangswege nach West-Berlin, auch der Luftkorridore – oder der Mauerbau. Da die komplette Kontrolle der Luftwege nicht realisierbar war, führte Ulbrichts Drängen auf die sofortige Grenzschließung und die inzwischen von Chruschtschow übernommene Position zur Problematik der offenen Grenze zur entsprechenden Unterstützung der vorgesehenen Maßnahmen.[22]

Ein zentrales Argument für die Entscheidung war die brisante wirtschaftliche Lage der DDR und der täglich anwachsende Flüchtlingsstrom. Nach der Rückkehr Walter Ulbrichts von der Moskauer Konferenz begann das Politbüro der SED mit der Umsetzung des in Moskau bestätigten Beschlusses, der in Abstimmung mit der sowjetischen Seite technisch bereits in Vorbereitung war. Volkskammer, Ministerrat und Ost-Berliner Magistrat verabschiedeten am 10. und 11. August Beschlüsse zur Grenzschließung, deren Wortlaut von der SED vorgegeben wurde. Nur die wichtigsten Genossen an den Schaltstellen der Macht wurden eingeweiht, um die geplanten Maßnahmen so lange wie möglich geheim zu halten.

Parallel zu den logistischen Vorbereitungen lief die Propaganda auf Hochtouren, um die Bürger auf die einschneidenden Maßnahmen vorzubereiten. So beschwor Ulbricht auf einer Großveranstaltung Gefährdungen durch einen Angriff aus dem Westen, gegen den sich die DDR zu schützen habe. Dabei ging es der SED-Führung mit der geplanten Grenzschließung nicht um den Schutz der DDR-Bürger vor dem Westen, sondern um die Unterbindung des freien Zuganges nach West-Berlin. Das Ziel war die Stabilisierung der DDR.

Der Haupteinsatzstab stand unter Leitung des ZK-Sekretärs Erich Honecker. Er koordinierte das komplexe Vorgehen zur Grenzschließung. Beim Ministerium für Nationale Verteidigung wurde eine operative Gruppe gebildet, in deren Händen die Durchführung der Aktion lag. Zwar waren die sowjetischen Truppen in der DDR und den angrenzenden Ostblockstaaten zwischen Mai und Juli 1961 um mehrere Hundert-

20 Vgl. Wilke 2011, S. 296–311.
21 Ebd., S. 301–304.
22 Ebd., S. 322–327.

tausend Mann verstärkt worden.[23] Für die Abriegelung der Grenze war jedoch der Einsatz von DDR-Grenzpolizei, Bereitschaftspolizei und Betriebskampfgruppen vorgesehen. Einheiten der Nationalen Volksarmee (NVA) hatten in der zweiten Linie in Bereitschaft zu stehen, um im Ernstfall einen Angriff aus West-Berlin aufzuhalten. Eine dritte Sicherungsstaffel bildeten die sowjetischen Truppen am „Ring um Berlin".

Mit der innenpolitischen Absicherung des Mauerbaues war das Ministerium für Staatssicherheit (MfS) beauftragt.[24] Die Aktion firmierte unter den Namen „Aktion Rose" und „Aktion Ring" und galt flächendeckend für das gesamte Gebiet der DDR.[25] Die Ergebnisse der intensiven Beobachtung der Bevölkerung waren in den ersten beiden Tagen in stündlichen Berichten an das Ministerium weiterzugeben. Sämtliche Post im grenzüberschreitenden Verkehr wurde einer Kontrolle unterworfen, der Telefonverkehr nach Westdeutschland war komplett unterbrochen. Es galt, eine totale Überwachungssituation herzustellen.

DIE ABRIEGELUNG DER GRENZE UND FOLGEN DES MAUERBAUES[26]

Am Sonntag, den 13. August 1961 begann die systematische Abriegelung der 160 Kilometer langen Grenze um West-Berlin. Mitglieder der Volks- und Grenzpolizei sowie Angehörige von Betriebskampfgruppen der DDR postierten sich entlang der innerstädtischen Demarkationslinie. Die Einsatzkräfte hatten 30 Minuten Zeit, um die 81 Straßenübergänge zu blockieren. Um 1.30 Uhr wurden die Bahnhöfe besetzt und der Nahverkehr zwischen den beiden Stadthälften dauerhaft unterbrochen. Lediglich der Bahnhof Friedrichstraße blieb als Umsteigebahnhof für den Intersektorenverkehr nutzbar. Auch die Reisezüge aus dem Westen endeten ab sofort an dieser Station.

Sonderausgabe der „BZ" zum Mauerbau

© Archiv Bundesstiftung Aufarbeitung

Die pioniertechnische Absperrung der Straßen hatte in drei Stunden zu erfolgen. In diesem Zeitraum wurden das Straßenpflaster aufgerissen, Gleisverbindungen getrennt, Straßenbarrieren errichtet, Stacheldraht gezogen. Um 6 Uhr morgens, als die Stadt zu erwachen begann, war alles abgeriegelt. Nur zwölf Straßenverbindungen blieben vorerst offen, an denen ein kontrollierter Wechsel zwischen den Stadtteilen noch möglich war. In den Tagen danach erfolgten die Schließung des Brandenburger Tores und die Abriegelung von zwei weiteren Straßen, sodass nur noch acht Übergänge verblieben. Hier wurden strenge Kontrollen eingeführt.

Am 15. August, zwei Tage nach der Abriegelung der Sektorengrenzen, beschloss der Nationale Verteidigungsrat der DDR den pioniermäßigen Ausbau der Grenzanlagen. In der Nacht vom 17. auf den 18. August begannen Bautrupps, die Stacheldrahtsperren durch eine Mauer aus Hohlblocksteinen und Beton-

---

23 Ebd., S. 329.
24 Münkel (Hg.) 2016, S. 31–35 und S. 39–42; www.ddr-im-blick.de/jahrgaenge/jahrgang-1961, Zugriff am 28.11.2020.
25 Dokumente zur „Aktion Rose": Camphausen/Nooke 2002, S. 108 f.
26 Zum Mauerbau und seinen Folgen: Hertle, Hans-Hermann: Die Berliner Mauer – Monument des Kalten Krieges. The Berlin Wall – Monument of the Cold War, Berlin 2007. Umfangreiche Informationen und Dokumente auf www.chronik-der-mauer.de.

platten zu ersetzen. Entgegen Ulbrichts Behauptungen zwei Monate zuvor, standen nun doch Bauarbeiter an der Grenze und riegelten die Stadt endgültig ab: Die Mauer wurde von Tag zu Tag unüberwindbarer.

Die Bewohner in Ost und West nahmen die Situation fassungslos zur Kenntnis. Wütend und ohnmächtig standen sie sich an den Stacheldrahtsperren und der wachsenden Mauer gegenüber. Angehörige der Kampfgruppen und Volkspolizisten hielten die Menschen auf der Ostseite mit Maschinengewehren in Schach. Wer protestierte, wurde verhaftet. Auch auf der Westseite versammelte sich eine erregte Menge. Um eine Eskalation der Situation und unkalkulierbare Entwicklungen zu verhindern, war die West-Berliner Polizei angehalten, die Menschen von der Grenze abzudrängen.

Von einem Tag auf den anderen änderte sich das Alltagsleben der Stadt und ihrer Bewohner. Zehntausende Berliner Familien wurden durch den Mauerbau auseinandergerissen, Paare entzweit, Eltern von ihren Kindern getrennt, Freundschaften zerstört und Nachbarschaften beendet. Zahllose Menschen verloren ihren Arbeitsplatz, ihre Lebensgrundlage, ihre Perspektive.

Unbeschreibliche menschliche Tragödien spielten sich vor den Augen der Weltöffentlichkeit ab. Wo es noch möglich war, überwanden die Menschen die Stacheldrahtsperren, durchbrachen mit Fahrzeugen die Sperranlagen oder sprangen aus den Grenzhäusern in die Sprungtücher der West-Berliner Feuerwehr. Im September und Oktober wurden unmittelbar an der Grenze gelegene Häuser zwangsgeräumt und mehr als 2.000 Bewohner aus ihren Wohnungen vertrieben. Auch an der innerdeutschen Grenze gab es im Rahmen der „Aktion Festigung" wiederum Zwangsaussiedlungen.

POLITISCHE REAKTIONEN

Die Welt hielt den Atem an. Würde sich der Westen das massive Vorgehen an der empfindlichsten Stelle des „Eisernen Vorhanges" gefallen lassen? Zwar prangerte der Regierende Bürgermeister von Berlin, Willy Brandt, die Grenzschließung bereits am 13. August in seiner Erklärung als „empörendes Unrecht" an, konnte aber nichts anderes tun, als die Schutzmächte anzurufen.[27] Auch Bundeskanzler Konrad Adenauer geißelte den offenen Bruch des Viermächteabkommens durch die Machthaber der Sowjetzone und versicherte, am Ziel der deutschen Einheit festzuhalten.[28] Adenauer geriet aber wegen seiner Zurückhaltung in die Kritik, zumal er der Sowjetunion zusicherte, keine Schritte zu unternehmen, welche die Beziehungen zwischen der Bundesrepublik und der UdSSR zusätzlich belasten und die internationale Lage verschlechtern könnten. Die Situation war angespannt und Befürchtungen, unmittelbar vor einem Krieg zu stehen, kamen auf.

Am 16. August 1961 versammelten sich nahezu 300.000 Berliner vor dem Schöneberger Rathaus im Westteil der Stadt. Sie forderten energische Reaktionen der Westmächte und Garantien für West-Berlin. Denn die Alliierten reagierten zurückhaltend und beschränkten sich auf verbale Proteste. Auf den Transparenten wurde der Unmut der Bevölkerung offensichtlich: Appelle wie „70 Stunden ohne Tat – weiß der Westen keinen Rat?" oder „Papierne Proteste stoppen keine Tanks"[29] verdeutlichten die Befürchtungen, vom Westen aufgegeben worden zu sein. Willy Brandt erhob in einem Brief an den amerikanischen Präsidenten die Forderung: „Berlin erwartet mehr als Worte, Berlin erwartet politische Aktionen."

27 www.chronik-der-mauer.de/material/178791/erklaerung-des-regierenden-buergermeisters-von-berlin-willy-brandt-auf-einer-sondersitzung-des-abgeordnetenhauses-13-august-1961, Zugriff am 28.11.2020.
28 Erklärung von Bundeskanzler Adenauer zum Mauerbau am 13. August 1961, in: www.bpb.de/geschichte/deutsche-einheit/deutsche-teilung-deutsche-einheit/43707/konrad-adenauer-zum-mauerbau, Zugriff am 28.11.2020. Zur Kritik an Adenauer siehe: Steininger 2001, S. 277–279.
29 Zum Ablauf der Kundgebung und zu den im Folgenden zitierten Redeauszügen siehe https://www.chronik-der-mauer.de/chronik/, Zugriff am 28.11.2020.

An den Osten gerichtet, „an alle Funktionäre des Zonenregimes, an alle Offiziere und Mannschaften" appellierte Brandt in seiner Rede: „Lasst euch nicht zu Lumpen machen! Zeigt menschliches Verhalten, wo immer es möglich ist, und vor allem, schießt vor allem nicht auf eure eigenen Landsleute!" US-Präsident Kennedy schickte zur Beruhigung der West-Berliner Bevölkerung und zur Demonstration seiner Verlässlichkeit für die Insel-Stadt den amerikanischen Vizepräsidenten Lyndon B. Johnson sowie den ehemaligen Organisator der Luftbrücke, General Lucius D. Clay, am 19. August 1961 nach West-Berlin. Einen Tag später wurde die amerikanische Garnison in West-Berlin durch 1.500 Soldaten verstärkt. In seinem Antwortschreiben an Willy Brandt betonte Kennedy: „Da dieses brutale Schließen der Grenze ein deutliches Bekenntnis des Versagens und der politischen Schwäche darstellt, bedeutet dies offensichtlich eine grundlegende sowjetische Entscheidung, die nur durch Krieg rückgängig gemacht werden könnte."[30] Die Westmächte wollten keinen Krieg riskieren und mussten zwangsläufig die sowjetische Machtsphäre respektieren. Die deutsche Teilung schien nun dauerhaft vollzogen. Mit dem Bau der Mauer war die Krise um Berlin aber nicht beendet. Als Ende Oktober 1961 Mitarbeiter der amerikanischen Verwaltung an der Einreise in den Ostsektor gehindert wurden, fuhren am 27. Oktober 1961 an der Grenzübergangsstelle Checkpoint Charlie demonstrativ amerikanische Panzer auf. Wenig später standen ihnen sowjetische Panzer gegenüber. 16 Stunden dauerte die Demonstration der Stärke, dann zogen sich – wie in geheimen Verhandlungen vereinbart – zuerst die russischen Panzer, dann die amerikanischen zurück.[31] Der Weltöffentlichkeit wurde deutlich, dass die Vereinigten Staaten auf ihre Rechte in Berlin bestanden, an der Teilung der Stadt jedoch nichts ändern konnten. Die amerikanische Garantie für die Sicherheit und Freiheit West-Berlins wurde beim Besuch Präsident Kennedys am 26. Juni 1963 in der Stadt bekräftigt. Die Berliner jubelten ihm zu, als er ihnen mit dem Ausspruch „Ich bin ein Berliner" seine Verbundenheit versicherte.[32]

FLUCHT UND FLUCHTHILFE NACH DEM MAUERBAU

Am 15. August 1961 flüchtete der 19-jährige Grenzpolizist Conrad Schumann über den Stacheldraht in den Westen. Der junge Schäfer aus Zschochau in Sachsen war am 12. August mit seiner Polizeieinheit nach Berlin verlegt worden und hatte nun die Sperranlagen an der Bernauer Straße zu bewachen. Zweifel über den Sinn seines Tuns bewegten ihn zum Sprung in die Freiheit. Conrad Schumann war der erste von über 2.500 Grenzsoldaten, die sich durch eine Flucht in den Westen dem Grenzdienst entzogen und den Einsatz der Schusswaffe gegen ihre Landsleute verweigerten.[33]

Zwölf Tage nach Beginn des Mauerbaus fielen die ersten tödlichen Schüsse an der Grenze. In den Nachmittagsstunden des 24. August 1961 versuchte der 24-jährige Günter Litfin über die nahe der Charité gelegene S-Bahntrasse nach West-Berlin zu flüchten.[34] Wie so oft hatte der junge Schneider, der in West-Berlin lebte und arbeitete, das Wochenende bei seiner Familie im Ostteil verbracht und war von der Grenzschließung überrascht worden. Nun suchte er einen Weg, um an seinen Arbeits- und Lebensort zurückkehren zu können. Als sein Fluchtversuch von Grenzposten entdeckt wurde, sprang er in das Wasser des

30 www.chronik-der-mauer.de/material/178788/brief-des-amerikanischen-praesidenten-john-f-kennedy-an-den-regierenden-buergermeister-von-west-berlin-willy-brandt-18-august-1961, Zugriff am 28.11.2020.

31 Dokumente und Reportagen zur Panzerkonfrontation auf www.chronik-der-mauer.de/chronik/_year1961/?year=1961&date=25.10.1961#anchorn id173512, Zugriff am 28.11.2020.

32 Vgl. Wentker, Hermann: Der Westen und die Mauer, in: Henke, Klaus-Dieter (Hg), München 2011, S. 196–210, hier S. 200.

33 Vgl. Nooke, Maria: Geglückte und gescheiterte Fluchten nach dem Mauerbau, in: Ebd., S. 163–180, hier S. 171 f.

34 Vgl. Brecht, Christine: Günter Litfin, in: Hertle, Hans-Hermann/Nooke, Maria (Hg): Die Todesopfer an der Berliner Mauer 1961–1989. Ein biographisches Handbuch, hg. im Auftrag des Leibnitz-Zentrums für Zeithistorische Forschung Potsdam und der Stiftung Berliner Mauer, 3. überarbeitete und erweiterte Aufl. in neuer Ausstattung, Berlin 2019, S. 41 ff.

Humboldthafens und schwamm auf das West-Berliner Ufer zu. Durch Sperrfeuer versuchten die Grenzposten, den wehrlosen Schwimmer von seinem Vorhaben abzubringen, dann schossen sie gezielt auf seinen Kopf. Von einer Kugel getroffen, ging er unter und wurde kurze Zeit später tot aus dem Wasser geborgen. Günter Litfin war der erste Flüchtling, der an der Grenze erschossen wurde. Und er blieb nicht der Einzige. Bis zum Fall der Mauer versuchten Flüchtlinge trotz der tödlichen Bedrohung immer wieder, die Sperranlagen zu überwinden.[35]

Gedenkstein für Günter Litfin in Berlin-Mitte
© Archiv Bundesstiftung Aufarbeitung

In den ersten Tagen nach dem Mauerbau durften Bewohner von West-Berlin den Ostteil der Stadt noch betreten. Diese Möglichkeit nutzten sie spontan, um Freunde, Verwandte oder Bekannte mit West-Berliner Ausweisen durch die Kontrollen an den verbliebenen Übergängen zu schleusen. Am 23. August wurde für West-Berliner ein Passierscheinzwang für Besuche in Ost-Berlin eingeführt. Da die Alliierten aus hoheitlichen Gründen und in Übereinstimmung mit dem West-Berliner Senat einer Einrichtung von DDR-Passierscheinstellen in West-Berlin nicht zustimmten, wurde diese Regelung schon am 25. August hinfällig. Bis zum ersten Passierscheinabkommen im Dezember 1963 gab es nun keine direkten Kontaktmöglichkeiten mehr zwischen den Bewohnern der beiden Stadthälften. Nur noch Besitzer von westdeutschen Pässen oder Ausländer konnten die Grenzübergänge passieren – oder Flüchtlinge, die mit gefälschten oder „geborgten" Pässen ausgestattet durch die Kontrollen gingen. Andere flüchteten durch die Kanalisation nach West-Berlin, bis auch hier durch den Einbau von Gittern in den begehbaren Kanälen die Grenze unterirdisch abgesperrt war. Die Fantasie beim Finden von Fluchtwegen kannte keine Grenzen.[36] Überall wurde nach Schlupflöchern und undichten Stellen gesucht. Mit dem Interzonenzug fuhren Flüchtlinge als Ausländer getarnt zu den Fähren nach Skandinavien. Autos wurden umgebaut, Menschen in Koffern versteckt, Diplomaten als Fluchthelfer gewonnen, Wege über osteuropäische Staaten gesucht oder Ballons gebaut. Spektakulär war das Graben von Fluchttunneln unter den Grenzanlagen.[37] Von rund 70 Tunnelprojekten konnte jedoch nur ein Viertel erfolgreich genutzt werden. Auch unter den Fluchthelfern gab Verhaftungen und Todesopfer. Jeder Fluchtweg, der bekannt wurde, führte zur Verschärfung der Kontrollen und zur Perfektionierung der Grenzanlagen.

---

35 Siehe die biographischen Porträts zu den Todesopfern in Hertle/Nooke (Hg.) 2019.
36 Zu Flucht und Fluchthilfe: Detjen, Marion: Ein Loch in der Mauer. Die Geschichte der Fluchthilfe im geteilten Deutschland 1961–1989, München 2005; Nooke, Maria/Dollmann, Lydia: Fluchtziel Freiheit. Berichte von DDR-Flüchtlingen über die Situation nach dem Mauerbau – Aktionen der Girrmanngruppe, Berlin 2011; www.risiko-freiheit.de, Zugriff am 28.11.2020.
37 Zur Flucht durch Tunnel: Keussler, Klaus-M. v./Schulenburg, Peter: Fluchthelfer. Die Gruppe um Wolfgang Fuchs, 3. Aufl., Berlin 2015; Veigel, Burkhart: Wege durch die Mauer. Fluchthilfe und Stasi zwischen Ost und West, 4. Aufl., Berlin 2015; Arnold, Dietmar/Kellerhoff, Sven Felix: Unterirdisch in die Freiheit. Die Fluchttunnel von Berlin, 2. Aufl., Berlin 2019; Nooke, Maria: Der verratene Tunnel. Geschichte einer verhinderten Flucht im geteilten Berlin, Bremen 2002.

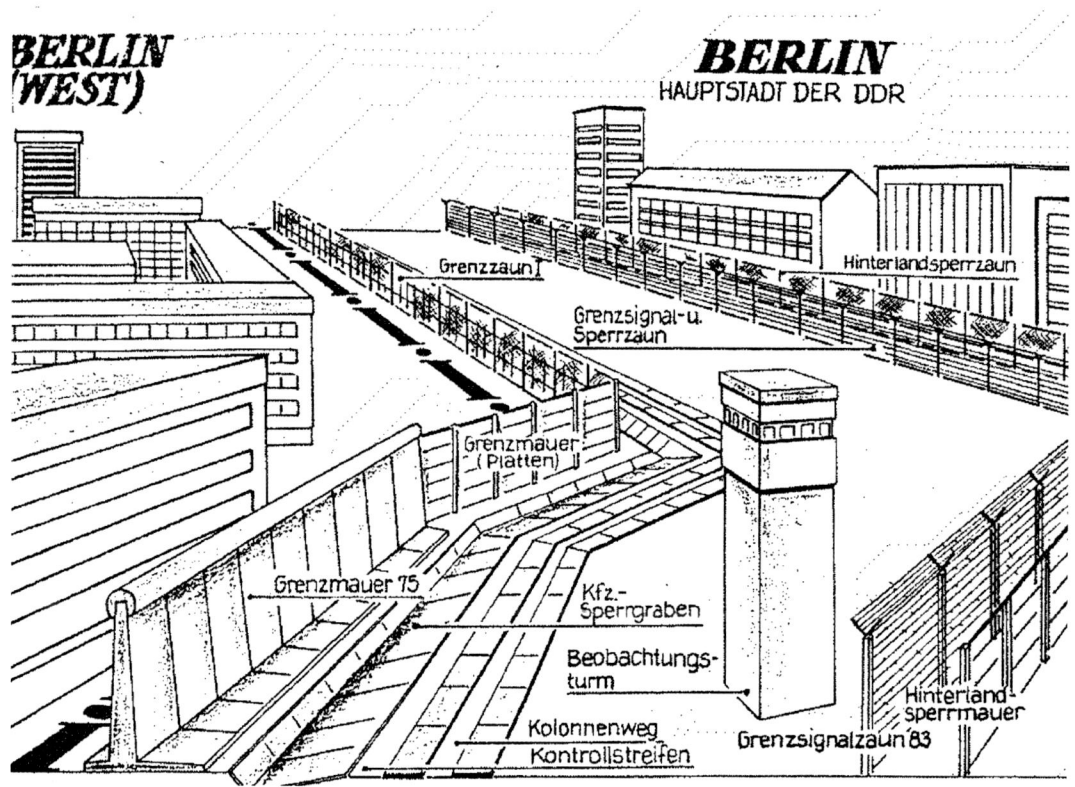

BERLIN (WEST)

BERLIN
HAUPTSTADT DER DDR

Grenzzaun I

Hinterlandsperrzaun

Grenzsignal-u.
Sperrzaun

Grenzmauer
(Platten)

Grenzmauer 75

Kfz.-
Sperrgraben

Beobachtungs-
turm

Hinterland-
sperrmauer

Kolonnenweg

Kontrollstreifen

Grenzsignalzaun 83

Schema der Grenzanlagen

© BArch DVW 32 (Kommando der
Grenztruppen)/112249, pag. 205.

AUSBAU UND PERFEKTIONIERUNG DER GRENZANLAGEN[38]

Bis Mitte der 1960er Jahre wurde die Mauer im innerstädtischen Bereich mit Betonquadern und Hohl-blocksteinen gebaut, auf denen Y-förmige Abweiser aus Stacheldraht angebracht waren. In den Bereichen zwischen West-Berlin und dem Umland gab es anstelle der Mauer auch Streckmetallzäune. Je nach der örtlichen Lage und Unübersichtlichkeit wurde mit der Zeit ein gestaffelter Grenzstreifen eingerichtet, der mit zwei- oder dreireihigen Stacheldrahtverhauen, Panzersperren, Stolperdrähten, Hundelaufanlagen und Wachtürmen komplettiert war. Im Juni 1963 erfolgte entlang der Grenze auf der Ost-Berliner Seite die Einrichtung eines bis zu mehrere Hundert Meter breiten Grenzgebietes, das nur von Bewohnern und Besu-chern mit Passierscheinen betreten werden durfte. Dieses begann an der sogenannten Hinterlandmauer, die den Todesstreifen nach Osten begrenzte und für DDR-Bürger die eigentliche Grenze bildete.

Ab Mitte der 1960er Jahre erfolgte der Ausbau der Grenzanlagen nach einheitlichen militärischen Plänen. Der Mauer der ersten und zweiten Generation folgte nun die Mauer der dritten Generation, die aus übereinandergeschichteten Betonplatten in einer Höhe von 3,40 Metern bestand. Ab Mitte der 1970er Jah-re wurde schließlich die sogenannte Grenzmauer 75 errichtet. Sie bestand aus industriell gefertigten stahl-bewehrten Betonplatten mit einem L-förmigen Fuß und einer Höhe von 3,60 Metern. Dieser Mauertyp war

---

38 Vgl. Hertle, Hans-Hermann: Die Berliner Mauer – Monument des Kalten Krieges. The Berlin Wall – Monument of the Cold War, Berlin 2007, S. 90–101.

aufwendig auf Stabilität und Unüberwindbarkeit getestet worden und begrenzte als vorderes Sperrelement den Todesstreifen in Richtung Westen. Der Todesstreifen war 15 bis 150 Meter breit und bestand aus einem gestaffelten System von Sperrelementen. Er war zum Ende der 1980er Jahre von Ost nach West folgendermaßen aufgebaut: Dem nach Osten gerichteten Hinterlandzaun (bzw. der Hinterlandmauer) folgte in kurzer Entfernung ein Signalzaun mit mehreren un-

Blick auf den Todesstreifen zwischen Ost- und West-Berlin 1981

© Archiv Bundesstiftung Aufarbeitung / Bestand Michael von Aichberger Nr. 698

ter elektrischer Niedrigspannung stehenden Drähten, an dem bei Berührung Alarm ausgelöst wurde. Teilweise war der Signalzaun einen halben Meter in der Erde versenkt, um ein Unterkriechen zu verhindern. Es folgte ein Abschnitt mit Erdbunkern und Beobachtungstürmen der Grenztruppen, die in Sichtweite voneinander entfernt standen und von einem Postenpaar besetzt waren. Davor verlief ein Kolonnenweg, auf dem sich die Grenztruppen bewegten. Der Kolonnenweg wurde von einer Lichttrasse gesäumt, die den geharkten Sandstreifen bis zur weiß gestrichenen Mauer ausleuchtete. So waren auch im Dunkeln immer gute Sichtverhältnisse gegeben und das Schussfeld erkennbar. Unmittelbar vor der Mauer befand sich der Kfz-Sperrgraben, der so angeschrägt und mit Betonplatten befestigt war, dass ein Fahrzeug bereits hier zum Stehen kam. Sollte es doch bis an die Mauer gelangen, fuhr es auf den Betonfuß der Mauer auf und stabilisierte sie durch sein eigenes Gewicht. Auf der Mauerkrone lag eine Rohrauflage, die verhinderte, beim Überklettern mit den Händen Halt zu finden. An unübersichtlichen Stellen wurde zusätzlich eine Hundelaufanlage installiert. Sie bestand aus einem parallel zum Signalzaun gespannten Drahtseil, an dem entlang sich ein angebundener Kettenhund bewegen konnte.

Die Grenze um West-Berlin war im Jahr 1989 insgesamt 156,4 Kilometer lang, davon verliefen 43,7 Kilometer zwischen den beiden Stadthälften und 112 Kilometer zwischen West-Berlin und dem Bezirk Potsdam. Nach einer Aufstellung der Grenztruppen bestand der Grenzabschnitt aus 63 Kilometern bebautem, 32 Kilometern bewaldetem und 22,65 Kilometern offenem Gelände sowie aus 37 Kilometern Wassergrenze. Entlang der Grenze stand auf 41,91 Kilometern die Grenzmauer 75, weitere 58,95 Kilometer bestanden aus der Mauer der dritten Generation in Plattenbauweise und 68,42 Kilometer wurden durch Streckmetallzaun begrenzt. Die Lichttrasse hatte eine Länge von 161 Kilometer und der Signalzaun umfasste 113,85 Kilometer. Im Todesstreifen gab es 186 Beobachtungstürme und 31 Führungsstellen der Grenztruppen. Der Zugang nach West-Berlin konnte über 13 Straßengrenzübergänge, vier Eisenbahngrenzübergänge und acht Wasserstraßengrenzübergänge erfolgen, die alle gut abgesichert waren.[39]

39 Vgl. www.chronik-der-mauer.de/material/178765/grenzsicherung-in-berlin-auskunftsbericht-zum-grenzkommando-mitte-gk-mitte-und-der-staatsgrenze-der-ddr-zu-westberlin-maerz-1989, Zugriff am 28.11.2020.

SCHIESSBEFEHL UND TODESOPFER

Die schwer überwindbaren Sperranlagen und die Unterstützung der Grenzposten durch Volkspolizei, Staatssicherheit, deren inoffizielle Mitarbeiter sowie freiwillige Helfer der Grenzpolizei waren eine große Gefahr für Fluchtwillige. Die tödliche Bedrohung der Grenze bestand jedoch darin, dass auf Flüchtlinge und sogenannte Grenzverletzer geschossen wurde. Auch wenn Mitglieder der politischen und militärischen Führung der DDR noch bei den Gerichtsprozessen in den 1990er Jahren bestritten, dass es je einen Schießbefehl gegeben habe, war das Töten an der Mauer offensichtliche Praxis.[40] Formaljuristisch beinhalteten die Gesetze, Dienstvorschriften und Befehle zum Schusswaffengebrauch nur einen „Erlaubnistatbestand", nicht aber eine Verpflichtung zum Töten. Dennoch führte die ausdrückliche Anweisung an die Grenztruppen bei der täglichen Vergatterung, jeglichen Fluchtversuch zu verhindern und „Grenzverletzer zu vernichten", dazu, dass allein an der Berliner Mauer 140 Menschen zumeist durch den Einsatz von Schusswaffen zu Tode kamen. Unter den Todesopfern waren 101 Flüchtlinge, 30 Menschen aus Ost und West sowie ein sowjetischer Soldat ohne Fluchtabsichten, die erschossen wurden oder verunglückten. Dazu kamen acht im Dienst getötete Grenzsoldaten. Die meisten der Opfer waren junge Männer im Alter zwischen 17 und 29 Jahren. Darüber hinaus starben mindestens 251 zumeist ältere Menschen im Besucher- und Reiseverkehr an den Grenzübergangsstellen zwischen Ost- und West-Berlin.[41]

Der letzte Flüchtling, der an der Mauer erschossen wurde, war der 21-jährige Chris Gueffroy, der bei einem Fluchtversuch am 5. Februar 1989 am Britzer Zweigkanal getötet wurde.[42] Er hatte von einem Freund gehört, dass der Schießbefehl an der Mauer aufgehoben sei und wollte sich durch seine Flucht dem Wehrdienst bei der NVA entziehen. Während die vier Grenzsoldaten, welche die Flucht mit tödlichen Schüssen zum Scheitern brachten, mit dem Leistungsabzeichen der Grenztruppen und 150 Mark ausgezeichnet wurden, verurteilte man den schwer verletzten Mitflüchtling zu einer Freiheitsstrafe von drei Jahren. Aufgrund des großen internationalen Druckes erließ Erich Honecker am 3. April 1989 die Aufhebung des Schießbefehles.[43] Für Chris Gueffroy kam diese Anweisung zu spät.

HUMANITÄRE BEMÜHUNGEN IM ZEICHEN DER ENTSPANNUNGSPOLITIK

Trotz der tödlichen Bedrohung und vieler gescheiterter Fluchtversuche gelang es in den 28 Jahren, in denen Deutschland durch die Berliner Mauer und die Sperranlagen an der innerdeutschen Grenze geteilt war, 40.101 Menschen aus der DDR in den Westen zu fliehen. 5.075 der Flüchtlinge überwanden die Sperranlagen in Berlin.[44] Um die unmenschliche Situation der Trennung zu mildern, wurde vonseiten der Politik nach humanitären Lösungen für die betroffenen Menschen gesucht. Im Dezember 1963 handelte der West-Berliner Senat mit den DDR-Behörden ein Passierscheinabkommen aus, welches West-Berlinern erstmals nach dem Mauerbau ermöglichte, ihre Verwandten in Ost-Berlin zu besuchen. In der Zeit vom 19. Dezember 1963 bis zum 5. Januar 1964 nahmen 730.000 Bürger diese Möglichkeit in Anspruch, insgesamt wurden 1,2 Millionen Besuche registriert. Nach schwierigen Verhandlungen gelang es der Bundesrepublik im gleichen Jahr, die ersten politischen Gefangenen aus der DDR freizukaufen. Bis zum Ende

40 Hertle, Hans-Hermann/Nooke, Maria: Todesopfer an der Berliner Mauer. Kooperationsprojekt des Vereins Berliner Mauer und des ZZF, in: Potsdamer Bulletin für Zeithistorische Studien, Nr. 34–35 (2005), S. 46–49; Hertle, Hans-Hermann/Sälter, Gerhard: Die Todesopfer an Mauer und Grenze. Probleme einer Bilanz des DDR-Grenzregimes, in: Deutschland Archiv 39 (2008) H. 4, S. 667–676.
41 Ergebnisse des Forschungsprojektes zu den Todesopfern: Hertle/Nooke (Hg.) 2019, S. 22–24.
42 Baron, Udo/Hertle, Hans-Hermann: Chris Gueffroy, in: Ebd., S. 465–469.
43 „Prämien für Todesschützen'. Im April 1989 wurde der DDR-Schießbefehl, der nie existierte, klammheimlich aufgehoben", in: Berliner Morgenpost vom 28.03.1999.
44 Diese und folgende Angaben siehe: Hertle 2007, S. 57 und S. 84.

der DDR konnten so 33.755 aus politischen Gründen Inhaftierte in die Bundesrepublik übersiedeln. Dafür waren hohe Summen pro Kopf zu zahlen.[45] Auch eine Reiseregelung für DDR-Rentner konnte 1963 erreicht werden. Der eigentliche Durchbruch erfolgte im Zuge der „Neuen Ostpolitik" der Bundesregierung unter Willy Brandt: Die DDR drängte danach, als völkerrechtlich gleichberechtigter Partner auf der internationalen Bühne akzeptiert zu werden. Dafür musste sie sich auf humanitäre und politische Zugeständnisse einlassen. 1972 wurde im Zuge der Ostverträge eine neue Regelung für Besuchsreisen von West-Berlinern in die DDR getroffen. Gleichzeitig wurde vereinbart, dass in dringenden Fällen auch für Ostdeutsche Verwandtenbesuche im Westen möglich waren. Infolge der Konferenz für Sicherheit und Zusammenarbeit in Europa (KSZE) in Helsinki im Jahr 1975 beriefen sich zahlreiche DDR-Bürger auf die KSZE-Schlussakte und forderten für sich das individuelle Freiheitsrecht auf freie Wahl des Aufenthaltsortes durch einen Ausreiseantrag ein. Die Fluchtwelle war mit der Installierung von Minen und Selbstschussanlagen an der innerdeutschen Grenze rapide zurückgegangen. Nun entwickelte sich ab 1975 eine Ausreisewelle.[46] Allein im Jahr der KSZE-Konferenz gab es 20.000 Anträge auf Ausreise aus der DDR, die Tendenz blieb steigend. Um die Ausreisewünsche zurückzudrängen, wurde der Staatssicherheitsapparat gezielt ausgebaut. Angesichts des hohen innenpolitischen Drucks ließ die DDR-Führung 1984 in einer gezielten Aktion 21.000 Antragsteller ausreisen und löste zur Abschreckung zugleich eine Verhaftungswelle aus. Die Hoffnung, damit das Problem gelöst zu haben, erfüllte sich nicht. Sprunghaft stiegen angesichts der erfolgreichen Ausreisegesuche die Antragszahlen. Auch als 1986 die Reisemöglichkeiten für DDR-Bürger in den Westen weiter gelockert wurden und Verwandtenbesuche in größerem Maß möglich wurden, ging der Wunsch nach Ausreise nicht zurück, sondern stieg erneut sprunghaft an. Der Unmut der DDR-Bevölkerung war angesichts der sich zuspitzenden Wirtschaftslage und der täglichen Indoktrination rapide angewachsen.

FRIEDLICHE REVOLUTION UND MAUERFALL[47]

1989 hatte sich die innenpolitische Situation der DDR dramatisch zugespitzt. Die wirtschaftliche Lage war desaströs, und die Unzufriedenheit der Bevölkerung wuchs stetig. Die DDR stand kurz vor der Zahlungsunfähigkeit. Seit Mitte der 1980er Jahre waren oppositionelle Gruppierungen entstanden, die sich untereinander vernetzten. Diese DDR-Opposition versuchte, gegen das Meinungsmonopol der SED eine Gegenöffentlichkeit zu etablieren und strebte eine Demokratisierung der Gesellschaft an. Mit Interesse schauten die DDR-Bürger auf die Sowjetunion, in der ab 1985 Michail Gorbatschow als Generalsekretär des Zentralkomitees der Kommunistischen Partei einen Reformprozess begonnen hatte. Seine Politik von Glasnost (Offenheit) und Perestroika (Umgestaltung) ermöglichte eine bis dahin undenkbare Diskussion von politischen und gesellschaftlichen Problemen und zielte auf eine verstärkte Eigenverantwortung, um die gravierenden wirtschaftlichen Schwierigkeiten zu lösen. Obwohl Gorbatschow mit seiner marktwirtschaftlichen Öffnung die Grundlagen der sozialistischen Planwirtschaft unterhöhlte, war sein eigentliches Ziel, den Kommunismus zu verbessern. Außenpolitisch gab er die Breschnew-Doktrin auf, die den Warschau-Pakt-Staaten nur beschränkte Souveränität und der Sowjetunion das Recht zum militärischen

45 Zum Häftlingsfreikauf siehe: Rehlinger, Ludwig: Freikauf. Die Geschäfte der DDR mit politisch Verfolgten 1963–1989, durchgesehene und ergänzte Aufl., Halle 2011; Diekmann, Kai (Hg.): Freigekauft. Der DDR-Menschenhandel, München 2012. Wölbern, Jan Philipp: Der Häftlingsfreikauf aus der DDR, 1962/63–1989. Zwischen Menschenhandel und humanitären Aktionen, Göttingen 2014.
46 Zur Geschichte der Ausreisebewegung: Eisenfeld, Bernd: Macht und Ohnmacht. Ausreise aus der DDR, in: Hertle/Jarausch/Klessmann (Hg.) 2002, S. 223–236.
47 Hertle, Hans-Hermann: Sofort, unverzüglich. Die Chronik des Mauerfalls, 2. Aufl., Berlin 2019; Neubert, Ehrhart: Unsere Revolution. Die Geschichte der Jahre 1989/1990, München 2008; Kowalczuk, Ilko-Sascha: Endspiel. Die Revolution von 1989 in der DDR, München 2009; www.chronik-der-mauer.de/Chronik/1989, Zugriff am 28.11.2020.

Eingreifen bei Gefährdung des sozialistischen Systems zugestanden hatte. Nunmehr gab Gorbatschow den Ostblockstaaten zu verstehen, dass sie ihre Angelegenheiten künftig eigenständig zu regeln hatten. In Polen konstituierte sich vor diesem Hintergrund im Februar 1989 der Runde Tisch, der den Übergang vom sozialistischen Staat zu den ersten demokratischen Wahlen im April gestaltete. Die ungarische Annäherung an den Westen führte dazu, dass am 2. Mai 1989 demonstrativ der Abbau des Grenzzauns zu Österreich begann und der „Eiserne Vorhang" sein erstes Loch bekam. Im Sommer 1989 sammelten sich Tausende von DDR-Bürgern, die über Ungarn in den Westen ausreisen wollten. Am 10. September 1989 gab die ungarische Regierung die Öffnung der Grenze bekannt, und der Flüchtlingsstrom setzte sich in Bewegung.[48] Da die DDR-Führung die Reisemöglichkeiten nach Ungarn eingeschränkt hatte, wurden nun die Botschaften in Prag und Warschau besetzt. Während sich in den Botschaften die Lage dramatisch zuspitzte, gründeten sich in der DDR neue Bürgerbewegungen und neue Parteien. Sie setzten der Forderung „Wir wollen raus" ihren Wahlspruch „Wir bleiben hier" entgegen, um das Land zu reformieren.

Unter dem Druck des Flüchtlingsproblems musste die DDR schließlich einer Ausreise der in den Botschaften ausharrenden DDR-Bürger zustimmen. Am 30. September 1989 gab der Außenminister der Bundesrepublik Deutschland, Hans-Dietrich Genscher, den Botschaftsbesetzern unter großem Jubel ihre Ausreise bekannt.[49] Die DDR hatte sich allerdings vorbehalten, die Züge mit den Flüchtlingen über das Territorium der DDR zu führen, um sie formal ausbürgern zu können. Als die Flüchtlingszüge durch Dresden fuhren, demonstrierten 5.000 Dresdner vor dem Hauptbahnhof. Es kam zu gewalttätigen Ausschreitungen, bei denen die Polizei brutal gegen die Demonstranten vorging und 1.300 von ihnen verhaftete. Trotz dieser aufgeheizten Situation feierte die DDR-Führung den 40. Jahrestag der DDR, während das Volk gegen die Regierung protestierte. Als am 9. Oktober in Leipzig 70.000 Menschen auf die Straße gingen und die Einsatzkräfte angesichts der Menschenmassen nicht wagten einzugreifen, war die Entscheidung gefallen. Der Ruf „Wir sind das Volk" breitete sich in Windeseile aus. Montagsgebete und Demonstrationen fanden nun in vielen Orten der DDR statt. Am 4. November demonstrierten in Berlin eine halbe Million Menschen gegen die Regierung und forderten demokratische Erneuerungen. Am 18. Oktober wurde Partei- und Staatschef Erich Honecker im SED-Politbüro zum Rücktritt gezwungen. Doch immer noch hielt der Flüchtlingsstrom gen Westen an. Die tschechische Regierung setzte die neue DDR-Führung unter Druck, eine Lösung zur Eindämmung der Fluchtwelle zu finden. Fieberhaft wurde eine Reiseverordnung entworfen, die das Problem der unkontrollierten Fluchten klären sollte und deshalb Regelungen für ein legales Verlassen der DDR beinhaltete. Gleichzeitig war man bemüht, Besuchsreisen der Bürger in den Westen zu erleichtern.

Am 9. November 1989 gab das SED-Politbüromitglied Günter Schabowski auf einer internationalen Pressekonferenz die neuen Regelungen bekannt. Danach sollten DDR-Bürger nun ohne Begründung die Ausreise aus der DDR beantragen dürfen. Dies sollte auch für Besuchsreisen möglich sein. Auf die Frage eines Journalisten, ab wann diese Regelung gelte, war Schabowski nicht vorbereitet. Nach einem Blick auf seinen Sprechzettel, den er vom neu ernannten Partei- und Staatschef Egon Krenz bekommen hatte, kam die entscheidende Antwort „sofort, unverzüglich".[50] Wenig später meldeten westliche Medien, die Mauer sei offen. Noch am gleichen Abend sammelten sich Tausende DDR-Bürger an den Grenzübergängen. Niemand informierte die diensthabenden Grenztruppen über die neuen Regelungen oder Anweisungen zu deren Durchführung. Niemanden interessiert es, dass der Verlautbarung zufolge eigentlich Pässe und

48 Oplatka, Andreas: Der erste Riss in der Mauer. September 1989 – Ungarn öffnet die Grenze, Wien 2009.
49 RIAS-Bericht zur DDR-Flucht im Herbst 1989: „Außenminister Genscher in der Prager Botschaft am 30. September", in: www.chronik-der-mauer.de/material/?page=3&mType=3&mFilter1=1989&show=10, Zugriff am 28.11.2020.
50 Zitiert nach Hertle 2019, S. 9.

Visa zu beantragen waren. An der Bornholmer Brücke in Berlin wurden die Mitarbeiter der Passkontrolle von Tausenden von Menschen immer mehr bedrängt. Sie sahen keinen Ausweg mehr – nur die sofortige Öffnung des Grenzüberganges. Unter dem Druck der Massen fiel die Mauer noch in dieser Nacht und der Ausruf „Wahnsinn" wurde zum Wort des Jahres 1989.

ABRISS DER GRENZANLAGEN

Mit dem Fall der Mauer war das Schicksal der Grenzsperren besiegelt. Schon in der Nacht vom 10. auf den 11. November 1989 wurden im Zentrum der Stadt zwischen der Bernauer Straße und der Eberswalder Straße die ersten Segmente aus der Mauer gebrochen und ein neuer Grenzübergang eingerichtet. Innerhalb kurzer Zeit war die Mauer an vielen Stellen durchlässig. Dem begeisterten Tanz auf der Mauer folgte die private Aneignung des verhassten Bauwerkes, das seine Funktion endgültig verloren hatte. Mit Werkzeugen ausgerüstet begannen zahlreiche Berliner und Besucher der Stadt, die Mauer zu zerstören und sich Erinnerungszeichen an das historische Ereignis zu sichern. Fast zeitgleich begann der organisierte Rückbau der Grenzanlagen. Schon im Dezember 1989 beschloss der Ministerrat der im November gebildeten DDR-Übergangsregierung in Übereinstimmung mit dem Magistrat von Ost-Berlin, die Mauer abzureißen. Die Spuren des brutalen Einschnitts in die Stadt sollten so schnell wie möglich beseitigt werden. Der Abriss betraf nicht nur die 45.000 Mauersegmente, sondern auch weitere Elemente des Grenzsicherungssystems. Am 1. Juli 1990, als mit der Einführung der Wirtschafts-, Währungs- und Sozialunion die Kontrollen an den noch vorhandenen Übergängen endgültig eingestellt wurden, waren bereits über hundert grenzüberquerende Straßen von den Sperranlagen befreit und konnten für den Verkehr freigegeben werden. Die letzten Elemente der innerstädtischen Mauer wurden im November 1990 entfernt.

Der zügige Abriss entsprach dem politischen und gesellschaftlichen Konsens „Die Mauer muss weg". Die Berliner Bevölkerung wollte das verhasste Bauwerk nicht mehr vor Augen haben, die Stadt sollte wieder eins sein. Während Institutionen und Einzelpersonen aus anderen Ländern sich einzelne Segmente der Mauer sicherten und diese als Erinnerungszeichen an die Zeit des Kalten Krieges und die Überwindung der Blockkonfrontation in aller Welt aufstellten, sollten in Berlin die Spuren getilgt werden.

Nur wenige Stimmen votierten in dieser Zeit für den Erhalt eines Teiles der Grenzanlagen, um nachfolgenden Generationen ein Stück der Geschichte anschaulich zu erhalten. Exemplarisch sollte dies in der Bernauer Straße erfolgen, die durch ihre dramatische Geschichte in den Tagen des Mauerbaues Teil des kollektiven Gedächtnisses geworden ist.

Heute kündet ein 212 Meter langes Stück der Grenzanlagen, das weitgehend in seiner Tiefenstaffelung erhalten geblieben ist und zum Denkmal gestaltet wurde, von der Geschichte der geteilten Stadt und den Opfern kommunistischer Gewaltherrschaft. Es ist Teil der Gedenkstätte Berliner Mauer, die sich auf dem ehemaligen Todesstreifen entlang der Bernauer Straße erstreckt. Hier wird über das Grenzregime informiert und an die Erlebnisse der Menschen erinnert, die unter der Teilung gelitten haben. Erzählt wird aber auch, wie die Grenzöffnung im November 1989 durch die DDR-Bürger erzwungen wurde und wie es zur friedlichen Überwindung der Teilung kam.

„Manche von Ihnen werden sich gefragt haben: Weshalb hat sich die Enquete-Kommission des Deutschen Bundestages so dafür eingesetzt, heute des Mauerbaues in Berlin vor 35 Jahren zu gedenken? Reicht es nicht, daß die erste Enquete-Kommission dieses Ereignis in mehreren Expertisen und Anhörungen zu analysieren versucht hat? Ist nicht der 17. Juni der angemessene Gedenktag für alles das, was die SED-Diktatur bis zu ihrem Sturz im Herbst 1989 ausmachte? Ich glaube, es gibt eine ganze Menge guter Gründe dafür, auch den 13. August nicht aus dem Auge zu verlieren."[1]

VOM 9. NOVEMBER ZUM 13. AUGUST

Mit dieser Erklärung rechtfertigte Rainer Eppelmann 1996 in seiner Begrüßung auf der Gedenkstunde des Deutschen Bundestages, dass die Enquete-Kommission den 35. Jahrestag des Baues der Berliner Mauer zum Anlass nahm, an dieses Ereignis zu erinnern und ihm eine eigene Veranstaltung zu widmen. Nunmehr weitere 25 Jahre später hat die Erinnerung an den Mauerbau und das Leben in der geteilten Stadt und einer geteilten Welt nicht nur im Gedächtnis der Stadt ihren Platz zurückerobert. Auch in der öffentlichen Diskussion und kollektiven Erinnerung haben Mauerbau und Mauer ihren festen Platz. Mehr noch sogar: Die Erinnerung an den Mauerbau verdrängte im 50. Jahr des Mauerbaues sogar die Erinnerung an den Aufstand vom 17. Juni 1953, indem bereits im Juni 2011 nicht mehr die Erinnerung an den Aufstand, sondern die letzten Wochen vor dem Mauerbau medial und in wissenschaftlichen Diskussionen im Mittelpunkt standen.

Nachdem die Erinnerung an die Teilung der Stadt jahrelang stiefmütterlich behandelt worden war und auf der Agenda des Selbstverständnisses der Stadt keinen vorderen Platz eingenommen hatte, schien sich dies zum 50. Jahrestag des Mauerbaues in sein Gegenteil zu verkehren. Nicht nur, dass das eigentliche Ereignis bereits Monate zuvor den Gedenkkalender bestimmte und andere Ereignisse in der öffentlichen Wahrnehmung verdrängte. Auch zeigte sich nun, dass der insbesondere in den ersten Jahren nach dem Mauerfall betriebene „Mauer-Kahlschlag" zu neuen Forderungen nach einer Rekonstruktion der Mauer führte, um „Geschichte erlebbar" zu machen, wie es der ehemalige Regierende Bürgermeister von Berlin, Eberhard Diepgen, forderte.[2]

Bei allen unterschiedlichen Vorstellungen darüber, wie die Erinnerung an die Mauer und die Teilung lebendig gehalten werden können, scheint es, als hätte die Stadt nach über zwanzig Jahren zu diesem traumatischen Teil ihrer Geschichte zurückgefunden. Vergessen sind die ersten fünfzehn Jahre nach dem Mauerfall, die im Zeichen der möglichst großflächigen Beseitigung aller Spuren nicht nur des Bauwerkes selbst, sondern auch der 28 Jahre dauernden Teilung der Stadt standen. Die Erinnerung wurde in dieser Zeit vor allen von Opferverbänden und privaten Vereinen sowie durch bürgerschaftliches Engagement gepflegt. Während in der öffentlichen Erinnerung vor allem der Mauerfall gefeiert wurde und bei öffentlichen Veranstaltungen im Vordergrund stand, rückte der 13. August erst über den Umweg des 9. November wieder in den Mittelpunkt der Erinnerung. Die Freude und Euphorie über den Fall der Mauer gepaart mit der in den Neunzigerjahren aufkommenden Nostalgie schien den Blick darauf zu verstellen, dass das, was im November 1989 zu Fall gebracht wurde, eine Diktatur war, die ihren Bürgern grundlegende Menschenrechte verwehrte und diejenigen, die versuchten, aus dem abgeriegelten Land zu fliehen, erschießen ließ oder mit langjährigen Haftstrafen belegte.

„... ES GIBT EINE GANZE MENGE GUTER GRÜNDE DAFÜR, AUCH DEN 13. AUGUST NICHT AUS DEM AUGE ZU VERLIEREN."[1]
DIE ERINNERUNG AN DIE BERLINER MAUER SEIT 1990

Anna Kaminsky

---

1 Rainer Eppelmann: Begrüßung zur Gedenkstunde zum 35. Jahrestag des Baus der Berliner Mauer. Öffentliche Sitzung der Enquete-Kommission „Überwindung der Folgen der SED-Diktatur im Prozeß der deutschen Einheit" des Deutschen Bundestages am 13. August 1996 in Berlin. Sonderdruck hg. vom Deutschen Bundestag. Bonn 1996, S. 7.
2 „Diepgen will Teile der Mauer neu aufstellen lassen", in: *Der Tagesspiegel* vom 19.06.2010.

WO WAR DENN NUN DIE MAUER?

Die Bilder aus der Nacht vom 9. auf den 10. November 1989 gehören ebenso wie die aus der Nacht vom 12. auf den 13. August 1961 zu den Ikonen der Weltgeschichte. Die durch die geöffneten Grenzübergänge strömenden Menschenmassen, die auf der Mauerkrone sitzen und tanzen, sind aus dem öffentlichen Bildergedächtnis ebenso wenig wegzudenken wie die 1961 erstarrt vor den Stacheldrahtrollen stehenden Menschen oder die aus den Fenstern in der Bernauer Straße springenden Anwohner, die in diesen lebensgefährlichen Sprüngen die einzige Möglichkeit sahen, noch in den Westen und somit in die Freiheit zu kommen.

Obwohl es für die Machthaber der SED in der DDR auch Wochen nach dem Mauerfall keineswegs ausgemachte Sache war, dass die Mauer und die Grenze dauerhaft geöffnet bleiben würden, gingen bereits am 10. November erste Überlegungen los, was mit diesem „historischen Monstrum" geschehen solle. Während Willy Brandt, zurzeit des Mauerbaues Regierender Bürgermeister von West-Berlin, bei seiner Rede vor dem Schöneberger Rathaus forderte, Teile der Mauer als Denkmal zu erhalten, hatten andere bereits das Geschäft mit der Mauer im Sinn. So ging bereits am 10. November 1989 eine erste Anfrage aus Bayern bei der DDR-Regierung ein, in der angeboten wurde, „nicht benötigte Teile Ihrer Grenzsicherungsanlagen" gegen Devisen zu kaufen.[3] Am 14. November 1989 schließlich wandte sich eine Unternehmensberatung an die Ständige Vertretung der DDR in Bonn und empfahl – da der Handel mit Teilen der Berliner Mauer nicht mehr aufzuhalten sei –, dass die DDR-Seite doch „bei aller Zwiespältigkeit" bedenken sollte: „Gehandelt wird mit Mauerteilen, woher sie auch immer stammen mögen. Wenn aber schon, dann halte ich es für sinnvoll, daraus auch Devisen zu machen."[4]

Quasi über Nacht wurde die Mauer zum heiß begehrten Kaufobjekt, zu einer Trophäe des Kalten Krieges, zum Exportschlager und zum Symbol. War die Mauer bereits in den 28 Jahren ihrer Existenz das Symbol für Unfreiheit und Unmenschlichkeit des sozialistischen Systems schlechthin gewesen, wurde sie nun über Nacht auch zu einem Symbol für Bürgermut und Freiheitswillen. Kein anderes Bauwerk in Deutschland und vielleicht sogar in Europa hatte in der zweiten Hälfte des 20. Jahrhunderts so gravierende Auswirkungen auf das Leben so vieler Menschen. Kein anderes Bauwerk wurde in dieser Zeit weltweit zum Symbol für Unfreiheit und Diktatur, Verachtung elementarer Menschenrechte und letztlich für die Geiselnahme von Millionen Menschen durch ein auf Unrecht gegründetes Regime. Und kein anderes Bauwerk wurde nach dem Mauerfall 1989 von ebendiesem Symbol der Unfreiheit und Menschenverachtung zum Symbol für Freiheitswillen und Bürgermut.

Nachdem in den Wochen und Monaten nach dem Mauerfall immer wieder Nachfragen nach Mauerteilen aus aller Welt eingegangen waren, beschloss die DDR-Regierung unter Hans Modrow am 7. Dezember 1989 bzw. 4. Januar 1990, die Mauer zu verkaufen. Man erhoffte sich auf diese Weise, die vor dem Bankrott stehende DDR-Wirtschaft retten zu können. Anlass zu diesen Hoffnungen gaben Anfragen, denen zufolge für ein Mauerteil bis zu 500.000 D-Mark geboten wurde.[5] Da die politische Entwicklung bis zum Jahresende 1989 ohnehin gezeigt hatte, dass die SED-Herrschaft nicht mehr zu retten war und nicht nur die Berliner Mauer, sondern die gesamte innerdeutsche Grenze geöffnet worden war, stand der Abbau der einst am besten bewachten Grenze auf der Tagesordnung. Und so lag es nahe, wenigstens einen Teil der Kosten über den Verkauf der Mauer zu refinanzieren. Um der verunsicherten und empörten Bevölkerung in der DDR

---

3   Brief an den Minister für Außenhandel vom 10.11.1989, zitiert nach Ronny Heidenreichs Beitrag „Beton zu Geld" in diesem Band.
4   Telex der M. A. Unternehmensberatung an die Ständige Vertretung der DDR in Bonn, 14.11.1989. BArchB DE 10/21, zitiert nach: Ronny Heidenreichs Beitrag „Beton zu Geld" in diesem Band.
5   Siehe den Beitrag von Ronny Heidenreich in diesem Band.

die Gründe für das Geschäft mit der Mauer zu erläutern, startete die DDR-Regierung zu Weihnachten 1989 eine Informationskampagne. Mit dieser Kampagne sollten die in Beschwerdebriefen an die DDR-Regierung gerichtete Kritik aufgegriffen und zugleich der als alternativlos angesehene Verkauf begründet werden. Die Empörung über das Geschäft mit der Mauer richtete sich gegen die Regierung, die erst jahrzehntelang die Bevölkerung eingesperrt und auf Flüchtlinge rücksichtslos geschossen hatte und nunmehr ebenjene „Schandmauer", an der Menschen ermordet worden waren, zu Geld machen wollte. Die Regierung begründete ihre Entscheidung für den Verkauf der Mauer im Wesentlichen mit drei Argumenten:

1. Die DDR brauche Devisen,
2. die Mauer sei Volkseigentum und
3. somit sollten die Erlöse der gesamten DDR-Bevölkerung bspw. über soziale Projekte zugutekommen.

Ungeachtet etwaiger weiter bestehender Vorbehalte gegen diese Geschäfte begannen die Truppen des Grenzkommandos Mitte, die noch bis Ende Dezember 1989 die Grenze schützen und Grenzdurchbrüche verhindern sollten[6], im Januar 1990 mit dem Abbau. Begonnen wurde mit besonders gut verkäuflichen Teilen, die von Mauerkünstlern bemalt worden waren. Die meisten der Betonblöcke wurden geschreddert und als Baumaterial bspw. für den Autobahnbau weiter verwertet. Innerhalb von nicht einmal einem Jahr verschwand das, was die Menschen der Stadt einst auf 156 Kilometern Länge, mit 54.000 Betonsegmenten 2,6 Tonnen schwer und 3,2 Meter hoch, Hunderten Kilometern Stacheldraht, Hunderten Kilometern Lichttrassen, Hundelaufanlagen und mit 186 Wachtürmen, von denen scharf geschossen wurde, getrennt hatte, fast vollständig aus dem Stadtbild. Der Wunsch nach den langen Jahren der Teilung und Trennung zu einer innerstädtischen Normalität zurückzukehren, war nur zu verständlich. Kaum jemand konnte sich 1990 vorstellen, dass es einmal Forderungen geben könnte, die der Stadt und den Menschen zugefügte Wunde wieder sichtbar zu machen. Für eine möglichst schnelle Überwindung der Teilung und ihrer Folgen in der Stadt schien das möglichst vollständige Entfernen der Mauer der geeignete Weg zu sein. Zugleich nahm man damit in Kauf, dass die Vorstellung davon, was die Mauer für die Stadt und das Leben der Menschen bedeutet hatte, zunehmend verblasste. Nicht nur die Besucher Berlins, deren Interesse an Berlin auch in der Mauer begründet lag, fragten zunehmend ratlos: Wo war denn nun die Mauer?

DER KAMPF UM DIE MAUERERINNERUNG

Dabei hatte es bereits frühzeitig warnende Stimmen gegeben, die sich dafür einsetzten, zumindest in einigen Bereichen der Stadt, die Mauer als Baudenkmal zu erhalten. Willy Brandt, der zur Zeit des Mauerbaues Regierender Bürgermeister von West-Berlin war, hatte wie schon angeführt bereits am 10. November 1989 vor dem Schöneberger Rathaus gefordert, „ein Stück von jenem Bauwerk [...] als Erinnerung an ein historisches Monstrum" zu erhalten.[7] Nachdem durch die Truppen des Grenzkommandos Mitte bereits seit Jahresbeginn 1990 fast alle Mauerteile aus der Innenstadt entfernt worden waren, beschloss der Ost-Berliner Magistrat noch am 2. Oktober 1990, das noch vorhandene „Ensemble" an der Bernauer Straße unter Denkmalschutz zu stellen. Trotz dieses Beschlusses schritt auch an der Bernauer Straße die rege Verkaufs- und Bautätigkeit weiter voran. Bis zur Entwicklung eines Gesamtkonzeptes für die Berliner Mauer sollten noch fast fünfzehn Jahre vergehen und der allergrößte Teil der einstigen Grenzanlagen aus dem Stadtbild spurlos verschwinden.[8]

---

6 Der Schießbefehl wurde erst am 22.12.1989 aufgehoben.
7 Zitiert nach „Streit um das Symbol des Schreckens", in: *Süddeutsche Zeitung* vom 13.08.1991.
8 Leo Schmidt und Axel Klausmeier haben eine Bestandsaufnahme der Überreste der einstigen Grenzanlagen in Berlin vorgenommen. Das Buch verzeichnet eine Fülle von Elementen, die jedoch nur dem kundigen Betrachter auffallen: Bewehrungseisen, Lampen, die einst den Grenzstreifen auch bei Dunkelheit taghell erleuchteten, Betonelemente etc. Mauerreste – Mauerspuren, Westkreuz-Verlag Berlin 2004.

Während die Mauer mit deutscher Gründlichkeit aus der Stadt entfernt wurde, erfreuten sich Mauerteile großer Beliebtheit und Nachfrage in aller Welt. Vor allem in den ersten Jahren nach dem Mauerfall wurden Denkmäler aus Mauerteilen in über 40 Ländern der Welt errichtet. Mittlerweile gibt es weltweit über 200 Denkmäler, in denen mehrere Hundert Mauerteile verwendet wurden.

1991 wurde in Berlin, wo außer den Baustellen auf dem ehemaligen Grenzstreifen fast nichts mehr an die Mauer erinnerte, an den 30. Jahrestag des Baues der Berliner Mauer erinnert. Die offizielle Gedenkveranstaltung, an der sowohl der Bundesinnenminister als auch der Regierende Bürgermeister von Berlin teilnahmen, fand bis zur Einweihung der Gedenkstätte in der Bernauer Straße 2001 am Denkmal für Peter Fechter in der Zimmerstraße statt. In der medialen Berichterstattung sorgten einerseits die verschwundenen Millionen aus dem Verkauf der Mauerteile für Interesse. Zu finden sind jedoch auch besorgte Artikel und dringliche Warnungen, ohne ein Konzept zur künftigen Gestaltung des Mauergedenkens weiterhin flächendeckend alle Überreste der Mauer und der Sperranlagen zu beseitigen. Während die Kulturverwaltung dafür plädierte, an der Bernauer Straße eine Gedenkstätte zu errichten und auch die bereits abgerissenen Anlagen wieder zu rekonstruieren, verfolgte die Verkehrsverwaltung den Plan, dort eine mehrspurige Entlastungsstraße zu bauen. Bemüht wurde das Zerrbild, eine Gedenkstätte an diesem Ort würde zu einer Art „Mauer-Disneyland" verkommen.[9] Christoph Stölzl, Direktor des Deutschen Historischen Museums, warnte, dass es „künftigen Generationen doch als Treppenwitz der Geschichte erscheinen müsse, wenn in der deutschen Hauptstadt keine Spuren aus diesem Kapitel deutscher Geschichte zu finden seien"[10]. Ebenso große Beachtung fand in diesem Zusammenhang die Diskussion um die „Mauer in den Köpfen" zwischen Ost- und Westdeutschen, die längst die real nicht mehr existierende Mauer abgelöst hätte. Zu diesem Zeitpunkt gab es in der Berliner Innenstadt nur noch wenige nennenswerte Überreste der Mauer, wie in der Niederkirchnerstraße, die Hinterlandmauer am Invalidenfriedhof sowie an der Bernauer Straße. Die Hinterlandmauer am Spreeufer nördlich der Oberbaumbrücke, bereits durch die nach 1989 dort aufgebrachten Malereien als East-Side-Gallery weltbekannt, wollte der damalige Stadtentwicklungssenator, Volker Hassemer, zwar gern erhalten, stieß mit seinem Vorschlag aber auf den Widerstand des Stadtbezirkes Friedrichshain, der das Gelände zwischen Spree und Mauer gern erschließen und wirtschaftliche nutzen wollte. Diese „Kleinstaaterei" innerhalb Berlins hat die Gestaltung des Mauergedenkens und die Entwicklung einer übergreifenden Gesamtkonzeption über Jahre hinweg behindert, da die einzelnen Stadtteile über die jeweils bei ihnen befindlichen Mauerreste entscheiden konnten. Die Diskussion über die Gestaltung der Mauererinnerung drohte in diesen Jahren zwischen den Konfliktlinien und widerstreitenden Interessen von Denkmalschutz auf der einen und wirtschaftlichen Interessen auf der anderen Seite zerrieben zu werden. Fragen von Gedächtnis, Erinnerung und Geschichtsvermittlung hatten in diesem Streit keinen Platz.

Zwar fasst der Berliner Senat am 13. August 1991 symbolträchtig den Beschluss, an der Bernauer Straße eine „zentrale Gedenkstätte" zu errichten. Hierfür sollte zu den Überresten der damals noch bestehenden Mauerteile ein Grenzabschnitt auf 70 Metern Länge mit Signalzaun, Hinterlandmauer und Wachturm rekonstruiert werden.[11] Es vergingen jedoch weitere drei Jahre bis 1994 ein entsprechender künstlerischer Wettbewerb ausgeschrieben wurde, aus dem das Büro Kolhoff und Kolhoff als Sieger hervorging. Die schließlich bis 1998 realisierte Denkmalsanlage vermittelte auf einem abgetrennten Teilstück,

---

9   Der Verkehrssenator hatte am 15. Juli seine Pläne für den Bau einer vierspurigen Straße vorgestellt.
10 „Was von der Mauer bleibt", in: *Berliner Morgenpost* vom 13.08.1991.
11 Siehe auch die Beiträge von Denkmalschutzseite („Was weg ist, ist weg" – und darf nicht mehr rekonstruiert werden).

das nur über eine Aussichtsplattform zu überblicken war, eine vage Vorstellung von der Tiefenstaffelung der Mauer und dem Grenzstreifen (Abb.1).

Einer der am häufigsten geäußerten Kritikpunkte am vollständigen Abriss der Mauer- und Grenzanlagen war, dass selbst dort, wo es noch Mauerreste geschafft hatten, den Abrissarbeiten zu entgehen, die eigentliche Grenzstruktur nicht mehr sichtbar war. Dadurch sei es kaum mehr möglich, eine Vorstellung davon zu vermitteln, dass eben nicht nur eine einfache Mauer, sondern eine breit „ausrasierte Stadtwunde" die Stadt geteilt habe.[12] Zusätzlich gingen die Verkäufe von Mauergrundstücken und die Bebauung des einstigen Grenzstreifens ungebremst weiter. Als das Denkmal 1998 schließlich an der Bernauer Straße eingeweiht wurde, hagelte es Kritik an der kalten und abstrakten Gestaltung, die keine Vorstellung davon gebe, was die Mauer eigentlich gewesen war.

VERGESSENE OPFER

Gleichzeitig wurde von Opfervertretern immer wieder das Desinteresse am 13. August und den Opfern beklagt. Eine Klage, die bereits 1996 zum 35. Jahrestag des Mauerbaues von Klaus-Peter Eich als Vertreter der Opfer formuliert worden war. Auch die 1998 eingeweihte Anlage an der Bernauer Straße änderte daran nichts Grundlegendes. Zum einen wurden das Denkmal und die Erinnerungsarbeit am Ort nach wie vor von einem vor allem ehrenamtlich arbeitenden Verein und der Kirchgemeinde betrieben. Die Finanzierung und die personelle Ausstattung waren über lange Jahre hinweg mehr als prekär. Dass der Ort „Bernauer Straße" sich als der Erinnerungsort an die Berliner Mauer entwickeln konnte, hatte vor allem mit dem Engagement der Enthusiasten vor Ort zu tun. Für die Politik schien die Erinnerung an die Mauer und das 1998 eingeweihte Denkmal außerhalb der Gedenktage am 13. August und am 9. November in Vergessenheit geraten zu sein.

Der 40. Jahrestag des Mauerbaues am 13. August 2001 machte schließlich die unterschiedlichen Erwartungen an eine würdige und ernsthafte Erinnerung an die Mauer und die Teilung sowie darüber vermittelt an die SED-Diktatur als Ganzes offensichtlich. Auf dem Höhepunkt der (N)Ostalgiewelle prägten Spekulationen um eine rot-rote Koalition in Berlin die Erinnerung an den 40. Jahrestag des Mauerbaues. Die PDS, die in der einstigen DDR stabil von ca. 20 Prozent der Wähler gewählt wurde, schickte sich an, in der deutschen Hauptstadt zu einer der Regierungsparteien zu werden. Um insbesondere im Westteil der Stadt wählbar zu werden, wurde eine neue Erklärung zum Mauerbau erwogen. Eine Entschuldigung für die Opfer solle es jedoch nicht geben: „Wir bedauern das von der SED zu verantwortende Unrecht"[13] lautete schließlich die dürre Formulierung. In den Medien standen Kommentare über die politische Instrumentalisierung des Jahrestages im Vordergrund, die wie es bspw. in einem Kommentar von Rolf R. Lautenschläger in der *tageszeitung* zum 13. August 2001 hieß, „beschämend" sei.[14] Für die Opfer des SED-Regimes hingegen war die Vorstellung unerträglich, dass eine Koalition aus SPD und PDS, der Nachfolgerin ebenjener für Unrechtsregime, Mauerbau, Willkür, Repression, Hunderttausende politische Unrechtsurteile und Hunderte Grenz- und Mauertote verantwortlichen SED, die Geschicke der deutschen Hauptstadt lenken

Abb. 1

© Archiv Bundesstiftung Aufarbeitung

---

12 „Die ausrasierte Stadtwunde", in: *Die tageszeitung* vom 13.08.2001.
13 „PDS entschuldigt sich nicht für den Mauerbau", in: *Süddeutsche Zeitung* vom 11.08.2001.
14 „Die Mauer im Kopf", in: *Die tageszeitung* vom 14.08.2001.

könnten. Eine wichtige Rolle spielte dabei, dass sich die PDS für das Grenzregime und den Mauerbau sowie die Toten bis dahin nicht entschuldigt hatte. Auch Klaus Wowereit, Regierender Bürgermeister, forderte die PDS auf, „sich bei den vielen Opfern der SED-Diktatur" zu entschuldigen.[15] Und Frank Steffel von der CDU erklärte, dass „die Partei der Mauerschützen von damals nicht Senatoren von morgen" stellen könne[16]. Gregor Gysi, Spitzenkandidat der PDS, lehnte eine Entschuldigung ab, erklärte aber, dass das „inhumane Grenzregime" durch nichts zu rechtfertigen sei.[17] Für die Opfer der SED-Diktatur waren die rot-roten Planspiele unerträglich. Sie erneuerten ihre Forderungen nach einem würdigen und in der Mitte Berlins angesiedelten Denkmal und sie drohten mit einem Boykott der Gedenkveranstaltungen. Als PDS-Vertreter bei der Gedenkveranstaltung an der Bernauer Straße mit einem Kranz erschienen, wurde dieser von Alexander Bauersfeld, einem politischen Häftling der DDR, unter lautem Protest von der Gedenkmauer entfernt und zertreten. Er wurde daraufhin von der Polizei festgenommen.

„GUERILLAGEDENKEN" UND SICHTBARE ERINNERUNGEN

Wer gehofft hatte, dass sich der Berliner Senat nach dem 40. Jahrestag des Mauerbaues daranmachen würde, die Erinnerung in der Stadt sichtbar(er) zu halten, sah sich enttäuscht. Die Denkmalsanlage an der Bernauer Straße wurde weiterhin vor allem ehrenamtlich und nur über befristete Projektfinanzierungen betreut. Dies tat zwar dem großen Engagement der Vereinsmitglieder keinen Abbruch, konnte aber eine auf Dauer angelegte Arbeit in einer gesicherten Institution nicht ersetzen. Eine Änderung dieser stiefmütterlichen Behandlung des als offizielle Gedenkstätte bezeichneten Erinnerungsortes an die Berliner Mauer und die Teilung war nicht abzusehen.

In diese Leerstelle platzte 2004 zum 15. Jahrestag des Mauerfalles eine Initiative der Chefin des Mauermuseums – Museum „Haus am Checkpoint Charlie". Mit einem als temporär angekündigten Mahnmal auf einer Brachfläche am Checkpoint Charlie rüttelte sie nicht nur die Berliner Politik auf. Das Mahnmal, das

aus einer Imitation der Mauer und über 1.000 zumeist namentlich gekennzeichneten Holzkreuzen bestand, befriedigte für viele Opfer und deren Familien aber auch Berlin-Besucher das Bedürfnis nach einem als authentisch empfundenen Erinnerungsort an die Mauer (Abb. 2). Das Denkmal und die öffentliche Resonanz darauf machte vor allem unübersehbar deutlich, wie groß das unbefriedigte öffentliche Bedürfnis sowohl der Einwohner der Stadt als auch der Touristen nach einem anschaulichen Ort war, an dem die Mauer und die Teilung der Stadt sinnfällig vermittelt werden können. Der Verweis auf die Bernauer Straße lief ins Leere, da die dort bestehende Gedenkstätte als zu sachlich eingeschätzt wurde und wegen ihrer Lage außerhalb des Berliner Zentrums als abseitig galt. Mit dem von Alexandra Hildebrandt initiierten Mahnmal fühlten sich viele Opfer nun zum ersten Mal in ihren Forderungen nach einem emotional ansprechenden Denkmal mit einer eindeutigen Formensprache ernst genommen (Abb.3).

Abb. 2

© Archiv Bundesstiftung Aufarbeitung

15 Zitiert nach ebd.
16 Ebd.
17 Ebd.

Während Opfer und Touristen der Stadt das Mahnmal als eindringliches Symbol begrüßten, richtete sich die Kritik vor allem gegen die Art der Installation. So würde die Vielzahl der Kreuze etwa eine konkrete Zahl an Opfern vorgeben, die so nicht nachzuweisen seien. Auch die angebliche Orientierung an der Formensprache des kurz zuvor eingeweihten Mahnmals für die Ermordung der europäischen Juden wurde kritisiert. Mit der Analogie – dort über 6.000 Betonquader, hier über 1.000 Holzkreuze – würde eine Gleichsetzung von Nationalsozialismus und SED-Diktatur betrieben werden, lautete der Vorwurf. Unbeirrt von den kritischen Stimmen gegen das Mahnmal wehrte sich Alexandra Hildebrandt schließlich wie bereits in anderen Fällen auch gegen den Abbau ihres ursprünglich als befristete Aktion gedachten Denkmals. Sie organisierte Mahnwachen, Opfer der kommunistischen Diktatur ketteten sich an den Kreuzen fest, um gegen den Abriss der Kreuze zu protestieren. Sie argumentierten, dies sei der einzige Ort in der Berliner Mitte, der den Opfern der SED-Diktatur eine angemessene Erinnerung im öffentlichen Bewusstsein ermöglichen würde. Mit diesem „Guerillagedenken" wurde der Tatenlosigkeit der Berliner Politik ein Ende gesetzt. Noch im November 2004 lagen dem Abgeordnetenhaus schließlich zwei Anträge von CDU und Bündnis 90/Die Grünen vor, in denen der Berliner Senat aufgefordert wurde, ein Konzept für den Erhalt der noch bestehenden Mauerbauwerke und zur Erinnerung an die SED-Diktatur vorzulegen. In beiden Anträgen wurden vom Berliner Senat mehr Initiativen gefordert, um an die zweite Diktatur und deren Opfer in Berlin zu erinnern. Es gebe nicht nur „Defizite bei der sichtbaren Erinnerung an die Mauer als Symbol für die Geschichte der Teilung der Stadt, Deutschlands und der Welt, sondern auch bei der umfassenden Darstellung

der SED-Diktatur, in ihren Bereichen Herrschaft, Alltag, Widerstand"[18]. Das Berliner Abgeordnetenhaus organisierte im Frühjahr 2005 eine Anhörung im Abgeordnetenhaus, um über „die öffentliche Auseinandersetzung mit der Zeitgeschichte in der Hauptstadt Berlin – Mauergedenken und SED-Vergangenheit" zu diskutieren.

Vor dem Hintergrund des von Alexandra Hildebrandt initiierten und von großem Publikationserfolg begleiteten Erinnerungsortes am Checkpoint Charlie hatte der Berliner Kultursenator Thomas Flierl (PDS/Die Linke) bereits im Sommer 2004 begonnen, ein Konzept für die Ausgestaltung des Mauergedenkens zu entwickeln. Dieses Konzept sah zum einen vor, noch bestehende Mauerreste zu sichern und zu erhalten sowie die wenigen noch vorhandenen Freiflächen, die eine Vorstellung von Mauer und Todesstreifen in ihrer räumlichen Ausdehnung geben könnten, vor einer weiteren Bebauung zu schützen. Zum anderen sollten die bereits bestehenden Erinnerungsorte und Denkmäler besser sichtbar gemacht werden und aufeinander verweisen. Denn bereits zu jenem Zeitpunkt gab es etwa 60 Einzeldenkmäler, die an ermordete Flüchtlinge erinnerten oder zu Denkmälern umgebaute Mauerreste, wie auf dem Potsdamer Platz. Hierzu gehörte auch die doppelte Pflastersteinreihe, die bereits seit Anfang der Neunzigerjahre im Straßenverlauf die Mauer gekennzeichnet hatte. Jedoch wurde deren Sicht- und Erkennbarkeit dadurch beeinträchtigt, dass diese Pflastersteine nicht exklusiv für die Kennzeichnung des Mauerverlaufes verwendet, sondern auch für die Reparatur der chronisch schlechten Straßen genutzt wurden. Für das Einbringen des Me-

---

18 Stellungnahme A. Kaminsky im Rahmen der Anhörung vom 25. April 2005, S. 1.

tallbandes mit den Daten von Mauerbau und Mauerfall, das in der Mauerkennzeichnung eine eindeutige Zuordnung und Orientierung ermöglicht hatte, fehlte das Geld.

Das Konzept des Kultursenators wurde im Juni 2006 fertiggestellt. Es war als Handlungsgrundlage gedacht, um bis 2011, dem 50. Jahrestag des Mauerbaues, die Erinnerung an die Teilung der Stadt und die Opfer der Diktatur zu gestalten. So sollte das Areal an der Bernauer Straße großräumig für die Gedenkstätte erhalten werden; vorhandene Bodendenkmäler wie die Kellergeschosse der für ein freies Schussfeld abgerissenen Häuser sollten freigelegt und mit den mit ihnen verbundenen Geschichten und Schicksalen der Menschen in Beziehung gesetzt werden. Hatte der Ort seine Wirkmacht bis dahin vor allem über die Aktionen und Veranstaltungen des Vereines bezogen, sollte nun über die interessante Gestaltung des gesamten Geländes bis hin zum „Mauerpark" ein Geschichtspark entstehen, der endlich das zu leisten imstande war, was seit 1990 immer wieder gefordert worden war.[19]

Zum 13. August 2011 wurde die nunmehr neu gestaltete Mauergedenkstätte an der Bernauer Straße mit einem großen Festakt durch den Bundespräsidenten und die Kanzlerin in einer bewegenden Zeremonie eingeweiht. Tausende Berliner, aber auch viele Touristen kamen an jenem Tag, um an den Bau der Mauer und die Teilung der Stadt mit ihren Familien zu erinnern. Mittlerweile verzeichnet die Mauergedenkstätte einen Besucherrekord nach dem anderen. Wie 2011 im Juni bereits bei der Wahrnehmung des Aufstandes vom 17. Juni 1953 zu besichtigen, beginnt die Mauererinnerung die Erinnerung an andere traumatische Ereignisse der zweiten Diktatur in den Hintergrund zu drängen. Ob die Erinnerung an den Mauerbau und seine dramatischen Folgen für die in der DDR-Diktatur eingesperrten Menschen zu der bestimmenden Erinnerung an die zweite Diktatur werden wird, bleibt abzuwarten. Das Potenzial hierfür liegt darin, dass hier ein Ereignis von großer historischer Relevanz auch mit eindrücklichen Bildern und konkreten Bauwerken im Stadtraum sowie bewegenden Schicksalen und Geschichten von Mut, Verzweiflung, Trauer und auch Verrat verbunden ist. Wir können gespannt sein, ob die Erinnerung an den Mauerbau und das tödliche Grenzregime auch künftig das Gedenken an die kommunistische Diktatur in der DDR dominieren wird.

Zu Beginn des sechsten Jahrzehntes nach dem Mauerbau hatte sich in Berlin endlich eine Erinnerungskultur etabliert, in der die Information über die Mauer und das Gedenken an deren Opfer einem weitreichenden gesellschaftlichen Konsens zu entsprechen schien. Anlässlich des 25. Jubiläums des Mauerfalles 2014 war eine neue Selbstverständlichkeit beim Umgang mit der Mauererinnerung zu sehen: Die Lichtgrenze durch Berlin brachte über Tage Hunderttausende Menschen aus dem In- und Ausland an die mit Lichtballons markierte einstige Grenze zwischen Ost- und West-Berlin. Überall bildeten sich kleinere und größere Gruppen, Menschen erzählten sich ihre Erfahrungen und Erinnerungen an die Mauer – und am 9. November wurde mit einem Fest am Brandenburger Tor gefeiert. Gleichzeitig nutzte das Zentrum für politische Schönheit den Jahrestag des Mauerfalles 2014 und baute die den Toten an der Mauer gewidmeten Kreuze am Berliner Reichstag ab, um sie an den europäischen Außengrenzen wiederaufzubauen. Unter dem Motto „Weitere Mauertote verhindern" wollte die Gruppe gegen die deutsche Asylpolitik protestieren und die Aufmerksamkeit auf die Flüchtlinge lenken, die bei ihrem Versuch, nach Europa zu gelangen, ihr Leben riskierten. Diese Aktion wurde zum Auftakt des „Ersten europäischen Mauerfalls" erklärt. Ein Jahr später, die Aktion war längst vergessen, nahm die Bundesrepublik binnen weniger Monate

---

19 Leider fand sich für die Initiative von Yadegar Asisi, am Nordbahnhof ein Mauerpanometer einzurichten, keine Unterstützung beim zuständigen Bezirksamt Mitte. Diese Initiative wurde von der Bundesstiftung Aufarbeitung, der Stiftung Berliner Mauer und dem Kultursenat unterstützt, scheiterte jedoch am Desinteresse des Bezirkes.

knapp eine Million Flüchtlinge und Migranten auf, die einen teils mehrere Tausend Kilometer langen Weg zurückgelegt hatten, um nach Deutschland zu kommen. Die Entscheidung der Bundeskanzlerin, diese Menschen aufzunehmen, spaltete nicht nur die deutsche Gesellschaft, sondern führte auch in der Europäischen Union zu großen und bis heute andauernden Verwerfungen.

2019 anlässlich 30 Jahre Mauerfall hatte sich die Situation verändert: Das unbeschwerte Feiern und die gelassene Nachdenklichkeit des Jahres 2014 waren einer spürbaren Anspannung gewichen. Planungen für öffentliche Veranstaltungen wie die am 9. November 2019 vorgesehene am Brandenburger Tor oder entlang des Mauerverlaufes standen unter bis dahin nicht gekannten Sicherheitsüberlegungen. Nach den seit 2015 in verschiedenen europäischen Städten verübten islamistischen Terroranschlägen, wie dem Anschlag auf den Weihnachtsmarkt auf dem Berliner Breitscheidplatz, bei dem am 19. Dezember 2016 zwölf Menschen ermordet wurden, wurden öffentliche Veranstaltungen angesichts von möglichen Terrorszenarien unter Sicherheitsüberlegungen gestellt, die nur wenige Jahre zuvor unvorstellbar schienen.

Und so bleibt im 60. Jahr des Mauerbaues die Hoffnung, dass die Überreste der Mauer, wo immer sie auch stehen, eine Botschaft von der Kraft friedlicher Proteste, von Mut und der Chance auf ein friedliches Zusammenleben der Menschen verkünden mögen.

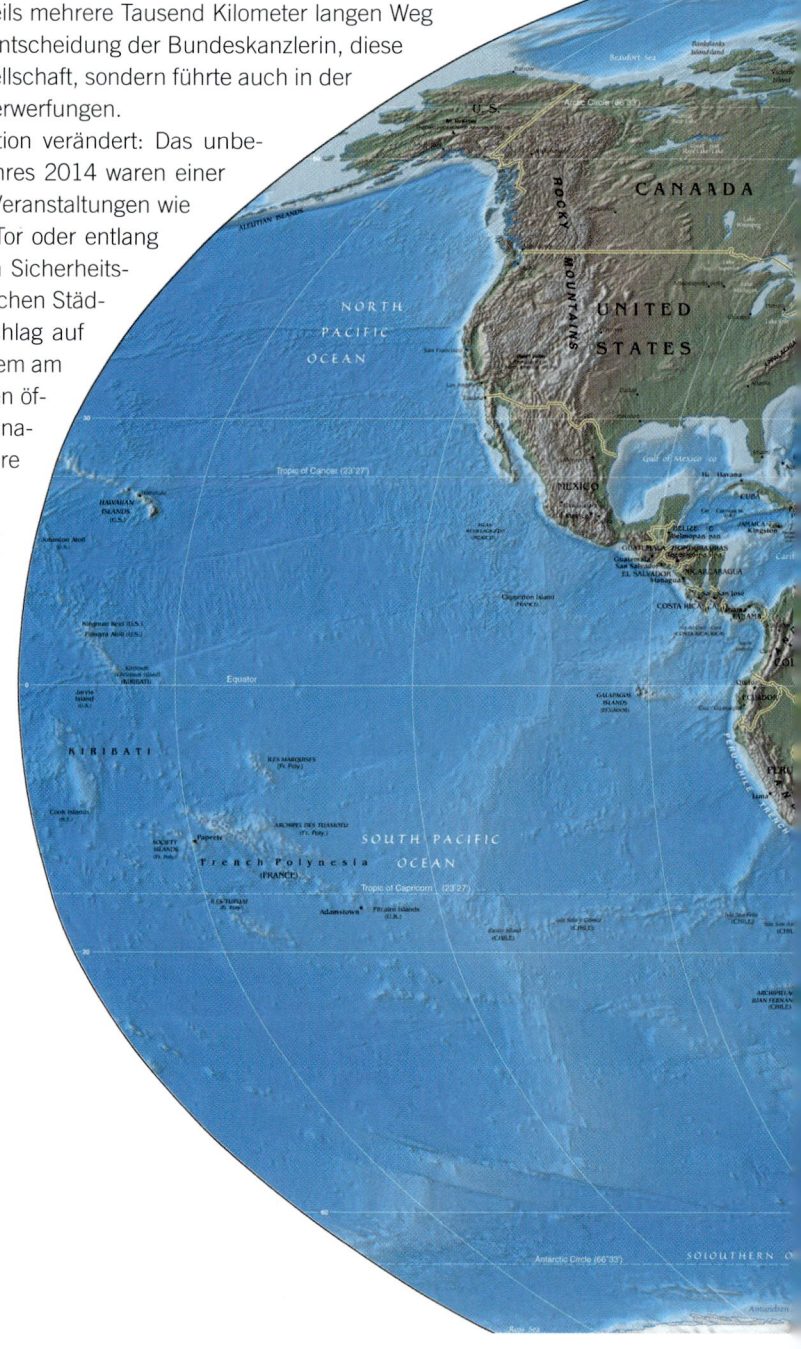

EUROPA

NORDAMERIKA

ZENTRALAMERIKA

SÜDAMERIKA

AFRIKA

ASIEN

AUSTRALIEN UND OZEANIEN

MARS

Als Mahnung und Erinnerung an die überwundene kommunistische Diktatur unter Enver Hoxha wurde am 26. März 2013 ein Segment der Berliner Mauer in der albanischen Hauptstadt Tirana feierlich und unter großer öffentlicher Anteilnahme eingeweiht. Der albanische Premierminister Sali Berisha, die Botschafterin der Bundesrepublik Deutschland Carola Müller-Holtekemper, der Oberbürgermeister von Tirana Lulzim Basha wohnten der Einweihung ebenso bei wie die Geschäftsführerin der Bundesstiftung Aufarbeitung Anna Kaminsky, auf deren Initiative das Mauerstück nach Tirana überführt worden war.

Das 3,6 Meter hohe und 2,6 Tonnen schwere Mauerelement, eine Schenkung der Stadt Berlin, ist Bestandteil des drei Werke einschließenden Mahnmalkomplexes „Post-bloc". Errichtet an der ehemaligen Sperrzone der kommunistischen Parteiführung, im heutigen Ausgehviertel im Zentrum Tiranas gelegen, umfasst die Kunstinstallation auf dem Platz der „Opfer der Nation" neben der Berliner Mauer, Betonstützen aus den Bergwerksstollen des Arbeitslagers „Spaçi" sowie einen Bunker. Dieser steht symbolisch für die noch heute etwa 750.000 über die Landschaft Albaniens verstreuten Bunker. Der albanische Schriftsteller Fatos Lubonja, der als politischer Gefangener des Regimes 19 Jahre in Arbeitslagern und in Einzelhaft verbrachte, und der Künstler Ardian Isufi entwarfen das Mahnmal. Es erinnert an die Opfer der kommunistischen Diktatur unter Enver Hoxha von 1945 bis zu seinem Tod 1985.

In zahlreichen blutigen Säuberungsaktionen wurden politische Oppositionelle und Intellektuelle, Landbesitzer, muslimische und christliche Geistliche, Bauern, die sich der Kollektivierung widersetzten, als sogenannte Gegner des Regimes verbannt, zum Tode oder zu langjährigen Freiheitsstrafen mit nachfolgender Internierung verurteilt. Die Repressionen betrafen dabei ganze Familien, die in Sippenhaft und ebenfalls verbannt und deportiert sowie zur Zwangsarbeit gezwungen wurden. Enver Hoxhas repressiver Führungsstil sowie die Stilisierung eines allgegenwärtigen Bedrohungsszenarios für Albanien durch Feinde von Außen sorgten bei der Bevölkerung für Einschüchterung und Hass. Die politische Isolierung Albaniens währte über 40 Jahre lang und führte nicht nur zu einer extremen Form der Abschottung des Landes, sondern trug auch wesentlich zur Verarmung der Bevölkerung bei. Ramiz Alia trat als letzter kommunistischer Staatspräsident Albaniens die Nachfolge von Hoxha nach dessen Tod 1985 an. Er leitete zwar erste zaghafte wirtschaftliche Reformen und eine außenpolitische Öffnung des Landes ein, setzte jedoch grundsätzlich die Politik der Kommunistischen Partei fort. Die im Spätherbst 1990 zu Beginn vor allem von Studenten angeführten Proteste, brachten das Regime um Ramiz Alia immer mehr in Bedrängnis. Mitte Dezember 1990 verzichtete die Kommunistische Partei/Arbeiterpartei auf ihren Alleinvertretungsanspruch. Die Bildung neuer politischer Parteien wurde zugelassen. 1990 gründete sich die Sozialdemokratische Partei, die als direkte Nachfolgerin der stalinistischen kommunistischen Partei gilt, sowie 1991 die Demokratische Partei Albaniens. Aus den ersten freien Wahlen 1991 gingen die Postkommunisten der nunmehr Sozialdemokratischen Partei als Sieger hervor. Anhaltende Unruhen führten jedoch kaum ein Jahr später zu erneuten Wahlen. Die Demokratische Partei Albaniens um Sali Berisha gewann diese mit einer Zweidrittelmehrheit.

BRÜSSEL
BELGIEN

Standort:
hinter dem Euro-
päischen Parlament,
Parc Léopold

Infotafel am Mauerteil hinter
dem Europäischen Parlament,
Brüssel

© Jens Schöne, Berlin

Im Jahr 2001 gab es in Berlin erste Überlegungen, ein Stück der Berliner Mauer in Brüssel aufzustellen. Die Stadt Berlin hatte der europäischen Hauptstadt damals symbolisch ein originales Mauerteil geschenkt, das allerdings zunächst in Deutschland verblieb. Erst als ein geeigneter Standort gefunden war, wurde es am 30. März 2004 vom Potsdamer Platz auf einen Schwertransporter verladen und nach Belgien gebracht.

Am 22. April 2004 wurde im Parc Léopold in Brüssel, unweit des Europäischen Parlamentes, das Mauerteil der Öffentlichkeit übergeben. André Schmitz, Staatssekretär für Kultur in der Berliner Senatskanzlei, überreichte es im Namen der Bundeshauptstadt an Michaele Schreyer, Mitglied des Haushaltsausschusses der Europäischen Kommission und ehemalige Abgeordnete des West-Berliner Senats. Sie hatte an der denkwürdigen Versammlung der West-Berliner Stadtregierung am 10. November 1989 im Rathaus Schöneberg teilgenommen. Von belgischer Seite waren Jacques Simonet, Ministerpräsident der Region Brüssel-Hauptstadt, und Jos Chabert, als Vertreter der Stadt Brüssel, beim Festakt zugegen.

Das Mauerteil ist sowohl vom Europäischen Parlament als auch vom Gebäude des „Ausschusses der Regionen" gut sichtbar. Dort tagen mehr als 300 Vertreter verschiedener Kommunen und Gemeinden aus ganz Europa, um die Interessen der vielfältigen Gegenden in die europäische Politik einzubringen. Angesichts der bevorstehenden EU-Osterweiterung am 1. Mai 2004 sollte deutlich gemacht werden, dass die Teilung Europas nunmehr überwunden ist. Das Mauerstück wurde hinter einem Zaun aufgestellt und ist nur von außen zu besichtigen. Eine kleine Tafel erinnert in den drei Amtssprachen Belgiens – Deutsch, Französisch und Niederländisch – an die Teilung Deutschlands und Europas:

Berliner Mauer

Originalteil vom Potsdamer Platz

*Von 1961 bis 1989 Symbol der Teilung Berlins, Deutschlands und Europas. Mit ihrem Fall am
9.11.1989 wurde die Vereinigung Ost- und Westeuropas in der Europäischen Union am 1. Mai 2004
möglich.*

Mur de Berlin

Pièce originale de la Potsdamer Platz

*De 1961 á 1989, symbole de la division de Berlin, de l'Allemagne et de l'Europe. La chute du mur,
le 9.11.1989, a rendu possible l'unification de l'Europe orientale et occidentale au sein de l'Union
Européenne le 1er mai 2004*

De Berlijnse Muur

Origineel deel van de Potsdamer Platz

*Van 1961 tor 1989 was de muur het symbool van de scheiding van Berlin, Duitsland en Europa. Met
de val van de muur op 9.11.1989 werd de hereniging van Oost- en West-Europa in de schoot van de
Europese Unie op 1 mei 2004 mogelijk.*

BRÜSSEL
BELGIEN

Standort:
Mini-Europa,
Bruparck

Die Mauer im Kleinformat
im Bruparck in Brüssel
© Jens Schöne

Zwischen dem Kieler Holstentor und dem Dom zu Speyer steht in Brüssel auch das Brandenburger Tor. Davor ist die Berliner Mauer zu sehen, auf der – zur Erinnerung an den Mauerfall – von Grenzsoldaten unbehelligt, Menschen sitzen und spazieren gehen. Dahinter sind Abbruchgeräte und Tieflader zu sehen, die mit dem Abtransport der ehemaligen Grenzanlage begonnen haben. Das berühmte Mauergraffito mit dem Bruderkuss von Breschnew und Honecker, das eigentlich auf ein Mauerteil an der East Side Gallery gemalt wurde, ist gleichfalls zu sehen.

Diese Miniaturnachbildungen sind im Park Mini-Europa am Fuße des weltbekannten Atomiums zu sehen. Im Maßstab von 1:25 werden hier, finanziert von der Europäischen Union und der Stadt Brüssel, berühmte Bauwerke aus ganz Europa aufwendig nachgebaut. 1989 vom belgischen Prinzen Phillip einge-weiht, gehört der Park zu den größten Touristenattraktionen in Brüssel. Am Ende des Rundganges wartet eine vom Europäischen Parlament initiierte interaktive Ausstellung „The Spirit of Europe" auf die Besucher, in der es auch um die denkwürdigen Ereignisse vom 9. November 1989 in Berlin geht.

Standort:
Vor dem Sitz der Europäischen Kommission, Rue de la Loi / Wetstraat 200

Die Mauer vor dem Sitz der Europäischen Kommission in Brüssel
© Mauro Bottaro / Europäische Union

Auf der Esplanade des Berlaymont-Gebäudes, dem Sitz der Europäischen Kommission im sogenannten Europaviertel am östlichen Rand von Brüssel, steht ein „Kennedy-Segment" genanntes Stück der Berliner Mauer. Zur Erinnerung an den Mauerfall und anlässlich des 25-jährigen Jubiläums der deutschen Wiedervereinigung war das Mauerteil am 9. November 2015 von EU-Kommissionspräsident Jean-Claude Juncker, der Vizepräsidentin der EU-Kommission, Kristalina Georgieva, EU-Kommissar Günther Oettinger und dem deutschen Finanzminister Wolfgang Schäuble feierlich enthüllt worden.

Seit 2009 stand das von dem Leipziger Künstler Alban Seyboth bemalte Mauerstück zunächst auf dem nahegelegenen Place du Luxembourg, auf dem zum 20. Jahrestag des Mauerfalles eine Nachbildung des einstigen Grenzüberganges Checkpoint Charlie errichtet worden war. Diese war mit einer Fotoausstellung und Originalsegmenten der Berliner Mauer ergänzt worden. Die Initiative dazu stammte von den belgischen Behörden in Partnerschaft mit dem Premierminister, der Vertretung der Europäischen Kommission in Belgien, dem Informationsbüro des Europäischen Parlamentes und der Gemeinde Ixelles in der Region Brüssel. 2012 kam das Segment in den Besitz der Europäischen Kommission und wurde anschließend restauriert. Seitdem ist es durch Glasscheiben vor Wetter und Beschädigung geschützt.

BRÜSSEL
BELGIEN

Standort:
Vor dem
NATO-Hauptquartier,
Boulevard Leopold III

Angela Merkel und Jens
Stoltenberg bei der Übergabe
der Mauerteile vor dem NATO-
Hauptquartier in Brüssel am
25. Mai 2017

© Kay Nietfeld / dpa / Picture
Alliance

Am 25. Mai 2017 fand das Treffen der Staats- und Regierungschefs der NATO erstmals im neuen Hauptquartier des atlantischen Verteidigungsbündnisses am Boulevard Leopold III in Brüssel statt. Aus diesem Anlass wurden vor der eigentlichen Zusammenkunft zwei Denkmäler eingeweiht, die vor dem Hauptbesuchereingang stehen: Es handelt sich dabei einmal um ein Erinnerungsstück an die terroristischen Angriffe auf die USA am 11. September 2001, in deren Folge erstmals der Bündnisfall nach Artikel 5 des NATO-Vertrages ausgerufen wurde, sowie um zwei Segmente der Berliner Mauer. Die beiden Mauerteile wurden der NATO von der Bundesrepublik Deutschland geschenkt. Bei der Einweihungszeremonie hielten sowohl NATO-Generalsekretär Jens Stoltenberg als auch US-Präsident Donald Trump und Bundeskanzlerin Angela Merkel Grußworte.

Die beiden Original-Segmente der Berliner Mauer vom Bautyp „Grenzmauer 75", auch als Stützwandelement UL 12.41 bekannt, waren durch das Technische Hilfswerk (THW) von Berlin nach Brüssel transportiert und hier aufgestellt worden. Ausgesucht hatte sie das Auswärtige Amt, das hierfür von der Stiftung Berliner Mauer beraten wurde. Auf Wunsch des Außenministeriums sollten die Segmente sowohl authentisch in Bezug auf den baulichen Zustand als auch repräsentativ für die Ereignisse in den Jahren 1989/1990 sein. Die beiden Segmente hatten einst unterschiedliche Funktionen. Das rechte Segment, das heute näher zum Weg steht und auf dem ein Graffito mit roten Händen zu sehen ist, war Teil der äußeren Grenzmauer und markierte die direkte Grenze zu West-Berlin. Die Bemalung wurde wahrscheinlich noch vor dem Mauerfall aufgebracht und später teilweise von „Mauerspechten" abgeschlagen. Der genaue ehemalige Standort dieses Segmentes ist unbekannt. Das andere Mauerteil dagegen war Teil der inneren Grenzmauer auf der Ostseite und befand sich im Gebiet zwischen Brandenburger Tor und Potsdamer

Platz. Auf diesem Segment ist noch ein Teil eines stilisierten Auges und eines längeren Schriftzuges zu erkennen, der sich über mehrere Mauersegmente erstreckte: „Gorbi sieht alles." Da diese Bemalung auf der ehemaligen Ostseite des Mauerteiles angebracht war, muss sie aus der Zeit nach 1990 stammen. Der ursprüngliche Überkletterschutz ist nicht erhalten.

Die beiden Mauersegmente wurden mit einer Tafel versehen, deren Text in den offiziellen Arbeitssprachen der NATO, Englisch und Französisch, wie folgt lautet:

The Berlin Wall, a symbol of repression and fear, split the German capital from 1961. The NATO Allies opposed it with their enduring commitment to freedom, democracy and human rights – values which unite us to this day. Peaceful protest in Central and Eastern Europe brought the Wall down on 9 November 1989, paving the way for German reunification and an end to the division of Europe.

Le Mur de Berlin a coupé en deux la capitale de l'Allemagne dès 1961. À ce symbole d'oppression et de peur, les pays de l'OTAN ont opposé leur engagement pour la liberté, la démocratie et les droits de l'homme – des valeurs qui nous unissent jusqu'à ce jour. Les manifestations pacifiques en Europe centrale et orientale ont entraîné la chute du Mur, le 9 novembre 1989, annonçant la réunification de l'Allemagne et la fin d'une Europe divisée.

[Die Berliner Mauer, ein Symbol für Unterdrückung und Angst, spaltete die deutsche Hauptstadt ab 1961. Die NATO-Alliierten widersetzten sich ihr mit ihrem anhaltenden Engagement für Freiheit, Demokratie und Menschenrechte – Werte, die uns bis heute verbinden. Der friedliche Protest in Mittel- und Osteuropa brachte die Mauer am 9. November 1989 zum Einsturz und ebnete den Weg für die deutsche Wiedervereinigung und ein Ende der Teilung Europas.]

CASTEAU BEI MONS
BELGIEN

Standort:
SHAPE,
Militärisches
Hauptquartier
der NATO

Die Mauer im
NATO-Hauptquartier,
Casteau
© Photo courtesy of NATO

In der Nähe der belgischen Kleinstadt Mons befindet sich bei dem Dorf Casteau eines von zwei militärischen Hauptquartieren der NATO in Europa (Supreme Headquarter Allied Powers in Europe, SHAPE). Dieses ist dem politischen Hauptquartier der NATO in Brüssel nachgeordnet. Auf dem weitläufig abgeschirmten Militärgelände steht ein Gebäude, das während des Kalten Krieges eine besondere Bedeutung hatte. Im sogenannten Live Oak Building befand sich ein Sonderstab der westlichen Alliierten, der im Falle einer erneuten Abriegelung West-Berlins wie während der „Berlin-Blockade" von 1948/1949 durch die Sowjetunion für die Verteidigung und Versorgung der abgeriegelten Westsektoren der Stadt verantwortlich gewesen wäre. Unter dem Codenamen „Lebenseiche" (Live Oak) überwachte der 1959 von Frankreich, Großbritannien und den USA eingerichtete Sonderstab bis 1990 die Zugänge von und nach West-Berlin. Ursprünglich bei Paris angesiedelt, wurde der Stab nach dem NATO-Austritt Frankreichs 1967 nach Belgien verlegt. Seit dem Mauerbau 1961 gehörte dem Stab auch ein Vertreter der Bundesrepublik an, der im Krisenfall den Kontakt zur bundesdeutschen Regierung herstellen sollte. Die Vorgänge im Live Oak Building blieben während des Kalten Krieges ein gut gehütetes

Geheimnis. Erst 1993 drangen erste Informationen an die Öffentlichkeit. Bereits drei Jahre zuvor hatte der Stab in der Nacht vom 2. auf den 3. Oktober 1990 seine Tätigkeit offiziell eingestellt.

Nach dem Mauerfall und dem Ende des Kalten Krieges bezog in den 1990er Jahren das ICC (Implementation Forces Coordination Cell), das unter anderem die Truppenstationierung in Bosnien und die Umsetzung des Friedensplanes von Dayton überwachte, das Gebäude. Im ICC waren nunmehr auch russische Militärs vertreten. Später wurde ein Konferenzzentrum für Beratungen der in die „Partnerschaft für den Frieden" eingebundenen Staaten eingerichtet.

Vor dem Eingang zum Live Oak Building steht zwischen vier Fahnenmasten ein originales Stück der Berliner Mauer. Der letzte Kommandeur des Live Oak, General Johan Galvin Saceur, nahm es am 27. November 1990 als Geschenk Deutschlands entgegen. Flankiert wird es von zwei immergrünen Virginia-Eichen, die dem Gebäude zu seinem Namen verhalfen. Auf der Tafel, die am Fuß des Mauerteiles zu sehen ist, steht folgender Text:

This section of the Berlin Wall symbolizes the division of Germany that existed after WWII until German Unification on 3. October 1990. The Live Oak Organization was dedicated to freedom of access to Berlin from 1959 to 1990.
France, United Kingdom, Federal Republic of Germany, United States of America
[Dieses Stück der Berliner Mauer versinnbildlicht die Teilung Deutschlands, wie sie vom Ende des Zweiten Weltkrieges bis zur deutschen Wiedervereinigung am 3. Oktober 1990 bestand. Die Dienststelle Live Oak war von 1959 bis 1990 für den freien Zugang nach Berlin zuständig.
Frankreich, Großbritannien, Bundesrepublik Deutschland, Vereinigte Staaten von Amerika]

GENT
BELGIEN

Standort:
Neben der
Burg Gravensteen

Der Gravensteen, die Burg der flämischen Landgrafen, steht bis heute trutzig im Zentrum der belgischen Stadt Gent. In ihren wuchtigen Mauern hielten über Jahrhunderte hinweg die Herren über Flandern Gericht. Die flämischen Landgrafen waren wegen ihrer grausamen Rechtsprechung gefürchtet. Zwischen 1407 und 1708 waren in den Kerkern ungezählte Sträflinge gefangen, von denen viele Folterqualen ausstehen mussten. Gefängnis und Kerkerloch sind bis heute als Teil eines „Foltermuseums" in der Burg zu besichtigen.

Die Misshandlung von Häftlingen ist keineswegs nur ein Problem der Vergangenheit. Bis heute werden weltweit Menschen aus politischen Gründen inhaftiert, ihrer Rechte beraubt oder gar getötet. Die Menschenrechtsorganisation Amnesty International setzt sich für die Belange dieser Gefangenen ein. Zur Erinnerung an alle „Verschwundenen Menschen" („Missing persons"), die weltweit wegen ihrer Überzeugung, Religion, Rasse oder anderen Gründen verschleppt, verhaftet oder ermordet wurden, initiierte Amnesty International zusammen mit dem Honest Arts Movement, einer belgischen Künstlervereinigung, 1996 den Bau eines Denkmals. Als Standort wurde wegen seiner Geschichte der Gravensteen in Gent ausgewählt. Der belgische Künstler Freddy de Vos aus Drongen übernahm die Gestaltung. Auf einen grauen stufenförmigen Sockel setzte er eine Skulptur aus Aluminiumstäben, in deren Mitte die Silhouette eines Menschen ausgespart ist. Das Fundament ließ de Vos innen leer. Dorthinein steckten Genter Schulkinder anlässlich der Einweihung am 3. Mai 1996 Briefe, die sie an politische Gefangene geschrieben hatten. Das Projekt „Schrijfzevrijdag" (etwa: „Schreibt sie frei") war von Amnesty International Belgien ins Leben gerufen worden. Der Künstler selbst hinterließ im Sockel eine kleine Bronzeplastik sowie drei Bröckchen aus der Berliner Mauer, die ihm ein deutscher Kollege für das Vorhaben zur Verfügung gestellt hatte. Zwei weitere kleine Mauerbröckchen wurden von außen sichtbar in das Fundament eingelassen. Daneben sind kleine Steine von der südafrikanischen Gefängnisinsel Robben Island, auf welcher der Menschenrechtler und spätere Präsident Nelson Mandela achtzehn Jahre vom Apartheid-Regime festgehalten wurde, zu sehen.

GENT
BELGIEN

Standort:
Vor dem
Hauptgebäude von
Flanders Expo,
Maaltekouter 1

Die Mauer bei Flanders Expo,
Gent
© Lode Anseel

Vor dem Hauptgebäude des Messeveranstalters Flanders Expo im belgischen Gent steht seit Oktober 1998 ein Segment der Berliner Mauer. Lode Anseel, damals Hauptbuchhalter des Unternehmens und begeisterter Berlin-Fan, brachte das 2,6 Tonnen schwere Mauerteil nach Belgien. Er hatte es zusammen mit einer zweiten Betonplatte Mitte der 1990er Jahre in Berlin erstanden, wo es nach seiner Erinnerung einst den Potsdamer Platz in Ost und West geteilt hatte. Anseel gelang es, die damalige Geschäftsführung von Flanders Expo zu überzeugen, eine Betonplatte anzukaufen und als Attraktion auf dem Firmengelände aufzustellen. Zu den Klängen von „The Wall" der britischen Rockband Pink Floyd wurde das Mauersegment mit einem kleinen Volksfest schließlich eingeweiht. Von beiden Seiten mit buntem Graffiti versehen, strömen seitdem jährlich Zehntausende Besucher auf dem Weg zur Messe an der Betonplatte vorbei.

ZWEVEZELE
WINGENE
BELGIEN

Standort:
Ricksteenweg 6

Für den belgischen Fotografen Lode Anseel ist die Berliner Mauer zur Leidenschaft geworden. Seit seinem ersten Berlinbesuch als Schüler 1977 ließ ihn das Schicksal der geteilten Stadt und ihres weltbekannten Betonwalles nicht mehr los. Als Anseel aus der Presse vom Mauerfall am 9. November 1989 erfuhr, wollte er sofort zurück nach Berlin, um die denkwürdigen Ereignisse mit seiner Kamera festzuhalten. Doch die Reise kam erst im Sommer 1990 zustande. Hier erlebte er die Schließung des berühmten Grenzkontrollpunktes Checkpoint Charlie am 22. Juni 1990. Zur Erinnerung machte Anseel unzählige Fotos und nahm einige kleine Mauerbröckchen mit nach Hause, die er für vier DDR-Mark einem Straßenhändler abgekauft hatte. 1995 eröffnete Anseel eine erste große Fotoausstellung über Berlin im belgischen Menen. Vier Jahre später und zehn Jahre nach dem Mauerfall wurden seine Bilder im Kulturzentrum „de Wissel" in Wigene der Öffentlichkeit präsentiert. Anseels Leidenschaft war inzwischen über die Berliner Mauer hinaus gewachsen. Bei seinen Berlinbesuchen begann er alles zu sammeln, was mit der ehemaligen Grenze und der DDR zu tun hatte. Besonders hatte es ihm das ostdeutsche Einheitsauto, der Trabant, angetan. Anseel kaufte in den 1990er Jahren vier Trabis, darunter auch eine Version, wie sie bei der Nationalen Volksarmee zum Einsatz kam. Er besitzt auch einen Trabant P 50 der ersten Generation, auf dem Anseel die Unterschriften des sowjetischen Staatsoberhauptes Michail Gorbatschow, des SED-Politikers Günter Schabowski und der DDR-Eiskunstläuferin Katarina Witt vereinigen konnte. Besonders stolz ist Anseel aber auf einen Trabi, den er komplett mit Geldscheinen und Münzen aus 75 Ländern beklebt hat.

Die Mauer im Garten von
Lode Anseel,
Zwevedele Wingene
© Lode Anseel

Über seine Trabileidenschaft kam Anseel schließlich auch in den Besitz von zwei Mauerteilen. In der Zeitschrift „Supertrabi" stieß er auf den Artikel eines Berliner Trabifans, der ihm den Kontakt zu einem Mauerverkäufer herstellte. Anseel überzeugte seinen damaligen Arbeitgeber, die Flanders Expo in Gent, ebenfalls ein Mauersegment zu kaufen und den Transport zu organisieren. Ein Mauerteil blieb bei der Flanders Expo, das zweite stellte Anseel in seinen Garten. Dort steht es bis heute, ergänzt um eine kleine weiße Platte auf der „ORIGINAL BERLIN WALL / POTSDA[M]MER PLATZ / HOPE, FREEDOM AND PEACE / ALL OVER THE WORLD" („Originale Berliner Mauer / Potsda[m]mer Platz / Hoffnung, Freiheit und Frieden / auf der ganzen Welt") zu lesen ist.

Als „Zeichen besonderer Aufmerksamkeit" schenkte der Berliner Senat der bulgarischen Hauptstadt Sofia im Frühjahr 2006 ein Segment der Berliner Mauer. Die Initiative hierfür ging von der bulgarischen Stiftung „Nasledstwo" („Erbe") aus, die sich der Bewahrung des historischen Erbes Bulgariens verschrieben hat. Die Filiale der WAZ-Mediengruppe in dem Balkanstaat unterstützte das Vorhaben. Die Sofioter Stadtregierung bat am 1. März 2006 den Berliner Senat um ein Mauerteil. Nachdem die Zusage aus Deutschland vorlag, beschloss das Sofioter Stadtparlament am 13. April 2006 das Mauerteil im Park neben dem Kulturpalast aufzustellen. Es befindet sich damit in symbolischer Nachbarschaft zum unmittelbar in der Nähe stehenden Mahnmal für die Opfer des Kommunismus in Bulgarien, das 1999 eingeweiht wurde.

Mit der Gestaltung des Mauerdenkmales beauftragte das Sofioter Stadtparlament die Stiftung „Nasledstwo". Umgesetzt wurde ein Entwurf des Architekten Bojko Kadinow, der das Betonsegment auf einem mit schwarzen Steinplatten ausgelegten Platz aufstellte. Schräg dahinter steht eine wellenförmige Mauer, auf der zwei Texttafeln in deutscher und bulgarischer Sprache angebracht sind

Standort:

Boulevard Bulgaria,
neben dem Kulturpalast

Die Mauer in Sofia

© Fanny Heidenreich

На 13. август 1961 г. една стена раздели Берлин, Германия, а с тях Европа и света на две части. България беше затворена от източната страна на Стената - до 9. ноември 1989 г., когато народът я разруши.
Този отломък от Берлинската стена е дар от гражданите на Берлин на гражданите на София, като знак за възстановеното единство на Европа и доказателство, че българите са вече свободни хора. Берлин май 2006г.
[Am 13. August 1961 hat eine Mauer Berlin, Deutschland und damit Europa und die Welt zweigeteilt. Bulgarien blieb östlich der Mauer eingeschlossen – und dies bis zum 9. November 1989, als das Volk sie stürzte. – Dieses Bruchstück der Berliner Mauer ist ein Geschenk der Berliner für die Bürger von Sofia – als Zeichen des wiedervereinten Europas und ein Beweis dafür, dass die Bulgaren nunmehr frei sind. Berlin, Mai 2006]

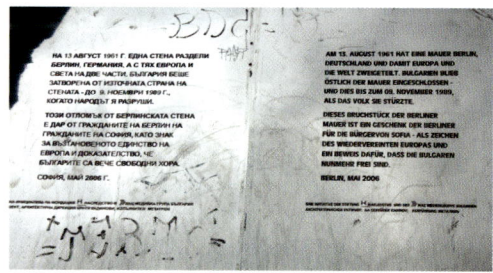

Infotafel am Mauerteil in Sofia

© Fanny Heidenreich

Da die Einweihung der Anlage bereits am 16. Mai 2006 anlässlich des Sofia-Besuches des Regierenden Bürgermeisters von Berlin, Klaus Wowereit, erfolgen sollte, mussten die Arbeiten zur Gestaltung des Platzes schnell ausgeführt werden. Während das Mauerstück vom Fuhrunternehmen „Militzer und Münch" von Berlin nach Sofia gebracht wurde, arbeitete die Firma „Nidel" fieberhaft am Bau des Denkmals. Der Besuch Wowereits wurde schließlich verschoben, sodass erst am 20. Juni 2006 die Übergabe des Mauersegmentes an den Sofioter Bürgermeister Bojko Borissow erfolgen konnte.

Auch in Bulgarien kam es im Herbst 1989 zu revolutionären Ereignissen und Umbrüchen. Am 10. November 1989, einen Tag nach dem Mauerfall, musste der damalige kommunistische Staatschef Bulgariens, Todor Shiwkow, von seinem Amt zurücktreten. Noch im Herbst wurde ein Runder Tisch initiiert, an dem sich die Kommunistische Partei und das Oppositionsbündnis „Union der demokratischen Kräfte" gegenübersaßen. Im Juni 1990 fanden die ersten freien Parlamentswahlen statt, zwei Monate später wurde der Oppositionskandidat Schelju Schelew zum Staatspräsidenten gewählt.

LANGELAND
DÄNEMARK

Standort:
Museum des Kalten
Krieges Langelands-
fort, Vognsbjergvej 4B,
Bagenkop

Die Mauer im
Museum Langelandsfort
© Peer Henrik Hansen / Langelands
Museum

Die Mauer auf Tour in Odense
© Peer Henrik Hansen / Langelands
Museum

Aus Anlass des 50. Jahrestages des Mauerbaues erfolgte am 13. August 2011 im Museum des Kalten Krieges auf Langeland die Enthüllung eines Originalsegmentes der Berliner Mauer. Bert Greiser, der aus Berlin angereist war, um der Zeremonie beizuwohnen, hatte im April 1989 zusammen mit einem Freund den letzten bekannten Fluchtversuch am ehemaligen Grenzübergang Chausseestraße unternommen. Die Flucht missglückte und endete für beide mit Verhaftung und Gefängnis. Das 3,6 Meter hohe und 1,2 Meter breite Mauersegment gelangte als Geschenk des Berliner Senates – aus dem Bestand der von Sony gesponserten Mauerteile – in den Besitz des Museums. Als neuer Bestandteil der Dauerausstellung ist es in einer Multifunktionshalle des Museums untergebracht.

Das Museum wurde 1993 auf Süd-Langeland eröffnet. In den 40 Jahren (1953 bis 1993), in denen das Fort in Betrieb war, diente es dazu, die Schifffahrt im Gebiet zu observieren und zu registrieren. Die Schiffe des Ostblockes mussten die dänischen Meeresengen passieren, um in die Ostsee hinein und wieder herauszukommen. Zudem lagen die meisten der wichtigen Flottenhäfen des Warschauer Paktes in der Ostsee. Während der Kubakrise im Herbst 1963 hatte das Fort seine größte Bedeutung. Am 22. Oktober wurden sowjetische Handelsschiffe, die aus der Ostsee hinausfuhren, mit Atomraketen auf Deck fotografiert. Das operative Kommando der Marine erhielt diese Information und schickte sie weiter an die NATO und die USA. Amerikanische Spionageflugzeuge hatten Wochen zuvor observiert, dass Raketen-Abschussrampen auf Kuba errichtet wurden. Zusammen mit den Bildern von Langeland führte dies zu der Schlussfolgerung, dass die Sowjetunion beabsichtigte, auf Kuba Atomraketen aufzustellen. Mit dem Ende des Kalten Krieges verschwand auch der Bedarf einer Festung. Bereits 1993 wurde der Aufbau eines „Museum des Kalten Krieges" beschlossen und Schritt für Schritt umgesetzt. Am 16. Juni 1997 eröffnet, war und ist es erklärtes Ziel des Museums, den Kalten Krieg niemals in Vergessenheit geraten zu lassen.

Anlässlich des 30-jährigen Jubiläums des Mauerfalles fand im Herbst 2019 das dänische „Golden Days Festival" zum Epochenjahr 1989 als historischer und kultureller Wendepunkt in der Geschichte Europas statt. Mit dem alljährlichen Golden Days Festival möchte die gleichnamige gemeinnützige Organisation, die mit über 100 Partnern aus dem Kultursektor zusammenarbeitet, Geschichte, Kultur, Kunst und Wissen an ein möglichst breites Publikum vermitteln. Das Mauerstück aus dem Museum des Kalten Krieges tourte im Rahmen der Festival-Ausstellung „Die Berliner Mauer kommt" von September 2019 bis März 2020 durch die vier größten Städte Dänemarks: In Kopenhagen, Odense, Aarhus und Aalborg war das Segment jeweils in einer gläsernen Spezialvitrine an öffentlichen Plätzen ausgestellt. Nach der Tournee kehrte das Mauerstück wieder in das Museum des Kalten Krieges zurück.

Zum 15. Jahrestag des Mauerfalles wurde auf dem zentralen Holtets-Platz in Nykøbing das Denkmal „Muren 89" (Mauer 89) eingeweiht. Daneben erhebt sich die Statue des dänischen Königs Frederik VII, der genau einhundertfünfzig Jahre zuvor – am 9. November 1849 – das erste dänische Grundgesetz unterzeichnet hatte. Dem Bürgermeister war der Entwurf des Mauerdenkmales bei einem Besuch im Atelier des dänischen Steinmetzes Hother Nielsen aufgefallen. Mit Unterstützung des Stadtrates konnte das von Nielsen bereits 1991 geschaffene Modell 2004 schließlich umgesetzt werden.

Das Denkmal besteht aus einem sechsendigen Brunnen, an dessen Ende eine rötliche Granitstele steht, in deren Mitte die Silhouette einer Taube ausgespart ist. Die Taube als Symbol für Frieden fliegt durch die Mauer in die Freiheit; gleichzeitig ergänzt und verstärkt durch das Wasser als Symbol der Freiheit, das sich überall seinen Weg bahnt und nicht aufzuhalten ist – so die offizielle Interpretation der Stadtverwaltung. Vor dem Granitblock liegen einige Bröckchen originaler Mauerreste.

ODENSE
DÄNEMARK

Standort:
Skulpturengarten,
Galerie Jens Galschiøt,
Banevänget 22

Modell des Mauerdenkmales
von Jens Galschiøt
© Jens Galschiøt

Im Garten des dänischen Künstlers Jens Galschiøt stehen zwei etwa zwei Meter hohe und von rostigem Stahlgitter durchzogene Bruchstücke der Berliner Mauer. Eigentlich sollten sie zu einem Mauerdenkmal zusammengefasst werden, doch dazu kam es nicht. Der international anerkannte Bildhauer war von den Bildern des Mauerfalles am 9. November 1989 so beeindruckt, dass er unbedingt eine Skulptur zur Erinnerung an dieses historische Ereignis gestalten wollte. Berlin stand im Mittelpunkt des Weltgeschehens und das Bedürfnis, die Aufbruchstimmung und Euphorie in einem Denkmal festzuhalten, war groß. Galschiøt wandte sich noch im November 1989 an die beiden Bürgermeister der geteilten Stadt Berlin, die seiner Bitte, ihm einige Segmente der Berliner Mauer zu überlassen, aufgeschlossen gegenüberstanden. Im Dezember hatte die DDR-Regierung jedoch beschlossen, die Reste der ehemaligen Grenzanlage so teuer wie möglich zu verkaufen. Deshalb wurde auch Galschiøt an die mit der Vermarktung beauftragte West-Berliner Firma LeLé Berlin Wall Verkaufs- und Wirtschaftswerbung GmbH vermittelt. Die dort geforderten Preise zwischen 40.000 und 90.000 D-Mark konnte der Künstler nicht aufbringen. So wandte er sich erneut an die Bürgermeister und erreichte schließlich die kostenlose Übereignung von zwei Teilen der sogenannten Hinterlandmauer.

Am 18. Juni 1990 wurden die Mauerteile in Berlin übergeben. Galschiøt nutzte diese Gelegenheit, um seinen Entwurf des zukünftigen Denkmals der Öffentlichkeit zu präsentieren: Auf einer Grundfläche von 25 mal acht Metern bewegen sich Menschen als halbe Torsi auf die Mauer zu und werden erst nach deren Überwindung vollständig und verstreuen sich in alle Richtungen. Mit der Umsetzung dieser symbolträchtigen Idee begann der Künstler kurz darauf in seinem Atelier in Dänemark.

Inzwischen war die erste Euphorie über den Mauerfall abgeebbt. Für die Umsetzung des ambitionierten Vorhabens ließen sich immer schwerer Sponsoren finden. So musste der ursprünglich geplante

53

Der Künstler Jens Galschiøt mit
seinen Mauerteilen, Odense
© Jens Galschiøt

Denkmalsentwurf um mehr als die Hälfte verkleinert werden. Doch auch die kleine Version wollte in Berlin niemand aufstellen. Galschiøt wandte sich deshalb im Oktober 1990 an Willy Brandt, um der Idee neuen Auftrieb zu geben. Der frühere Regierende Bürgermeister von Berlin und ehemalige Bundeskanzler unterstützte das Projekt ideell, konnte aber ebenfalls keine Mittel bereitstellen.

Die Behörden der wiedervereinigten Stadt waren unterdessen damit beschäftigt, die letzten Reste der ehemaligen Grenze aus dem Stadtbild zu tilgen. Bis Ende 1990 war die Berliner Mauer abgebaut. Wie mit einigen wenigen Resten umzugehen sei und an welcher Stelle ein Denkmal gebaut werden sollte, darüber herrschte Uneinigkeit. Galschiøt stieß mit seiner Denkmalsidee auf immer weniger Interesse. Auch die großen Konzerne, die sich Grundstücke auf dem ehemaligen Todesstreifen am Potsdamer Platz sicherten, wollten das Denkmal nicht aufstellen. 1992 schickte der Künstler schließlich Miniaturmodelle seines Denkmalentwurfs an alle Fraktionen des Berliner Abgeordnetenhauses, um von dort politische Unterstützung für sein Denkmalsvorhaben zu erhalten. Allein das Mauermuseum – Museum „Haus am Checkpoint Charlie" erklärte sich bereit, das Modell zumindest in seiner Ausstellung zu zeigen. Als sich zwei Jahre später auch die Pläne, sein Kunstwerk an einem der letzten Wachtürme am Schlesischen Busch an der Grenze zwischen Treptow und Kreuzberg aufzustellen, zerschlugen, gab Galschiøt seine Bemühungen schließlich auf.

Neben den beiden Mauersegmenten, die heute unter freiem Himmel langsam verwittern, sind auch einige der Menschenskulpturen in der Werkstatt des Künstlers eingelagert und warten darauf, dass sich doch noch die Möglichkeit für den Denkmalbau findet.

DIE BERLINER MAUER IN DEUTSCHLAND
ODER DAS, WAS DAVON NOCH ÜBRIG IST

Tina Schaller und Moritz Reininghaus

Berliner Geschichtswerkstatt e.V. Gründungsaufruf der Initiative „Die Mauer muß bleiben"

© Archiv der Versöhnungsgemeinde

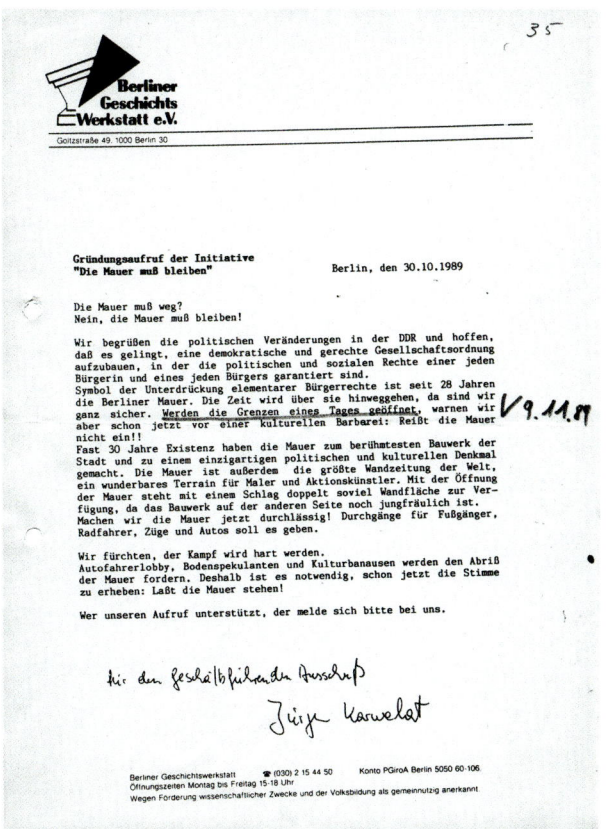

„DIE MAUER MUSS BLEIBEN"

Ende Oktober 1989, zu einem Zeitpunkt, als sich die Welt noch nicht darüber im Klaren war, wann und unter welchen Umständen sich die Grenze zwischen der DDR und der Bundesrepublik Deutschland öffnen würde, überraschte die Berliner Geschichtswerkstatt e. V. am 30. Oktober mit der Initiative „Die Mauer muß bleiben". Getragen von dem Gedanken, einen Teil der Berliner Mauer zur Nachvollziehbarkeit des Unrechtes für kommende Generationen zu erhalten, ließ sie verlauten: „Symbol der Unterdrückung elementarer Bürgerrechte ist seit 28 Jahren die Berliner Mauer. Die Zeit wird über sie hinweggehen, da sind wir sicher. Werden die Grenzen eines Tages geöffnet, warnen wir aber schon jetzt vor einer kulturellen Barbarei: Reißt die Mauer nicht ein!!"[1]

Dass die Grenzen zwischen Ost- und Westdeutschland bereits zehn Tage später, am 9. November 1989 geöffnet werden sollten, war zu diesem Zeitpunkt wohl niemandem bewusst. Schon wenige Tage danach wurde am Potsdamer Platz ein Stück der Mauer herausgebrochen, ein aufgegrabenes Straßenstück asphaltiert und in der Nacht vom 11. zum 12. November 1989 ein provisorischer Grenzübergang geschaffen. Acht Mauerteile wurden mit Kränen herausgehoben. In der Folgezeit entstanden immer mehr Übergänge zwischen den beiden Stadthälften, am 22. Dezember 1989 auch am Brandenburger Tor. Dabei war für die Bewohner Berlins zum ersten Mal deutlich sichtbar, wie die „Mauer" aufgebaut war und dass sie keineswegs nur aus einer Mauer bestand, sondern ein tief gestaffeltes System an Grenzanlagen umfasste, die unter anderem verschiedene Grenzzäune, Mauern, Wachtürme und den Todesstreifen einschlossen.

Das lukrative Geschäft mit der Mauer begann bereits mit dem Abriss der Grenzanlagen und dem Verkauf von Mauersegmenten sowie Teilen der Grenzanlagen durch die noch von der DDR-Regierung beauftragten Außenhandelsfirmen Limex und LeLé Berlin Wall Verkaufs- und Wirtschaftswerbung GmbH.[2] Und auch heute noch lassen sich nicht nur über das weltweit größte Internetauktionshaus eBay Inc. Mauersteine in der Größe einer Briefmarke, sondern auch bis zu drei Tonnen schwere Originalsegmente der Berliner Mauer und sogar ganze Grenztürme erwerben.

Ab Juni 1990 begann der systematische Abriss der Mauer durch Angehörige der Nationalen Volksarmee sowie der West-Berliner Polizei und war bereits im November desselben Jahres weitestgehend abgeschlossen. Zerkleinert und für den Straßenbau verwendet finden sich Bruchstücke der Berliner Mauer auf Berliner Parkplätzen oder schlichtweg unter dem Straßenbelag.[3] Hunderte Mauerteile wurden jedoch verkauft und als Denkmäler in vielen Ländern wiederaufgestellt. Auch in Deutschland finden sich an vielen Orten diese Mauerdenkmäler.

---

1 Gründungsaufruf der Initiative „Die Mauer muss bleiben" vom 30.10.1989, in: http://www.berliner-geschichtswerkstatt.de/news-reader/items/berliner-geschichtswerkstatt-zum-teilweisen-abriss-der-east-side-gallery.html, Zugriff am 16.03.2021.
2 Siehe den Beitrag von Ronny Heidenreich in diesem Band.
3 Vgl. Sälter, Gerhard: Mauerreste in Berlin, 2. überarbeitete Aufl., Berlin 2007, S. 18.

Die Berliner Mauer ist aus dem heutigen Stadtbild weitestgehend verschwunden. Der Abriss der innerstädtischen Mauer erfolgte rasant und ließ nicht viel Zeit und Raum, um über geeignete Konzepte zum Erhalt eines Teiles der Berliner Mauer als Mahn- oder Gedenkstätte nachzudenken oder zu diskutieren. Es ging vor allem darum, der Stadt schnell wieder zu städtischer Normalität zu verhelfen und die durch die umfassenden Grenzanlagen geschaffenen Brachen im Stadtbild zu schließen. Mit dem fortschreitenden Abriss wurden unwiederbringliche Tatsachen geschaffen. So ist heute kaum mehr nachvollziehbar, wo die Mauer eigentlich verlief. Nur drei Teilstücke der sogenannten Vorderlandmauer sind am Originalstandort erhalten geblieben: an der Niederkirchnerstraße, an der Liesenstraße und an der Bernauer Straße.

Der längste erhaltene Abschnitt der Vorderlandmauer befindet sich an der Bernauer Straße. Hier blieben 212 Meter erhalten, die allerdings durch eine Entfernung von Segmenten 1997 eine Lücke aufweisen.[4]

EAST SIDE GALLERY

Darüber hinaus blieben in Berlin vor allem Teile der sogenannten Hinterlandmauer, die den Grenzabschnitt in Richtung Osten, also DDR, begrenzte, erhalten. Der umfangreichste erhaltene Abschnitt dieser Hinterlandmauer, der sich mit 1,3 Kilometern Länge parallel zu Mühlenstraße und Spree vom Ostbahnhof bis zur Oberbaumbrücke erstreckt, ist 1990 von internationalen Künstlern zur East Side Gallery gestaltet und 1991 unter Denkmalschutz gestellt worden. Eine umfassende Sanierung der East Side Gallery unter anderem durch die Freigabe finanzieller Mittel vom Berliner Senat erfolgte 2008/2009. 86 Künstler malten ihre Bilder erneut an die sanierte Mauer. Nach monatelangen Sanierungsarbeiten waren 2.010 Mauerbilder wie der „Bruderkuss"[5] des russischen Künstlers Dmitri Wrubel oder der Trabant, der die Mauer durchbricht – mit dem Titel „Test the Rest" von der Künstlerin Birgit Kinder wieder für die Öffentlichkeit zugänglich. Der Künstler Jim Avignon entschied sich dagegen, sein altes Mauerbild von 1991 Strich für Strich nachzuzeichnen. In einer spektakulären und gleichzeitig umstrittenen Aktion übermalte er im Oktober 2013 mit Unterstützung mehrerer Kunstschüler sein eigenes unter Denkmalschutz stehendes Werk. Eine Genehmigung hiervor besaß er nicht, sodass die Denkmalschutzbehörde seinerzeit die Verhängung eines Bußgeldes prüfte.

Der Streifen hinter diesem langen Mauerteilestück wurde in den folgenden Jahren bebaut. So entstanden Cafés am Ufer. 2012 gab der Stadtbezirk Friedrichshain-Kreuzberg Teile des Streifens zur Bebauung frei. Ein Investor erhielt daraufhin die Genehmigung, hier einen 63 Meter hohen Wohnturm und ein Hotel direkt am Spreeufer zwischen East Side Gallery und Spree zu errichten. Mit dem Beginn der Bauarbeiten wurden 2013 Mauersegmente entfernt, um eine Zufahrt zur Großbaustelle herzustellen. Bereits 2006 wurden für die im Bau befindliche O2 World und spätere Mercedes-Benz Arena 34 Mauersegmente versetzt und so eine Lücke von 40 Metern als Bedingung für den Bau der Großarena geschaffen. Die Künstlerinitiative East Side Gallery e. V. um ihren Vorsitzenden Kani Alavi richtete sich in mehreren öffentlichkeitswirksamen Protestaktionen gegen eine weitere Zerstörung der Mauer sowie ihrer Bilder und stieß hierbei auf nationale und internationale Unterstützung. Trotz der Kritik an der Bebauung des historisch sensiblen Baugrundes ist das umstrittene Wohnungsbauprojekt, d. h. der weißgefärbte Wohnturm mit dem Namen „Living Levels", inzwischen abgeschlossen. Direkt neben dem Wohnturm erfolgt nun zudem der Bau des Hotels, für das der Bezirk Friedrichshain-Kreuzberg bereits 2012 eine Genehmigung erteilt hatte. Die

---

4   In Auseinandersetzungen mit der Sophiengemeinde erfolgte mit der Begründung, dass sich an dieser Stelle Kriegsgräber aus dem 2. Weltkrieg befänden, der Herausbruch von Segmenten dieses Mauerabschnittes durch den damaligen Pfarrer der Sophiengemeinde.
5   Dmitri Wrubel versah sein Wandbild zudem mit dem Kommentar „Mein Gott, hilf mir, diese tödliche Liebe zu überleben".

Fertigstellung des riegelartigen Gebäudes Pier 61/63, das neben einem Hotel auch Mietwohnungen umfassen soll, ist durch das Unternehmen Trockland Management GmbH bis 2021 geplant. Seit 2018 zeichnet sich die Stiftung Berliner Mauer für den baulichen Unterhalt des Denkmals East Side Gallery, die Pflege der zugehörigen öffentlichen Grünanlage sowie für die Vermittlung des historischen Erinnerungsortes verantwortlich.[6]

MAHNMALE DER GETEILTEN STADT IN DER VEREINTEN STADT

Berlin hat als ehemals geteilte Stadt die meisten Mauer-Gedenkorte. Neben den großen Gedenkstätten finden sich darüber hinaus an vielen oftmals überraschenden Orten Mauersegmente. So beispielsweise direkt am Eingang zum S-Bahnhof Potsdamer Platz, in den Ministergärten, im Kaufhaus Galerie Lafayette vor dem Märkischen Museum, in Wohngebieten oder als Zierstück vor Berliner Hotels wie z. B. dem Hotel Intercontinental, dem Hotel Westin Grand, dem Hotel Estrel und dem Hotel Kolumbus. Ein weiteres Originalsegment der Berliner Mauer wurde am 15. Juli 2010 auf dem Dach des Kollhoff-Towers aufgestellt. Das Gebäude am Potsdamer Platz, das nach seinem Architekten Hans Kollhoff benannt ist, gehört mit 103 Metern zu den höchsten in Berlin.[7]

Transport des Mauersegmentes
auf den Kollhoff-Tower
© Archiv Bundesstiftung
Aufarbeitung

Joachim Gauck vor dem
Mauersegment auf dem
Kollhoff-Tower
© Archiv Bundesstiftung
Aufarbeitung

Ein sehr beeindruckendes und der Öffentlichkeit zugängliches Mauermahnmal von Ben Wagin ist im zum Bundestag gehörenden Marie-Elisabeth-Lüders-Haus in Berlin zu finden. An der Westfront des multifunktionalen Baues liegt in Form einer Rotunde die Parlamentsbibliothek. Sie erstreckt sich über vier Ebenen. Im Tiefgeschoss der Bibliotheksrotunde erinnern Originalsegmente der Berliner Mauer, die bis 1990 das heutige Parlamentsgrundstück durchschnitt, an den ehemaligen Grenzverlauf und die Berliner Teilung. Ben Wagin sicherte die Mauersegmente und ließ sie für jedes Jahr zwischen 1961 und 1989 mit der Anzahl an Personen, die bei Fluchtversuchen an der innerdeutschen Grenze und der Berliner Mauer zu Tode kamen, versehen. Ergänzt wird das Mahnmal durch das von Maria Nooke erarbeitete Mauertoten-Gedenkbuch, in dem Kurzfassungen der Biografien von den Todesopfern den bloßen Zahlen ein menschliches Antlitz geben. Stephan Braunfels, der Architekt des Marie-Elisabeth-Lüders-Hauses, integrierte das Mauermahnmal von Ben Wagin in die Architektur des Hauses und ließ die Mauersegmente dem ursprünglichen Verlauf der Mauer folgend aufstellen. Das Marie-Elisabeth-Lüders-Haus – benannt nach der ehemaligen Reichstagsabgeordneten und späteren Alterspräsidentin des Deutschen Bundestages Marie-Elisabeth Lüders – dient seit seiner Fertigstellung im Dezember 2003 als wissenschaftliches Dienstleistungs- und Infrastrukturzentrum des

---

6   Siehe den Beitrag von Axel Klausmeier in diesem Band.
7   Weitere Orte des Gedenkens an die Berliner Mauer können über die Dokumentation der Bundesstiftung zur Aufarbeitung der SED-Diktatur nachvollzogen werden: Erinnerungsorte an die Berliner Mauer und innerdeutsche Grenze, erarbeitet von Ruth Gleinig und Enrico Heitzer, Berlin 2011.

Parlamentes. Die wissenschaftliche Parlamentsbibliothek ist nach Washington und Tokio die drittgrößte Fachbibliothek ihrer Art in der Welt.

EIN STÜCK GESCHICHTE ZUM ANFASSEN

Es ist vor allem dem Engagement Einzelner zu verdanken, dass Teile der Berliner Mauer nicht nur als persönliche Trophäe in der eigenen Schrankwand landeten, sondern als Orte der Erinnerung und Mahnung auch anderenorts in Deutschland aufgestellt wurden. So gelangte das wohl erste Originalsegment der Berliner Mauer in das thüringische Dorf Silberhausen im ehemaligen deutsch-deutschen Grenzgebiet. Auf dem Dorfanger wurde es am 29. April 1990 im Beisein der damaligen Bundestagspräsidentin, Rita Süssmuth, und dem Leiter des Berliner Mauermuseums – Museum „Haus am Checkpoint Charlie", Rainer Hildebrandt, eingeweiht. Rechts und links neben dem Betonsegment setzte man bei der Zeremonie als Symbol des Lebens zwei Linden. Bereits Anfang Dezember 1989 war der gelernte Steinmetz Michael Spitzenberg aus Silberhausen mit professionellem Werkzeug im Gepäck nach Berlin gereist, um sich am Grenzübergang Sonnenallee als Mauerspecht zu betätigen. Obwohl er selbst als junger Mann nur wenige Kilometer von Silberhausen entfernt den Grenzzaun zu Westdeutschland mit aufbauen musste, war er von den unmenschlichen Ausmaßen der Mauer in Berlin schockiert. Deshalb beschloss er spontan, ein Segment in sein Heimatdorf im Eichsfeld bringen zu wollen: „Es konnte ja nicht jeder nach Berlin fahren und sich das anschauen." 30 Jahre später erinnert sich Spitzenberg schmunzelnd daran, wie er ohne Geld das Mauerstück für Silberhausen „organisierte": Unzählige Telefonate und Briefe, aber auch Pralinen für eine Telefonistin bei der Limex und ein paar Tricksereien seien dazu nötig gewesen. Anfang Februar 1990 konnte er mit einem geliehenen Lastwagen nach Berlin fahren, um das ihm zugesprochene Element mit der Nr. 196 entgegenzunehmen. Da dieses aber schon stark unter den Mauerspechten gelitten hatte, luden sie kurzerhand ein anderes Mauerteil auf und fuhren damit schnell wieder ins Eichsfeld zurück, wo es zunächst in Spitzenbergs Garten abgestellt wurde.

Auf der Ostseite des Mauerstückes arbeitete der Steinmetz eine Sonnenuhr mit den aus seiner Sicht prägnanten Punkten der DDR-Geschichte sowie den Daten des Sperrriegels um West-Berlin ein. Auf der ehemaligen Westseite findet sich die originale Bemalung. Damit das Denkmal in der Ortsmitte aufgestellt

Bundestagspräsidentin Rita Süssmuth (links) bei der Einweihung des Mauerdenkmals in Silberhausen am 29. April 1990
© Heinz Hindorf / Bundesarchiv, Bild 183-1990-0429-010

werden konnte, erhielt er von der Bürgermeisterin des Ortes einen befristeten Pachtbrief für genau drei Quadratmeter. Als 2020 *Der Spiegel* über das Denkmal in Silberhausen und seinen Initiator berichtete, stellte er mit einem Augenzwinkern fest, dass sich Deutschlands „wahre Mitte, [d]er Gleichgewichtspunkt dieses Landes" exakt dort befindet, wo Spitzenbergs Denkmal steht – auf dem Dorfanger in Silberhausen.[8] Im Jahr 2020 suchte Spitzenberg nach Geldgebern, die ihn dabei unterstützen, das Denkmal zu erhalten. Ob es sich hierbei wirklich um das! allererste außerhalb Berlins aufgestellte Mauersegment in Deutschland handelt, muss weiterhin unbeantwortet bleiben. Sicher ist jedoch, dass Weitere folgten.

So erwarb der Düsseldorfer Augenarzt Dr. Joachim Zeitz Anfang der 1990er-Jahre drei Mauersegmente, die ursprünglich Teil der Grenzanlage am Potsdamer Platz waren. Zeitz erfuhr aus der Zeitung vom Verkauf der Mauerstücke. Da ihm die Bemalung der Mauerteile durch den bekannten Mauerkünstler Thierry Noir gefiel, kaufte er die drei Segmente. Heute findet sich eines der Mauersegmente in seinem Garten und die beiden anderen machte er später der Stadt Meerbusch zum Geschenk. Neben dem Büderich Mataré-Gymnasium hatte auch der Schulleiter des Meerbusch-Gymnasiums Interesse bei der Stadt bekundet und den Schulhof seines Gymnasiums als Standort der Mauerteile vorgeschlagen. Die Entscheidung fiel schließlich auf den öffentlich zugänglichen Rand des Schulhofes des Meerbusch-Gymnasiums in Strümp. Am 23. Mai 2011 anlässlich des 62. Jahrestages der Verabschiedung des Grundgesetzes erfolgte die Einweihung der zwei Segmente der Berliner Mauer auf dem Schulhof.

TELTOW GALLERY

Nur wenigen bekannt ist, dass es neben der Berliner East Gallery auch eine Brandenburger Variante gibt. 2009, im 20. Jahr des Mauerfalles, entstand die Idee, eine Teltow Gallery – als Brandenburger Variante der East Side Gallery – einzurichten. Anfang der 1990er-Jahre hatte das Unternehmen VEB Betonwerke Mauersegmente, die ursprünglich als Teil der Grenzanlagen in Berlin-Spandau gestanden hatten, aus der Konkursmasse der Nationalen Volksarmee erworben, um sie als Boxen für Schüttgut zu nutzen. Die etwa 200 verbliebenen Mauersegmente lagerten schließlich ungenutzt auf dem Betriebshof der ehemaligen VEB-Betonwerke. Der Teltower Stadtverordnete Steffen Heller setzte sich gegenüber dem Bürgermeister Thomas Schmidt im Jahr 2013 für eine Teltow Gallery ein.[9] Die Stadtverordneten stimmten zu und es kamen Künstler wie Thierry Noir, um die grauen Betonelemente künstlerisch zu gestalten. Anders als vorgesehen scheiterte die Umsetzung des Projektes jedoch am mangelnden öffentlichen Interesse. 2011 erwarb Elmar Prost, Geschäftsführer der Baustofffirma Klösters, die noch verbliebenen 164 Mauersegmente und ließ sie auf seinem Firmengelände in Teltow aufstellen.[10] Nach dem Scheitern der Teltow-Gallery richtete sich sein Angebot, dass unter dem Motto „Mauerteile bemalen" stand, an Künstler und Laien. Jedem Interessierten, der sich via Formular bewarb und einen Nutzungsvertrag mit festgelegtem Regel- und Verhaltenskodex

Mauerteile in Teltow, 2020

© Moritz Reininghaus

8   „Meine Mitte", in: *Der Spiegel* vom 26.09.2020.
9   Vgl. „Die Mauer muss weg! Es lebe die Mauer!", in: *Teltower Stadt-Blatt* vom November 2013.
10 Vgl. „Die Mauer geht auf große Fahrt", in: *Der Tagesspiegel* vom 9.11.2013.

Mauerteile in Teltow, 2020

© Moritz Reininghaus

unterschrieb, wurde eines der durchnummerierten Mauersegmente zugewiesen. Sechs Monate konnte man dann dieses Mauerteil beliebig häufig umgestalten. Für 500 Euro konnte das individuelle Kunstwerk auch käuflich erworben werden. Neben Laien haben hier auch Künstler wie Thierry Noir oder Victor Landeta ihre Spuren hinterlassen.

Das Projekt ist inzwischen abgeschlossen. Nicht wenige der ursprünglich 164 Mauersegmente gelangten in die weite Welt: Sie wurden nach Singapur und Südkorea verschifft sowie nach China, Belgien, Holland und Polen transportiert.[11] Dennoch waren auch 2020 noch zahlreiche bemalte Mauerteile in Teltow abgestellt.

DIE EDITION VISIBLE WALL

2009, 20 Jahre nach dem Mauerfall, wurde von dem Kunstmanager Patrice Lux und dem Designer Jan Sötje die Edition Visible Wall ins Leben gerufen. Zielsetzung war und ist es, jungen Künstlern die kreative Arbeit auf orginalen Betonsegmenten der Berliner Mauer zu ermöglichen und darüber hinaus die Kunstwerke der Mauerkünstler, die bis 1989 auf der Grenzmauer malten, zu erhalten und für die jüngeren Generationen sichtbar zu machen. Zahlreiche Projekte in Europa und den USA konnten realisiert werden. Höhepunkte waren die Cinema for Peace-Gala für Michail Gorbatschow 2009, Ausstellungsprojekte mit EU-Ministerrat und EU-Parlament in Brüssel 2010 sowie die Mitwirkung am Mauerdenkmal von Stephan Balkenhol auf dem Axel-Springer-Platz in Berlin.

---

11 „Begehrte Bilder auf Beton", in: *Potsdamer Neueste Nachrichten* vom 18.12.2018.

Neben der Gestaltung von originalen Mauersegmenten werden seit 2009 Porzellan-Miniaturen der Berliner Mauer herausgegeben: Diese Mauerminiaturen zeigen Motive der Mauerkunst in farbigem Siebdruck auf Porzellan.

DIE MAUER-INITIATIVE DER AXEL SPRINGER SE

Ebenfalls im Jubiläumsjahr 2009 entschied sich die Axel Springer AG,[12] initiiert durch den damaligen Chefredakteur der *Bild*-Zeitung Kai Diekmann, zu einer besonderen Initiative: Jedes Bundesland sollte mit einem Originalsegment der Berliner Mauer beschenkt werden. Auslöser dieser Aktion war eine Kleinanzeige in der *Berliner Morgenpost*, in der die Zwangsversteigerung eines Grundstückes, auf dem Originalsegmente der Berliner Mauer lagerten, angekündigt wurde. So entstand die Idee. Am 17. Juni 2009, dem ehemaligen Tag der Deutschen Einheit, wurde Saarbrücken und somit das Saarland als erstes Bundesland mit einem originalen Segment der Berliner Mauer bedacht. Es folgte Baden-Württemberg, wo das Mauerdenkmal am 9. November 2009 in der Landeshauptstadt Stuttgart gleich neben dem Landtag aufgestellt wurde. Neben Kai Diekmann, der das Mauersegment an Stuttgarts Oberbürgermeister Wolfgang Schuster übergab, waren auch der Baden-Württembergische Ministerpräsident Günther Oettinger und Anna Kaminsky bei der Einweihungszeremonie zugegen.

Darüber hinaus erhielten Magdeburg (28. September 2010), Bremen (3. Oktober 2010), Rostock (4. November 2009), Kiel (10. November 2009) und Düsseldorf (12. November 2009) eines der für die Initiative der Axel Springer SE vorgesehenen Mauersegmente. In einer Grünanlage zwischen der nordrhein-westfälischen Staatskanzlei und dem Düsseldorfer Landtag ist „das Mauerstück von *Bild* – als Mahnmal gegen das Vergessen jetzt allen Bürgern zugänglich",[13] so Nordrhein-Westfalens Ministerpräsident Jürgen Rüttgers in seiner Dankesrede. Anlässlich des 20. Jahrestages des Mauerbaues wurde so jedem Bundesland ein Originalsegment der Berliner Mauer überreicht und in der Regel in der jeweiligen Landeshauptstadt aufgestellt.

DIE MAUER IM GARTEN DES „KANZLERS DER EINHEIT"

Im Rahmen dieser Initiative schenkte die Axel Springer SE auch dem 2017 verstorbenen Bundeskanzler a. D. Helmut Kohl ein Originalstück der Berliner Mauer in Anerkennung seiner Verdienste um die Wiedervereinigung. 50 Jahre nach dem Mauerbau, am 9. August 2011, fand die feierliche Enthüllung im Vorgarten von Helmut Kohls Wohnhaus im Ludwigshafener Stadtteil Oggersheim statt. Neben seiner Ehefrau Maike Kohl-Richter und der Oberbürgermeisterin Ludwigshafens Eva Lohse nahmen auch hundert Schüler der ehemaligen Grund- und Oberschule des Altkanzlers an der Einweihung teil. Helmut Kohl verwies in seiner Dankesrede auf die Symbolkraft der Geschichte der Berliner Mauer und der mit ihr verwobenen menschlichen Schicksale, die mit dem Mauerbau am 13. August 1961 begann und schließlich mit der friedlichen Wiedervereinigung Deutschlands ihr Ende fand.[14] Mit 16 Jahren Amtszeit war Helmut Kohl der bis dahin am längsten regierende Kanzler der Bundesrepublik, der auch zum ersten des wiedervereinigten Deutschlands wurde. Im Anschluss an die feierliche Enthüllung erfolgte die Umsetzung des Mauerstückes an seinen jetzigen Standort – in den Garten des Wohnhauses, sodass der Blick aus dem Wohnhaus sowie von der Gartenterrasse aus stets auf das Mauerfragment fällt.

---

12 Im Dezember 2013 gab das Unternehmen die Umwandlung von einer AG in eine Europäische Aktiengesellschaft (Societas Europaea/SE) bekannt.
13 „Zwei Mahnmale der Freiheit. BILD schenkt Düsseldorf und Braunschweig ein Mauerstück", in: http://www.bild.de/politik/2009/duesseldorf/mahnmale-der-freiheit-bild-schenkt-duesseldorf-und-braunschweig-stueck-der-mauer-10319938.bild.html; Zugriff am 26.01.2021.
14 „BILD sagt Danke für die Einheit", in: *Bild* vom 10.08.2011.

Mauerreste am Berliner
S-Bahnhof Schönholz, 2020
© Moritz Reininghaus

„ZIRKELTAG" AM 5. FEBRUAR 2018

Am 5. Februar 2018 waren mehr als 28 Jahre seit dem Mauerfall vergangen. Damit war die Berliner Mauer genauso lang offen, wie sie einst die Stadt geteilt hatte. Das Datum diente insbesondere den Medien dazu, sich mit den Themen Mauerbau und Mauerfall zu beschäftigen.

Unabhängig davon hatte die Berliner Mauer bereits kurz zuvor für Schlagzeilen gesorgt: „Forscher entdeckt Reste der Berliner Ur-Mauer", hieß es im Januar 2018 beispielsweise im *Tagesspiegel* über bislang unbeachtete Reste der Sperranlage: „Wer in der S-Bahn saß und am Bahnhof Schönholz im Nordwesten Pankows nach Osten geblickt hat, der hatte sie direkt vor der Nase."[15] Tatsächlich hatte der Heimatforscher Christian Bormann die Entdeckung im Berliner Norden bereits 19 Jahre zuvor gemacht, wie er auf seinem Blog *pankowerchronik.de* bekannt gab: „Die Entdeckung gelang mir bereits 1999, bis heute habe ich sie jedoch geheim gehalten. Es geht um etwa 80 laufende Meter innerdeutsche Staatsgrenze vom 13. August 1961 im Urzustand. Das letzte noch existierende Stück Berliner Mauer 1 im Originalzustand."[16] Aus Sorge über den zunehmenden Verfall der Mauerreste habe er nun den Schritt in die Öffentlichkeit angetreten, so Bormann. Sogar amerikanische Kamerateams reisten in den folgenden Tagen an die Grenze zwischen den Berliner Stadtteilen Reinickendorf und Pankow, um die 1961 eilig aus Bauschutt und bestehenden Gebäuden errichtete Mauer zu filmen.[17] Unter anderem weil sich Bormanns Entdeckung heute

15 „Ein Mann schützt die Grenze", in: *Der Tagesspiegel* vom 25.01.2018.
16 https://pankowerchronikdotde.wordpress.com/2018/01/22/kleine-sensation-ganze-80-meter-innerdeutsche-staatsgrenze-im-urzustand-in-pankow-entdeckt/, Zugriff am 03.03.2021.
17 „Die Berliner Mauer steht noch", in: https://www.spiegel.de/geschichte/berliner-mauer-heimatforscher-findet-80-meter-ddr-historie-a-1190899.html, Zugriff am 03.03.2021.

auf Reinickendorfer Gebiet und damit im ehemaligen West-Berlin befindet, kam ein erstes Gutachten des Berliner Landesdenkmalamtes allerdings zu dem Schluss, dass es sich überhaupt nicht um Bestandteile der ehemaligen Grenzanlage, sondern lediglich um eine beliebige Mauer im grenznahen Gebiet handele. Dieser Auffassung widersprach der Entdecker und verwies darauf, dass das Gebiet erst nach einer 1988 erfolgten Grenzbegradigung Reinickendorf zugeordnet wurde. Auch die Stiftung Berliner Mauer stützte Bormanns These und sah keinen Grund, die Authentizität der Mauerreste in Zweifel zu ziehen. Zumindest die offizielle Tourismus-Website Berlins hat sich dem angeschlossen und empfiehlt das zum Schutz vor „Mauerspechten" umzäunte Areal am S-Bahnhof Schönholz inzwischen als Ausflugsziel.[18]

Mauerteile in Wischershausen, 2020

© Moritz Reininghaus

Unter anderem das Online-Nachrichtenportal *Tag 24* nahm den „Zirkeltag" zum Anlass, über einen ganz anderen, ebenfalls nahezu vergessenen Standort von Mauerteilen zu berichten.[19] In dem kleinen Dorf Wischershausen bei Neubrandenburg in Mecklenburg-Vorpommern stehen bis heute Hunderte Mauerteile, die eine ehemalige Landwirtschaftliche Produktionsgenossenschaft (LPG) nach dem Fall der Mauer 1990 als Stützmaterial für Futtersilos an ihren Standorten in Wischershausen, Breesen und Teetzleben gekauft hatte. An einigen Silos sind auch heute noch stark verwitterte Bemalungen erkennbar. Insgesamt 37.000 DDR-Mark sollen für die etwa 600 „Winkelstützelemente Typ UL 12.41" gezahlt worden sein. Rund einhundert der mit bunter, teilweise eigens für den Verkauf aufgefrischter Bemalung versehenen Mauersegmente wurden in den letzten Jahren wieder verkauft. So veranstaltete die Deutsche Grundstücksauktionen AG in Berlin noch 2011 eine Versteigerung von Mauerteilen, die teilweise aus Wischershausen stammten. Doch das Interesse an den Segmenten hatte bis 2018 bereits stark nachgelassen, die Preise waren von einst bis zu 12.000 Euro pro Stück auf rund 2.000 Euro gefallen.[20] Auch 2020 standen noch Dutzende bemalte Mauersegmente auf dem Betriebsgelände in Wischershausen und sind dem Verfall preisgegeben.

Weit weniger Aufsehen als der Mauerfund in Schönholz erregte im Sommer 2018 eine Entdeckung unweit des ehemaligen Grenzüberganges Chausseestraße. Punktgenau zum Tag des Mauerbaues am 13. August vermeldete der *Tagesspiegel*: „Vergessenes Stück der Berliner Mauer wiederentdeckt."[21] Bei einem „Kiez-Spaziergang" mit dem Baustadtrat von Berlin-Mitte, Ephraim Gothe, durch den noch nicht eingeweihten Südpanke Park gegenüber dem Neubau des Bundesnachrichtendienstes war man auf mehrere Elemente der „Hinterlandmauer" gestoßen. Da diese nicht die für die vorderen Sperrelemente der „Grenzmauer 75" typische L-Form haben, wurde ihre Echtheit anhand von ebenfalls erhaltenen Peitschenleuchten festgestellt. Die entdeckten Elemente wurden umgehend unter Denkmalschutz gestellt.

Ebenfalls im Sommer 2018 zog ein kontrovers diskutiertes Kunstprojekt die Aufmerksamkeit der Öffentlichkeit auf sich. Die Berliner Festspiele und die Phenomen Berlin Filmproduktions GmbH wollten vom

18 https://www.visitberlin.de/de/mauer-denkmal-berlin-reinickendorf, Zugriff am 04.03.2021.
19 „In diesem Dorf steht immer noch die Mauer", in: https://www.tag24.de/nachrichten/mecklenburg-vorpommern-wischershausen-dorf-mauerteile-ddr-versteigerung-silos-442250, Zugriff am 04.03.2021.
20 „DDR-Mauer als Ladenhüter", in: *Schweriner Volkszeitung* vom 08.02.2018.
21 „Steht auch noch in 100 Jahren. Bewohner von Mitte und ihr Bezirksbaustadtrat haben ein vergessenes Stück Mauer wiederentdeckt", in: *Der Tagesspiegel* vom 14.08.2018.

12. Oktober bis 9. November 2018 unter dem Schlagwort „Freiheit" rund um das Kronprinzenpalais am Boulevard Unter den Linden einen „Erlebnisraum" einrichten. Darin sollte das seit 2008 entstandene, mehr als 700 Stunden umfassende Filmmaterial des russischen Regisseurs Ilja Chrschanowski über den sowjetischen Physiker und Nobelpreisträger Lew Landau („Dau") gezeigt werden. Um das Leben Landaus in der von Repressionen geprägten Sowjetunion nachvollzieh-

Die Mauerteile für das „Dau"-Projekt in Berlin, 2018
© Mathias Schwerbrock / dpa / Picture Alliance

barer zu machen, sollte das Gebiet nach außen von einer originalgetreuen Replik der Berliner Mauer abgegrenzt werden. Dazu waren in Polen 430 bereits täuschend echt wirkende Mauerteile aus Beton gegossen und nach Berlin transportiert worden.[22] Innerhalb der Mauer sollten eigene Regeln gelten und die Besucher ein „Visum" beantragen müssen, um die Filme sehen zu können. Doch die 800 Meter lange Mauer durfte nicht errichtet werden.[23] Die zuständigen Behörden untersagten das Projekt zumindest vorerst mit Hinweis auf die kurzfristige Antragstellung sowie die nicht zu gewährleistende Verkehrssicherheit und den mangelnden Brandschutz. Damit wurde auch die über Wochen teils heftig geführte Auseinandersetzung zwischen Gegnern und Befürwortern des Projektes zunächst hinfällig.

30 JAHRE MAUERFALL

Unter dem Motto „30 Jahre Friedliche Revolution – Mauerfall" wurden in Berlin rund um den 9. November 2019 mit einer Vielzahl von Veranstaltungen und Ausstellungen an den Bau der Mauer, die Teilung der Stadt, den Kalten Krieg und die Friedlichen Revolution von 1989 erinnert.[24] Aus Furcht vor Terroranschlägen konnten Veranstaltungen nur unter strengen Sicherheitsvorkehrungen stattfinden, Ansammlungen von größeren Menschengruppen sollten vermieden werden, um mögliche Anschlagsrisiken zu mindern. Daher verteilten sich die Angebote der Festivalwoche auf sieben historisch wichtige Orte: Auf dem Alexanderplatz, dem Schloßplatz, am Brandenburger Tor, an der East Side Gallery, an der ehemaligen Stasi-Zentrale und am Kurfürstendamm sowie in der Zions- und Gethsemanekirche wurden Open Air-Ausstellungen, Videoprojektionen, Podiumsveranstaltungen und Konzerte angeboten. Zum Auftakt am 4. November lud die Bundesstiftung Aufarbeitung am Brandenburger Tor zu einer Veranstaltung über den Mauerfall aus internationaler Perspektive ein. Als Gäste diskutierten der französische Historiker Etienne François, der Leiter des Europäischen Zentrums der Solidarność in Danzig Basil Kerski, die US-amerikanische Juristin Anne Rubesame sowie die russische Kulturschaffende Svetlana Müller über die länderspezifischen Sichtweisen auf den Mauerfall damals und heute. Direkt am 9. November 2019 saßen sich mit Stephan Hilsberg, Andreas Schönfelder, Wolfgang Templin, Manfred Wilke und Evelyn Zupke bei einer von der Bundesstiftung und Kulturprojekte Berlin veranstalteten Podiumsdiskussion in der Berliner Zionskirche Zeitzeugen der Friedlichen Revolution gegenüber. Sie diskutierten über die Hoffnungen, Wünsche und Erwartungen von 1989. Für die Bundesstiftung stand die Erinnerung an die Friedliche Revolution und den Mauerfall in internationaler Perspektive das gesamte Jahr 2019 im Mittelpunkt ihrer Aktivitäten. Ein besonderer Fokus

22 „BILD hat das Mauer-Versteck entdeckt!", in: *Bild* vom 17.09.2018.
23 „Behörden lehnen ‚Dau'-Projekt ab", in: *Der Tagesspiegel* vom 21.09.2018.
24 https://www.berlin.de/kultur-und-tickets/tipps/30-jahre-mauerfall/, Zugriff am 03.03.2021.

Das Mauerprojekt „Horizonte"
in Weimar, 2019
© Candy Welz

lag auf Angeboten, mit denen die historischen Ereignisse und deren Tragweite für jüngere Zielgruppen aufbereitet und zugänglich gemacht wurden.

In kleineren Dimensionen als das gescheiterte „Dau"-Projekt in Berlin ein Jahr zuvor, aber ebenfalls mit Replikaten der Berliner Mauer, gestaltete das Deutsche Nationaltheater Weimar unter dem Titel „HORIZONTE. Ein Kunstprojekt zum Mauerfall 1989" eine Installation, die im Gegensatz zum Berliner „Dau"-Projekt realisiert werden konnte. Dazu wurden am 28. Oktober 2019 auf dem Theaterplatz in Weimar 17 Betonelemente aufgestellt, die eine temporäre, 20 Meter lange Mauer bildeten. Anschließend gestaltete die Künstlerin Christina Wildgrube die Mauer mit Bildern, woran sie bis zum 9. November täglich weiterarbeitete. Zudem begleiteten Ensemblemitglieder des Theaters und der Staatskapelle Weimar das Projekt mit künstlerischen Aktionen. Die einzelnen Teile der Mauerinstallation waren anschließend für einen Einstiegspreis von 500 Euro zu erwerben, der Erlös kam dem Kinder- und Jugendfonds der Bürgerstiftung Weimar zugute: „Die Mauer an der innerdeutschen Grenze stand symbolisch weltweit für eine kategorische Trennung auf allen Ebenen. In unserem Kunstprojekt ‚HORIZONTE' wandelt eine Mauer innerhalb von zehn Tagen ihren Charakter und wird zum Zeichen von Gemeinsamkeit: Menschen aus den verschiedensten Bereichen unserer Stadtgesellschaft werden mit dem Erwerb einzelner Mauerteile die Bürgerstiftung Weimar unterstützen", so Hasko Weber, Generalintendant des Deutschen Nationaltheaters Weimar. Um den einigenden Gedanken der Aktion über den Zeitraum der Installation hinaus im Stadtbild zu verankern, wurden zudem einzelne Mauerteilreplikate dauerhaft in Weimar aufgestellt.

Ein Originalsegment der Berliner Mauer dagegen bildet einen Teil der „Statue of Liberty" des dänisch-norwegischen Künstlerduos Elmgreen & Dragset, die seit Juni 2019 als permanente Außenskulptur im Innenhof

des Hamburger Bahnhof – Museum für Gegenwart in Berlin steht. Der zweite Teil des Kunstwerkes besteht aus einem Geldautomaten, der in das Mauerstück eingelassen wurde. Der Name „Statue of Liberty" verweist auf den Status der Freiheitsstatue in New York als Symbol der grenzenlosen Freiheit und als Touristenattraktion. Die Verschmelzung der Mauer als Sinnbild für den Kalten Krieg und die Einschränkung von individueller Freiheit mit dem Geldautomaten als Ausdruck einer zunehmenden Kommerzialisierung Berlins und seiner Geschichte soll nach dem Willen der Künstler dreierlei sein: Denkmal der deutsch-deutschen Teilung, Monument der Erinnerung an eine verschwundene Zeit voller Möglichkeiten unmittelbar nach der Wende sowie Mahnmal des Ausverkaufes von Geschichte und Stadt.

Nur wenige Meter vom Hamburger Bahnhof war in der Galerie Chaussee36 vom 11. Oktober bis zum 30. November 2019 die Fotoausstellung „Walls Come Tumbling Down!" zu sehen. Für diese war das 30-jährige Jubiläum des Mauerfalles der Anlass, sich des Themas „Mauern" im Allgemeinen anzunehmen. Neben historischen Fotografien der Berliner Mauer standen aktuelle Werke, die zeigten, dass die Spuren der Teilung bis heute im Berliner Stadtbild sichtbar sind. Mit Fotografien von heute bestehenden Sperren und Abgrenzungen zwischen Israel, den USA und Nordafrika wurde zudem die Frage aufgeworfen, was diese Mauern über den heutigen Zustand der Welt verraten. Die 2019 nach grundlegender Sanierung neu eröffnete Galerie schloss damit einen Bogen zu ihrer eigenen Geschichte. An der Chausseestraße direkt gegenüber dem Neubau des Bundesnachrichtendienstes gelegen, befindet sie sich genau dort, wo sich einst der Grenzübergang Chausseestraße befand. Die Fassade des Komplexes

wurde bei der Renovierung weitgehend im bisherigen Zustand belassen und erinnert an die Zeiten, in denen das ehemalige preußische Offiziershaus in der DDR stand – hinge nicht über der Toreinfahrt spektakulär ein originales Element der Berliner Mauer. Es steht auf einem Metallrahmen und ist mit Stahlseilen an der Fassade befestigt. Bemalt hat es die Künstlerin Julianne Sibiski. Auch der Eingang zum Innenhof wurde nur behutsam erneuert, ursprüngliche Bemalung aus der Vorkriegszeit und originale Plakate von „Bündnis 90" sind erkennbar. Im Innenhof beherrscht ein moderner Neubau das Bild – und etwas versteckt um die Ecke steht ein weiteres originales Mauerstück. Es trägt das Konterfei von Michail Gorbatschow und wurde von zahlreichen berühmten Schauspielern signiert. Ein drittes Mauerstück lässt sich vom Hof aus bereits er-

Ort des Protests:
Das Mauerstück von
Hans Martin Fleischer am
Potsdamer Platz, 2020
© Ulrich Mählert

ahnen: Es steht auf dem Dach des Neubaues, wurde von Thierry Noir bemalt – und auf seinen Stützfuß wurde eine Badewanne montiert.

Vollkommen unbemalt dagegen ist das originale Segment der Berliner Mauer, das der damalige Brandenburger Innenminister Karl-Heinz Schröter bereits am 29. August 2019 in Anwesenheit seines rheinland-pfälzischen Amtskollegen Roger Lewentz der Hochschule der Polizei Rheinland-Pfalz übergab. Es steht seitdem im Innenhof der Hochschule am Flughafen Frankfurt-Hahn, der in Rheinland-Pfalz liegt. In seiner Eigenschaft als Landrat des Landkreises Oberhavel hatte Schröter bereits dafür gesorgt, dass zahlreiche Mauerstücke nicht geschreddert wurden. Daher konnte der Landkreis in den vergangenen Jahren viele Segmente in die ganze Welt verteilen. So gingen unter anderem 2007/2008 vier Mauerteile in das Hudson County im US-Bundesstaat New Jersey, USA, die allerdings bislang nicht öffentlich zugänglich sind, 2017 zwei weitere in das neu errichtete Internationale Spionagemuseum in Washington, D. C., eines 2008 nach Tampere in Finnland (siehe Eintrag „Tampere, Finnland") und 2009 eines nach Taipei in Taiwan (siehe Eintrag „Taipei, Taiwan") und zwei nach Powiat Bialski in Polen (siehe Eintrag „Powiat Bialski, Polen").

Ebenfalls in Hinblick auf den 30. Jahrestag des Mauerfalles hatten die Stiftung Berliner Mauer und das DDR-Museum dazu aufgerufen, auch die Erinnerung an weniger gut sichtbare, außerhalb des Berliner Stadtzentrums gelegenen Mauerreste wachzuhalten.[8] Dabei wurde insbesondere auf ein erhaltenes, etwa 60 Meter langes Teilstück der Hinterlandmauer an der Ecke Dolomitenstraße, Ecke Maximilianstraße in Pankow hingewiesen, das zu einem ursprünglich mehrere Hundert Meter langen Abschnitt entlang der Bahnstrecke Berlin-Stettin gehörte. Ein neuer Radweg sollte eingerichtet werden, um der Öffentlichkeit den

Zugang zu dem historischen Ort zu erleichtern, der laut Manfred Wichmann, Mitarbeiter der Stiftung Berliner Mauer, zeige, wie tief das Grenzregime der DDR in das Alltagsleben der Menschen in Ost-Berlin eingriff.

Umso lauter war der Aufschrei, als wenige Monate später bekannt wurde, dass die Mauerreste quasi über Nacht fast vollständig abgerissen worden waren, um Platz für den Neubau von Wohnhäusern zu schaffen.[25] Möglich war dies, weil die Mauerteile nicht unter Denkmalschutz standen. Im Mai 2020 wurde verkündet, dass immerhin ein vom Abriss verschontes Reststück von knapp zehn Metern unter Denkmalschutz gestellt werden konnte.[26]

PLATZ FÜR PROTEST

Im Jahr nach dem 30-jährigen Jubiläum machte sich am Tag des Mauerbaues eine Gruppe belarussischer Demonstranten ein Mauerstück zu eigen, das auf dem Potsdamer Platz in Berlin steht. Um gegen die umstrittene Wiederwahl von Alexander Lukaschenko als Präsident ihres Heimatlandes zu protestieren, zogen sie am 13. August 2020 zunächst lautstark durch Berlin, um dann am Potsdamer Platz eine Kundgebung abzuhalten. Wie auch in Belarus selbst, waren es in Berlin mehrheitlich junge Frauen, die gegen den autoritären Präsidenten demonstrierten. Viele von ihnen waren angesichts der gewalttätigen Niederschlagung der Proteste in ihrem Heimatland in großer Sorge um Freunde und Verwandte. Das Mauersegment hatten sie zuvor in den Farben des Protestes gegen Lukaschenko, Rot und Weiß, bemalten. Auf dem oberen Teil steht „#belarus2020" und „#freedombelarus", in der Mitte ist ein großes, weißes Peace-Zeichen auf rotem Grund zu erkennen und ganz unten steht das Wort „NOW". Eigentümer des Segmentes ist Hans Martin Fleischer. Er hatte die belarussischen Aktivistinnen zu der Aktion eingeladen. Seit dem 9. November 2001 steht sein Mauersegment mit Genehmigung des Bauamtes vor dem nördlichen Eingang des Bahnhofes Potsdamer Platz. Auch heute ist Fleischer von der Mauer noch genauso fasziniert, wie er es als junger Student war. Damals kaufte er sich vier weitere, ganz besondere Mauersegmente: Als links und rechts der ersten Lücke in der Mauer am Potsdamer Platz stehende Elemente, wurde sie 1989 tausendfach fotografiert. Da von einem Gemälde, das den Hitler-Stalin-Pakt thematisierte, nur ein Hakenkreuz übrig blieb, erwiesen sie sich als unverkäuflich. Und so stehen sie bis heute in einer Lagerhalle in Brandenburg. In den 1990er Jahren begann Fleischer zudem, mit einem Mauerstück aus Pappmaschee durch die Welt zu reisen und dieses an allen möglichen Orten zu fotografieren. So entstanden in den vergangenen 25 Jahren in Paris, Hamburg oder Słubice, aber auch im Kriegsgebiet in der Ukraine, Fotos von der „Mauer in Bewegung". Da Fleischers Mauerstück schwimmen kann, steht es auf vielen seiner Bilder am oder im Wasser.

An vielen Stellen im Berliner Stadtbild und im Bewusstsein der Bewohner der Stadt ist die Berliner Mauer und die Teilung der Stadt also nach wie vor präsent. Auch Touristen zogen stets zu vielen Tausenden an die Orte des Gedenkens zwischen East Side Gallery, Bernauer Straße, Potsdamer Platz und dem Deutschen Bundestag. Und sobald es wieder möglich ist, werden sie dies auch ganz sicher wieder tun. Neben dem bisweilen vergeblichen Einsatz für den Erhalt historischer Bausubstanz ist mittlerweile die künstlerische Bearbeitung des Themas Mauerbau getreten. Einige Kunstwerke haben inzwischen Einzug in die Museen gehalten, andere Projekte wurden heiß diskutiert. Mit Blick auf die eingangs erwähnte Forderung „Die Mauer muß bleiben" lässt sich angesichts des bevorstehenden 60. Jahrestages des Mauerbaues daher festhalten: Die Mauer ist geblieben. Glücklicherweise nur in der Erinnerung.

---

25 „In Berlin gibt's noch Tausende Mauerreste", in: *B.Z.* vom 27.09.2019.
26 „Großes Stück Berliner Mauer für neue Wohnungen abgerissen", in: https://www.tagesspiegel.de/berlin/historiker-entsetzt-ueber-verlust-in-pankow-grosses-stueck-berliner-mauer-fuer-neue-wohnungen-abgerissen/25700372.html, abgerufen am 19.03.2021.

TALLINN
ESTLAND

Standort:
Okkupations- und Freiheitsmuseum Vabamu, Toompea 8

Das Mauerstück vor dem Okkupations- und Freiheitsmuseum Vabamu, Tallinn

© Aimar Anderson / Vabamu Museum of Occupations and Freedom

Neben der beeindruckenden, aus Glas und Beton gestalteten Fassade des 2003 eröffneten Okkupations- und Freiheitsmuseums Vabamu (Okupatsioonide Ja Vabaduse Muuseum) in Tallinn wirkt das weiß bemalte Segment der Berliner Mauer sehr schlicht. Seit dem 9. November 2014 steht es hier und erinnert die Besucher an das Ende der Teilung Europas. Das Okkupations- und Freiheitsmuseum Vabamu thematisiert die deutsche und die sowjetische Besetzung des nördlichsten baltischen Staates, der erst 1991 wieder unabhängig wurde.

Das Mauerstück, das der Berliner Senat der Republik Estland schenkte, stammt aus der Mitte Berlins: Einst stand es an der Ecke Leipziger-/Stresemannstraße am Potsdamer Platz.

Bei der Eröffnung durch den damaligen Museumsdirektor Kadri Viires und den deutschen Botschafter Christian Matthias Schlaga sagte dieser: „Dieses Stück der Mauer ist ein Zeichen der Freundschaft zwischen Esten und Deutschen und erinnert uns daran, dass diese Mauer nicht gefallen ist, wie oft beschrieben, sondern von mutigen Menschen in ganz Europa fallen gelassen wurde. Es ist auch ein Warnsignal, dass wir niemals vergessen werden, dass Freiheit und Frieden in Europa heute nicht selbstverständlich sind." Zeitgleich mit dem Mauerstück wurde damals im Okkupations- und Freiheitsmuseum Vabamu die vom Münchner Institut für Zeitgeschichte, Deutschlandradio Kultur und der Bundesstiftung zur Aufarbeitung der SED-Diktatur herausgegebene Ausstellung „Diktatur und Demokratie im Zeitalter der Extreme" eröffnet, die bis zum Februar 2015 dort zu sehen war.

Den meisten Einwohnern Kuopios dürfte nicht bewusst sein, dass seit 1990 auf dem Gelände einer Fenster- und Türenfabrik in ihrer Stadt ein originales Stück der Berliner Mauer steht. Da man auf dem Firmengelände keine Besucher wünscht, muss der genaue Standort des Segmentes auch hier unerwähnt bleiben. Doch eigentlich es ist kein Geheimnis, dass das Zeugnis des Kalten Krieges in der ostfinnischen Stadt steht. So berichtete 2014 der finnische öffentlich-rechtliche Rundfunk YLE anlässlich des 25-jährigen Jubiläums des Mauerfalles über das Mauerstück. Ein technischer Manager des Unternehmens erzählte damals in einem Interview, wie das Segment an den nordöstlichen Rand Europas gelangte: Der ehemalige Geschäftsführer der Firma war im November 1989 als Honorarkonsul in Berlin, als ihm das Mauerstück angeboten wurde. Er nahm das Angebot gern an, da er sich wie viele Finnen durch historische Erfahrungen mit der Sowjetunion und die geografische Nähe sowie den Einfluss der Sowjetunion in seiner politischen und wirtschaftlichen Freiheit stark eingeschränkt gesehen hatte, was sich durch den Fall der Mauer und das Ende des Kalten Krieges grundlegend änderte.

Eine Gedenkstätte sollte das unbemalte Mauerstück in Kuopio dem Manager der Firma zufolge aber nicht werden. Dennoch symbolisiere es, so äußerte er in dem Fernsehbericht von 2014, auch nach all den Jahren die 1989 erreichte Freiheit.

KUOPIO
FINNLAND

Standort:
Privates Firmengelände

Das Mauerstück in Kuopio
© Juha Lyytinen

TAMPERE
FINNLAND

Standort:
Vapriikki-
Museumszentrum,
Alaverstaanraitti 5

Abtransport des Mauerteiles
aus Germendorf nach Finnland
© Landkreis Oberhavel / Lutz Busse

In Germendorf, nördlich von Berlin gelegen, schredderte der Unternehmer Klaus Grunske 1990 Hunderte Tonnen der Berliner Mauer. Sein Betrieb hatte damals den Zuschlag für die Demontage der Sperranlagen an der Grenze zu Brandenburg, so in Glienicke und Hohen Neuendorf, erhalten. Einige Mauersegmente wurden jedoch nicht zu Straßenschutt zermahlen, sondern von Grunske für die Nachwelt aufbewahrt. Eines dieser Mauerteile fand seine neue Heimat in der südfinnischen Stadt Tampere. Deren Bürgermeister und Präsident des finnischen Städte- und Gemeindetages, Timo Nieminen, stattete seinem Kollegen Karl-Heinz Schröder, Landrat von Oberhavel und Vizepräsident des Deutschen Landkreistages, im September 2007 einen Besuch ab. Zwischen Begehungen von Naturschutz- und Infrastrukturprojekten erfuhr Nieminen von den verbliebenen Mauerstücken in Germendorf. Klaus Grunske übergab dem finnischen Besucher ein Mauerteil, der es im Vapriikki-Museumszentrum von Tampere aufstellen wollte.

Als Gastgeschenk des Landkreises brachte Karl-Heinz Schröder das Mauerteil bei seinem Besuch in Tampere am 22. Mai 2008 mit. Anlässlich der Übergabe verwies er darauf, dass Finnland aufgrund seiner historischen Mittlerrolle zwischen Ost und West, vor allem aber wegen der für viele DDR-Bürger bedeutenden KSZE-Schlussakte von Helsinki 1975, ein guter neuer Standort für dieses Relikt des Kalten Krieges sei. Denn trotz der damals international vereinbarten und von der DDR-Regierung offiziell zugesagten Freizügigkeit, trennte die Mauer noch weitere 14 Jahre die beiden deutschen Staaten, Europa und die Welt. Viele Einwohner des heutigen Landkreises Oberhavel kennen die Mauer auch noch aus eigener Erfahrung: die südliche Grenze zu West-Berlin verlief quer durch die Region und war jahrzehntelang streng bewachtes Sperrgebiet.

Wo das Mauerteil seinen endgültigen Platz im Vapriikki-Museumszentrum, einer weitläufigen alten Maschinenfabrik am Rande von Tampere, gefunden hat, konnte leider nicht Erfahrung gebracht werden.

Einweihung des Mauerteiles
in Tampere
© Landkreis Oberhavel /
Annemarie Reichenberger

D as Graffito „Hase bleibt Hase" sowie unzählige kleine schwarze und weiße Kaninchen zieren zwei Mauerteile, die im Mémorial de Caen zu sehen sind. Sie stehen auf Podesten in der Dauerausstellung des Antikriegsmuseums und illustrieren den Abschnitt „Das Ende des Kalten Krieges". Der französische Unternehmer und Künstler Daniel Boulogne stiftete die beiden Segmente 1999 dem Museum. Während viele der heute über die

ganze Welt verstreuten Mauerteile Graffiti vor allem auf der West-Berliner Seite zeigen, sind die beiden Segmente in Caen außergewöhnlich. Die Malerei des Berliner Grafikers Manfred Butzmann befindet sich auf der Ostseite der Mauer. Diese war bis zum Mauerfall unerreichbar. Ein breiter Todesstreifen zwischen der Grenze zu West-Berlin und dem Ost-Berliner Hinterland verhinderte, dass man sich der Mauer von der DDR aus nähern konnte.

Bereits unmittelbar nach der Grenzöffnung am 9. November 1989 kam bei Künstlern in Ost und West die Idee auf, die Mauer nun auch auf der Ostseite zu bemalen. Obwohl seit dem 10. November 1989 einige Übergangsstellen im Mauerverlauf geöffnet worden waren und den Verkehr zwischen Ost- und West-Berlin ermöglichten, war der Todesstreifen noch immer gesperrt und wurde von den Grenztruppen der DDR bewacht. Als der Künstlerverband der DDR Mitte November 1989 ankündigte, die Mauer auch auf der Ostseite in Farbe tauchen zu wollen, war Daniel Boulogne begeistert. Der Pariser Unternehmer und Künstler lud Farben und Pinsel auf einen Lkw und fuhr spontan nach Berlin, um die Maler in der DDR zu unterstützen. In Berlin angekommen, traf er sich im Ost-Berliner „Palast Hotel" mit Jean Pichard, einem Mitarbeiter des französischen Kulturinstitutes in der DDR. Dort kam er auch mit Leo Wolf in Kontakt, der kurz zuvor zum Leiter des Künstlerverbandes der DDR berufen worden war. Wolf war von der unerwarteten Hilfe begeistert und die beiden verabredeten sich für den 17. November 1989 am Grenzübergang Checkpoint Charlie. Hier sollten die geschenkten Malutensilien in die DDR gebracht werden.

Trotz des Mauerfalles war der Grenzübergang, der für Diplomaten und Ausländer vorgesehen war, noch immer stark bewacht. Die Abfertigung eines Transporters mit zwei Tonnen nicht deklarierter Farben und Malwerkzeug sollte sich als Problem erweisen. Die DDR-Behörden verweigerten Boulogne und seinem Fahrer Joël zunächst die Einreise:

„Ich bin mit Jean Pichard zurück in den Schweizerhof gefahren. In der Halle des Hotels war immer noch die gleiche aufgeladene Atmosphäre zu spüren. Wir haben zwei Kameramänner des Senders CNN mitgenommen. Wir wollten den Vopos in den Rücken fallen. Durch Leo Wolf hatten wir erfahren, welchen Übergang man als Fußgänger gefahrlos benutzen konnte. So sind wir nach einem Umweg auf die Ostseite vom Checkpoint Charlie gekommen. Das Schwierigste war nun, den Lastwagen nach drüben zu bekommen. Die Kameramänner von CNN waren Feuer und Flamme. Sie haben ihre Kameras direkt hinter den Vopos aufgestellt und fingen an zu filmen. Ich versuchte in Richtung Lastwagen zu gehen, aber sofort stellte sich ein Vopo mir entgegen. Er versperrte mir den Weg und drohte mir mit der Kalaschnikow. Es sah schlecht aus. Doch das Glück war mit uns. Während ich mit dem Vopo diskutierte, hat ein 38-Tonner Joëls Lastwagen überholt, der immer noch im Niemandsland stand. Die Vopos gingen auf den 38-Tonner zu, um ihn zu kontrollieren. In dem Moment ist es mir gelungen, zu Joël zu gelangen und auf das Trittbrett zu springen. Joël hat den ersten Gang eingelegt. Die Kameras waren auf den Lastwagen gerichtet, der sich langsam in Bewegung setzte. Ein Vopo kam auf uns zu. Er zielte mit der Kalaschnikow auf mich. Ich zeigte auf die Kameras, die ununterbrochen filmten. Er schrie mir etwas auf Deutsch zu. Ich versuchte, ihm auf Französisch zu antworten. Alles hat sich zwischen uns mit Blicken abgespielt. Ich sah die Angst in seinen Augen, als er sich den Kameras zuwendete. Er hatte verstanden, dass, falls er schießen würde, die Kameras nicht einen Soldaten filmen würden, der einen Befehl ausführt, sondern einen Mord, eine Hinrichtung, ein Verbrechen. Er ist einen Schritt zurückgewichen und hat seine Waffe gesenkt. Wir hatten gewonnen."

Auf der anderen Seite des Checkpoint Charlie warteten bereits Leo Wolf und seine Mitstreiter. Inzwischen war es jedoch Abend geworden, sodass die Aktion auf den nächsten Tag verschoben werden musste. Am 19. November 1989 konnten die Arbeiten schließlich beginnen. Mit offizieller Duldung und von den Grenztruppen argwöhnisch beobachtet, begannen dreißig Künstler die Mauer auf vierhundert Meter Länge zwischen Potsdamer Platz und Leipziger Straße auf Ost-Berliner Seite zu bemalen. Alle bekamen ein Mauersegment zur Verfügung gestellt, das jeder nach seinen eigenen Vorstellungen gestalten konnte. Bis zum Nachmittag herrschte auf dem Todesstreifen ein buntes Treiben. Dann erreichte die Grenzsoldaten der Befehl, die Aktion zu beenden. Überrascht von diesem plötzlichen Sinneswechsel mussten die Künstler ihre Arbeit abbrechen. Die meisten Bilder waren aber bereits fertiggestellt. Die Grenzsoldaten begannen noch in der Nacht, die Graffiti zu übermalen. Wer die Anordnung hierzu gab, ist bis heute unbekannt. Allerdings war die hierfür verwendete weiße Farbe von so schlechter Qualität, dass die Kunstwerke weiter hindurchschimmerten.

Unter den Künstlern, die sich an dieser ersten Mauerkunstaktion im Osten beteiligten, war auch Manfred Butzmann. Seine heute im Memorial de Caen ausgestellten Hasen gehen auf einen Kinderspielplatz zurück, der 1972 an der Parkstraße in Berlin-Pankow angelegt wurde. Da die DDR-Behörden den wiederholten Bitten der Bürger, einen Spielplatz anzulegen, nicht nachkamen, entschlossen sich die Anwohner einen Parkplatz eigenmächtig umzugestalten. Zur Einweihung hisste Manfred Butzmann eine Hasenfahne, Symbol für die Überwindung von Angst und Machtlosigkeit. Nach dem Mauerfall griff Butzmann dieses Motiv wieder auf. Die wild lebenden Kaninchen waren bis dahin die einzigen Bewohner des Todesstreifens an der Grenze gewesen. Nun war die Mauer offen und die Bürger, die „angstvollen und machtlosen Hasen", hatten das DDR-Regime schließlich überwunden.

Wenige Wochen nach der Mauermalaktion begann im Juni 1990 der Abriss der Grenzbefestigungen. Boulogne schickte einen seiner Mitarbeiter nach Ost-Berlin. Dieser sollte so viele Mauerteile mit Graffiti wie möglich vor dem Schredder retten. Zufällig entdeckte er auch die Hasen von Butzmann, die so vor der Zerstörung bewahrt wurden. Boulogne ließ sie nach Frankreich bringen und schenkte sie dem Museum in Caen.

Die Zitate sind einem Bericht von Daniel Boulogne entnommen: http://www.memorial-caen.fr/mur_de_berlin/

Am 26. Mai 2015 wurden vor dem katholischen Schulzentrum Institution Jeanne-d'Arc in Colombes feierlich zwei Segmente der Berliner Mauer enthüllt. Bei der Zeremonie in dem nordöstlich von Paris gelegenen Vorort waren Vertreter der deutschen und polnischen Botschaften in Paris, die Bürgermeisterin von Colombes, Nicole Goueta, sowie die ehemalige Präsidentin

Standort:
Institution Jeanne-d'Arc,
9 Boulevard Valmy

Die Mauerstücke in Colombes
© Association MONPHI

des Europäischen Parlamentes, Nicole Fontaine, anwesend. Im November 2014 hatten die Schülerinnen und Schüler der 11. Klasse im Deutschunterricht in einer deutschen Zeitung von der Möglichkeit gelesen, von der Baustofffirma Klösters in Teltow bei Berlin Teile der Berliner Mauer zu erwerben. So entstand der Plan, eine „Friedensaktion" ins Leben zu rufen, für die zwei Mauerteile gekauft und bemalt werden sollten. Dazu veranstalteten die Schüler an ihrer Schule einen Malwettbewerb und sammelten Geld, um den Kauf der Mauerstücke sowie deren Transport nach Frankreich zu finanzieren. Unterstützung erhielt die Schule von Philippe Belleuvre und dessen deutsch-polnisch-französischer Verein „Monphi". Belleuvre führte nicht nur die Verhandlungen über Kauf und Transport der Mauerstücke, sondern organisierte auch einen Aufenthalt der Schüler in Szczecin (Stettin) und Berlin, bei dem diese ihr Wissen über die Geschichte des Kalten Krieges ausbauen und Gespräche mit Zeitzeugen führen konnten.

Die Gestaltung der Mauerteile übernahm der in Berlin lebende Künstler Victor Landeta, der unter dem Namen „AUM" bereits zahlreiche Mauerstücke bemalt hat. Im Mai 2015 gestaltete er die Vorderseite der beiden Segmente mit einem bunten, an Kirchenfenster erinnernden Muster, vor dem eine Friedenstaube aufsteigt. Darüber sind die Namen von vier Persönlichkeiten zu lesen, die zur Überwindung des Kalten Krieges und der Teilung Europas beigetragen haben: Willy Brandt, Michail Gorbatschow, Johannes Paul II. und Lech Wałęsa. Auf die Rückseite malte Landeta die Silhouette eines Menschen, der auf einem Berggipfel stehend die Arme gen Himmel reckt. Um die Zusammenarbeit der Generationen bei dem gesamten Projekt zu unterstreichen, setzte er die Bemalung gemeinsam mit der Schülerin um, die den Malwettbewerb gewonnen hatte.

DEAUVILLE
FRANKREICH

Standort:
Blangy le Chateau
(Privatgrundstück)

Die Mauer im Garten von
Hans-Olaf Henkel,
Deauville
© Hans-Olaf Henkel

Im Garten des unweit von Deauville gelegenen Anwesens des ehemaligen BDI-Präsidenten und Unternehmers Hans-Olaf Henkel befindet sich seit 1993 ein originales Stück Mauer. Ursprünglich mit vielen Graffiti versehen, wurden diese im Verlaufe der Jahre vom Regen abgewaschen.

Das Leben und Wirken von Hans-Olaf Henkel sind mit der geteilten Stadt Berlin und der Mauer verbunden: Im Herbst 1961 war er am Grenzübergang Checkpoint Charlie, als sich hier kurz nach dem Mauerbau amerikanische und sowjetische Panzer gegenüberstanden. 1962/63 lebte er für einige Monate in der geteilten Stadt und begann seine Karriere im West-Berliner Stadtteil Lankwitz bei IBM. So war es für ihn folgerichtig, nach dem Mauerfall 1989 ein Stück dieses geschichtsträchtigen Bauwerkes zu erwerben.

Bei der Auktion in Monaco, auf der die Agentur LeLé Berlin Wall Verkaufs- und Wirtschaftswerbung GmbH 1990 zahlreiche Mauerteile zum Kauf anbot, ersteigerte auch Ljiljana Hennessy ein Segment der Berliner Mauer.[1] Die ehemalige Schauspielerin und Erbin der Cognac-Brennerei Hennessy erstand das letzte im Katalog der Auktion verzeichnete Mauerstück mit der Nummer 81. Dabei handelt es sich um ein 1,85 Meter hohes Fragment von der Waldemarstraße mit der Zertifikatsnummer 263. Anders als in dem Katalog verzeichnet, stammt das rote Herz auf dem Mauerstück allerdings nicht von Thierry Noir, sondern von Kiddy Citny. In dem von der Bundesstiftung zur Aufarbeitung der SED-Diktatur geförderten Dokumentarfilm „Wo ist die Mauer" von Elke Sasse und Stefan Pannen aus dem Jahr 2009 ist zu sehen, wie Citny auf Hennessys Weingut in der Nähe der französischen Stadt Cognac seine Bemalung erneuert. Da das heute wieder im Teehaus des Anwesens abgestellte Segment zwischenzeitlich im Freien stand, hatten Wind und Wetter dem Gemälde stark zugesetzt. In dem Film berichtet Ljiljana Hennessy, dass der Fall der Mauer und das Ende der kommunistischen Herrschaft in Mittel- und Osteuropa eine ganz persönliche Bedeutung für sie hat: Auch in ihrer ursprünglichen Heimat Jugoslawien waren bis 1990 viele Lebensbereiche von großer Unfreiheit geprägt.

---

1 Siehe Beitrag von Ronny Heidenreich in diesem Band.

PARIS
FRANKREICH

Standort:
Place de Coupole,
La Défense

„König Buffo" in Paris
© Deutschland-Zentrum Paris

Wenig majestätisch residiert „König Buffo" – so der Name des von Kiddy Citny 1984 in der Walde-marstraße in Kreuzberg geschaffenen Mauergraffito – heute im monumentalen Geschäftskomplex La Défense im Pariser Stadtteil Courbevois. Etwas abseits und schmuddelig stehen die drei Mauerteile weitgehend unbeachtet am Fuße einer Hochhausfront.

Bereits im Dezember 1989 bat Jean-Yves Haby, ein junger Abgeordneter des Pariser Stadtteils Cour-bevois, den Ost-Berliner Bürgermeister Erhard Krack um Mauerteile für die französische Hauptstadt. Die Stadtteilverwaltung brachte schließlich die von der DDR-Firma Limex, die ab Ende Dezember 1989 mit der Vermarktung der Berliner Mauer begann, geforderte Kaufsumme von knapp 300 000 D-Mark für drei Mauerteile auf. Einen deutsch-französischen Freundschaftsdienst zu leisten und die Mauerteile kostenlos an die französische Hauptstadt abzugeben, war die Ost-Berliner Stadtregierung nicht bereit. Im Frühjahr 1990 war das Geschäft abgeschlossen und die drei Segmente wurden zunächst von der Spree an den Rhein gebracht, wo sie einen Zwischenstopp am damaligen Bundestag in Bonn einlegten. Danach ging es nach Straßburg zum Europäischen Parlament, wo die Aufstellung der drei Mauerteile zum Anlass für Diskussionsveranstaltungen mit Jugendlichen genommen wurde. Höhepunkt und Abschluss der Europa-tournee war schließlich das Bürozentrum La Défense in Paris, das unter dem damaligen französischen Staatspräsidenten François Mitterrand als gewaltiges Geschäftszentrum im Pariser Nordwesten gebaut worden war. An der Einweihung nahmen auch zahlreiche hochrangige Vertreter aus Wirtschaft, Politik und Kultur teil. Unter den Parisern stieß das Mauerensemble auf großes Interesse. Es sollte ein landes-weiter Wettbewerb für einen Sockel ausgeschrieben werden, auf dem die Betonteile stehen sollten. Bis

dahin wurden die Segmente in einem Keller eingelagert und gerieten dort in Vergessenheit. Die
anfängliche Begeisterung für das Projekt verflog
und zwischen der Pariser Stadtregierung und der
Verwaltung des Geschäftszentrums La Défense
entbrannten Streitigkeiten über den zukünftigen
Standort. Erst 1995 konnte eine Einigung erzielt
werden. Pünktlich zum 6. Jahrestag des Mauerfalles wurde „König Buffo" am 9. November 1995
wieder der Öffentlichkeit präsentiert. Nun aber auf
dem Place de Coupole zwischen einer Schnell-
straße und einer Fußgängerbrücke, wo nur wenige
Passanten vorbeikommen.

PARIS
FRANKREICH

Standort:

Esplanade du
9 novembre 1989,
15. Arrondissement

„Platz des 9. Novembers 1989
– Fall der Berliner Mauer" in
Paris

© Deutschland-Zentrum Paris

Im Jahr, als in Berlin die Mauer fiel, wurde Jean Goujon zum Bürgermeister des 15. Pariser Stadtbezirkes gewählt. Fast zwanzig Jahre stand er dem Arrondissement vor. Eines der letzten Vorhaben seiner Amtszeit war die Aufstellung eines Mauerteiles nahe dem Eingang zum Pariser Messegelände. Bereits 2003 hatte er als Abgeordneter der UMP einen entsprechenden Antrag, der auch die Umbenennung eines Platzes vorsah, beim Pariser Senat eingebracht. Im Dezember 2006 stimmte die Stadtregierung seinem Vorschlag zu und das Areal an der Port de Versailles wurde in „Esplanade du 9. novembre 1989 – chute du mur de Berlin" („Platz des 9. November 1989 – Fall der Berliner Mauer") umbenannt. Im Rahmen der Städtepartnerstadt Paris-Berlin erklärte sich der Senat der deutschen Hauptstadt 2006 bereit, ein Mauerteil zur Verfügung zu stellen. Selbiges wurde Ende 2008 von Berlin-Marzahn, wo der Senat seine letzten Mauersegmente aufbewahrt, per Tieflader nach Frankreich gebracht. Die Einweihung fand am 20. Jahrestag des Mauerfalles am 9. November 2009 statt.

Standort:

Vor dem Maison de la
Radio, 116 Avenue du
Prèsident Kennedy

Transport und Installation
des Mauerteiles vor dem
Maison de la Radio
© Radio France / Christophe
Abramowitz

Auf der Pressekonferenz am 26. Oktober 2009 zum Festakt aus Anlass des 20. Jahrestages der Friedlichen Revolution und des Mauerfalles im Berliner Dom überraschte der Intendant des Deutschlandradios Willi Steul seinen französischen Kollegen Jean-Luc Hees von Radio France mit einem besonderen Geschenk: ein Originalsegment der Berliner Mauer. Das 2,8 Tonnen schwere Mauerteil, das ursprünglich als Teil der Grenzanlagen in Berlin-Spandau gestanden hatte und zwischenzeitlich in Teltow lagerte, gelangte schließlich im November 2009 auf den Weg nach Paris.

Die feierliche Enthüllung am 19. November 2009 fand im Rahmen einer Ausstellungseröffnung statt. Die Ausstellung zeigte Fotos von Christophe Abramowitz, der den „Deutschlandtag", so wie ihn die französischen Medienvertreter erlebten, dokumentiert hatte: Redakteure, Moderatoren und Techniker aus Paris waren zum 20. Jahrestag des Mauerfalles an die Spree gekommen, um 24 Stunden live über das Jubiläum und das geeinte Deutschland zu berichten.

Die Installation des Mauerteiles vor dem Maison de la Radio besiegelte aber auch die zukünftige Kooperation von Deutschlandradio und Radio France. Das Mauersegment ist mit den französischen Nationalfarben versehen und wird nachts auf der Rückseite in den Farben Schwarz, Rot, Gold angestrahlt. Der Generaldirektor von Radio France Jean-Luc Hees verwies in seiner Rede auf die Symbolkraft dieses Stückes Berliner Mauer: „Das Stück Berliner Mauer, das jetzt so sichtbar vor dem Haupteingang des „Maison de Radio France" steht, zeigt nicht nur die Menschenverachtung der DDR-Diktatur, sondern auch die Kraft und Macht des Volkes."

SAUMUR
FRANKREICH

Standort:

Musée des Blindés,
1043 route de
Fontevraud

Mehr als 800 Panzer sind im „Musée des Blindés" (Panzermuseum) im westfranzösischen Saumur ausgestellt. Die weltweit größte Sammlung von Militärtechnik reicht vom Ersten Weltkrieg bis zum Ende des Kalten Krieges. Ein ganzer Saal ist den Panzern der Armeen des Warschauer Paktes vorbehalten. Hier befindet sich auch ein originales Segment der Berliner Mauer. Nach Auskunft der Museumsleitung wurde es dem 11. Jägerregiment der französischen Streitkräfte beim Abzug der Truppen aus Berlin 1994 geschenkt. Die Stadt Berlin bedankte sich damit für die 45-jährige Präsenz des französischen Militärs in West-Berlin. Eine kleine rote Plakette erinnert an dieses Ereignis:

Authentique élément du ‚Mur de Berlin'
Offert par la ville de Berlin en remerciements de la présence française
[Originales Element der ‚Berliner Mauer' Überreicht von der Stadt Berlin in Dankbarkeit für die französische Präsenz]

Nach Auflösung der französischen Armee-Einheiten in Deutschland 1999 wurden alle wichtigen Erinnerungsstücke im Panzermuseum in Saumur gesammelt. Auf diese Weise gelangte vermutlich auch das Mauerteil in die Ausstellung.

Die Mauer im Panzermuseum, Saumur

© Association des Amis du museé des Blindés

Plakette am Mauerteil im Panzermuseum, Saumur

© Association des Amis du museé des Blindés

Standort:
Vor dem Palast der
Menschenrechte im
Europäischen Gerichts-
hof für Menschenrechte,
Avenue de l'Europe

Die Mauer vor dem
Europäischen Gerichtshof
in Straßburg
© Jochen Guckes

Nach dem Fall der Mauer 1989 und dem Sturz des SED-Regimes musste sich die DDR auch international neu positionieren. Bislang fest in den von der Sowjetunion dominierten Warschauer Pakt eingebunden, wurde im Frühjahr 1990 heftig über die Alternativen Wiedervereinigung der beiden deutschen Staaten
oder Reform der DDR mit außenpolitischer Neutralität diskutiert. Auf internationalem Parkett waren die
Weichen jedoch schon deutlich in Richtung Wiedervereinigung gestellt. Am Rande der „Open Skies"-Kon-
ferenz im kanadischen Ottawa verständigten sich die Siegermächte am 13. Februar 1990 grundsätzlich
auf Verhandlungen über einen möglichen Zusammenschluss. Dennoch bemühte sich die DDR-Regierung
weiter um den Aufbau von Kontakten zu europäischen Institutionen. Bei einer Begegnung des stellvertretenden Außenministers Werner Fleck mit der Generalsekretärin des Europarates, Catherine Lalumiére, im
Februar 1990 wurde an die DDR-Regierung der Wunsch herangetragen, ein Mauerteil für einen geplanten
„Palast der Menschenrechte" in Straßburg zu erhalten. Der damals noch amtierende Außenminister der
DDR, Oskar Fischer, schlug daraufhin Anfang März der DDR-Regierung vor, dass „dem Anliegen der Ge-
neralsekretärin des Europarates […] im Interesse der zügigen Entwicklung der Beziehungen zwischen der
DDR und dem Europarat entsprochen werden" sollte. Zwei Tage vor der einzigen demokratischen Wahl zur
Volkskammer am 18. März 1990 stimmte der Ministerrat der Schenkung zu.

In Straßburg war das Interesse an der ehemaligen Grenzbefestigung groß. Zusätzlich zum geschenkten
Mauerteil wurden drei weitere Segmente von der DDR-Firma Limex angekauft. Diese waren im Juni 1990

Vom Aussichtpunkt in
West-Berlin zum Europäischen
Gerichtshof: die Mauer in
Straßburg

© Archiv Bundesstiftung Aufarbeitung,
Bestand Rosmarie Gentges, Nr. 122

auf der ersten großen Maueraktion in Monaco bereits einmal zur Versteigerung angeboten worden. Doch es fand sich kein Interessent, sodass die Betonsegmente schließlich nach Straßburg verkauft wurden. Noch im Jahr 1990 wurde die tonnenschwere Fracht nach Frankreich gebracht und bis zur Fertigstellung des Museums 1995 eingelagert. Doch auch dann ließ sich kein geeigneter Platz im „Palast der Menschenrechte" finden. Erst 1997 fanden sie vor dem Gebäude, in dem auch der Europäische Gerichtshof für Menschenrechte seinen Sitz hat, ihren neuen Standort. Hier stehen die Mauersegmente heute so, wie sie schon vor ihrer Demontage 1990 in Kreuzberg gestanden hatten. Vier Köpfe, die der berühmte Mauerkünstler Thierry Noir gemalt hatte, und die etwas rätselhafte französische Aufschrift: „le duo d'enfer a encore frappé" (in etwa: „Das Duo aus der Hölle hat es wieder einmal geschafft") sind auf ihnen zu sehen.

Die Segmente sind mittlerweile von einem Gitter umzäunt und befinden sich nun auf dem Vorplatz des Europäischen Gerichtshofes für Menschenrechte. Anlässlich des 30-jährigen Jubiläums des Mauerfalles fand 2019 vor den Segmenten eine Gedenkfeier statt. An der Veranstaltung nahmen der damalige Präsident des Europäischen Gerichtshofes für Menschenrechte, Linos-Alexandre Sicilianos, der ehemalige Bürgermeister von Straßburg, Roland Ries, der französische Botschafter beim Europarat, Jean-Baptiste Mattéi sowie der deutsche Botschafter, Rolf Mafael, teil.

VERDUN
FRANKREICH

Standort:
Centre Mondial de la Paix, des Libertés et des Droites de l'Hommes, Place Mgr Ginisty

Die feierliche Einweihung des Mauerstückes in Verdun, 2014

© Philippe Hansch / Centre Mondial de la Paix, des Libertés et des Droites de l'Hommes

Bis heute steht der Name Verdun für die Schrecken des Ersten Weltkrieges: 1916 fand hier eine der längsten und verlustreichsten Schlachten zwischen Deutschen und Franzosen statt. Viele Jahre später, am 22. September 1984, kam es auf dem einstigen Schlachtfeld bei einer Gedenkfeier für die Toten des Ersten und des Zweiten Weltkrieges zu der weltweit beachteten „Geste von Verdun": Der französische Präsident François Mitterand und Bundeskanzler Helmut Kohl standen minutenlang Hand in Hand nebeneinander. Damit setzten die beiden Politiker ein Zeichen für die deutsch-französische Freundschaft und Aussöhnung. Fünf Jahre später, 1989, wurde in Verdun im prachtvollen Bischofspalast das Centre Mondial de la Paix, des Libertés et des Droites de l'Hommes (Weltzentrum für Frieden, Freiheit und Menschenrechte) gegründet. In einem großen Ausstellungsbereich haben die Besucher die Möglichkeit, die Geschichte Europas zu entdecken und zu verstehen. Seit dem 26. Februar 2014 steht in den Gärten des Zentrums auch ein Stück der Berliner Mauer. Das Land Berlin überreichte anlässlich des 25-jährigen Jubiläums des Mauerfalles das Fragment, das aus dem Bestand der von Sony gesponserten Mauerteile stammt. Der Konzern Sony, der im Juni 2000 die Eröffnung des Sony-Centers auf dem Potsdamer Platz feierte, hatte dem Land Berlin eine Anzahl von Mauerstücken von diesem Standort überlassen. Somit stand auch das Verduner Mauerfragment einst auf dem Potsdamer Platz. In einem Schreiben an die Teilnehmer der offiziellen Einweihungsfeier am 17. März 2014, zu denen u. a. Gérard Longuet, Präsident des Centre Mondial de la Paix, des Libertés et des Droites de l'Hommes, Hubertus Legge, Konsul in Straßburg der Bundesrepublik Deutschland, Thibaut Villemin, 1. Vizepräsident der Region Lothringen, Christian Namy, Senator, Präsident des Departements Maas, Jean-Louis Dumont, Mitglied des Parlamentes und Philippe Hansch, Direktor des

Centre Mondial de la Paix, des Libertés et des Droites de l'Hommes gehörten, begründete der Regierende Bürgermeister, Klaus Wowereit, die Symbolkraft der Schenkung:

Diese Geste ist ein wichtiges Zeichen der Freundschaft zwischen Franzosen und Deutschen. Sie gedenken damit des glücklichsten Tages in der jüngeren Geschichte Berlins: des 9. November 1989. 28 Jahre der Teilung unserer Stadt endeten an diesem Tag mit dem Fall der Mauer, der gleichzeitig den Sieg der von den Völkern Mittel- und Osteuropas eingeleiteten friedlichen Revolution bedeutete. Damit schlug Europa ein neues Kapitel seiner Geschichte auf. Und das Brandenburger Tor wurde zum Symbol einer neuen Weisheit: Das Unmögliche kann Wirklichkeit werden.
Die Erinnerung daran, dass mutige Männer und Frauen zum Fall der Berliner Mauer beigetragen haben, sollte uns die Kraft geben, uns auch in Zukunft für eine Welt ohne Mauern einzusetzen. Verdun ist ein Beweis dafür, dass historische Gräben überbrückt werden können. Zu einer Zeit, als Frankreich und Deutschland Erbfeinde waren, ließen Tausende junger Deutscher und Franzosen hier auf den Schlachtfeldern des Ersten Weltkriegs ihr Leben. Und hier wird die deutsch-französische Freundschaft in vorbildlicher Weise gepflegt und damit der Grundstein für einen dauerhaften Frieden in Europa gelegt.

2018, hundert Jahre nach dem Ende des Ersten Weltkrieges, verlieh das Europäische Parlament dem Centre Mondial de la Paix, des Libertés et des Droites de l'Hommes den Europäischen Bürgerpreis für seine Arbeit. 2020 wurde das Zentrum von der französischen und der deutschen Regierung als ein maßgeblicher Ort für die im Aachener Vertrag vorgesehene Wiederbelebung der deutsch-französischen Beziehungen anerkannt.

Das Mauerstück in den Gärten des Zentrums ist bis heute frei zugänglich. Zwei Tafeln erläutern die Geschichte der Mauer und die Geschichte ihres Falls auf Französisch.

Standort:
Europaplatz

Die Mauer in Tiflis
© Deutsche Botschaft Tiflis

Grenzen spielen in Georgien, dem kleinen Land am Schwarzen Meer, eine große Rolle: Selbst an der Grenze zwischen Asien und Europa gelegen, stößt es im Süden an die Türkei und im Norden an Russland. Besonders mit dem großen Nachbarn im Norden verbindet Georgien eine schwierige Geschichte. Seit dem 19. Jahrhundert gehörte das Land zum russischen Zarenreich, direkt nach der Oktoberrevolution 1918 und dem Ende des Zarenreiches wurde in Georgien die Erste Republik ausgerufen und die Unabhängigkeit von Russland erklärt. 1921 besetzte die Rote Armee das Land und gliederte es 1922 in die neu gegründete Union der Sozialistischen Sowjetrepubliken ein. Am 9. April 1991, noch vor dem endgültigen Zerfall der Sowjetunion, erklärte sich Georgien erneut für unabhängig. Allerdings kam es in den Regionen Abchasien und Südossetien zu kriegerischen Auseinandersetzungen, da sich diese Regionen von Georgien abspalten wollten. Bis heute zeigt das russische Militär hier hohe Präsenz und erkennt die Landesteile sogar als unabhängige Staaten an.

Deutschland war das erste Land der Europäischen Gemeinschaft, das die Unabhängigkeit Georgiens anerkannte: 1992 nahmen die beiden Länder diplomatische Beziehungen auf. Dies war auch dem damaligen georgischen Staatschef Eduard Schewardnadse zu verdanken, der in Deutschland aufgrund seiner Rolle als ehemaliger sowjetischer Außenminister während der deutschen Wiedervereinigung hohes Ansehen genoss. 2017, anlässlich des 25-jährigen Jubiläums der Unabhängigkeit und der Aufnahme diplomatischer Beziehungen, überreichte die Bundesregierung Georgien ein Stück Berliner Mauer, das der georgische Premierminister Giorgi Kwirikaschwili bei einem Deutschlandbesuch als Symbol der georgisch-deutschen Freundschaft in Empfang nahm. Am 9. November 2017, am 28. Jahrestag des Mauerfalles, wurde das Mauerstück in der georgischen Hauptstadt Tiflis symbolträchtig auf dem Europaplatz eingeweiht. An den Feierlichkeiten nahmen neben dem georgischen Premierminister und weiteren Regierungsbeamten auch die deutsche Botschafterin in Georgien sowie der georgische Botschafter in Deutschland teil. Premierminister Kwirikaschwili bezeichnete die Einweihung des Mauerstückes auf dem Europaplatz als Höhepunkt des Deutsch-Georgischen Jahres, das 2017 begangen wurde. In ihrer Ansprache erinnerte die deutsche Botschafterin in Georgien, Heike Peitsch, an die Ereignisse des Mauerfalles sowie an die Auswirkungen, die die Öffnung der innerdeutschen Grenze und die deutsche Wiedervereinigung auf die gesamteuropäische Geschichte hatten. Der georgische Botschafter in Deutschland, Lado Tschanturia, betonte in seiner Rede, dass das Geschenk ein besonderes Symbol für Frieden, Freiheit und Einigkeit sei.

THESSALONIKI
GRIECHENLAND

Standort:
Garten des
Goethe-Instituts,
Vasilissis Olgas 66

Die Mauer im Garten des
Goethe-Instituts Thessaloniki

© Stavros Kitsos / Goethe-Institut
Thessaloniki

Ein Symbol der Überwindung von Grenzen zwischen Ländern und Menschen sollte das Segment der Berliner Mauer im nordgriechischen Sochos-Lagkadas werden, als es im Oktober 2012 enthüllt wurde. Doch mitten auf dem neu gestalteten „Platz der Verbrüderung" errichtet, verursachte es genau das Gegenteil, nämlich Entrüstung und Kritik in Teilen der einheimischen Bevölkerung. Die Idee für das Denkmal hatte der damalige Bürgermeister der Gemeinde, Jannis Anastassiadis, während eines Besuches im Berliner Bezirk Steglitz-Zehlendorf im Juli 2012. Bei einer Führung durch die Berliner Partnergemeinde von Sochos-Lagkadas kam seine Delegation auch am Grundstück der Firma Klösters Baustoff-Werke im benachbarten Teltow vorbei, auf dem etliche Mauersegmente lagerten.[1] Um in Sochos-Lagkadas daran zu erinnern, dass „keine Mauer, egal wie hoch sie ist, je in der Lage sein würde, der Sehnsucht nach Freiheit zu widerstehen", erbat Anastassiadis vom Bürgermeister von Steglitz-Zehlendorf, Norbert Kopp, ein solches Mauerstück. Kopp entsprach dieser Bitte und im September 2012 konnte dank der Unterstützung der Firma Klösters ein Lastwagen aus Griechenland das Segment von den Schülern eines Potsdamer Oberstufenzentrums mit den türkisfarbenen Lettern „CK" auf der einen und einem stilisierten Männchen auf der anderen Seite gestaltete Stück abholen. Auf Bitten des Bürgermeisters von

---

1 Siehe den Beitrag von Tina Schaller und Moritz Reininghaus in diesem Band.

Sochos-Lagkadas hatte mit dem griechischen Sozialarbeiter Georgios Bakalios ein Opfer von SED-Unrecht das Element ausgesucht. Als West-Berliner war Bakalios 1972 wegen angeblicher Spionage für den griechischen Geheimdienst in der DDR verhaftet und zu zwölf Jahren Zuchthaus verurteilt worden. Erst nach sechs Jahren konnte er von der Bundesrepublik freigekauft werden.

Bereits am 6. Oktober 2012 wurde das Mauerstück von Bürgermeister Anastassiadis in Anwesenheit des Ministers für Nordgriechenland, Karaoglou Theodoros, des deutschen Konsuls in Thessaloniki, Wolfgang Hoelscher-Obermaier, von Vertretern aus den Nachbargemeinden und einer großen Zahl von Gemeinderäten feierlich eingeweiht. Ebenfalls anwesend war eine Delegation aus Steglitz-Zehlendorf unter Führung von Bezirksbürgermeister Norbert Kopp. Doch nicht alle Bewohner von Sochos-Lagkadas reagierten erfreut: Für einige war das Mauerstück ein unwillkommenes Symbol des Kalten Krieges. Hinzu kam, Berichten der lokalen Presse zufolge, dass viele Griechen auf dem Höhepunkt der Staatsschuldenkrise ihres Landes kein Symbol der deutschen Geschichte in ihrer Stadt sehen wollten, da Deutschland hauptsächlich für die von der Europäischen Union verlangte rigide Sparpolitik in Griechenland verantwortlich gemacht wurde.

Als 2015 der Platz um das Denkmal erneut umgestaltet wurde, befand der neue Bürgermeister der Gemeinde, dass das Mauersegment weder zur Geschichte noch zur Architektur von Sochos-Lagkadas passe. Nach Gesprächen zwischen der Gemeinde und dem Deutschen Generalkonsulat wurde das Segment abtransportiert und im Garten des Goethe-Instituts in Thessaloniki aufgestellt.

COSFORD
GROSS-
BRITANNIEN

Standort:
Royal Air Force
Museum Cosford,
Lysander Avenue

Die Mauer im
Royal Air Force Museum,
Cosford
© Royal Air Force Museum Cosford

Zwei Frauen und ein Mann stehen auf Leitern an der Berliner Mauer und winken ihren Verwandten auf der anderen Seite der Grenze zu. Derartige Szenen waren im geteilten Berlin nach dem Mauerbau 1961 täglich zu beobachten, als Familien, Freunde und Nachbarn durch den Mauerbau plötzlich auseinandergerissen worden waren. Im Museum der Royal Air Force im westenglischen Cosford ist ein Nachbau dieser Szene zu sehen. Eingebettet in die stilisierte Berliner Mauer ist ein originales Segment, neben dem eine Karte der geteilten Stadt zu sehen ist. Den Ausstellungsmachern unterlief allerdings ein kleiner Fehler. Sowohl das echte Mauerteil als auch den Nachbau gab es in dieser Form noch gar nicht. Die Absperrungen waren 1961 noch provisorischer Natur und wurden erst Mitte der 1970er Jahre durch die einschlägig bekannten Betonsegmente ersetzt.

In der im Februar 2007 neu eröffneten Ausstellung zur Geschichte des Kalten Krieges fand das Mauerteil seinen endgültigen Standort. Bevor die britische Schutzmacht im September 1994 nach 49 Jahren Berlin verließ, war ihr das Mauerteil auf ihrem Militärflughafen in Berlin-Gatow übergeben worden. Es wurde dann dem Museum der Royal Air Force gestiftet, wo es zunächst eingelagert und im Jahr 2000 bereits einmal kurz ausgestellt worden war.

Standort:
Royal Engineers
Museum,
Prince Arthur Road

Die Mauer im
Royal Engineers Museum

© Royal Engineers Museum,
Library and Archive

Als im November 1989 in Berlin die Mauer fiel, hatten auch die britischen Streitkräfte in der geteilten Stadt neue Aufgaben zu bewältigen. Mit Beginn des offiziellen Abbruchs der Grenzanlagen am 13. Juni 1990 halfen Einheiten der königlichen Streitkräfte bei der Beseitigung der Sperranlagen mit. Mit dabei war

auch das 38. Feldgeschwader der Royal Engineers, das unter anderem die Mauer im Berliner Ortsteil Staaken mit abtrug. Am 29. Oktober 1990 war das britische Militär auf Bitten des Spandauer Bezirksbürgermeisters Werner Salomon angerückt, um die Grenzanlage zwischen dem ehemaligen Kontrollpunkt Heerstraße und Brunsbüttler Damm abzutragen. Zusammen mit Abrisskommandos der Bundeswehr wurde das 600 Meter lange Mauerstück schließlich innerhalb einiger Wochen abgebaut.

Als Erinnerung an die Präsenz der Royal Army in Berlin und die historischen Ereignisse 1989/90 wurden drei Mauersegmente Anfang der 1990er Jahre nach Gillingham geschafft, wo sie vor dem Royal Engineers Museum in der ehemaligen Brompton Kaserne zu sehen waren. Vermutlich von Angehörigen des Feldgeschwaders wurde über die drei Mauerteile hinweg der Kopf einer riesigen Kobra mit aufgerissenem Maul gemalt; darüber die Initialen RE – für Royal Engineers.

2011 erfolgte aus konservatorischen Gründen die Umsetzung der Mauersegmente in das Museum.

LONDON
GROSS-BRITANNIEN

Standort:

Imperial War Museum,
Lambeth Road

Imperial War Museum,
links das Mauerteil
© Fanny Heidenreich

Ein großer aufgerissener Mund ruft den Besuchern des Imperial British War Museum in London: „Change your life" („Ändere Dein Leben") zu. Dieses Graffito des Mauerkünstlers Jürgen Große alias Indiano ist auf einem Mauersegment zu sehen, das sich seit Beginn der 1990er Jahre außerhalb des Museums im Geraldine Mary Harmsworth Park befindet. Wie die Museumsverwaltung mitteilte, stammt das Stück direkt vom Brandenburger Tor und wurde von einem Spender, dessen Name nicht bekannt werden soll, gestiftet. Mit einiger Wahrscheinlichkeit handelte es sich um den britischen Kunstmäzen, Lord Peter Palumbo, der es 1994 zusammen mit anderen Segmenten in London erstanden hatte.

Im Inneren des Museums findet man im Ausstellungsbereich „Nachkriegskonflikte seit 1945" ein weiteres kleineres Mauerstück. Die Teilung Berlins steht hier in einer Reihe mit der Suez-Krise 1956, den Kriegen in China, Korea und Vietnam, der Entkolonisierung Afrikas und dem Golfkrieg. Der unscheinbare Mauerbrocken, auf dessen Oberseite noch Reste schwarzer Farbe zu erkennen sind, hat eine interessante Geschichte. Er wurde im November 1989 von einem Offizier der britischen Militärpolizei in der Invalidenstraße „sichergestellt". Die britische Militärregierung von Berlin fertigte am 20. November 1989 ein Bestätigungsschreiben aus, in dem die Echtheit des Mauerteiles bekräftigt wurde. Wenig später kam es von Berlin ins Londoner Außenministerium. Zusammen mit dem Echtheitszertifikat schenkte es der damalige Außenminister Douglas Hurd am 5. Dezember 1989 dem Londoner Kriegsmuseum. Die britische Militärpolizei, die sich später auch beim Abriss der Grenzanlagen beteiligte, bescherte dem Museum noch ein anderes eindrucksvolles Zeugnis des Mauerfalles. Ein Kamerateam hatte im November und Dezember 1989 die Vorgänge an der Grenze zum Britischen Sektor gefilmt. Besonders die Ereignisse um das Brandenburger Tor wurden so in eindrucksvollen Bildern festgehalten.

Die Mauer vor dem Imperial
War Museum, London
© Fanny Heidenreich

Standort:
National Army Museum,
Royal Hospital Road,
Chelsea

Die Mauer vor dem
National Army Museum,
London
© Fanny Heidenreich

Vor dem National Army Museum in London stehen seit 1994 drei Segmente der Berliner Mauer. Sie sind ein Geschenk der in Berlin stationierten Königlich-Britischen Nachschubtruppen. Die unbemalten grauen Mauerteile stammen aus den Berliner Außenbezirken. Die heute zu sehenden Graffiti wurden nach Aussage des Museums nachträglich von einem Offizier der Royal Army angebracht, um die riesigen Betonstelen etwas ansprechender zu gestalten. Eine kleine Bronzetafel erinnert an die deutsche Teilung und an die Angehörigen der Britischen Garnison in der geteilten Stadt.

Presented to the National Army Museum by 2. Transport and Movements Squadron. The Royal Logistic Corps (Berlin). 1945–1994.
[Dem National Army Museum vom 2. Transport- und Nachschub-Schwadron des Königlichen Nachschubkorps (Berlin) gestiftet. 1945–1994.]

LONDON
GROSS-
BRITANNIEN

Standort:
Deutsche Schule
London, Douglas House,
Petersham Road,
Richmond

Die Mauer vor der
Deutschen Schule London
© Deutsche Schule London

Im seit dem 19. Jahrhundert bei deutschen Auswanderern beliebten Londoner Stadtteil Richmond befindet sich heute auch die Deutsche Schule London. Sie gehört zum Netzwerk der 140 deutschen Auslandsschulen, die mit Unterstützung der Bundesrepublik Deutschland in aller Welt die deutsche Sprache und Kultur fördern. Zum Angebot der Schule gehört ein breites Spektrum an musischen, sportlichen und kulturellen Angeboten. Highlights sind dabei zweifelsohne die jährlichen Dichterlesungen mit Autorinnen und Autoren aus Deutschland, Jahresfeste wie das Sommerfest, der Weihnachtsbasar, ein kleines Oktoberfest, Charity-Veranstaltungen, Theaterabende, aber auch ein Stück deutsche Geschichte zum Anfassen: Denn auf dem Gelände der Schule befindet sich ein echtes Segment der Berliner Mauer. Das Stück trägt noch die originale Bemalung, die nicht erneuert wurde.

Eine ehemalige Rektorin erinnert sich, dass das Stück Berliner Mauer seit 1994 auf dem Schulgelände steht. Das Segment war ursprünglich nicht für die Schule gedacht, sondern ein Geschenk der deutschen Bundesregierung an die European Bank for Reconstruction and Development (Europäischen Bank für Wiederaufbau und Entwicklung, EBRD) in London. Die Bank verbindet aufgrund ihrer Aufgabe und Legitimation bis heute viel mit dem Fall der Berliner Mauer. Auf ihrer Website verweist sie unter dem Punkt

„Wer wir sind" auch auf ihre Geschichte. Dort wird unter einem Bild aus der Nacht vom 9. November 1989 erklärt: „Der Fall der Berliner Mauer war eines der monumentalen Ereignisse, die zur Gründung der EBRD führten. Ihre Aufgabe bestand darin, vor allem den Aufbau Osteuropas zu fördern. Seither hat die Bank den Wiederaufbau und die Entwicklung mit Investitionen von über 145 Milliarden Euro erfolgreich unterstützt." Das Geschenk der Deutschen Bundesregierung musste die EBRD wieder abgeben: Die örtlichen Behörden genehmigten die Aufstellung des Denkmals nicht. Daher wurde das Mauerteil an die Deutsche Schule London weitergegeben. Auf einer an dem Mauerstück angebrachten deutsch-englischen Tafel ist zu lesen:

AN ORIGINAL PIECE OF THE BERLIN WALL // FROM BERNAUERSTRASSE EIN ORIGINALSTÜCK // DER BERLINER MAUER ERRICHTET 1961 // THE WALL CAME DOWN ON NOV. 9. 1989 // DAMIT ENDETE DIE TEILUNG DEUTSCHLANDS // THIS EVENTUALLY LEAD TO GERMAN // REUNIFICATION

WAKEFIELD, BRETTON HALL
GROSS-
BRITANNIEN

Standort:

Yorkshire Sculpture Park

Die Berliner Mauer in ihrem
Zwischenlager des Yorkshire
Sculpture Park

© Courtesy of Yorkshire Sculpture
Park, Foto: Nigel Roddis

Auf dem Gelände des herrschaftlichen Anwesens Bretton Hall, das vor allem durch das bis 2004 hier angesiedelte gleichnamige College bekannt war, befindet sich heute der Yorkshire Sculpture Park (Skulpturenpark). In dem weitläufigen, von kleinen Teichen und Flüssen durchzogenen Areal wurde im 18. Jahrhundert ein Landschaftsgarten angelegt. Heute befindet sich an diesem Ort eine der größten Freiluftausstellungen moderner Plastiken. Werke von so berühmten Bildhauern und Künstlern wie Henry Moore, Andy Goldsworthy, Eduardo Paolozzi oder Sophie Ryder sind hier zu sehen. Lord Palumbo, britischer Kunstmäzen, stiftete dem Skulpturengarten Ende der 1990er Jahre eines der von ihm 1994 in London erworbenen Segmente. Seitdem steht es hier unter freiem Himmel. Im Laufe der Jahre ist das Graffito von Jürgen Große alias Indiano, das einst die Betonstele verzierte, vom Regen fast vollkommen abgewaschen worden. Nur noch schwach sind die Reste von „Fight your inner" („Kämpfe gegen dein Inneres") zu lesen. Als seine „Global Messages" hatte er das Graffito 1990 auf die Berliner Mauer an der Niederkirchnerstraße gemalt.

LISMORE
IRLAND

Standort:
Lismore Castle Gardens

In der idyllischen Grafschaft Waterford im Süden Irlands liegt das Städtchen Lismore. Über dem Städtchen erhebt sich das neugotische Lismore Castle, das von den Lismore Castle Gardens umgeben ist. Diese Gärten mit ihren botanischen Schätzen gehören dem Duke of Devonshire und werden von seinem Sohn und dessen Ehefrau, Lord und Lady Burlington, verwaltet. Von März bis Oktober sind die Gärten mit zeitgenössischen Kunstwerken von David Nash, Franz West, Richard Wright oder Bridget McCrum für Besucher geöffnet. In diesen Gärten finden sich auch zwei Segmente der Berliner Mauer: Über drei Meter hoch, grau und übersät mit abgeblätterten Graffiti bieten diese seit Frühjahr 2015 einen Blick in die Geschichte. Lord und Lady Burlington hatten die Mauerstücke 2014 bei einem Berlinbesuch gekauft, um sie in den Lismore Castle Gardens der Öffentlichkeit zugänglich zu machen.

Zwei Segmente der Berliner Mauer in den von März bis Oktober geöffneten Gärten von Lismore Castle

© The Gardens at Lismore Castle, www.lismorecastlegardens.com

REYKJAVIK
ISLAND

Standort:
Borgartún 105, gegen-
über dem Haus Höfði

Die Mauer in Reykjavik

© Hildur Inga Björnsdóttir /
Reykjavík Art Museum

Am nördlichen Rand von Reykjavik, direkt an der Küste Islands, steht das schlichte, mit weißen Bret-
tern verkleidete Haus Höfði. Heute wird dieses als Gästehaus der isländischen Regierung und für
Staatsempfänge nutzt. Es wurde 1909 im Auftrag der französischen Regierung erbaut und diente zunächst
als französisches Konsulat. Später beherbergte es nicht nur isländische Künstler wie den Dichter Einar
Benediktsson, sondern diente ab 1938 auch als britische Botschaft. In dieser Zeit waren Persönlichkeiten
wie Elisabeth II., Winston Churchill und Marlene Dietrich hier zu Gast. 1958 kaufte die Stadt Reykjavik das
Haus.

   1986 erhielt Höfði erneut weltpolitische Bedeutung, als hier, in der geografischen Mitte zwischen den
USA und der Sowjetunion, vom 10. bis zum 12. Oktober ein Gipfeltreffen zwischen Ronald Reagan und
Michail Gorbatschow stattfand. Heute wird dem Treffen des US-Präsidenten mit dem Generalsekretär des
Zentralkomitees der Kommunistischen Partei der Sowjetunion eine Schlüsselstellung für das Ende des
Kalten Krieges zugeschrieben, da die 1985 in Genf begonnenen Rüstungskontrollgespräche wiederaufge-
nommen wurden. Trotz des beiderseitigen Interesses, die nukleare Abrüstung voranzutreiben, scheiterten
die Gespräche zunächst an den Differenzen bezüglich des amerikanischen Weltraumprogrammes SDI.
Doch letztlich erwies sich der Gipfel als Grundlage für den Intermediate-Range Nuclear Forces Treaty (INF-
Vertrag) von 1987, der als Durchbruch gegen das Wettrüsten zwischen Sowjetunion und USA gilt.

Höfði selbst ist der Öffentlichkeit nicht zugänglich, doch auf der Wiese, die das Haus umgibt, ist neben verschiedene Skulpturen seit 2015 auch ein originales Segment der Berliner Mauer zu besichtigen. Das Mauerstück, das an den wegweisenden Gipfel von 1986 erinnern soll, war ein Geschenk des Berliner Kunstzentrums „Neu West Berlin" an die Stadt Reykjavik. Ursprünglich stammt es vom Potsdamer Platz und war zum 50-jährigen Jahrestag des Mauerbaues 2011 von dem Künstler Jakob Wagner gestaltet und anschließend im „Freedom Park Berlin Wall" am Berliner Spreeufer ausgestellt worden.

Anlässlich des 25-jährigen Jubiläums der Wiedervereinigung Deutschlands wurde es am 3. Oktober 2015 in Reykjavik eingeweiht. Neben dem Bürgermeister von Reykjavik, Dagur B. Eggertsson, waren auch der Berliner Staatssekretär für Kultur, Tim Renner, der deutsche Botschafter in Island, Herbert Beck, der Vertreter des Kunstzentrums „Neu West Berlin", Jan Paulus, und ein Vertreter der Transportfirma Samskip anwesend, die den Transport nach Reykjavik übernommen hatte. Von Berlin bis Rotterdam war das Segment auf dem Landweg, dann per See transportiert worden.

Da Wind und Wetter die Oberfläche des Segmentes stark angegriffen hatten, musste Jakob Wagner bereits zwei Jahre nach der Einweihung nach Island reisen, um sein Kunstwerk zu erneuern. Die ursprüngliche Bemalung mit zwei an die Moai-Figuren der Osterinseln erinnernden Figuren in fluoreszierenden Farben wurden dabei nicht verändert.

ALBINEA
ITALIEN

Standort:

„Renzo Pezzani"
Grundschule,
Via Quasimodo 2

Die Mauer vor der
Grundschule in Albinea
© Jens Otto

Hans Schmidt, geboren 1914 im heutigen Berliner Stadtteil Treptow-Köpenick, wurde am 25. März 1995 posthum zum Ehrenbürger der norditalienischen Gemeinde Albinea ernannt. Schmidt war 1944 als junger deutscher Offizier in Italien stationiert und hatte zusammen mit vier anderen Soldaten Kontakt zur italienischen Widerstandsbewegung „Resistenza" aufgenommen. Seine Verbindung zum Widerstand wurde verraten und Schmidt von einem deutschen Standgericht zum Tode verurteilt und hingerichtet.

Diese Geschichte dokumentierte der Fotograf und Hobbyhistoriker Mario Crotti. Seine Ausstellung „Widerstand in Albinea" wurde ein Jahr später in Treptow gezeigt und ebnete den Weg für eine Städtepartnerschaft.

Crotti hatte auch andere Verbindungen zur deutschen Hauptstadt. 1963 lernte er in Albinea drei Flüchtlinge aus Ost-Berlin kennen, die ihm die Situation in der geteilten Stadt schilderten. Crotti fuhr daraufhin nach Deutschland und hielt mit seiner Kamera das Leben mit der Berliner Mauer fest. Seine Dokumentation stieß auf großes Interesse und wurde anschließend in Italien gezeigt. Nach dem Mauerfall kehrte Crotti nach Berlin zurück. Im Ergebnis entstand die Fotoreportage „Berlin – die Stadt, die eingemauert wurde". Nachdem sie im Rathaus Treptow gezeigt worden war, ging die Ausstellung nach Italien und in andere europäische Länder und sogar nach Australien. Crotti hatte auch die Idee, ein Segment der Berliner Mauer in seinem Geburtsort aufzustellen. Der Bezirksbürgermeister von Treptow, Siegfried Stock, unterstützte das Vorhaben. Im September 1999 kam Crotti mit einem Tieflader persönlich nach Berlin, wo er ein Mauerteil überreicht

bekam. Ursprünglich stand es in der Nähe eines Kinderbauernhofes an der West-Berliner Adalbertstraße im Stadtteil Kreuzberg. Reste der Graffiti von Christophe Bouchet und Thierry Noir, die sich mit verschiedenen Malereien auf der Betonplatte verewigt haben, sind bis heute noch zu erkennen. Ein Jahr später erhielt das Mauerteil vor der Grundschule von Albinea seinen neuen Standort. Die Einweihung wurde am 28. Oktober 2000 im Beisein von Vertretern beider Stadtverwaltungen feierlich begangen. Eine kleine Gedenktafel erinnert daran, dass dieses Mauerteil ein Symbol für den Frieden und die Hoffnung auf ein friedliches Zusammenleben aller Völker ist.

Die Mauer vor der
Grundschule in Albinea
© Jens Otto

MERONE
ITALIEN

Standort:
Holcim S.p.A.,
Via Volta 1

Als sich im Juni 1990 Kunstsammler und -liebhaber aus aller Welt in Monaco versammelten, um an der ersten großen Auktion von Mauerteilen teilzunehmen, war auch der damalige Geschäftsführer der italienischen Zementfabrik Cementeria di Merone zugegen. Er kaufte für 20.000 D-Mark ein Mauersegment, dem das deutsche Wochenmagazin Stern bescheinigte, es sei „außerordentlich hässlich". Seinen neuen Standort fand es vor dem werkseigenen Kunstmuseum in Merone. In den 1990er Jahren wurde die Cementeria di Merone an den weltweit agierenden Baustoffkonzern Holcim verkauft. Eine Nachfrage ergab, dass das Mauerstück noch immer vorhanden sei. Das Kunstmuseum wurde jedoch zwischenzeitlich aufgelöst. Heute steht die tonnenschwere Betonstele im Garten der oberitalienischen Zementfabrik.

MODENA
ITALIEN

Standort:
Galleria Europa,
Piazza Grande 16

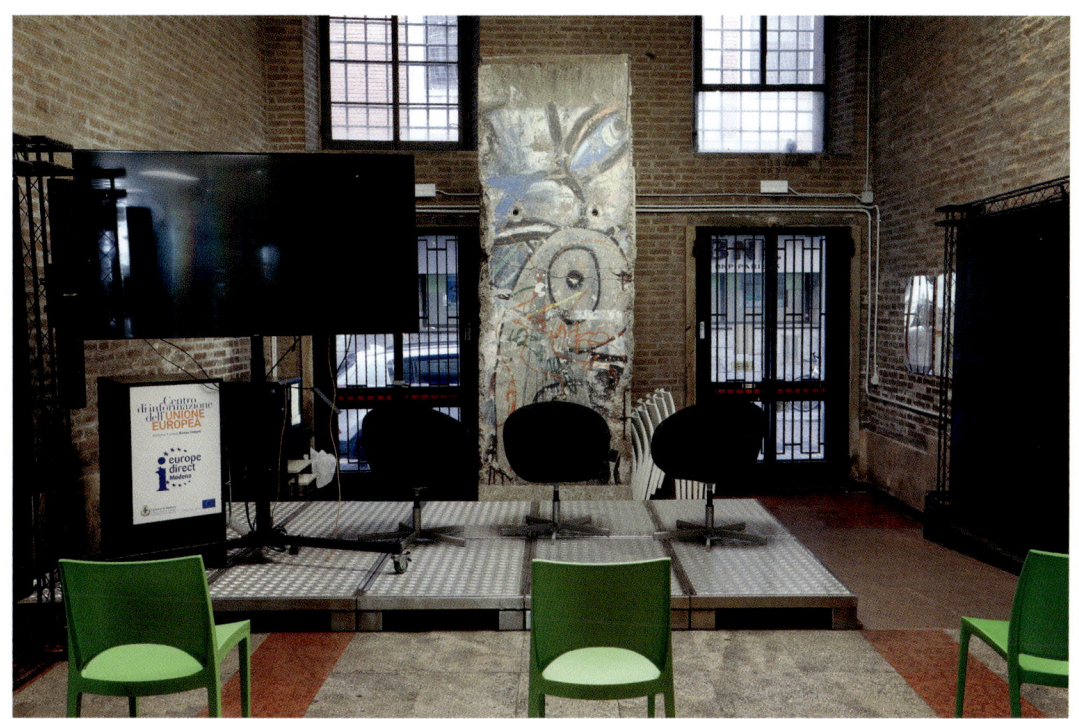

Die Mauer in Modena

© Paolo Borghi / Images courtesy of
City of Modena

Bereits im September 1990 fand ein von der Italienischen Kommunistischen Partei (PCI) in Modena erworbenes Originalsegment der Berliner Mauer seinen Weg in die Region Emilia-Romagna. Anlässlich der sogenannten Festa Nazionale de l'Unitá, des alljährlich veranstalteten Sommerfestes der Partei, sowie des ersten Jahrestages des Falles der Berliner Mauer, sollte das Mauerstück auf dem eigens im Norden Modenas eingerichteten 360.000 Quadratmeter großen Festgelände ausgestellt werden. Die vom 1. bis zum 23. September andauernden Feierlichkeiten – begleitet von prominent besetzten politischen Debatten, kulturellen Veranstaltungen, Ausstellungen und musikalischen Darbietungen, deren Höhepunkt das 25-jährige Jubiläumskonzert von David Bowie bildete – waren 1990 die letzten dieser Art vor der Auflösung der PCI und ihrer politischen Neuausrichtung in der Demokratischen Linkspartei.

Letztere übereignete im Jahr 2009, anlässlich des 20. Jahrestages des Falles der Berliner Mauer, das 1990 erworbene Segment offiziell der Stadt Modena. Seither befindet sich das Mauerstück an prominenter Stelle im Palazzo Comunale, dem Rathaus der Stadt. Dort ist es im Eingangsbereich des Erdgeschosses der sogenannten Galleria Europa, Sitz des von der Europäischen Kommission getragenen Europe Direct Informationscenters, platziert und für die breite Öffentlichkeit jederzeit zugänglich.

Standort:
Parco della
Rocca Rangoni

Die Mauerteile für Spilamberto
© Patrice Lux

Das norditalienische Städtchen Spilamberto, südlich von Modena gelegen und wegen seiner mittel-alterlichen Baudenkmäler bekannt, ist seit dem Jahr 2008 um eine Attraktion reicher. Der 27-jährige Jungunternehmer, Carlo Accorsi, schenkte zum Valentinstag am 14. Februar 2008 seiner Heimatstadt vier bunt bemalte Teile der Berliner Mauer. Die Segmente befinden sich mittlerweile im Stadtpark Parco della Rocca Rangoni.

Accorsi, der seit Jahren im Immobiliengeschäft tätig ist und die Mauerteile auf einer Auktion in Berlin entdeckte, wollte ein kleines Stück „großer Weltgeschichte" nach Hause bringen. Er erwarb für eine unbekannte Summe ein Ensemble von zehn Mauerteilen, die im Auftrag des Berliner Kunstagenten Patrice Lux vor der Versteigerung mit farbenprächtigen Graffiti verschönert wurden.

Die Mauerteile werden für
den Transport nach Italien
vorbereitet.
© Patrice Lux

ZAGREB
KROATIEN

Standort:

Vor dem Gebäude der
Deutschen Botschaft
und des Goethe-Instituts
Kroatien, Ulica grada
Vukovara

Die Berliner Mauer vor der
Deutschen Botschaft in Zagreb
© Deutsche Botschaft Zagreb

Der 9. November 2009 markierte den 20. Jahrestag des Mauerfalles. Dieses Ereignis und die folgenden Entwicklungen, die die endgültige Öffnung des Eisernen Vorhanges – einst unüberwindliche politische, wirtschaftliche und militärische Trennungslinie zwischen Ost- und Westeuropa – bedeuteten, boten Anlass für diverse Feierlichkeiten, so auch in Kroatien. In Zagreb enthüllten der damalige kroatische Staatspräsident Stjepan Mesić und der ehemalige Berliner Bürgermeister Eberhard Diepgen im Beisein von 250 kroatischen

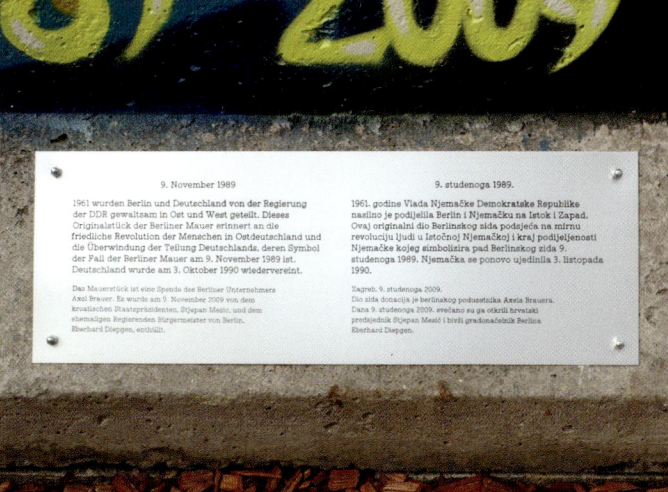

Die Infotafel am Fuß des
Mauersegmentes
© Deutsche Botschaft Zagreb

103

und deutschen Gästen ein Originalstück der Berliner Mauer.

Zuvor hatte Stjepan Mesić in seiner Rede auf die Bedeutung des Mauerfalles für Kroatien aufmerksam gemacht: *„Der Fall der Mauer war beides – Ende und Anfang. Der Beginn tiefgreifender Veränderungen, die sich von Deutschland nach Osteuropa und die Sowjetunion ausbreiteten. Wir fühlten, dass das Modell, das wir zu diesem Zeitpunkt hatten, nicht überleben würde."* Die politischen und gesellschaftlichen Umwälzungen in Osteuropa erfassten 1989 auch den sozialistischen Vielvölkerstaat Jugoslawien. Dieser bestand zu jenem Zeitpunkt aus den Teilrepubliken Slowenien, Kroatien, Serbien, Montenegro, Mazedonien und Bosnien-Herzegowina sowie aus dem Kosovo und der Vojvodina, zwei autonome Provinzen innerhalb Serbiens. Mit dem Ende des Kalten Krieges begannen in Jugoslawien neue Konflikte, die im zerfallenen Vielvölkerstaat zu Kriegen zwischen den Teilrepubliken mit ihren Bestrebungen um Autonomie führten und Zehntausende Menschenleben kosteten.

Die Enthüllung des Mauersegmentes
© Deutsche Botschaft Zagreb

Der deutsche Unternehmer Axel Brauer stiftete der Deutschen Botschaft in Zagreb das 3,6 Meter hohe und 1,2 Meter breite Mauerstück. Die kroatischen Graffiti-Künstler Krešimir Golubić und Gordan Orešić hatten es vorab neu gestaltet. Der Inschrift ist auf Deutsch und Kroatisch folgende Botschaft zu entnehmen:

1961 wurden Berlin und Deutschland von der Regierung der DDR gewaltsam in Ost und West geteilt. Dieses Originalstück der Berliner Mauer erinnert an die friedliche Revolution der Menschen in Ostdeutschland und die Überwindung der Teilung Deutschlands, deren Symbol der Fall der Berliner Mauer am 9. November 1989 ist. Deutschland wurde am 3. Oktober 1990 wiedervereint.

RIGA
LETTLAND

Standort:
Am Kronvalds Parks,
Elizabetes iela 2

Inschrift auf dem
Mauerdenkmal in Riga
© Deutsche Botschaft Riga

Mit der „Singenden Revolution" forderten die baltischen Republiken 1990 ihre seit der sowjetischen Okkupation 1940 verlorene Unabhängigkeit ein. Nach Litauen war Lettland der zweite Staat, der im Frühjahr 1990 seine Unabhängigkeit von Moskau ausrief. Vertreter der lettischen Regierung luden das Berliner Mauermuseum – Museum „Haus am Checkpoint Charlie" im November 1990 für eine Ausstellung nach Riga ein. Die Ausstellung zur Geschichte des Kalten Krieges war ein deutliches Zeichen, dass nach dem Fall der Berliner Mauer auch die Freiheit für das Baltikum nicht mehr aufzuhalten war. Zum Abschied schenkte der Direktor des Berliner Museums, Rainer Hildebrand, ein Segment der Berliner Mauer der Stadt Riga.

Als die Regierung der Sowjetunion im Januar 1991 beschloss, den Unabhängigkeitsbewegungen im Baltikum gewaltsam ein Ende zu setzen, leisteten die Einwohner Rigas Widerstand. In den Straßen der Hauptstadt wurden Barrikaden errichtet, um das Vordringen der sowjetischen Sicherheitskräfte zu behindern. Die tagelangen Auseinandersetzungen fanden am 20. Januar 1991 mit der Erstürmung des Innenministeriums der lettischen Sowjetrepublik durch sowjetische Spezialeinheiten ihren Höhepunkt. Heftige Kämpfe gab es auch um das heutige Parlamentsgebäude in der Jēkaba iela, das auf Anordnung des sowjetischen Staats- und Parteichefs Michail Gorbatschow besetzt werden sollte. Die Zufahrtswege waren von den Demonstranten mit Betonblöcken versperrt worden. Der Protest war schließlich erfolgreich. Lettland erklärte am 20. August 1991 seine vollständige Unabhängigkeit.

Ein Jahr später wurde aus Resten der Barrikaden vor dem Parlamentsgebäude am Rande des unweit gelegenen Kronvalds Parks ein Denkmal gebaut. Auf einen der fünf Betonquader schrieb ein unbekannter Dichter die inzwischen stark verblassten Zeilen „The Berlin Wall seperated us, This Wall unites us. Let us love one another, And pray to God for our enemy" („Die Berliner Mauer teilte uns. Diese Mauer vereint uns. Lasst uns einander lieben und zu Gott für unsere Feinde beten"). Noch 1992 wurde das 1990 übergebene Mauerteil diesem Denkmal hinzugefügt. Ursprünglich soll es ein Graffiti „LIN" getragen haben, dessen Gegenstück „BER" in Moskau aufgestellt wurde. Davon ist heute jedoch nichts mehr zu sehen. Immerhin erinnert ein aus rotem Stein gefertigter Altar an die Umstände der Schenkung 1990:

Berlines mūra fragments / Fragment der Berliner Mauer / Pec Berlines muzeja „Haus am Checkpoint Charlie" izstādes Rīgā 1990 gada novembri muzeja direktors Dr. Rainer Hildebrandts šo mūra fragmenty uzdavipaja Latvijas galvaspilsētaj / Nach der Ausstellung des Berliner Museums „Haus am Checkpoint Charlie" im November 1990 in Rīga hat der Direktor des Museums Dr. Rainer Hildebrand dieses Fragment der Mauer der Hauptstadt Lettlands geschenkt.

Die Restaurierung des Mauerteiles war für das 20. Jubiläum des Mauerfalles geplant, musste aber aufgrund der Wirtschaftskrise vorerst zurückgestellt werden. 2011 erfolgte schließlich die Restaurierung. Das Denkmal sei mit Graffiti besprüht gewesen, die man entfernt habe.

VILNIUS
LITAUEN

Standort:
Europos Parkas,
Joneikiškės

Die Mauer bei Vilnius

© Gintaras Karosas / Europos
Parkas, Open-Air Museum of the
Centre of Europe, Lithuania

Wo liegt der geografische Mittelpunkt Europas? Viele Wissenschaftler haben schon versucht, diese Frage zu beantworten – und sind fast jedes Mal zu neuen Ergebnissen gekommen. So lag der Mittelpunkt bereits in Deutschland, in Polen, in der Ukraine oder in Tschechien, jeweils gekennzeichnet mit einem eigenen Denkmal. 1989 vermaßen Forscher des französischen Nationalen Institut für Geografie Europa neu und errechneten als Mittelpunkt das litauische Dorf Purnuškės nördlich von Vilnius, dessen Koordinaten 54°54'0" N, 25°19'0" O lauten. Die Stelle wurde umgehend mit einer großzügigen Windrose auf dem Boden und einer Granitsäule mit goldenem Sternenkranz gekennzeichnet. Doch dabei sollte es nicht bleiben: Um dem Mittelpunkt Europas künstlerische Bedeutung zu verleihen, gründete der litauische Bildhauer Gintaras Karosas 1991 einen Skulpturenpark: Europos Parkas – einen Europapark. Über hundert Skulpturen, von Künstlern aus der ganzen Welt, werden hier als Dauerausstellung auf über 50 Hektar inmitten einer malerischen Landschaft ausgestellt. Die Sammlung umfasst großformatige Werke von zeitgenössischen Künstlern wie Magdalene Abakanowicz, Dennis Oppenheim oder Sol LeWitt, die sich mit dem Thema Europa auseinandersetzen. Die Künstlerinnen und Künstler wurden eingeladen, alte Grenzen zu überwinden und ein Symbol für neues Denken und eine Brücke zwischen verschiedenen Kulturen zu schaffen.

Das Open-Air-Museum Europos Parkas, das zur Ortschaft Joneikiškės zählt, war das erste nicht staatliche Museum Litauens nach dem Ende der Sowjetunion.

Anlässlich des 20. Jahrestages des Mauerfalles schenkte die Deutsche Botschaft zusammen mit dem Goethe-Institut Litauen der Stadt Vilnius ein Mauersegment. Vilnius war zu diesem Zeitpunkt Kulturhauptstadt Europas. Am 9. November 2009 wurde das Mauerstück im Europos Parkas aufgestellt und in Anwesenheit des deutschen Botschafters, Hans-Peter Annen, des Stellvertretenden Bürgermeisters von Vilnius, Vidmantas Martikonis, und vieler anderer Gäste feierlich eingeweiht. Das Segment der Berliner Mauer steht seitdem im Europos Parkas, der ein geeintes und weltoffenes Europa symbolisiert, und soll als Denkmal auch zukünftige Generationen daran erinnern, wie wichtig Unabhängigkeit und Freiheit ohne Grenzen sind.

An das namensgebende Vertragswerk zur Weichenstellung für einen freien Personen- und Güterverkehr in Europa erinnert das Europadenkmal am Ufer der Mosel. Schengen liegt im Dreiländereck von Luxemburg, Deutschland und Frankreich. Zum 25-jährigen Bestehen des Schengener Abkommens, das am 14. Juni 1985 von Deutschland, Frankreich und den Beneluxländern unterzeichnet wurde, erfolgte im Februar 2010 außerdem die Einweihung eines Stückes der Berliner Mauer vor dem Relais Europe Direct. Es erinnert an die Osterweiterung der Europäischen Union. Der Berliner Senat schenkte der Gemeinde Schengen das 2,8 Tonnen schwere Mauerstück, das ursprünglich vom Potsdamer Platz stammte. Das 3,8 Meter hohe und 1,20 Meter breite Mauerfragment wurde mit einem Lastwagen in den Moselort gebracht und mit einem Kran vor dem Informationszentrum aufgestellt. Die Seite des Mauerstückes, die zwischen 1961 und 1989 nach West-Berlin zeigte, ist in ihrem ursprünglichen Zustand erhalten geblieben. Die andere Seite, welche dem Centre Euopéen Schengen zugewandt ist, ist erst nach dem Mauerfall mit einem Graffiti versehen worden.

SCHENGEN
LUXEMBURG

Standort:
Centre Européen,
Rue Robert Goebbels

Die Mauer vor dem
Centre Euopéen Schengen,
Schengen a.s.b.l.
© Schengen asbl

Seit 2015 steht neben dem Segment ein weiteres Mauerstück, welches von der PM-International AG, einem Nahrungsergänzungsmittelhersteller mit Sitz in Schengen, gespendet wurde. Auf der dem Ufer zugewandten Seite des Mauerstückes befindet sich das Logo der Cinema for Peace Foundation: eine blaue Friedenstaube auf weißem Hintergrund. Die andere Seite ist mit einem Porträt des ehemaligen Staatspräsidenten der Sowjetunion und Friedensnobelpreisträger Michail Gorbatschows versehen, das von dem Künstler Victor Landeta stammt. Während über Gorbatschows Kopf ein Brandenburger Tor thront, ist darunter eine Gedenkplatte angebracht, die auf den Spender verweist. Die PM-International AG hatte das Mauerstück bei einer Wohltätigkeitsveranstaltung der Cinema for Peace Foundation ersteigert.

Neben den Teilen der Berliner Mauer befindet sich zudem ein von der Goi Peace Foundation gestifteter Friedenspfahl. Er ist mit der Botschaft „Möge Frieden auf Erden sein" in zwölf verschiedene Sprachen übersetzt. Als Symbol für Weltfrieden befinden sich inzwischen ungefähr 200.000 dieser Pfähle in über 170 Ländern.

MONACO
MONACO

Standort:
Bahnhof
Monaco-Monte Carlo

Die Mauer vor dem
Bahnhof in Monaco
© Elena Codecà

Am Bahnhof des Fürstentums Monaco steht etwas abseits ein Fragment der Berliner Mauer. Eingefasst in einen schwarzen Metallrahmen mit einer in blauen, grünen und roten Pastelltönen gehaltenen Malerei, erinnert die Betonstele nur noch entfernt an die ehemalige Grenzbefestigung. Nur das Motiv einer weiten Landschaft hinter einem Fenster und einer kleinen Friedenstaube weckt Assoziationen. Am Fuß des Mauerteiles wurde die Aufschrift „Mur de Berlin" („Berliner Mauer") angebracht. Wann und wie es nach Monaco kam, ließ sich weder bei der Verwaltung des Fürstentums noch bei der Touristeninformation in Erfahrung bringen. Dabei war Monaco im Frühjahr 1990 Schauplatz der ersten internationalen Auktion von Mauerteilen gewesen, bei der ein illustrer Kreis von Sammlern, Künstlern, Stars und Unternehmern bunt bemalte Reste der ehemaligen Grenzbefestigung ersteigern konnte.

GDAŃSK
POLEN

Standort:
Danziger Werft,
Kreuzung ul. Wały
Piastowskie und
ul. Kupiecka

Die Mauer in Danzig

© Michael Lewandowski
European Solidarity Centre

Am 29. August 2000, zwei Tage vor dem 20. Jahrestag der historischen Unterzeichnung des „Danziger Abkommens", begannen in der polnischen Hafenstadt die Feierlichkeiten zum 20. Jahrestag der Zulassung von „Solidarność". Die polnische Gewerkschaft war im Sommer 1980 aus einer Streikbewegung hervorgegangen. Erstmals war die Führung eines kommunistischen Landes gezwungen, eine unabhängige Arbeitervertretung und politische Freiheiten zuzulassen. Obwohl „Solidarność" mit Verhängung des Kriegsrechtes im Dezember 1981 wieder verboten wurde, bestimmte sie aus dem Untergrund heraus das politische Geschehen in Polen maßgeblich mit. Im Frühjahr 1989 wurde zwischen Vertretern des Staats- und Parteiapparates und der nun wieder zugelassenen „Solidarność" ein Runder Tisch initiiert, der das Ende des kommunistischen Regimes in Polen einläutete.

Die Solidarność-Bewegung war Vorbild für zahlreiche andere Bürger- und Menschenrechtsbewegungen im ehemaligen Ostblock. Aufgrund dieser gesamteuropäischen Bedeutung waren zum Festakt auch Staats- und Regierungschefs aus europäischen Ländern nach Danzig gekommen. Lech Wałęsa, Führer und Mitbegründer von „Solidarność", und Paweł Adamowicz, Bürgermeister von Danzig, hielten ihre Festansprachen von einem alten grünen Transporter herab, wie er auch während der Streiktage 1980 als Podium benutzt worden war. Als dritter Redner trat Berlins Regierender Bürgermeister, Eberhard Diepgen, ans Mikrofon. Als Gastgeschenk hatte er ein Segment der Berliner Mauer mitgebracht, das aus diesem Anlass auf dem Danziger Werftgelände der Öffentlichkeit übergeben wurde. „Das, was mit Lech Wałęsas Sprung über den Zaun dieser Werft begann, ermöglichte den Fall der Berliner Mauer", sagte Diepgen in seiner begeistert aufgenommenen Rede.

Heute steht das Mauerteil etwas außerhalb des Weftgeländes an der Kreuzung ul. Wały Piastowskie und ul. Kupiecka. Auf dem gepflasterten Platz ist das rostfarbene Relief Europas ausgelegt, aus dem scheinbar die Mauer entspringt. Eine kleine Infotafel erklärt die Betonstele in Polnisch, Englisch und Deutsch:

Die Mauer in Danzig

© Michael Lewandowski
European Solidarity Centre

Fragment muru Berlinśkiego, symbolu podziału Europy na wolna i zniewoloną, którego obalenie 9 listopada 1989 roku stało się znakiem zjednoczenia Niemiec i odbudowy jedności Europy.
A fragment of the Berlin Wall, a symbol of Europe divided into a free and an enslaved realm. The collapse of the Berlin Wall on November 9th 1989 was a sign of uniting Germany and regaining European unity.
[Teil der Berliner Mauer, Symbol der Teilung in ein freies und in ein unterdrücktes Europa. Der Mauerfall am 9. November 1989 wurde zum Zeichen für die Vereinigung Deutschlands und den Aufbau der Europäischen Einheit.]

Am 11. Dezember 2009, 20 Jahre nach der historischen Versöhnungsmesse, erfolgte in Anwesenheit des deutschen Bundestagspräsidenten Norbert Lammert und des damaligen Sejmmarschall und heutigen polnischen Präsidenten Bronisław Komorowski die feierliche Einweihung eines Originalsegmentes der Berliner Mauer und einer Gedenktafel in der Internationalen Jugendbegegnungsstätte Krzyżowa. Das Mauersegment steht zentral auf einer kleinen Freifläche zwischen dem Schloss und angrenzenden Wirtschaftsgebäuden, die zur Anlage der Stiftung Kreisau gehören.

Während sich am 9. November 1989 in Berlin unerwartet die Grenzen öffneten, befand sich der damalige Bundeskanzler Helmut Kohl auf einem Besuch in Polen. Bewegt von den Entwicklungen entschlossen sich der polnische Regierungschef Tadeusz Mazowiecki und Helmut Kohl am 12. November 1989 spontan zu einer Versöhnungsmesse in Krzyżowa.

Bereits 1942 und 1943 erlangte Krzyżowa mit den drei Treffen des „Kreisauer Kreises" auf dem Gut der Familie Moltke historische Bedeutung. Helmuth James von Moltke und Peter Yorck von Wartenburg waren die Initiatoren einer Widerstandsgruppe gegen den Nationalsozialismus, der Menschen verschiedener sozialer, politischer und konfessioneller Herkunft angehörten. Diese als „Kreisauer Kreis" bekannt gewordene Gruppe von Freunden, Bekannten und Vertrauten entwickelte Ideen für den Wiederaufbau eines demokratischen, in Europa fest verwurzelten Deutschlands nach dem Ende des Nationalsozialismus. Viele der „Kreisauer", darunter Helmuth James von Moltke, bezahlten ihr Handeln im Widerstand mit dem Leben. In den 1990er Jahren entstand auf dem Gut der Familie Moltke eine Internationale Begegnungsstätte, die 1998 unter Anwesenheit des polnischen und deutschen Regierungschefs eingeweiht wurde. Die Dauer-

Die Mauer in Krzyżowa
(Kreisau)

© Krzyżow, Fundacja Krzyżowa

ausstellung „In der Wahrheit leben. Aus der Geschichte von Widerstand und Opposition im 20. Jahrhundert" im Kreisauer Schloss verbindet das Gedenken an den Kreisauer Kreis mit der Erinnerung an den Kampf gegen totalitäre Diktaturen des 20. Jahrhunderts in anderen europäischen Ländern.

Der Einweihung des Berliner Mauerstückes und der Gedenktafel im Dezember 2009 vorausgegangen war die Enthüllung eines Stückes der Mauer der Danziger Werft am 17. Juni an der Nordostseite des Berliner Reichstagsgebäudes. Das Mauerstück ist mit einer bronzenen Gedenktafel mit den Worten versehen: *„Zur Erinnerung an den Kampf der Solidarność für Freiheit und Demokratie und an den Beitrag Polens zur deutschen Wiedervereinigung und für ein politisch geeintes Europa."* In den 1980iger Jahren war die Danziger Werft Mittelpunkt der polnischen Streikbewegung. Die Mitglieder der Gewerkschaft Solidarność um ihren Vorsitzenden Lech Wałęsa, dem späteren Regierungspräsident Polens, erhoben von hier erste politische Forderungen.

Standort:
Międzyrzec Podlaski,
Kobylany und Terespol

Die Mauerteile für den
Landkreis Biala Podlaska
werden verladen.
© René Karstedt /
Landkreis Oberhavel

Der ostpolnische Landkreis (Powiat) Bialski besitzt dank einer Initiative des Landrates von Oberhavel, Karl-Heinz Schröter, drei Mauerdenkmäler, die Ende März 2009 ihre Reise nach Polen angetreten haben. In den Gemeinden Międzyrzec Podlaski und Kobylany wird je eine Betonplatte zum Zeichen der über-

wundenen Teilung Europas und als Mahnmal für ein friedliches Zusammenleben der Völker aufgestellt. Im Beisein von Lech Wałęsa und Landrat Karl-Heinz Schröter folgte im August 2009 in Terespol schließlich die Einweihung eines dritten Mauersegmentes. Das Mauerstück stammt aus dem Abschnitt der Berliner Mauer, der die Oberhavelgemeinde Glienicke vom Berliner Bezirk Reinickendorf trennte. Der Landkreis Oberhavel beschenkte mit dieser Initiative nach dem finnischen Tampere und dem amerikanischen Hudson County einen weiteren Partnerkreis mit einem Mauerdenkmal.

Der Abtransport der
Mauerteile für den Landkreis
Biala Podlaska
© René Karstedt /
Landkreis Oberhavel

Einweihung des
Mauersegmentes in Terespol
im Beisein von Lech Wałęsa
© Landkreis Oberhavel

In Polen erhofft sich der Landrat von Biała Podlaska, Tadeusz Łazowski, mit der neuen Attraktion mehr touristisches Interesse an der abgelegenen Region anzuregen. Auch politisch hat das Mauerdenkmal in der polnisch-litauisch-belarussischen Grenzregion eine besondere Bedeutung. Hier verläuft die inzwischen streng bewachte Ostgrenze der Europäischen Union zum Nachbarstaat Belarus, der heute als letzte Diktatur Europas gilt. Die Mauer soll jedoch nicht das Trennende, sondern die Botschaft der europäischen Einigung nach Ostpolen tragen, so der Wunsch des polnischen Landrates.

Der „Knockout"
© Krzysztof Czarski

Im Frühjahr 1990 war im polnischen Dorf Sosnówka, unweit von Wrocław (Breslau) gelegen, ein eigenartiges Schauspiel zu beobachten. Eingezwängt zwischen Mauerteile tuckerte ein goldfarben bemalter Trabant über die Wiese. Dieses Spektakel war die Idee von Ludwik Wasecki, Berliner Zahnarzt und Kunstsammler, der, inspiriert durch den Mauerfall, seine künstlerische Berufung gefunden hatte. Waseckis Erstlingswerk folgte eine zweite Installation, für die er wiederum die Berliner Mauer aus Holz und Pappmaschee nachbaute. Bei dieser Installation durchbrach eine große Aluminiumgabel die Grenzbefestigung, deren Zinken in einem schlichten Holztisch steckten. Wasecki nannte seine Arbeit „Wolfshunger" und knüpfte damit an seine Erfahrungen in Ost-Berlin in den 1970er Jahren an. Von dort war ihm das aus Aluminium gefertigte Einheitsbesteck in Erinnerung geblieben. Wasecki traf sich in der DDR mit seinen Eltern, Freunden und Bekannten, die er seit seiner Emigration nach Schweden 1973 nicht mehr in Polen direkt besuchen konnte. In Wrocław geboren, studierte er Zahnmedizin und verließ seine Heimat nach dem Studium 1972. Erst 1977 durfte er besuchsweise dorthin zurückkehren. Seit dieser Zeit begann er sich für Kunst zu interessieren. Er sammelte Werke zeitgenössischer polnischer Maler wie Jan Aleksiun, Józef Halas, Przybyslaw Krajewski oder Anna Binkuńskas. Ihre Gemälde brachte Wasecki nach West-Berlin, wo er seit 1979 eine Zahnarztpraxis betrieb.

1990 wurde ein Redakteur einer Berliner Tageszeitung auf die Mauerkunstwerke aufmerksam. In den Monaten nach dem Mauerfall war das Interesse an solchen Aktionen groß, und Wasecki kam mit Rainer

Ludwik Wasecki vor seinen
Mauerteilen
© fernsehbüro

Hildebrandt, Direktor des Mauermuseums – Museum „Haus am Checkpoint Charlie", in Kontakt. Dieser war von den Mauerinstallationen sofort begeistert und wollte sie auf dem Dach des Museums ausstellen. Hildebrandt schlug vor, Waseckis Kreationen um originale Mauersegmente zu ergänzen. Da dieser die damaligen Marktpreise von mehreren Zehntausend D-Mark pro Mauerteil nicht aufbringen konnte, versprach Hildebrandt, sich darum zu kümmern. Im Oktober 1990 durfte Wasecki sich sechs Mauersegmente aussuchen, die inzwischen abgebaut und zum Verkauf eingelagert worden waren. Gegen eine Spende von 7.000 D-Mark ließ er sie auf einen Tieflader verfrachten und nach Sosnówka bringen. Damit war der Grundstock für eine weltweit einzigartige Sammlung gelegt. Mithilfe des Mauermuseums und seiner Kontakte zu Hagen Koch, erhielt Wasecki immer neue Stücke. Der ehemalige Grenzsoldat und Stasi-Offizier Koch war im Frühjahr 1990 von der DDR-Regierung zum Sonderbeauftragten für den Grenzabbau ernannt worden.

Unter den von Wasecki angekauften Mauerteilen befinden sich auch acht bunt bemalte Segmente, die bei der ersten großen Mauerauktion in Monaco ersteigert, aber nicht abgeholt worden waren. Für ein in blau gehaltenes und mit einem orangefarbenen Frauenkopf verziertes Teil hatten japanische Käufer bereits 40.000 D-Mark gezahlt, es dann aber doch nicht haben wollen. Es steht heute zusammen mit 42 weiteren Segmenten auf der Wiese in Sosnówka. Wasecki fertigte in den kommenden Jahren immer neue Installationen. So zermalmt eine überdimensionale Kaffeemühle Mauerbrocken, riesige rote Boxhandschuhe sind zwischen den Betonteilen gespannt – der „Knockout" für die Mauer, so Waseckis Titel. Auf ein graues Segment

Die Mauer auf der grünen Wiese
© fernsehbüro

gehen aus Holz gefertigte Strichmännchen zu – „auf der Suche nach dem Ausgang", so der Name dieses Werkes. Anlässlich des 30. Gründungstages von Hildebrandts Mauermuseum wurden einige von Waseckis Kunstwerken in Deutschland 1991 öffentlich präsentiert.

Seine Arbeiten erregten auch in seinem Heimatland Aufsehen. Im Oktober 1992 wurde im Architekturmuseum Wrocław eine Mauerkunst-Ausstellung eröffnet. Sie enthielt Werke von Wasecki, die wiederum auf großes Interesse stießen. Sieben Jahre später wurden die Mauerteile erneut in Wrocław gezeigt, wo sie unter freiem Himmel auf dem Marktplatz zu sehen waren.

Neben seinen eigenen Kunstwerken sind in Sosnówka auch die Arbeiten bekannter

Die Mauer in Sosnówka
© fernsehbüro

Mauerkünstler wie Kiddy Citny, Keith Harring oder Thierry Noir zu bewundern. Letzterer kam nach Sosnówka, um noch einige unbemalte Segmente mit seinen berühmten Köpfen zu verzieren. Bei dieser Gelegenheit malte er auch Waseckis Badezimmer sowie die Scheune neu aus. Trotz dieser herausragenden Sammlung stehen die Mauerteile heute weitgehend unbehelligt auf dem Anwesen in Sosnówka. Besucher verirren sich nur selten in das abgelegene Dorf. Dafür wurde eine von Waseckis Arbeiten im Sommer 2009 neben dem Theater in Gniezno (Gnesen) aufgestellt. Ein überdimensionaler Bohrer, der sehr deutlich an Zahnarztapparaturen erinnert und zwei Mauerteile durchschlägt, ziert das Zentrum der alten polnischen Hauptstadt.

WARSCHAU
POLEN

Standort:
Mt. 5,14. Muzeum
Jana Pawła II i Prymasa
Wyszyńskiego, ulica Pry-
masa Augusta Hlonda 1

Die Einweihung der Mauer in
Warschau im Mai 2020
© Deutsche Botschaft Warschau

Anlässlich des 100. Geburtstages von Papst Johannes Paul II. wurde am 18. Mai 2020 am Eingang des im Warschauer „Tempel der Göttlichen Vorsehung" ansässigen Museums für Papst Johannes Paul II. ein Mauerstück enthüllt. Die deutsche Botschaft in Warschau hatte das von einem deutschen Sammler stammende Segment im Rahmen eines gemeinsamen Projektes dem Museum, das der Warschauer Erzdiözese angeschlossen ist, gespendet. Wie das bereits 1990 im Vatikan errichtete Segment erinnert es an die Rolle des 1920 als Karol Józef Wojtyła im polnischen Wadowice geborenen und 2005 verstorbenen Papstes bei der Demokratisierung Polens und der friedlichen Überwindung der kommunistischen Herrschaft und der Teilung Europas. Karol Wojtyla war 1978 zum ersten Papst aus einem kommunistisch beherrschten Land gewählt worden.

Marcin Adamczewski, Direktor des Museums, verwies bei der feierlichen Einweihung des Mauerstückes dementsprechend auf das Jahr 1979, als „der Papst der Menschenrechte" bei einem Besuch in seinem Heimatland von rund zehn Millionen Gläubigen empfangen und damit zum Symbol des politischen Widerstandes wurde. Der polnische Ministerpräsident Mateusz Morawiecki betonte bei der Feierstunde die Bedeutung Johannes Pauls II. für die im Jahr nach dessen Besuch in Polen entstandene Gewerkschaft Solidarność. Der deutsche Botschafter in Polen, Rolf Nikel, führte aus, dass das Mauerteil die Dankbarkeit Deutschlands gegenüber Polen und dem polnischen Papst für deren Beitrag zum Ende der deutschen Teilung zum Ausdruck bringen soll.

Etwa 100 Kilometer nördlich von Lissabon befindet sich die größte und wichtigste katholische Pilgerstätte Portugals: Fátima. Hier soll am 13. Mai 1917 drei Hirtenkindern auf freiem Feld die Jungfrau Maria erschienen sein. Sie versprach den Kindern, von nun an jeden 13. des Monats wiederzukommen und Wunder zu verkünden. Trotz des vereinbarten Stillschweigens über die Marienerscheinung versammelten sich alle vier Wochen mehr und mehr Menschen neben einer alten Steineiche und warteten auf das Erscheinen der Gottesmutter. Tatsächlich soll es nach zeitgenössischen Berichten bis zum 13. Oktober 1917 immer wieder unerklärliche Phänomene gegeben haben. Wichtiger waren jedoch die drei angeblichen Geheimnisse, welche die Hirtenkinder am 13. Juli 1917 von der Jungfrau Maria erfahren haben wollen. Sie wurden Jahre später von Lúcia, der letzten Überlebenden der drei, aufgeschrieben und auf Geheiß der Kirche als die drei Geheimnisse von Fátima 1942 veröffentlicht. Nur der letzte, dritte Teil der Verkündung, blieb bis zum Jahre 2000 unter Verschluss. In ihm soll das Attentat auf Papst Johannes Paul II. am 13. Mai 1981 prophezeit worden sein.

Das erste Geheimnis war eine Vision der Hölle, das zweite sagte den Ausbruch des Zweiten Weltkrieges voraus. Der letzte Teil betraf den Zusammenbruch des Kommunismus:

„Wenn man auf meine Wünsche hört, wird Russland sich bekehren und es wird Friede sein. Wenn nicht, wird es seine Irrlehren über die Welt verbreiten, wird Kriege und Kirchenverfolgungen heraufbeschwören. Die Guten werden gemartert werden, der Heilige Vater wird viel zu leiden haben, verschiedene Nationen werden vernichtet werden, am Ende aber wird mein Unbeflecktes Herz triumphieren." – so die offizielle Übersetzung des Vatikans.

Unter Katholiken in aller Welt sorgte vor allem der letzte Teil der Weissagung für Aufsehen. Bilder der inzwischen für anbetungswürdig erklärten Madonna von Fátima wurden in den 1970er Jahren durch Ungarn, die Tschechoslowakei und Polen getragen. 1978 fand vor dem Reichstag in Berlin im Schatten der Mauer ein Gottesdienst zu Ehren der Marienerscheinung statt. Dass der Mauerbau ausgerechnet am 13. August 1961 erfolgte, war für andere wiederum ein Zeichen, dass die Gottesmutter Recht behalten würde. Als die Mauer schließlich am 9. November 1989 fiel, sahen viele Gläubige die Weissagung bestätigt. Reste der ehemaligen Grenzanlage fanden als Pilgergeschenke ihren Weg in das portugiesische Heiligtum. Ein erster, in einem Glaskelch versenkter und mit schwarz-rot-goldenem

FÁTIMA
PORTUGAL

Standort:
Santuario em Fátima

Ein Rosenkranz aus Mauerstücken

Vom Papst gesegnet:

Die Mauer in Fátima

© Armando Franca / AP Photo / Picture Alliance

Band versehener Mauerbrocken, wurde noch im Frühjahr 1990 von Teodoro Claudio Spiess, Architektur-professor an der Technischen Universität Lissabon, dem Heiligtum geschenkt. Heute ist es im Museum des Sanktuariums zu besichtigen. Sechs weitere kleine Mauerbröckchen, die in einen Rosenkranz eingearbeitet wurden, überbrachte im Juli 1990 ein anonymer Pilger. Beigefügt war ein Gebet, in dem für die Gnade der Gottesmutter gedankt wurde. Hinter diesem Geschenk verbarg sich der 1953 in Portugal geborene und 1967 nach Kaiserslautern übergesiedelte Portugiese Casimiro Virgilio Ferreira. Er war es auch, der dafür sorgte, dass ein Mauerteil schließlich seinen Weg nach Fátima fand. Ferreira wandte sich am 26. September 1990 an den letzten Ministerpräsidenten der DDR, Lothar de Maizière, und bat diesen um ein Mauerseg-ment. Es sollte als Erinnerung an die Wiedervereinigung Deutschlands in Portugal stehen. Sein Vorhaben wurde vom damaligen portugiesischen Generalkonsul in Frankfurt/Main, Joao Carlos Versteeg, unterstützt. Nach der Aufnahme diplomatischer Beziehungen zwischen der DDR und Portugal 1974 arbeitete Versteeg an der Botschaft in Ost-Berlin und kannte die Mauer noch aus eigener Anschauung. Der portugiesische Fremdenverkehrsverein in der Mainmetropole kümmerte sich seinerseits um den Transport des 2,6 Tonnen schweren Geschenks, das schließlich am 4. März 1991 wohlbehalten in Lissabon eintraf. Wenige Wochen später besuchte Papst Johannes Paul II. Fátima und segnete das Mauerteil – eine bislang einmalige Ehre. Zusammen mit der Verwaltung der Pilgerstätte und dem Bistum Leira-Fátima wurde in den nächsten Jah-ren mit dem Bau eines Denkmals begonnen. Nach Plänen des Architekten José Carlos Loureiro steht das Betonsegment in einem halbrunden, verglasten Schrein, der heute am südlichen Eingang von Fátima zu sehen ist. Daneben hängt eine Tafel mit den Worten „Danke himmlische Hirtin – mit mütterlicher Zärtlichkeit – allen Menschen für die Freiheit", die Johannes Paul II 1991 in Fátima gesprochen hatte.

Standort:
Pitești Prison Memorial,
Strada Negru-Vodă 30

Die Mauer in Pitești
© Pitești Prison Memorial

Im „Pitești-Experiment" versuchte der rumänische Geheimdienst, politische Gefangene durch Folter und Erniedrigung zu kommunistischen „neuen Menschen" zu erziehen. Mehr als 1.000 Menschen wurden zwischen 1949 und 1952 im Rahmen dieser brutalen Maßnahme getötet. Ihren Namen erhielt sie durch das bis 1977 in Pitești betriebene Gefängnis im Süden Rumäniens, in dem die Folterungen durchgeführt wurden. Um an die Verbrechen zu erinnern, wurde hier 2014 das private Pitești Prison Memorial eröffnet. Neben verschiedenen kulturellen und pädagogischen Angeboten umfasst die Gedenkstätte eine Dauer-ausstellung, die die Geschichte der kommunistischen Diktatur in Rumänien beleuchtet. Der Schwerpunkt der Ausstellung liegt auf den systematischen physischen und psychischen Foltermethoden während des „Pitești-Experimentes".

Anlässlich des 30. Jubiläums des Endes der kommunistischen Diktatur in Rumänien erhielt das Pitești Prison Memorial im Dezember 2019 von der Stiftung Berliner Mauer drei Elemente der sogenannten Hin-terlandmauer als Dauerleihgabe gestellt, die seitdem Teil der Dauerausstellung auf dem Außengelände der Gedenkstätte sind. Auf einer Tafel ist auf Rumänisch und Englisch zu lesen:

Zidul Berlinului

Între 13 august 1961 şi 9 noiembrie 1989, Zidul Berlinului a separat Berlinul de Vest – parte a Republicii Federale Germane (RFG) – de restul capitalei Republicii Democrate Germane (RDG), stat comunist aflat sub influenţa URSS-ului. Rolul său era să-i împiedice pe cei din Berlinul de Est şi din restul Germaniei comuniste să fugă în vest, însă zidul nu a reuşit să oprească în totalitate acest proces. Prin urmare, în 1961, SED, partidul comunist aflat la putere în RDG, a luat decizia de a adăuga zidului mai multe fortificaţii, creând un vast sistem de bariere. Zona de frontieră era cunoscută, în occident, drept „fâşia morţii", din cauza numărului mare de persoane care au murit în încercarea de a trece clandestin graniţa. Prăbuşirea comunismului în RDG în 1989 a însemnat şi căderea zidului pe care SED îl folosise în consolidarea puterii sale. Dispariţia demarcaţiei dintre Berlinul de est şi cel de vest a marcat sfârşitul definitiv al dictaturii comuniste în Germania.

[Die Berliner Mauer

Vom 13. August 1961 bis zum 9. November 1989 trennte die Berliner Mauer West-Berlin – Teil der Bundesrepublik Deutschland (BRD) – vom Rest der Hauptstadt der Deutschen Demokratischen Republik (DDR), einem unter Einfluss der UdSSR stehenden kommunistischen Staat. Ihre Aufgabe war es, die Flucht von Menschen aus Ost-Berlin und dem restlichen kommunistischen Deutschland in den Westen zu verhindern, aber die Mauer konnte diesen Prozess nicht vollständig stoppen. Daher beschloss die SED, die regierende Kommunistische Partei in der DDR, die Mauer ab 1961 durch weitere Befestigungen zu einem gewaltigen System von Hindernissen auszubauen. Das Grenzgebiet war im Westen als „Todesstreifen" bekannt, da viele Menschen beim Versuch, über die Grenze zu fliehen, ums Leben kamen. Der Zusammenbruch des Kommunismus in der DDR im Jahr 1989 bedeutete auch den Fall der Mauer, mit der die SED ihre Macht gefestigt hatte. Das Verschwinden der Grenze zwischen Ost- und West-Berlin markierte das endgültige Ende der kommunistischen Diktatur in Deutschland.]

Standort:
„Memorial",
Gedenkstätte der
Rumänischen
Revolution vom
16.–22. Dezember 1989,
Str. Oituz Nr. 2B

Die Mauer in Timişoara

Am 20. Dezember 2012, dem Jahrestag der Rumänischen Revolution, enthüllten Klaus Christian Olasz, Konsul der Bundesrepublik Deutschland, und der Leiter des Museums „Memorial", Dr. Traian Orban, in Timişoara gemeinsam ein Originalsegment der Berliner Mauer als Mahnmal an die Überwindung des Eisernen Vorhanges in Europa. In Anwesenheit des Bürgermeisters der Stadt Timişoara Prof Dr. Nicolae Robu und zahlreicher weiterer Gäste eröffneten sie zudem zwei Ausstellungen, die von der Bundesstiftung zur Aufarbeitung der SED-Diktatur zur Verfügung gestellt wurden: Die Plakatausstellung „Die Mauer – eine Grenze durch Deutschland" setzte das Mauerstück in seinen zeithistorischen Kontext und verdeutlichte den Anwesenden und Besuchern die Geschichte der Berliner Mauer und der innerdeutschen Teilung, die 1989/1990 mit der friedlichen Revolution und dem Fall der Mauer ihr Ende fand.

Die Rumänische Revolution nahm ihren Anfang am 15. Dezember 1989 in Timişoara, der zweitgrößten Stadt Rumäniens. Nachdem der Pastor László Tőkés in seiner Predigt die Diskriminierung der ungarischen Minderheit, die Armut und die von Ceauşescu geplante Landreform öffentlich angeprangert hatte, sollte er Timişoara bis zum 15. Dezember verlassen. Er weigerte sich. Bis zum Abend des 15. Dezember versammelten sich mehr als tausend Gläubige vor dem Gebetsraum der Gemeinde und Wohnung des Pastors, um ihrer Unterstützung Ausdruck zu verleihen. Polizisten der Securitate, der rumänischen Geheimpolizei, gingen gewaltsam gegen die Menge vor. Die Proteste setzten sich am nächsten Tag in Timişoara fort, breiteten sich weiter aus und erreichten schließlich auch die Hauptstadt Bukarest, wo Demonstranten das Gebäude des Zentralkomitees der Partei stürmten. Die Flucht des rumänischen Diktators Nicolae Ceauşescu und seiner Ehefrau misslang. Sie wurden am 25. Dezember 1989 nach einem Schnellverfahren hingerichtet. 22 Jahre lang hatte Nicolae Ceauşescu mithilfe der mächtigen Geheimpolizei Securitate das rumänische Volk überwacht und Meinungsfreiheit unterdrückt. So wie die Armut der Bevölkerung nahmen die eigene Bereicherung der Ceauşescus und der Personenkult im Laufe der Diktatur immer extremere Ausmaße an.

Auf Anregung von Anna Kaminsky, Geschäftsführerin der Bundesstiftung zur Aufarbeitung der SED-Diktatur, schenkte der Berliner Senat der Gedenkstätte der Rumänischen Revolution das Mauerteil. Als Teil der Berliner Mauer befand sich das Segment während der deutsch-deutschen Teilung am Potsdamer Platz. Die „Gedenkstätte der Rumänischen Revolution vom 16.–22. Dezember 1989" beherbergt ein Museum und Dauerausstellungen, die sich unter anderem mit der Chronologie des Kalten Krieges, Ceauşescus Personenkult sowie den Denkmälern zu Ehren der Helden der Revolution in Bildern befassen. Sie hat es sich zur Aufgabe gemacht, die Ereignisse der Revolution in Rumänien vom Dezember 1989 zu erforschen, aufzuklären und das Andenken an die Opfer der Revolution auch für zukünftige Generationen zu bewahren.

Das Mauersegment vor der Gedenkstätte der Rumänischen Revolution

© Gedenkstätte der Rumänischen Revolution vom 16.–22. Dezember 1989

Infotafel, die die Herkunft des Mauersegmentes erläutert

© Gedenkstätte der Rumänischen Revolution vom 16.–22. Dezember 1989

This piece of the Berlin Wall, originally located at the Potsdamer Platz (Berlin - Mitte), was donated to the City of Berlin by Sony Berlin GmbH.

27/40

- not for sale -

Standort:
Vor dem Andrej-
Sacharow-Zentrum,
Semljanoj Wal

Die Mauer vor dem Andrej-

Sacharow-Zentrum, Moskau

© Rainer Eppelmann / Bundesstiftung
zur Aufarbeitung der SED-Diktatur

Am Ufer der Jausa erstreckt sich im Zentrum Moskaus der Park „Semljanoj Wal". Hier hat in einem alten Haus seit 1994 das nach dem russischen Physiker und Nobelpreisträger benannte Andrej-Sacharow-Zentrum seinen Sitz. Sacharow – einer der großen Dissidenten, die in Russland und der Welt Gehör fanden – starb wenige Wochen nach dem Fall der Berliner Mauer am 5. Dezember 1989. Er war einer der Wegbereiter und Gründungsväter der Vereinigung „Memorial", die sich der Wahrung der Menschenrechte und der Aufarbeitung der stalinistischen Verbrechen verschrieben hatte. Seine Frau, Elena Bonner, führte dieses Erbe nach seinem Tod fort und betrieb 1991 maßgeblich die Gründung des Sacharow-Zentrums. Das Projekt erfuhr auch internationale Unterstützung. Noch vor dem Ende der Sowjetunion wurde im Januar 1991 eine Ausstellung des Berliner Mauermuseums – Museum „Haus am Checkpoint Charlie" gezeigt. Die Kontakte zwischen Elena Bonner und Rainer Hildebrandt, dem damaligen Leiter des Museums, hatten dieses Vorhaben möglich gemacht. Der sowjetische Künstlerverband, mit dessen Unterstützung die Ausstellung seinerzeit nach Moskau geholt wurde, hatte sich bereits im Sommer 1990 um ein Stück der Mauer bemüht. Es sollte vor dem Ausstellungszentrum im Maxim-Gorki-Park seinen Standort finden. Diese Pläne zerschlugen sich jedoch. Immerhin konnten fünf Künstler aus der Sowjetunion in Berlin einige Mauersegmente bemalen und ausstellen, die heute in den USA zum Verkauf stehen.

Erst aus Anlass des 5. Jahrestages der Gründung des Sacharow-Zentrums kam schließlich ein Mauerteil in die russische Hauptstadt. Ursprünglich stand es in der Nähe des Grenzüberganges Checkpoint Charlie in Berlin. Der russische Bildhauer Daniel Mitljanskij fertigte daraus zusammen mit Aleksej Grigorjew und Maksim Mitljanskij ein Freiheitsdenkmal, das am 21. Mai 1996 im Beisein von Rainer Hildebrandt eingeweiht wurde.

Auf ein Gestell aus Stahlstreben gesetzt, welche die Mauer in der Schräge hält – fast so, als würde sie jeden Moment umkippen – steht die Betonstele in der Mitte der Parkallee, die zum Andrej-Sacharow-Zentrum führt. Mehrere rote und blaue Schmetterlinge umflattern ein Loch in der Mitte des Mauerteiles: symbolisch für die Öffnung des Eisernen Vorhanges und den Sieg der Freiheit.

TRELLEBORG
SCHWEDEN

Standort:
Neben dem Trelleborgs
Museum, Stortorget 1

Die Mauer in Trelleborg
© Ingrid Wall

Vor allem Kinder litten sehr unter der Not im zerstörten Nachkriegsdeutschland. Armut, schlechte Versorgung und oftmals durch Krieg und Vertreibung zerrüttete Familien waren für die Kleinsten eine große Belastung. Auf Initiative des Nordwestdeutschen Rundfunks wurde deshalb 1953 eine „Kinderluftbrücke" aus der Taufe gehoben. Insbesondere West-Berliner Kinder sollten die Ferien bei Gastfamilien in der Bundesrepublik und im Ausland verbringen. Unter ihnen waren auch viele Kinder, deren Eltern aus der DDR geflohen waren.

Das Internationale Rote Kreuz und andere karitative Einrichtungen unterstützten die Initiative nach Kräften. Die U.S. Air Force übernahm den Transport vom West-Berliner Flughafen Tempelhof aus. Mehr als zehntausend Kinder gelangten auf diese Weise zwischen 1953 und 1957 in den Westen. Für die meisten waren es die ersten Ferien überhaupt. Das Projekt fand schnell weitere internationale Partner. Das Britische Rote Kreuz sorgte für Gastfamilien in Großbritannien. Ab 1955 organisierte auch das Schwedische Rote Kreuz mit Unterstützung der Vereinigung „Save the Children" und der „Kinderhilfe Berlin" Ferienaufenthalte für Kinder aus West-Berlin. Unter ihnen waren auch die Brüder Carsten und Dorian Bredlau. Carsten Bredlau kam 1958 zum ersten Mal im Alter von fünf Jahren zu einer Gastfamilie ins südschwedische Hjo. Dem Aufenthalt folgten weitere, bis Bredlau mit 18 Jahren nicht mehr am Programm teilnehmen konnte. Seine Verbundenheit zu den Gasteltern und Schweden blieb trotzdem bestehen. Als Zeichen der Dankbarkeit für die ihm und den anderen Kindern entgegengebrachte Unterstützung spendete Carsten Bredlau im Herbst 1995 ein Mauersegment. Ursprünglich vor dem Söderslättsgymnasiet in Trelleborg aufgestellt, ist es jetzt mehr in die Stadtmitte gerückt und befindet sich auch für die Öffentlichkeit mehr sichtbar zwischen Bibliothek und Museum. Bemalt von Jürgen Große alias Indiano, steht auf der Betonstele „Save the earth" („Rettet die Erde"), die Große im Frühjahr 1990 als Teil seiner „Global Messages" („Globale Botschaften") an die Mauer gesprüht hatte. Wichtig sei, so Margaretha Hulthén, Lehrerin an der Trelleborger Schule, die Botschaft, die von dem tonnenschweren Geschenk ausgeht. Auch in ihrer Verwandtschaft wurden Kinder aufgenommen. Die Mauer sei auch ein Symbol „für die Unfreiheit und Missachtung der Menschenrechte durch das damalige DDR-Regime" gewesen. So wurde auch nach dem offiziellen Ende der Kinderluftbrücke 1958 das Programm fortgeführt. Mehr als 50.000 Kinder konnten durch die schwedische Vermittlung zwischen 1955 und 1995 unbeschwerte Ferien verbringen.

Standort:
Privatgrundstück
bei Basel

Im mondänen Hotel Metropole Palace in Monaco wurden am 23. Juni 1990 durch die LeLé Berlin Wall Verkaufs- und Wirtschaftswerbung GmbH insgesamt 81 Stücke der Berliner Mauer ver-

Die Mauer bei Basel. Die beiden linken Segmente wurden von Kiddy Citny, die beiden rechten von Jürgen Große alias Indiano bemalt.
© Dominique Märki

steigert. Der Erlös der Auktion, an der etwa einhundert Kunstliebhaber und Makler teilnahmen, sollte in voller Höhe in das marode Gesundheitswesen der damals noch bestehenden DDR fließen.[1]

Um den Besuchern ein angenehmes Ambiente zu bieten, achteten die Veranstalter auf die Details. So wurde eigens ein edel ausgestatteter Katalog mit den zum Verkauf stehenden Mauerstücken gedruckt, auf dessen goldenen Umschlag ein mit einem halben roten Herz bemaltes Mauerstück zu sehen war. Auf der ersten Seite zeigt der Katalog ein Foto des gesamten Ensembles, dem das Segment entstammt: Zwei große Herzen verteilt auf vier Mauerelemente, die Kiddy Citny 1984 an der Waldemarstraße in West-Berlin gemalt hatte und von denen zwei zum Zeitpunkt der Auktion bereits in den USA waren (siehe Beiträge „Durham, North Carolina, USA" und „Lyndhurst, New Jersey, USA"). Die verbliebenen zwei Herz-Elemente zierten auch den Eingang des Hotels in Monaco und begrüßten mit ihren fröhlichen Gesichtern lächelnd die Be-

---

1 Siehe Beitrag von Ronny Heidenreich in diesem Band.

Die Anlieferung der Mauer bei Basel, 1990

© Peter Thomann

sucher der Auktion. Im Katalog fand man sie als Nr. 33 und 34, beschrieben mit der Bezeichnung „Originalmotiv gut erhalten, mit Kantenabbrüchen rechts". Die knallrote Farbe war 1990 bereits etwas verblasst und ein paar Graffiti-Züge waren hinzugekommen.

Ersteigert wurden die beiden Segmente schließlich von dem Schweizer Unternehmer Pascal Märki. Er zahlte über 100.000 D-Mark für die Segmente sowie Zoll und Transport. Die Illustrierte *Stern* berichtete in einer Reportage, wie die Mauerteile auf dem Privatgrundstück der Familie bei Basel angeliefert wurden und für Aufsehen in der idyllischen Waldrandsiedlung sorgten. Märki, der seinen Hauptwohnsitz damals in Monaco hatte, betrachtete die Mauerstücke als Kunstobjekt, aber auch als Zeichen dafür, dass Menschen nicht ewig gegängelt werden können. Später kaufte der Unternehmer noch zwei weitere, von dem Mauerkünstler Jürgen Große alias Indiano bemalte Segmente. Alle vier Mauerteile befinden sich nach wie vor auf dem Grundstück.

Die „Herzen" von Kiddy Citny an der Waldemarstraße in Berlin, 1984

© Kiddy Citny

Standort:
Militärflugplatz Emmen,
Rüeggisingerstrasse 165

Die Mauer in Emmen nach der
Neugestaltung von 2014
© VBS / Schweizer Luftwaffe

Im Juni 2010 erhielt die Kunstflugstaffel „Patrouille Suisse" der Schweizer Luftwaffe ein besonderes Dankeschön: Die Organisatoren der ILA schenkten den Schweizern ein Stück Berliner Mauer – genauer gesagt ein originales L-Element der Grenzmauer 75 und somit ein Teil der vierten Bauart der Grenzanlage. Dieses im wahrsten Sinne des Wortes schwerwiegende Dankeschön war als Anerkennung für die publikumswirksame Flugvorführung der Flugstaffel auf der ILA und als Würdigung der Schweiz als austragendes Partnerland der Internationalen Luftfahrtausstellung (ILA) gedacht.

Die Übergabe des Geschenkes erfolgte in Anwesenheit des Geschäftsführers der Messe Berlin, Raimund Hosch, des Verteidigungsattachés der Schweizerischen Botschaft in Berlin, Oberst im Generalstab Jörg Köhler, des Patrouille-Suisse-Teams sowie der Bodenmannschaft aus Emmen. Die farbenkräftige Bemalung stammte von dem Berliner Künstler Jakob Wagner und trug als Hommage an die Akrobatik der Kunstflieger den Titel „Formation".

Die Übergabe des Mauerteils
an die Schweizer Luftwaffe in
Berlin 2010
© VBS / Schweizer Luftwaffe

Die Mauer in Emmen
© VBS / Schweizer Luftwaffe

Nach der Übergabe wurde das Mauersegment zunächst im Eingangsbereich der Schweizer Botschaft in Berlin ausgestellt. Wenige Wochen später wurde das rund 2,7 Tonnen schwere Betonteil in die Schweiz transportiert. Dort fand es seinen endgültigen Standort auf dem Zuschauerplatz des Militärflugplatzes Emmen, der Basis der Patrouille Suisse. Am 23. Juli 2010 fand die feierliche Einweihung statt, an der auch der Künstler Jakob Wagner, der Verleger der Maueredition Visible Wall Jan Sötje und die Patrouille-Suisse-Crew sowie deren Bodenmannschaft teilnahmen. Seitdem kann das Mauerteil öffentlich besichtigt werden.

Da das Bild „Formation" auf dem Mauerteil verblichen war, wurde es 2014 von Jakob Wagner neugestaltet.

Standort:
Garten des Ökumeni-
sches Zentrums, Route
des Morillons 1,
Le Grand-Saconnex

Die Mauer in Genf, 2011
© Peter Williams / WCC

I m Garten des Ökumenischen Zentrums in Genf befinden sich seit 1991 zwei Segmente der Berliner Mauer, wovon eines liegend platziert wurde. Während dieses von Thierry Noir gestaltet wurde, ist das stehende Mauerstück mit heute weitgehend verblassten Graffiti unbekannter Herkunft bemalt.

Die Initiative, die Segmente nach Genf zu holen, war von der bis 2014 im Ökumenischen Zentrum ansässigen Konferenz Europäischer Kirchen (KEK) ausgegangen, die sich damit symbolisch als „ökumenischer Mauerspecht" betätigen, aber auch auf die eigene Rolle bei der friedlichen Überwindung der Trennung Deutschlands und Europas hinweisen wollte: Nach dem Zweiten Weltkrieg von führenden Kirchenvertretern gegründet, hatte die KEK stets versucht, die Zusammenarbeit der Kirchen über die politische Spaltung zwischen Ost und West hinweg aufrechtzuerhalten und zwischen den politischen Systemen zu vermitteln.

Um an die beiden Mauerteile zu kommen, hatte die KEK zunächst beim „Kuratorium zur Verwendung der Erlöse aus dem Verkauf von Segmenten der Berliner Mauer" angefragt, welches im Frühjahr 1990 von der letzten DDR-Regierung beauftragt wurde, die Einnahmen aus den Verkäufen von Mauersegmenten

Die Einweihungszeremonie der
Mauerstücke in Genf 1991
© Peter Williams / WCC

durch das DDR-Außenhandelsunternehmen Limex dem Gesundheitswesen der DDR zuzuführen. Letztlich sorgte allerdings das nach der Wiedervereinigung für die Verteilung der Mauerreste zuständige Verteidigungsministerium in Bonn dafür, dass die beiden Teile in die Schweiz kamen. Die Verwaltung des Ökumenischen Zentrums musste lediglich etwa 7.000 Schweizer Franken für den Transport und die Aufstellung aufbringen.

Die Einweihungszeremonie der Mauerteile fand am 23. September 1991 während des Treffens des Zentralausschusses des Ökumenischen Rates der Kirchen in Form einer Andacht statt, die von vier Repräsentanten internationaler Kirchenorganisationen durchgeführt wurde: Emilio Castro, Generalsekretär des Ökumenischen Rates der Kirchen, Jean Fischer, Generalsekretär der Konferenz Europäischer Kirchen, Sarah Stephens, Vertreterin des Reformierten Weltbundes, und Kaanaeli Makundi, Vertreter des Lutherischen Weltbundes. Gesegnet wurden die Mauerstücke durch Aram Keshishian als Vertreter der Armenisch Apostolischen Kirche. Während der Zeremonie erinnerten die Geistlichen an die vielen weiterhin bestehenden sichtbaren und unsichtbaren Grenzen und Barrieren zwischen den Menschen auf der ganzen Welt.

CALA VADELLA, IBIZA
SPANIEN

Standort:
Cala Vadella

Die Mauer auf Ibiza
© Olaf Stölt

Von der West-Berliner Waldemarstraße gelangte ein Mauerteil auch auf die spanische Ferieninsel Ibiza. Es gehört Olaf Stölt, der es 2005 für 7.000 Euro bei einer Auktion in Deutschland erwarb. Die mit einem farbenprächtigen Graffito von Kiddy Citny verzierte Betonplatte war im Frühjahr 1990 im Auftrag der DDR-Regierung abmontiert worden und sollte über die Mauerverkaufsfirmen Limex und LeLé Berlin Wall Verkaufs- und Wirtschaftswerbung GmbH gewinnbringend an den Mann gebracht werden. Doch offenbar fand sich seinerzeit kein Interessent. Zusammen mit drei anderen Mauersegmenten, die aus dem gleichen Bestand stammen, wurde sie im Frühjahr 2005 meistbietend zur Versteigerung ausgerufen. Olaf Stölt nutzte diese Gelegenheit:

„Meine Motivation für den Erwerb war, die mit der Mauer dokumentierte neuere deutsche Geschichte meinen überwiegend in Spanien geborenen und aufgewachsenen Kindern näherzubringen und sozusagen einen sichtbaren ‚Beweis' zu haben. Dabei ging und geht es mir nicht nur um die Nachkriegszeit und die deutsche Teilung, sondern letztendlich war ja auch die Mauer ein unmittelbares Ergebnis der Hitlerdiktatur und des Naziregimes.

Angefangen bei dem Journalisten, der mich unmittelbar nach der Versteigerung gefragt hat, was ich mit dem Segment vorhabe, über den Spediteur bis hin zu Freunden und Bekannten hat es schon Verwunderung ausgelöst, dass ich die Berliner Mauer nach Ibiza bringen wollte. Wenn man zufällig auf die Mauer zu sprechen kommt und ich erzähle, dass ich einen Teil der Mauer nach Ibiza gebracht habe, denken die Leute immer an einen mehr oder weniger großen aus der Mauer herausgebrochenen Brocken und nicht an ein komplettes Segment. Wenn es sich ergibt, dass sie es sich ansehen, ist Erstaunen über die Größe die erste Reaktion. Und jedes Mal ergibt sich eine Diskussion über die deutsche Geschichte, die Nazizeit."

MADRID
SPANIEN

Standort:
Parque de Berlín

Die Mauer in Madrid
© Fanny Heidenreich

Plakette am Mauerdenkmal
im Parque de Berlín
© Fanny Heidenreich

Bereits ein Jahr nach dem Mauerfall wurde im Parque de Berlín, im Norden der spanischen Hauptstadt Madrid, ein Mauerdenkmal aufgestellt. Doch bis auf die kleine Bronzeplakette, die an die Einweihung durch den Bürgermeister der Hauptstadt, José María Álvarez del Manzano, am 9. November 1990 erinnert, ließen sich kaum Spuren der Geschichte dieses Denkmals finden. Weder die deutsche Botschaft noch die Stadtverwaltung konnten sich erinnern, wie die drei Mauersegmente, die in der Mitte eines Springbrunnens stehen, hierher gelangt sind. Nach Presseberichten zahlte die Madrider Stadtverwaltung 37.500 Mark an eine DDR-Firma, um in den Besitz der Betonstelen zu gelangen.

Mitte der 1990er Jahre wären die Graffiti beinahe von Mitarbeitern der Stadtreinigung abgewaschen worden. Sie hielten die Malereien für das Werk von jugendlichen Sprayern und beschlossen kurzerhand, die Schmierereien von dem Denkmal zu entfernen. Nur die kurzfristige Intervention der Stadtverwaltung konnte verhindern, dass die historischen Zeugnisse vernichtet wurden. Später wurden die Mauerteile mit einem Schutzanstrich versehen, der vor ähnlichen Vorfällen zukünftig schützen soll.

1967 vom damaligen West-Berliner Bürgermeister Willy Brandt eingeweiht, liegt der Parque de Berlín im „deutschen Viertel" der Hauptstadt. In unmittelbarer Nähe befinden sich die deutsche Schule, der Kindergarten sowie die Deutsche Botschaft. Neben dem Mauerdenkmal stehen im Park auch eine Büste von Ludwig van Beethoven sowie ein Berliner Bär des spanischen Künstlers Álvaro Iglesias.

Im Rahmenprogramm der Internationalen Luft- und Raumfahrtausstellung Berlin (ILA) 2018 zeigte auch die Kunstflugstaffel der spanischen Luftwaffe Patrulla Águila ihr Können. Als Dank erhielt sie von der ILA ein originales Mauerstück, das von den Künstlern Anand Lemmens und Chris Wienhoefer gestaltet wurde und das seit Oktober 2018 vor dem Luftfahrtmuseum Museo de Aeronáutica y Astronáutica am Rande Madrids steht.

Auf die Vorderseite des Segmentes, das die Künstlerinitiative Neu West Berlin mit der Edition Visible Wall der ILA zur Verfügung gestellt hat, ist ein umgekehrtes „S" gemalt, in dem sich die Berliner Flagge mit schwarzem Bären auf weißem Grund und rotem Rahmen nach und nach in die rot-gelb-roten Landesfarben Spaniens verwandelt. Unten links ist das Emblem der Patrulla Águila eingebettet, das mit dem Berliner Bären auf dem oberen Teil des Segmentes korrespondiert. In der Mitte befindet sich das von Blättern und Wolken umrahmte Logo der ILA 2018. Auf der Rückseite des Mauerstückes ist ebenfalls die Berliner Flagge erkennbar, allerdings in umgekehrter Farbfolge: Das Profil des Berliner Bären erscheint hier in roter Farbe auf rotem Grund und weiß umrahmt.

Mit einem spanischen Militärtransporter war das Segment nach Madrid transportiert worden. Patrice Lux von der Künstlerinitiative Neu West Berlin sagte bei der feierlichen Eröffnung des Denkmals in Madrid im Oktober 2018: „Die Mauer ist ein Symbol des Friedens für die Welt, ein Zeichen dafür, dass kein Herrschaftssystem für immer Bestand haben kann. Die Mauer ist ein Freiheitsdenkmal, eine Leinwand im Freien, die zu einem künstlerischen Objekt gemacht wurde."

MADRID
SPANIEN

Standort:

Museo de Aeronáutica y Astronáutica auf dem Airport Madrid-Cuatro Vientos

Die Mauer auf dem Airport Madrid-Cuatro Vientos am Rande Madrids

© Museo de Aeronáutica y Astronáutica

Die erste Weltausstellung nach der Wiedervereinigung der beiden deutschen Staaten fand 1992 im spanischen Sevilla statt. Im Inneren des deutschen Pavillons wurden als Ausdruck der Überwindung der Teilung zwei Stücke der Berliner Mauer aufgestellt. Auf den beiden Segmenten – die vom Potsdamer Platz stammen sollen – steht das Graffito „No Europe". Darunter wurde von Mauerspechten ein Loch herausgemeißelt, in dem noch die rostende Stahlverstrebung zu sehen ist.

Zwei Jahre nach dem Mauerfall war das Interesse an der ehemaligen Grenzanlage weltweit noch groß. Die Veranstalter der Expo machten sich dies zunutze und verkauften für ein Umweltschutzprojekt kleine Mauerbrocken an die Besucher. Mehr als 600.000 D-Mark wurden auf diese Weise eingenommen und einem Nationalpark in Andalusien gespendet.

Die zwei großen Mauerteile standen nicht zum Verkauf und sollten ursprünglich zurück nach Deutschland gebracht werden. Da der Rücktransport jedoch zu teuer wurde, verblieben sie zunächst auf dem Expo-Gelände. Hier begann in den 1990er Jahren der Aufbau des Vergnügungsparkes „Isla Magica". In verschiedenen Themenbereichen werden touristische Attraktionen wie spanische Dörfer aus dem 16. Jahrhundert, ein Piratennest oder der Dschungel am Amazonas gezeigt. Die beiden Mauerteile stehen heute etwas abseits neben dem Eingang zur „Isla Magica".

SEVILLA
SPANIEN

Standort:
Neben dem Eingang zum Vergnügungspark „Isla Magica"

Die Mauer in Sevilla
© Matthias Lutz

Inschrift an der Mauer in Sevilla
© Matthias Lutz

UTRERA
SPANIEN

Standort:
Vor dem Santuario de Consolación, Paseo de la Consolación

Die Mauer in Utrera

© Margarita Castillo Grijota

Vor dem Santuario de Consolación, am nordwestlichen Rand der andalusischen Stadt Utrera gelegen, befinden sich auf dem von Orangenbäumen gesäumten Platz zwei Mauerteile. Die zwei stark beschädigten und nach Auskunft der örtlichen Touristeninformation originalen Segmente der Berliner Mauer stehen im Schatten des Kirchturmes. Hinweise auf die Bedeutung dieser Installation sind nicht vorhanden. Seit Ende der 1990er Jahre stehen sie auf dem Platz und werden vor allem von den Gottesdienstbesuchern und Touristen bestaunt, die den Weg hierher finden.

Standort:
Deutsche Botschaft
Kiew, Wul. Bohdana
Chmelnytzkoho 25

Die feierliche Enthüllung
des Mauerstückes auf dem
Botschaftsgelände in Kiew
© Deutsche Botschaft Kiew

In seinem Grußwort anlässlich der Enthüllung eines Berliner Mauerstückes am 9. November 2009 auf dem Botschaftsgelände in Kiew betonte Hans-Jürgen Heimsoeth, der damalige deutsche Botschafter in Kiew, welche Bedeutung der 9. November 1989 nicht nur für Deutschland, sondern auch Europa und die Ukraine habe: „Zum 20. Jahrestag wollen wir jetzt ein Original-Teilstück der Berliner Mauer als dauerhaftes Denkmal einweihen. Es stammt vom Potsdamer Platz. Möge es als Symbol der Freiheit und überwundener Teilung Europas uns Deutsche und Ukrainer im weiteren Aufbau unseres Kontinentes vereinen!" Pünktlich zum 20. Jahrestag des Mauerfalles erfolgte auch in Kiew die Einweihung eines Denkmals zur Erinnerung und Mahnung an die Überwindung des Eisernen Vorhanges, der mitten durch Deutschland und Europa verlief.

Das Mauersegment befand sich ursprünglich am Potsdamer Platz, der durch die Mauer geteilt wurde. Auf dem einst verkehrsreichsten Platz Europas herrschte ein tödliches Grenzregime. Bis 1989 verkam er zu einer brachliegenden Fläche zwischen Ost- und West-Berlin. Heute sind dort nur noch wenige Reste der Berliner Mauer überliefert und für die Öffentlichkeit sichtbar. Der Konzern Sony, der im Juni 2000 die Eröffnung des Sony-Centers am Potsdamer Platz feierte, überließ dem Land Berlin eine Anzahl von Mauerstücken von dort. Die Senatskanzlei Berlin schenkte das Mauerfragment der Deutschen Botschaft in Kiew, um das Anliegen des damaligen deutschen Botschafters zu ermöglichen, in Kiew ein Denkmal für die

Die feierliche Enthüllung des Mauerstückes auf dem Botschaftsgelände in Kiew
© Deutsche Botschaft Kiew

überwundene Teilung Europas zu errichten. Vor dem Abtransport in die Ukraine lagerte es auf dem Gelände der „Gärten der Welt" in Marzahn.

Nach dem Ausbruch des russisch-ukrainischen Konfliktes 2014 befand sich das Mauerstück vor der Deutschen Botschaft mehrmals im Zentrum politischer Protestaktionen. Aus Anlass des EU-Ukraine-Gipfeltreffens in Brüssel im November 2016 protestierte eine Aktivistin für Visafreiheit zwischen der Ukraine und der EU, indem sie mehrmals mit einem Hammer auf das Mauerstück einschlug. Nur wenige Monate später sprühte der ukrainische Parlamentarier Aleksej Gontscharenko mit roter Farbe das Wort „Nein!" auf das Segment, um gegen ein Statement des damaligen deutschen Botschafters in der Ukraine zu protestieren. Dieser hatte in einem Interview verkündet, dass die Präsenz russischer Truppen im Separatistengebiet Donezbecken kein Hindernis für Regionalwahlen seien. Das Auswärtige Amt kritisierte Gontscharenkos Aktion als unangemessen. Das Graffito wurde entfernt.

Noch bevor am 9. November 1989 in Berlin die Mauer fiel, öffnete Ungarn am 27. Juni 1989 den Eisernen Vorhang. Bereits seit Mai war auf Anordnung der ungarischen Regierung mit dem schrittweisen Abbau der Grenzanlagen begonnen worden. Für Tausende DDR-Bürger, die sich im Sommer 1989 zur Flucht entschlossen hatten, wurde die österreichisch-ungarische Grenze zum Schlupfloch in den Westen. Innenpolitisch hatte sich in Ungarn bereits seit 1987/88 ein Kurswechsel angekündigt. Der alte Parteichef János Kádár wurde abgesetzt und ein reformfreudiger Flügel innerhalb der Ungarischen Sozialistischen Arbeiterpartei kam an die Macht. Zugleich erstarkte die Oppositionsbewegung und die Gründung neuer Parteien wurde zugelassen. Neben dem Ungarischen Demokratischen Forum (MDF) gründete sich 1988 auch der Bund Freier Demokraten (SZDSZ), der im Frühjahr 1990 zu den ersten freien Wahlen seit 1947 antrat.

Die Freien Demokraten konnten beim Urnengang 1990 mit einer hohen Zustimmung rechnen und hatten sogar die Chance, als stärkste Partei die neue Regierung zu stellen. In dieser Erwartung kündigte der SZDSZ für den 31. März 1990 ein Volksfest auf dem Budapester Heldenplatz an. Zum Zeichen des Sieges der Freiheit sollten auch Teile der Berliner Mauer aufgestellt werden. Die Parteiführung wandte sich daraufhin an das mit dem Mauerverkauf beauftragte Unternehmen Limex in Ost-Berlin. Als die Ungarn allerdings die geforderten Preise von mehreren Tausend D-Mark pro Mauerteil erfuhren, wandte sich die SZDSZ an den damaligen DDR-Kulturminister Keller, mit der Bitte, zwölf Mauersegmente kostenlos zu überlassen. Das Gesuch ging schließlich zwei Wochen vor dem Wahltermin an den Ministerpräsidenten der DDR, Hans Modrow, der jedoch nach der Volkskammerwahl vom 18. März 1990 selbst nur noch wenige Tage im Amt war. Im Außenministerium der DDR wurde ein Gutachten eingeholt, wie in diesem Fall zu verfahren sei. Der zuständige Mitarbeiter zeigte sich vom Ansinnen des SZDSZ, das von den alten Kadern im Außenministerium als politische Gruppierung und nicht als Partei anerkannt wurde, wenig begeistert. Er empfahl Modrow jedoch, da „das Drängen der Absender" nicht abgewehrt werden könne, aus außenpolitischen Erwägungen dem Ersuchen zuzustimmen. Es wurde jedoch nur die Übergabe von zwei anstelle der beantragten zwölf Mauerteile vereinbart. Die neu gewählte DDR-Regierung fasste in ihrer Sitzung am 6. April 1990 schließlich einen entsprechenden Beschluss. Das Volksfest der SZDSZ war zu diesem Zeitpunkt zwar vorüber, die Mauerteile wurden dennoch in die ungarische Hauptstadt gebracht. Über die weitere Geschichte ist nur wenig bekannt. Gábor Demszky, Mitglied der Freien Demokraten, wurde 1990 zum Bürgermeister von Budapest gewählt. Im gleichen Jahr wurde das Geschenk auf dem Hügel des in Buda gelegenen Tabánparks aufgestellt, wo es bis 2004 verblieb und dann plötzlich verschwand. Von der Budapester Stadtteilverwaltung war 2009 lediglich zu erfahren, dass die Teile abtransportiert wurden. Wann und wohin, wusste allerdings niemand. Mithilfe der deutschen Botschaft in Budapest war jetzt zu ermitteln, dass sich beide Mauerteile im Garten des Budapester Malteser Hilfsdienstes befinden, wo sie 2004 auf Ansinnen und unter der Leitung des bekannten Pfarrers Imre Kozma aufgestellt wurden. Imre Kozma, der am 14. August 1989 das erste Hilfslager für DDR-Bürger in Ungarn errichtete, ist vielen mit seinem Ausspruch: „Das Tor steht offen, mehr noch das Herz" in Erinnerung. Deutsche Touristen sollen den Garten des Malteser Hilfsdienstes regelmäßig zur Besichtigung der Mauerteile aufsuchen.

Standort:

Im Garten des Budapester Malteser Hilfsdienstes

Die Mauer in Budapest
© Budapester Malteser Hilfsdienst

BUDAPEST
UNGARN

Standort:
Vor dem Terror Háza,
Andrássy út 60

Die Berliner Mauer vor dem
Museum Haus des Terrors
© House of Terror Museum

Vor dem Museum Haus des Terrors wurde anlässlich des 20. Jahrestages der deutschen Wiedervereinigung im November 2010 ein 1,2 Meter breites und 3,6 Meter hohes Originalsegment der Berliner Mauer aufgestellt. Das Symbol der Teilung Berlins und Deutschlands soll als Mahnmal dafür dienen, „dass es immer Menschen geben muss, die Mauern nicht akzeptieren, die Menschen und Welten voneinander trennen sollen", so Staatssekretär Zoltán Balogh bei der Einweihungszeremonie. Dieser wohnten zudem der frühere Regierende Bürgermeister von Berlin Eberhard Diepgen und die Direktorin des Museums Mária Schmitt bei.

Das 1880 nach den Plänen des Architekten Adolf Feszty als Wohnhaus errichtete Gebäude wurde ab dem Jahre 1937 durch die ungarische faschistische Bewegung (Pfeilkreuzler) in Besitz genommen, als deren Hauptquartier es ab 1940 fungierte. Nachdem die mit den Nazis verbündete „Pfeilkreuzler"-Partei im Herbst 1944 an die Macht kam, dienten die Kellerräume als Gefängnis und Folterstätte. Nach dem Einmarsch der sowjetischen Truppen und der Rückkehr führender ungarischer Kommunisten aus dem Moskauer Exil im Frühjahr 1945, übernahm der nunmehr kommunistische ungarische Geheimdienst das Gebäude. Sie nutzten die Kellerräume ebenfalls als Gefängnis und Folterstätte. Nach der Niederschlagung des Aufstandes von 1956 verließ die Geheimpolizei das Gebäude. In den folgenden Jahrzehnten wurde es als Bürogebäude genutzt.

Aufgrund der Geschichte des Gebäudes in der Andrássy út 60 entstand 2002 ein von der öffentlichen „Stiftung zum Studium der zentral- und osteuropäischen Geschichte und Gesellschaft" initiiertes Museum, das den Opfern totalitärer Herrschaft in Ungarn gewidmet ist. Die Ausstellungspräsentation im Museum verfolgt eine nicht unkritisch gesehene Gleichsetzung der Diktaturen der rechtsextremen Pfeilkreuzler 1944/45 und der Stalinisten ab 1945, wobei die Darstellung der Geschichte der Kollaboration mit dem „Dritten Reich" weit weniger Raum einnimmt.

Seit 2009 findet sich vor dem Museum Haus des Terrors außerdem das Denkmal des Eisernen Vorhanges. Es erinnert an die Realität und Bedrohung dieser einstigen politischen, wirtschaftlichen und vor allem militärischen Trennungslinie, die mitten durch Europa verlief und die für jüngere Generationen heute kaum mehr fassbar ist.

VATIKANSTADT

Standort:
Vatikanische Gärten,
am Viale San Benedetto

Von Westberlin in den Vatikan –
die Mauer beim Heiligen Stuhl
© Archiv Bundesstiftung Aufarbeitung,
Bestand Rosmarie Gentges, Nr. 122

Papst Johannes Paul II. erhielt ein ganz besonderes Geschenk, das der italienische Geschäftsmann Marco Piccininni im Juni 1990 erstanden hatte: Das Mauerteil, das im Katalog der Auktion in Monaco unter Position 75 geführt wurde, weist die Reste einer geschichtsträchtigen Bemalung auf.[1]

Mit dem Bau der Berliner Mauer im August 1961 wurden auch vor der Sankt-Michaels-Kirche am ehemaligen Luisenstädtischen Kanal Sperranlagen errichtet. Von der Kirche, die im Ostteil der Stadt lag, war nach dem Mauerbau von West-Berlin aus nur noch die obere Hälfte zu sehen. Auf Initiative des Architekten Bernhard Strecker wurde der aus dem Iran stammende Künstler Yadegar Asisi beauftragt, die Mauer an dieser Stelle vom Westen her zu gestalteten. Asisi malte 1986 die verdeckte untere Hälfte der Kirche einfach auf die Mauer, so dass die Illusion entstand, man könne von West-Berlin geradewegs auf die Kirche zugehen. Als die Mauer im November

Die Mauer beim Heiligen Stuhl,
Vatikan
© Botschaft der Bundesrepublik
Deutschland beim Heiligen Stuhl

1989 fiel und wenig später abgebaut wurde, konnte eines der beiden Segmente, auf denen Asisi sein Kunstwerk gemalt hatte, gerettet werden. Es kam in Monaco zur Auktion und so in den Besitz Piccininnis. Zeitgenössischen Berichten zufolge soll das Mauerteil bereits im Herbst 1990 im Vatikan eingetroffen sein. Die offizielle Einweihung erfolgte jedoch erst im August 1994.

Seitdem befindet sich das Segment in den Vatikanischen Gärten, an der Allee des Heiligen Benedikt, des Schutzpatrons Europas. Neben dem Mauerstück ist außerdem eine Gedenktafel mit einem Zitat aus der Amtsantrittsrede von Papst Johannes Paul II vom 22. Oktober 1978 angebracht: „Habt keine Angst! Öffnet, ja reißt die Tore weit auf für Christus! Öffnet die Grenzen der Staaten, die wirtschaftlichen und politischen Systeme. Habt keine Angst!". 2017 wurde das Mauerstück aufwendig restauriert.

---

1 Siehe den Beitrag von Ronny Heidenreich in diesem Band.

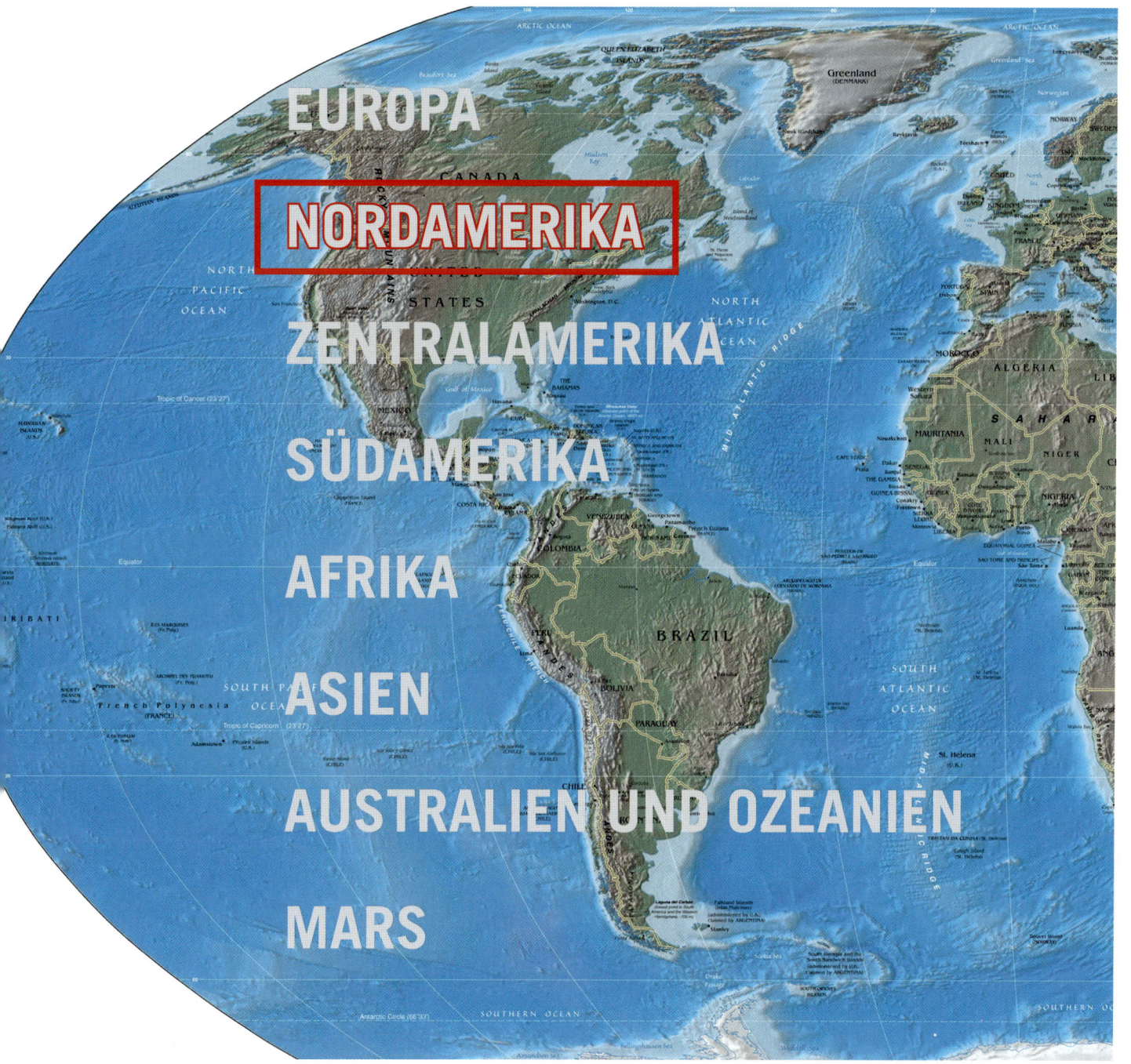

EUROPA

NORDAMERIKA

ZENTRALAMERIKA

SÜDAMERIKA

AFRIKA

ASIEN

AUSTRALIEN UND OZEANIEN

MARS

Der mit drei Titeln und zwei Weltrekorden erfolgreichste Sportler der Leichtathletik-Weltmeisterschaft 2009 Usain Bolt nahm im Anschluss an den Wettkampf ein Mauerfragment, überreicht vom Regierenden Bürgermeister von Berlin Klaus Wowereit, entgegen. Das 2,7 Tonnen schwere und 3,6 Meter hohe Fragment war bis zum Mauerfall Bestandteil der Berliner Mauer am Potsdamer Platz. Der Leipziger Künstler Alban gestaltete es in Aerosol-Technik. Das Motiv „Breaking the Wall" zeigt Usain Bolt nach seinem 100-Meter-Weltrekordlauf.

Der dreiwöchige Transport des Mauerstückes nach Jamaika erfolgte via Schiff. Am 10. Februar 2010 fand die offizielle Übergabe auf dem Gelände der Defense Force in Kingston, der Hauptstadt Jamaikas, durch Usain Bolt selbst statt. Heute Stützpunkt der Jamaica Defence Force war Up-Park Camp bis zur Unabhängigkeit Jamaikas 1962 das Hauptquartier der britischen Armee. Zwischen Militärmuseum und Bibliothek, nahe dem Haupteingang zum Militärstützpunkt, hat das Stück der Berliner Mauer sein temporäres Zuhause gefunden. An der Veranstaltung nahmen neben Alexandra Consten als Vertreterin der deutschen Botschaft hochrangige Persönlichkeiten wie die Ministerin für Kultur und Sport Olivia Grange und Generalmajor Saunders teil. Seinen Dank für die vorübergehende Überlassung des Mauerfragmentes in die Obhut des Militärs, das ferner eine großartige Bereicherung für das Museum darstelle, brachte Generalmajor Saunders zum Ausdruck: „Wir werden den Menschen von Jamaika und denen von Übersee den Zugang zu diesem faszinierenden Stück Geschichte ermöglichen", so Saunders.

KINGSTON
JAMAIKA

Standort:
Up-Park Camp

Klaus Wowereit überreicht
Usain Bolt ein Originalsegment
der Berliner Mauer
© Stefan Melchior / Visible Wall

BIBLE HILL, NOVA SCOTIA
KANADA

Standort:
Vor dem Haley Institute,
Dalhousie University
Agricultural Campus,
62 Cumming Drive

Abgelegen am westlichen Rand der ostkanadischen Stadt Truro befanden sich seit dem Jahr 2000 sechs Teile der Berliner Mauer auf einer unbebauten Freifläche. Wind und Wetter ausgesetzt waren die Betonsegmente deutlich verwittert. Die Reste der einstigen Graffiti lassen sich nur noch schwer erahnen, wie auch die Mauerteile durch das Werk von Mauerspechten teilweise stark beschädigt sind.

Zwischen dem Eigentümer, dem Unternehmer Martin S. Young, und der Stadtverwaltung Truro entbrannte sehr bald ein Streit um die Zukunft der Mauerteile. Als Young im Frühjahr 2000 die sechs Segmente seiner Heimatstadt als Leihgabe übergab und diese für einen geeigneten Standort sorgte, sollte die Präsentation nur von kurzer Dauer sein. Der Stadtkämmerer stellte seinerzeit 2.500 kanadische Dollar für das Projekt zur Verfügung. Da es aber offenbar nach Ablauf der einjährigen Frist an Ideen für eine weitere Verwendung fehlte, blieben die Mauerteile vorerst an ihrem Standort. Die Stadtverwaltung befürwortete zwischenzeitlich eine Überführung in den sogenannten Diefenbaker Bunker im nahe gelegenen Debert. Dort war während der Amtszeit des kanadischen Premierministers John Diefenbaker Anfang der 1960er Jahre einer der zahlreichen Atombunker entstanden, die im Falle eines sowjetischen Atomschlages der Bevölkerung Schutz bieten sollten. Die Pläne zerschlugen sich jedoch, da dafür das Einverständnis von Martin Young fehlte. Im Sommer 2008 teilte Young mit, dass die Mauerteile seinem Wunsch folgend an ihrem heutigen Standort verbleiben sollen, wenngleich er ein oder zwei Segmente gerne an ein Museum oder einen privaten Sammler abgeben würde. Da sich die Stadtverwaltung Truros für einen Standortwechsel der Mauerteile einsetzte, gelangten diese schließlich im Januar 2011 an ihren neuen Bestimmungsort – auf den Campus des Nova Scotia Agricultural Colleges in Bible Hill.

Als Young die Mauerteile im September 1999 von ihrem Vorbesitzer, der anonym blieb, erwarb, hatten die Segmente bereits eine Odyssee hinter sich. Sie wurden Anfang der 1990er Jahre von einem amerikanischen Transportunternehmen „Price Air Freight" von Deutschland nach Long Beach, Kalifornien (USA) verschifft, wo sie zunächst einige Jahre zwischengelagert wurden. Später wurden sie mehr als 7.000 Kilometer quer durch die USA über die Grenze nach Ostkanada gebracht, wo Martin Young sie nach eigener Aussage zum ersten Mal sah. Er kaufte sie dem Vorbesitzer ab und ließ sie im Frühjahr 2000 auf Kosten der Stadtverwaltung von Greenfield nach Truro bringen.

Standort:
World Peace Pavillon,
Dartmouth Waterfront

Mauerbrocken für den World

Peace Pavillon in Halifax

© Nova Scotia – Halifax Regional
Municipality Archives, CR 1257

Die Außenminister der USA, Russlands, Großbritanniens, Frankreichs, Kanadas, Japans und Italiens eröffneten aus Anlass des G7-Gipfels im ostkanadischen Halifax im Juni 1995 den World Peace Pavillon. Das auf gegenseitige Zusammenarbeit und friedliches Miteinander angelegte Gipfeltreffen aller Industrienationen wäre in dieser Form noch sechs Jahre zuvor undenkbar gewesen. Als sich 1989 am gleichen Ort Jugendliche zu einer Unity-Konferenz in Halifax versammelten, war der Kalte Krieg zwar in seine Endphase eingetreten, bestimmte aber immer noch die Weltpolitik. Von den Teilnehmern der Zusammenkunft wurde die Idee entwickelt, einen Weltfriedenspavillon einzurichten, der Begegnungsstätte für alle Völker und Staaten sein sollte. Sie richteten an alle Botschaften in Kanada die Bitte, sich an diesem Vorhaben zu beteiligen. Symbolisch sollte ein Stein aus jedem Land beigebracht werden.

Als einige Jahre später die Vorbereitungen für den G7-Gipfel begannen, wurde die Idee schließlich in die Tat umgesetzt. In Darthmouth, auf der Halifax gegenüberliegenden Seite der Bedford Bucht, wurde mit dem Bau des World Peace Pavillon begonnen. Ein nach oben offenes pyramidenförmiges Konferenzzentrum wurde errichtet und in den umliegenden Parks die steinernen Geschenke aus mehr als siebzig Ländern aufgestellt. China spendete einen Teil der Chinesischen Mauer, Uruguay präsentiert sich mit Amethysten. Aus Deutschland wurden 1990 vom damaligen Botschaftsrat der DDR in Kanada, Günter Cawein, vier Mauerbrocken mit einem Gesamtgewicht von 75 Kilogramm nach Halifax gebracht, die heute unter Glas im Park zu sehen sind. Dass Frieden und Gerechtigkeit nicht nur auf der Erde herrschen sollen, zeigt ein Stück Mondgestein, das ebenfalls seinen Weg in den World Peace Pavillon fand.

LUNENBURG, NOVA SCOTIA
KANADA

Standort:
Gießerei Lunenburg

Die Mauer in Lunenburg
© Lunenburg Foundry

Fischfang und Schiffbau sind seit Gründung der an der kanadischen Ostküste gelegenen Stadt Lunenburg Haupterwerb der Einwohner. Vor allem Siedler aus Deutschland und der Schweiz gehörten zu den Gründervätern. Den Namen erhielt die Stadt von Lüneburg in Niedersachsen. Einwohner der umliegenden Dörfer ließen sich als erste um 1750 an der kanadischen Ostküste nieder. In der unter Denkmalschutz stehenden Altstadt von Lunenburg sind noch heute architektonische Spuren dieses Erbes zu finden. Ein weiteres Zeugnis deutscher Geschichte befindet sich seit etwa 2001 in Lunenburg: Es ist ein Segment der Berliner Mauer und steht vor der örtlichen Lunenburg Gießerei. Nachträglich wurde ein Hinweis aufgesprüht, der die Besucher über die Bedeutung der Betonstele aufklärt:

This is a section of the Berlin Wall. Erected 13. August 1961, thrown down 9. November 1989]
[Dies ist ein Teil der Berliner Mauer. Erbaut am 13. August 1961. Niedergerissen am 9. November 1989].

Bis das Segment nach Lunenburg gelangte, hatte es eine Irrfahrt durch Nordamerika hinter sich. Von einem deutschen Geschäftsmann erworben, wurde es 1999 von Hamburg nach Long Beach (Kalifornien, USA) verschifft. Von dort wurde es quer durch die Vereinigten Staaten nach Fredericton an die kanadische Ostküste transportiert, wo es zusammen mit sechs anderen Segmenten für kurze Zeit der Öffentlichkeit präsentiert wurde. 2000 kaufte der kanadische Geschäftsmann Martin S. Young sechs der Segmente, die heute in Truro zu sehen sind. Das siebte Segment sollte ursprünglich im Sheraton Hotel von Fredericton

Die Mauer in Lunenburg
© Lunenburg Foundry

aufgestellt werden. Das Hotel musste jedoch schließen. Später gelangte es in den Besitz des ehemaligen Vizegouverneurs der Provinz Nova Scotia und Vorsitzenden der Königlichen Kanadischen Legion in Lunenburg, John James Kinley. Kinley besuchte in den 1970er und 1980er Jahren die geteilte Stadt Berlin mit einer Volkswagen-Delegation zweimal, was ihm in bleibender Erinnerung blieb. Als er die Mauerteile in Fredericton sah und wenig später von der Möglichkeit hörte, eines zu erwerben, entschloss sich Kinley, ein Segment unbedingt nach Lunenburg zu bringen. Schließlich sei dies der Ort, an dem deutsche Siedler sich zuerst in Kanada niedergelassen hätten. Die Stadtverwaltung von Lunenburg zeigte sich wegen der damit verbundenen Kosten wenig begeistert und konnte auch keine Mittel aufbringen, das historische Betonteil an einem angemesseneren öffentlichen Platz aufzustellen.

MONTRÉAL, QUEBEC
KANADA

Standort:

World Trade Center

Die Mauer im World Trade

Center Montréal

© Centre de commerce mondial
de Montréal

Als die zweitgrößte Stadt Kanadas 1992 ihren 350. Gründungstag feierte, schenkte die Stadt Berlin Montréal ein bunt bemaltes Mauerteil. Es wurde im örtlichen World Trade Center aufgestellt, wo es nach Auskunft der dortigen Pressestelle als „Beweis für die Rückkehr Berlins in die Weltgemeinschaft der freien Städte" steht. Zugleich soll es auch den Einwohnern der kanadischen Metropole als Mahnung dafür dienen, „wie kostbar und zerbrechlich die Freiheit tatsächlich ist." Links und rechts neben dem Mauerteil informieren zwei Stelen auf Französisch und Englisch über die Geschichte der deutschen Teilung und des Kalten Krieges.

Am Rande der „Open Skies"-Konferenz, die vom 12. bis 24. Februar 1990 im kanadischen Ottawa stattfand und an der 23 NATO- und Ostblockstaaten über die militärische Abrüstung am Himmel verhandelten, beschlossen die vier Siegermächte des Zweiten Weltkrieges – USA, Sowjetunion, Großbritannien und Frankreich – Gespräche über die „äußeren Aspekte der Herstellung der deutschen Einheit" aufzunehmen. Das am 13. Februar 1990 veröffentlichte Kommuniqué markierte den Beginn der Verhandlungen zum Zwei-plus-Vier-Vertrag zwischen den Alliierten, der Bundesrepublik und der DDR, die auf internationaler Ebene den Weg zur Wiedervereinigung der beiden deutschen Staaten am 3. Oktober 1990 ebneten.

Zur Erinnerung an dieses denkwürdige Ereignis überreichte der damalige deutsche Außenminister Hans Dietrich Genscher am 27. September 1991 der Stadt Ottawa ein Mauerteil. Aufgestellt am historischen Ort im Ottawa Conference Center, wo ein Jahr zuvor die Siegermächte zu den Verhandlungen zusammengekommen waren, war es eingerahmt von einer kanadischen und einer deutschen Fahne, im Eingangsbereich für alle Besucher frei zugänglich. 2010 erfolgte jedoch ein Standortwechsel ins Canadian War Museum in Ottawa. Hier vermittelt eine Dauerausstellung zum Kalten Krieg einem größeren Publikum auch den historischen Hintergrund.

Die Bemalung des Mauersegmentes, die wahrscheinlich eigens für Ottawa angefertigt wurde, zeigt das Brandenburger Tor vor dem Ost-Berliner Fernsehturm und dem West-Berliner Funkturm. Auf dem Sockel ist das Graffito „Bärlin" zu lesen. Eine Infotafel informiert in englischer und französischer Sprache über das historische Abkommen vom 13. Februar 1990.

OTTAWA, ONTARIO
KANADA

Standort:
Canadian War Museum,
1 Vimy Place

FLAGSTAFF, ARIZONA
USA

Standort:

Northern Arizona University, South San Francisco Street

Der German Club der Universität und das Mauerfragment

© Marilya Veteto Reese / Northern Arizona University

Auffallend, in den Farbtönen lila-pink bemalt, befindet sich auch in der Northern Arizona University in Flagstaff ein Stück der Berliner Mauer. Eine Plakette an der Rückseite des Mauerfragmentes datiert die Stiftung durch den Geschäftsmann Bob Baker an die Universität in das Jahr 1993. Bob Baker ist bereits verstorben, sodass das Motiv der Schenkung sowie die Vorgeschichte nicht bekannt sind. Die Universität verfügt zudem über ein Echtheitszertifikat für das Mauerstück. Ausgestellt durch Limex-Bau, den volkseigenen Außenhandelsbetrieb der DDR, besagt das Zertifikat, dass der Erlös dieses Stückes der Berliner Mauer dem Gesundheitswesen der DDR zugehe.

Das Mauerfragment ist eingerahmt von Fotos rund um den Mauerfall am 9. November 1989 und befindet sich in der Lobby des Fachbereiches Sprachen und Kulturen der Welt. Die Versetzung des Mauerfragmentes an einen prominenteren Ort mit mehr Publikum ist in naher Zukunft vorgesehen. Eine Texttafel mit folgendem Wortlaut ist an der Vorderseite des Mauerfragmentes angebracht:

From August 1961, until its dismantling in 1989 and 1990, the Berlin wall stood as an ominous symbol of the Cold War and the oppression of the east german people. Through the peaceful efforts of the people in the east and the support of NATO countries german unification and the chance for democracy for all Germans became a reality.

[Vom August 1961 bis zu ihrer Demontage 1989 und 1990 stand die Berliner Mauer als ein ominöses Symbol des Kalten Krieges und der Unterdrückung der Menschen in der DDR. Die friedlichen Bemühungen der Menschen in der DDR und die Unterstützung der NATO-Länder ließen die deutsche Wiedervereinigung und die Chance auf Demokratie für alle Deutschen Realität werden.]

Standort:
The Great Passion Play

Das Mauerdenkmal in
Eureka Springs
© The Great Passion Play

Niemand Geringeren als den 1895 in Montana geborenen Bildhauer Emmet Sullivan, der unter anderem bei der Gestaltung der monumentalen Präsidentenköpfe am Mount Rushmore beteiligt war, konnte der rechtskonservative evangelische Prediger Gerald L. K. Smith für seinen „The Great Passion Play" Park in Eureka Springs gewinnen. Nach Sullivans Plänen wurde 1966 die größte Jesusstatue Nordamerikas, der „Jesus of the Ozarks", fertiggestellt. Mehr als 20 Meter hoch und etwa eine Million Tonnen schwer thront der weiße Marmorkoloss über dem viktorianischen Kurort. Seit Jahrhunderten ist Eureka Springs für seine Heilquellen bekannt. Unter Smiths Federführung wurde der „Jesus of the Ozarks" zum Mittelpunkt eines großen Freiluftspektakels, bei dem für Tausende Touristen die Leidensgeschichte Christi nachgespielt wird. Über den gesamten Ort wurden die historischen Schauplätze des Passionsweges nachgebaut, Museen, Kirchen, Kapellen und zahllose Unterhaltungsangebote eingerichtet.

Am Fuße der Jesusstatue wurden 1992 anlässlich einer Ausstellung mehrere Teile der Berliner Mauer, genauer der sogenannten Hinterlandmauer, zu einem Denkmal zusammengefügt. Die Betonreste sind säuberlich mit einer Umrandung aus Ziersteinen eingefasst und vollkommen übermalt, sodass sie nur noch sehr entfernt an die Mauer erinnern. Das Geschenk der Elna M. Smith Stiftung, Ehegattin des 1976 verstorbenen Gerald L. K. Smith, steht seitdem als Tribut „an die Seelen aller Menschen, die ihr Leben für den Glauben und Praktizierung des christlichen Glaubens riskiert haben". Entsprechend wurde auf dem Mauerstück „von einem Ost-Berliner Künstler" der Bibelspruch „Und geht es auch durchs dunkle Tal, ich habe keine Angst. Psalm 23" angebracht. Inwiefern dieser tatsächlich jemals in Berlin zu lesen war, ließ sich nicht ermitteln.

LOVELAND, COLORADO
USA

Standort:
Vor der Hach Company,
5600 Lindbergh Drive

Die Mauer in Loveland,
Colorado
© Photo courtesy of Hach

Im Jahr 2017 setzte die Hach Company ein außergewöhnliches Zeichen der transatlantischen Zusammenarbeit, als ein Segment der Berliner Mauer vor dem Haupteingang des nordamerikanischen Hauptsitzes in Loveland, Colorado, installiert wurde. Das Unternehmen, das Instrumente zur Analyse von Wasser und anderen Flüssigkeiten herstellt, ist stolz auf seine Wurzeln in den USA und in Deutschland. Bereits 1993 hatte Reinhard Lange, dessen GmbH 2004 mit der Hach Company fusionierte, zwei Teile der Berliner Mauer gekauft, um die Erinnerung an die Teilung Deutschlands und Berlins zu bewahren. In den folgenden Jahren standen die beiden Mauersegmente auf dem Firmengelände der Dr. Bruno Lange GmbH in Berlin-Zehlendorf. Um die Erinnerung an die Dr. Bruno Lange GmbH und

Die Ankunft der Mauer
in Colorado 2017
© Photo courtesy of Hach

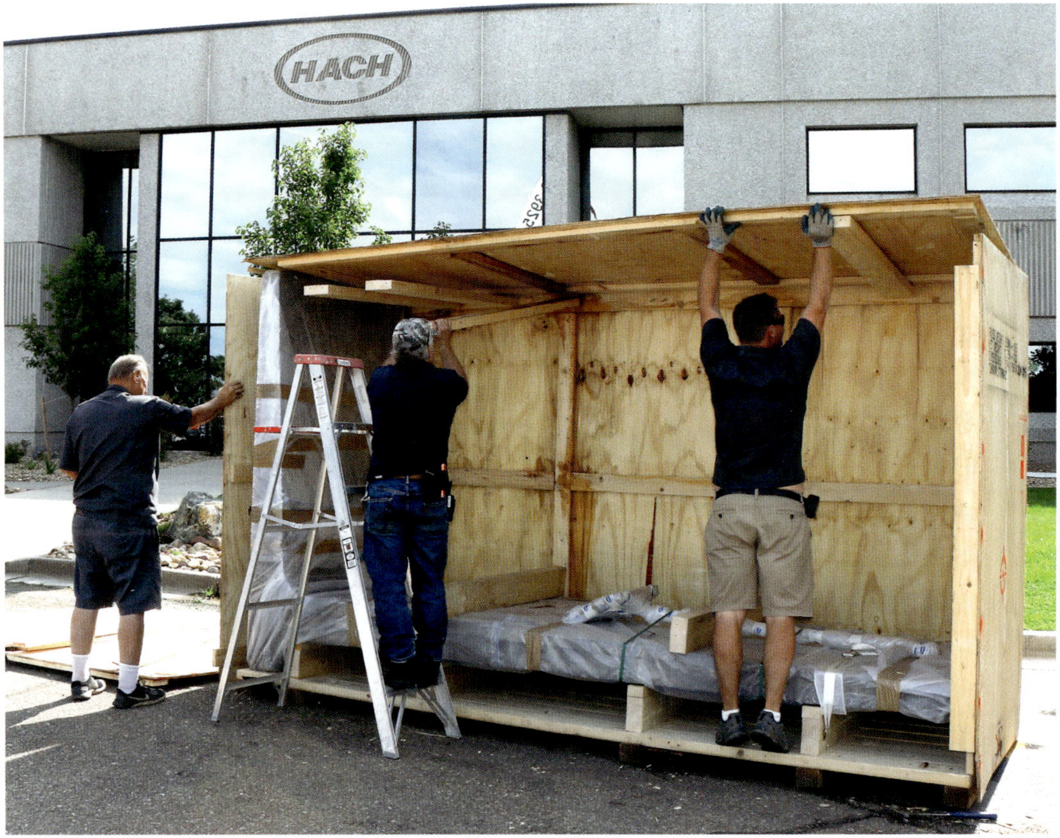

Die Ankunft der Mauer in Colorado 2017

© Photo courtesy of Hach

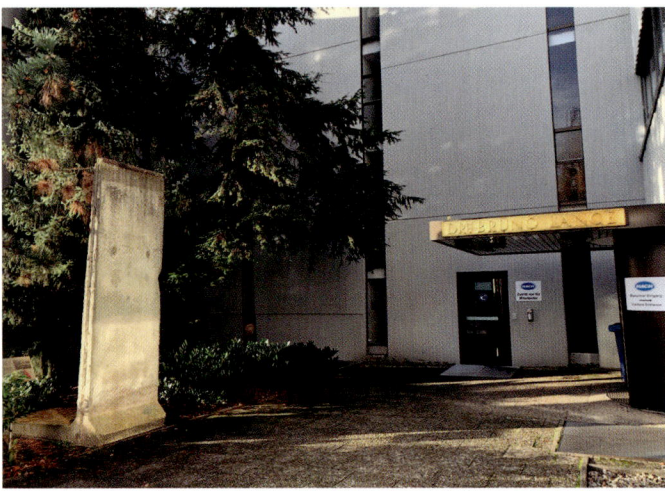

ihren Standort lebendig zu halten, schickten die Berliner Hach-Mitarbeiter eines der beiden Mauersegmente per Schiff an den Firmensitz in Colorado. Im August 2017 wurde das Mauersegment in Loveland installiert. Ein Video dokumentiert die Lieferung und Installation. Seitdem verbinden die beiden Mauersegmente, die einst in Deutschland nebeneinanderstanden, die beiden Firmenstandorte über Tausende von Kilometern.

Die Mauer am Standort der Firma Hach in Berlin-Zehlendorf

© Christian Kraatz / Hach Lange GmbH

CONNECTICUT
USA

Standort:
Private Lagerhalle

Die fünf in Connecticut eingelagerten Mauerelemente, 2019

© Blake Fitzpatrick &
Vid Ingelevics / Freedom Rocks:
The Everyday Life of the Berlin Wall,
www.freedomrocks.ca

Zu den weltweit bekanntesten Mauerteilen gehören fünf von Kiddy Citny und Thierry Noir gemeinsam bemalte Originalsegmente, die bis 2015 im Hof des Jerry Speyer Real Estate Buildings, 520 Madison Avenue in New York standen.

Heute lässt sich nicht mehr zweifelsfrei klären, wie die Mauerteile überhaupt nach Amerika kamen. Vermutlich wurden sie Anfang der 1990er Jahre von Jerry I. Speyer, Mitinhaber der Immobilienfirma Tishman Speyer, angekauft und vor dem Hauptsitz der Firma aufgestellt. Einer anderen Version zufolge soll die DDR-Außenhandelsgesellschaft Limex die Segmente 1990 für 500.000 D-Mark an das Museum of Modern Art (MoMa) in New York verkauft haben. Das Museum jedoch konnte den Vorgang nicht bestätigen.

Viele Jahre standen die Mauerelemente in einem kleinen Innenhof neben dem Eingang zum Gebäude 520 Madison Avenue. Da sie sich im Freien befanden, zeigten die Stücke im Lauf der Zeit starke Verfallserscheinungen. 2015 wurden sie daher entfernt und zur sorgfältigen Restaurierung in ein Lagerhaus in New Jersey gebracht. Nach Auskunft der beiden kanadischen Künstler und Filmemacher Vid Ingelevics und Blake Fitzpatrick, die sich intensiv mit den zahlreichen Mauerteilen in Nordamerika beschäftigen, wurden die fünf Segmente nach rund einem halben Jahr zurück nach Manhattan gebracht, nun aber in der Lobby des Gebäudes installiert. Dort standen sie rund zwei Jahre, ehe sie wieder entfernt und in einem Depot im Bundesstaat Connecticut eingelagert wurden. Ob geplant ist, die einst gern fotografierten Mauerelemente wieder öffentlich zugänglich zu machen, war nicht zu erfahren.

Zu Berühmtheit waren die fünf Betonstelen bereits gekommen, als sie noch in Berlin an der Waldemarstraße standen und im Oktober 1985 von Noir (linker Teil) und Citny (rechter Teil) mit den charakte-

Die Mauerelemente in der
520 Madison Avenue in
Manhattan, 2012

ristischen Köpfen bemalt wurden. Bereits im selben Jahr wurden die Kunstwerke von dem Fotografenehepaar Liselotte und Armin Orgel-Köhne verewigt. Die Fotos fanden anlässlich des 750. Jahrestages der Stadt Berlin 1987 breite Verwendung. 1987 drehte Wim Wenders in West-Berlin seinen berühmten Film „Der Himmel über Berlin", in dem die Mauerstücke mit den Bildern von Citny und Noir ebenfalls deutlich zu erkennen sind.

Die Mauer an ihrem zwischen-
zeitlichen Standort im Foyer
des Jerry Speyer Real Estate
Building in New York, 2016

ORLANDO, FLORIDA
USA

Standort:

Hard Rock Cafe Orlando,
6050 Universal Boulevard

Inmitten der Universal Filmstudios in Orlando befindet sich das weltweite größte Hard Rock Cafe. Imposant im Stil des Kolosseums in Rom gebaut, beherbergt es nach eigener Aussage die größte Sammlung von Rock'n'Roll-Andenken aller Cafes dieser Kette. Von einem Anzug des Beatles Sängers Paul McCartney, den er im Film „A Hard Days Night" trug, über einen Mustang, der einmal Jimi Hendrix gehörte, bis hin zu einem Sportanzug von Elvis Presley, den er während seines Militärdienstes in Korea trug, sind hier Erinnerungsstücke der letzten 50 Jahre Musikgeschichte zu bewundern.

Ein Andenken anderer Art steht außerhalb des Hard Rock Cafes unter Palmen. Ein Segment der Berliner Mauer erinnert hier an den Kalten Krieg und den Sieg der freien Welt über den Kommunismus. Verbindungen zur Musikgeschichte lassen sich aber auch ziehen. Am oberen Ende der Betonplatte sind ein Kreis mit einer Faust und ein Hammer auf rotem Grund zu sehen. Dieses Emblem der britischen Rockband Pink Floyd wurde bei der Inszenierung ihres Rockspektakels „The Wall" („Die Mauer") verwendet, das im Sommer 1990 auch in Berlin zu sehen war. Wie und wann das Mauerstück den Weg nach Florida fand, ließ sich nicht mehr rekonstruieren.

Standort:
Saint Petersburg
Clay Company,
420 22nd Street South

Das Mauerdenkmal in
Saint Petersburg
© Courtesy of
www.outdoorartsfoundation.com

Mit dem Bau von einhundert Mauerdenkmälern wollte die in Florida ansässige „Outdoor Art Foundation" 2009 den 20. Jahrestag des Mauerfalles begehen. So sollten zahlreiche weitere Mauerdenkmäler in ganz Nordamerika entstehen, wo sich schon jetzt die weltweit größte Dichte an Mauerteilen außerhalb Deutschlands befindet. Jede Gemeinde, welche die geforderten Preise von 50.000 bis zu 100.000 US-Dollar aufbrachte, sollte – so die Idee – auf diese Weise ein Mauerdenkmal ihr eigen nennen. Zu diesem Zweck wurden im Juli 2007 etwa 350 Betonplatten aus der sogenannten Hinterlandmauer in Tampa Bay angeliefert. Außerdem kaufte die Outdoor Art Foundation eine Sammlung von etwa 115 Mauerstücken, die 1990 von den russischen Künstlern Tamara Dubinowskaja, Andrej Aksenow und Wladimir Smatschin bemalt worden waren. Die Kunstwerke wurden seinerzeit an den amerikanischen Sammler Cal Worthington verkauft und galten lange als verschollen. Die Umsetzung des Vorhabens scheiterte jedoch. Die Outdoor Art Foundation konzentrierte sich daher auf die Ausstellung und den Verkauf der von den drei russischen Künstlern bemalten Mauerteile. Wohingegen sich der Großteil der sogenannten Berlin Wall Art Collection auf Tour befindet und so in unterschiedlichen Museen und Gallerien in Nordamerika zu sehen ist.

Mauerkunst der
Outdoor Arts Foundation
© Courtesy of
www.outdoorartsfoundation.com

Die Stadt Saint Petersburg, die ein russischer Eisenbahnunternehmer Ende des 19. Jahrhunderts nach seinem Geburtsort benannt hatte, war die erste Gemeinde, die sich in Florida ein Mauerdenkmal kaufte. Es wurde im Frühjahr 2008 auf dem Gelände der Baufirma St. Petersburg Clay Company aufgestellt und kann seitdem dort von Besuchern besichtigt werden.

FORT GORDON, GEORGIA
USA

Standort:
Signal Army Museum

Auf dem Gelände des größten Ausbildungszentrums für Nachrichtentruppen der US-Streitkräfte in Fort Gordon haben mehrere Mauerteile einen neuen Standort gefunden. Zwei bemalte Bruchstücke der Berliner Hinterlandmauer, die gemeinsam den Schriftzug „democracy" („Demokratie") tragen, wurden in Fort Gordon zu einem Mauerdenkmal zusammengefügt. Dazwischen prangt ein altes Grenzschild, das in Deutsch und Englisch vor dem Verlassen des amerikanischen Sektors warnt. Ein weiteres Segment der Vorderlandmauer steht im Museum der Nachrichtentruppen hinter Glas. Wie und wann die Mauerteile ihren Weg nach Fort Gordon fanden, ließ sich nicht ermitteln. Angeblich sollen sie zusammen mit anderen Erinnerungsstücken der amerikanischen Truppen in West-Berlin Anfang der 1990er Jahre nach Fort Gordon gebracht worden sein. Der Großteil dieser Hinterlassenschaften wurde jedoch an das Museum der US-Streitkräfte in Fort Bevoir, Bundesstaat Virginia, abgegeben, das sich zurzeit im Umbau befindet.

Kurz nach dem Mauerfall hatten Studenten und Professoren des Hawaii Community College in Honolulu die Idee, dieses welthistorische Ereignis mit einem Denkmal auf der Pazifikinsel zu würdigen. Die Leitung der Hochschule wandte sich an den Senat von Berlin, der ein Mauerteil vermittelte, das im Oktober 1991 seinen Weg nach Übersee antrat. Der Deutsche Hilfsverein Honolulu organisierte Transport des Mauerteiles, das Ende 1991 wohlbehalten eintraf. Inzwischen hatte die Hochschule die Architektenvereinigung von Hawaii mit dem Entwurf des Denkmals beauftragt. Um den Hawaiianern einen Eindruck von der Größe der einstigen Grenzanlage zu vermitteln, wurde das originale Segment um zwei nachgebaute Mauerteile, einschließlich des runden Überkletterungsschutzes, ergänzt. Die bunten Graffiti wurden unter Glas gebracht, um sie vor Witterungseinflüssen zu schützen. Nach zwei Monaten Bauzeit konnte das „Freiheitsmonument" schließlich am 10. Februar 1992 eingeweiht werden.

Auf der Tafel, die auf dem Mauersegment angebracht ist, steht folgender Text:

HONOLULU, HAWAII
USA

Standort:
Hawaii Community College

Universität Honolulu
© Kevin W. Smith

Die Mauer in Honolulu/Hawaii

© Kevin W. Smith

BERLIN WALL FREEDOM MONUMENT/ DEDICATED FEBRUARY 10, 1992/ To freedom, peace and understanding/ among all people of the world./ HONOLULU COMMUNITY COLLEGE WISHES TO THANK/ THE FOLLOWING FOR THEIR CONTRIBUTIONS:/ THE STUDENTS OF HONULULU COMMUNITY COLLEGE/ THE GERMAN SENATE; FEDERAL REPUBLIC OF GERMANY/ THE GERMAN BENEVOLENT SOCIETY OF HONOLULU/ FLETCHER PACIFIC CONSTRUCTION COMPANY, LTD./ ARCHITECTS HAWAII, LTD.

[BERLINER MAUER FREIHEITSDENKMAL/ ERRICHTET AM 10. FEBRUAR 1992/ für Freiheit, Frieden und Verständigung zwischen den Völkern der Welt./ DAS HONOLULU COMMUNITY COLLEGE MÖCHTE SICH BEI DEN NACHSTEHENDEN FÜR IHRE UNTERSTÜTZUNG BEDANKEN:/ STUDENTEN DES HONOLULU COMMUNITY COLLEGE/ DEUTSCHER SENAT, BUNDESREPUBLIK DEUTSCHLAND/ DEUTSCHER HILFSVEREIN HONOLULU/ FLECHTER PACIFIC CONSTRUCTION COMPANY/ ARCHITEKTENVEREINIGUNG HAWAII]

Die Mauer in Honolulu/Hawaii

© Kevin W. Smith

Standort:

David Thompson Road

Die Mauer in Hope/Idaho

© Klaus Groenke

Einhundertundachtzig Jahre bevor in Berlin die Mauer fiel, wurde 1809 auf der Hope Peninsula die erste weiße Siedlung im heutigen Bundesstaat Idaho gegründet. Malerisch am Ufer des Lake Pend Oreille gelegen, avancierte Hope Mitte des 20. Jahrhunderts zu einem beliebten Domizil für Künstler und Kunstliebhaber aus aller Welt. Ed Kienholz, einer der herausragendsten amerikanischen Objekt- und Konzeptkünstler der Neuzeit, wählte das kleine Örtchen in den 1970er Jahren zu seinem Sommerdomizil. In den USA fanden seine kontrovers diskutierten Werke schnell ein Publikum. 1973 kam Kienholz im Rahmen eines Austauschprogrammes nach Berlin, das ihm zur zweiten Heimat wurde. Der West-Berliner Immobilienhändler und Inhaber von TrigonInvest Klaus Groenke begeisterte sich für die Arbeiten von Kienholz und förderte den damals in Europa noch wenig bekannten Künstler. Im Gegenzug richtete sich Groenke auf der Hope Peninsula ebenfalls ein weitläufiges Sommerdomizil ein.

Zwischen der David Thompson Road und dem Kienholz Drive ließ Groenke 1991 ein originales Segment der Berliner Mauer aufstellen. Seine Mitarbeiter schenkten ihm die Betonstele. Die Graffiti befinden sich zum Schutz vor Regen und Schnee unter Plexiglas. Das eine zeigt einen Donald Duck mit Kochmütze und roter Fliege. Ein anderer Künstler ließ einen jungen Mann in Jeans und grüner Jacke über die Mauer klettern.

CHICAGO, ILLINOIS
USA

Standort:
Western Avenue Station,
Lincoln Square

Die Mauer in Chicago

© Generalkonsulat der Bundesrepublik
Deutschland in Chicago

Die Mauer in Chicago

© Generalkonsulat der Bundesrepublik
Deutschland in Chicago

Bei eisiger Kälte fanden sich am Vormittag des 22. Januar 2008 etwa 160 Menschen in der Western Avenue, der Metrostation am Lincoln Square von Chicago, ein. Anlass der Zusammenkunft war die Einweihung eines originalen Mauerstückes. Heute strömen an ihm täglich zahllose Fahrgäste auf dem Weg zur Hochbahn vorbei. Die „Berlin Wall Exhibit", die neben dem Mauerteil steht, liefert kurze Informationen zur deutschen Teilung.

Der Lincoln Square und die umliegenden Straßen sind seit jeher stark von deutschstämmigen Chicagoern geprägt, die sich hier seit Mitte des 19. Jahrhunderts niedergelassen haben. Der Bürgermeister des Stadtbezirks, Gene Schulter, und zahlreiche deutsche Vereine waren daher auch der Initiative des deutschen Generalkonsulates gegenüber aufgeschlossen, ein Mauerstück hier aufzustellen. Der Berliner Senat, dem das Projekt 2004 angetragen wurde, unterstützte das Vorhaben. Im August 2006 flog die Lufthansa ein Mauerteil ein, das bislang am Potsdamer Platz auf dem heutigen Gelände des Sony-Centers gestanden hatte. Doch es sollte noch zwei Jahre dauern, bis ein endgültiger Standort gefunden war. Das vom Unternehmer und Herausgeber der „Chicago Tribune", Robert McCormick, begründete McCormick Freedom Museum hätte das Segment gerne in seiner Ausstellung gehabt. Allerdings war die Statik des Gebäudes nicht geeignet, um das 2,6 Tonnen schwere Teil aufzunehmen, sodass sich diese Pläne zerschlugen.

Als neuen Standort hatte Gene Schulter bereits den Lincoln Square ins Auge gefasst. Ron Huberman, Präsident der Chicagoer Nahverkehrsgesellschaft CTA, war von der Idee ebenfalls angetan. Das Mauerstück sollte in der Western Avenue Station einen Platz finden. Für Huberman war damit die Hoffnung verbunden, dass nun mehr Fahrgäste die wirtschaftlich angeschlagene Metrolinie nutzen würden. Schulter seinerseits war davon überzeugt, mit der Mauer mehr Touristen in seinen Bezirk zu locken und stellte 240.000 US-Dollar für die Realisierung des Projektes zur Verfügung.

Zur Einweihung überbrachte der deutsche Generalkonsul Wolfgang Drautz die Grüße des Regierenden Bürgermeisters von Berlin, Klaus Wowereit. Schulter bedankte sich bei der Bundesrepublik Deutschland und der Stadt Berlin für die Überlassung des Mauerteiles, das für die „Freiheit nach der Unterdrückung" stehe. Über die dramatischen Stunden des Mauerfalles berichtete der ehemalige stellvertretende US-Botschafter in der DDR, J. D. Bindenagel, der den 9. November 1989 in Ost-Berlin miterlebt hatte. Vertreter der ehemaligen West-Berliner Schutzmächte Frankreich und Großbritannien hatten sich zur Übergabe ebenso eingefunden wie Diplomaten aus Belgien, der Tschechischen Republik und Polen.

Am 9. Mai 1982 hielt der damalige US-Präsident Ronald Reagan am Eureka College in Illinois eine Rede, die sogenannte Eureka Speech, in der er zur Kontrolle und Verminderung strategischer Kernwaffen der Vereinigten Staaten und der Sowjetunion aufrief. Von vielen gern als Anfang vom Ende des Kalten Krieges gesehen, war jene Rede und die Tatsache, dass Reagan seinerzeit selbst Absolvent des Colleges gewesen ist, Ausgangspunkt zur Errichtung für den „Ronald Reagan Peace Garden" auf dem Gelände der Hochschule. Der Garten war ein Geschenk an das College von Anne und David Vaughan. Zum 18. Jahrestag der Eureka Speech im Jahre 2000 wurde der Ronald Reagan Peace Garden eröffnet. Die Büste von Ronald Reagan sowie ein Fragment der Berliner Mauer bilden den Mittelpunkt der Parkanlage.

Das College erhielt das 1,5 Meter hohe und 1,2 Meter breite Mauerfragment

EUREKA, ILLINOIS
USA

Standort:
Ronald Reagan Peace Garden at Eureka College, 300 College Avenue

als Geschenk der Deutschen Bundesrepublik pünktlich zur offiziellen Eröffnung des Ronald Reagan Peace Garden. Es symbolisiert die Überwindung des Eisernen Vorhanges zwischen Ost und West, an der Ronald Reagan in seiner Funktion als Präsident der Vereinigten Staaten während des Kalten Krieges Anteil hat.

WEST BRANCH, IOWA
USA

Standort:
Herbert Hoover
Presidential Library
and Museum,
210 Parkside Drive

Als die USA 1917 in den Ersten Weltkrieg eintraten und Deutschland den Krieg erklärten, organisierte Herbert Hoover, der spätere amerikanische Präsident, die Nahrungsmittelversorgung der Alliierten an der europäischen Front. Nach dem Ende des Ersten Weltkrieges stand Hoover dann der American Food Administration vor, die bis Anfang der 1920er Jahre auch die Hunger leidende deutsche Bevölkerung mit versorgte. Auf dem Gipfel der Weltwirtschaftskrise 1929 wurde er zum 31. Präsidenten der USA gewählt. Nach dem Ende seiner Amtszeit 1933 zog Hoover sich ins Privatleben zurück, unterhielt aber weiterhin Verbindungen zu internationalen Wirtschaftskreisen. 1946 reiste Hoover im Auftrag der amerikanischen Regierung nach Deutschland, um Berichte über die Versorgungslage der Bevölkerung einzuholen. Unter dem Eindruck der Not, die nach dem Zweiten Weltkrieg in Deutschland herrschte, organisierte er wie schon zwanzig Jahre zuvor erneut ein Hilfsprogramm. Im April 1947 wurde in den Schulen der westlichen Besatzungszonen die sogenannte Hooverspeisung für Kinder eingeführt. Sie rettete Hunderttausende Heranwachsende vor Unterernährung und Hungertod. Im Dezember 1954 reiste Hoover letztmalig nach Deutschland, wo ihm wegen seines humanitären Engagements ein herzlicher Empfang bereitet wurde. Inzwischen war Deutschland geteilt und die Rolle des einstigen Kriegsgegners hatte sich gewandelt. Hoover sagte bei seiner Rede in Bonn (Übersetzung aus dem Amerikanischen. Mitteilung der Herbert Hoover Presidential Library): „Die einzige Hoffnung für unsere Sicherheit ist die Aufrüstung und eine gemeinsame Front unter den freien Nationen, die uns vor der kommunistischen Aggression bewahrt. Das deutsche Volk war einst eine Bastion der westlichen Zivilisation … Ich bete dafür, dass Deutschland die Einheit und völlige Freiheit wiedergegeben wird, die es zur Erfüllung dieser Mission braucht." (Übersetzung aus dem Amerikanischen. Mitteilung der Herbert Hoover Presidential Library) Diese Hoffnungen erfüllten sich jedoch zu Hoovers Lebzeiten nicht mehr. Er verstarb 1964 und wurde in West Branch im Bundesstaat Iowa beigesetzt, wo sich heute die nach ihm benannte Präsidentenbibliothek befindet.

Nach dem Fall der Berliner Mauer 1989 wurde die Herbert Hoover Bibliothek grundlegend renoviert. Mehrere andere Präsidentenbibliotheken, so jene von John F. Kennedy, Gerald Ford, Ronald Reagan und Richard Nixon, hatten sich als „Siegestrophäe" des Kalten Krieges ein Mauerteil gesichert. Der damalige Direktor der Hoover Bibliothek, Richard Norton Smith, bemühte sich aufgrund Hoovers Verdienste um Deutschland nun ebenfalls um ein Mauerteil. Da kein Platz für ein vollständiges Segment vorhanden war, wurde von der „Berlin Wall Commemorative Group", welche ursprünglich für die DDR-Regierung den Mauerverkauf in den USA übernommen hatte, eine kleine Betonplatte aus der Hinterlandmauer angekauft. Mit den Graffiti eines unbekannten Künstlers versehen, der eine in Grün und Rot gehaltene Landschaft vor weißen Wolken gemalt hatte, wurde das Mauerteil schließlich am 2. April 1992 in der Bibliothek angeliefert. Heute befindet es sich am Ende der Ausstellung zum Leben Herbert Hoovers in einem Metallrahmen. Daneben steht:

Herbert Hoover did not live to see the Berlin Wall crumble but he never doubted the ultimate triumph of freedom.
[Herbert Hoover sah den Fall der Mauer nicht mehr lebend, aber er zweifelte nie am endgültigen Triumph der Freiheit.]

THE
BERLIN
WALL

Die Mauer in der
Herbert Hoover
Presidential Library,
West Branch

LOS ANGELES, KALIFORNIEN
USA

Standort:

The Wende Museum, 10808 Culver Boulevard, Culver City und 5900 Wilshire Boulevard, Los Angeles

Die Mauer vor The Wende Museum in Culver City, Kalifornien
© The Wende Museum

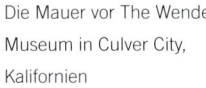or dem Eingang von The Wende Museum in der Filmstadt Culver City im County Los Angeles steht ein von Thierry Noir bemaltes originales Mauerstück. Nachdem das Museum 2017 vom Buckingham Parkway an seinen neuen Standort in ein ehemals von der Nationalgarde genutztes Gebäude umgezogen war, konnte 2019 das Segment an der Ecke Culver Boulevard/Coombs Avenue dauerhaft installiert werden. Dieses hatte Justinian Jampol, Gründer und Leiter des Wende Museums, 2006 erworben und von Thierry Noir bemalen lassen.

Bereits während eines Studienaufenthaltes in Deutschland in den 1990er Jahren hatte Jampol die Idee gehabt, DDR-Geschichte in den USA auszustellen. Im Sommer 2002 wurde das Museum eröffnet. Inzwischen umfasst die Sammlung mehr als 100.000 Objekte, die Alltag und Politik in der DDR dokumentieren.

Zur Sammlung kamen 2009 anlässlich des 20. Jahrestages des Mauerfalles zehn weitere originale Segmente der Berliner Mauer hinzu. Diese wurden auf dem Wilshire Boulevard aufgestellt. Fünf dieser Segmente wurden von namhaften Künstlerinnen und Künstlern neu bemalt. Während das Stück ganz links im Originalzustand belassen und mit einer Informationstafel versehen wurde, gestaltete das zweite Element die in Los Angeles lebende Künstlerin Marie Astrid González. Das dritte Stück hat die ebenfalls in Kalifornien beheimatete Künstlerin Farrah Karapetian bemalt. Dann folgt einer von Thierry Noirs charakteristischen Köpfen. Die beiden Segmente mit dem Konterfei der US-Präsidenten John F. Kennedy und Ronald Reagan hat der für seine Wandgemälde bekannte amerikanische Maler Kent Twitchell gestaltet. Die vier rechten Mauerstücke befinden sich wiederum im Originalzustand, wobei der Bär auf dem vierten Stück von dem Berliner Street-Art-Künstler Bimer stammt.

Seit 2009 stehen zehn
Mauersegmente am Wilshire
Boulevard in Los Angeles,
Kalifornien.
© Andrew Gombert / epa / dpa /
Picture Alliance

2011 wurde bei neun Segmenten auch die einst dem Todesstreifen zugewandte, bis dahin nicht bemalte Ostseite gestaltet. Dafür konnten der in Los Angeles lebende Street-Art-Künstler Retna, der in Großbritannien lebende D*Face und das deutsche Künstlerduo Herakut (Falk Lehmann und Jasmin Siqquidi) gewonnen werden.

LOS ANGELES, KALIFORNIEN
USA

Standort:

LA Plaza de Cultura y Artes, 501 N Main Street

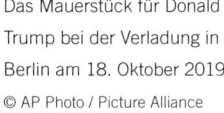

Das Mauerstück für Donald Trump bei der Verladung in Berlin am 18. Oktober 2019

© AP Photo / Picture Alliance

Viele Mauerstücke werden aufgestellt, um symbolisch an auch heute noch in aller Welt bestehende Grenzen zu erinnern. Doch wenige von ihnen dürften einen so klar formulierten Adressaten haben wie das Stück der Berliner Mauer, das seit dem 7. Februar 2020 im LA Plaza de Cultura y Artes in der kalifornischen Metropole Los Angeles steht und folgende Aufschrift trägt:

Dear President Trump,
This is an original piece of the Berlin Wall. For 28 years, it separated east and west, families, and friends. It divided not only Berlin and Germany, but the whole world. Too many people died trying to cross it – their only crime being their desire to be free. Today the world celebrates the 30th anniversary of the fall of the Berlin Wall. Germany is united again, and only a few scattered pieces remind us that no wall lasts forever. For decades, the United States played a major role in bringing this wall down. From John F. Kennedy to Ronald Reagan, the Presidents of the USA fought against it. We would like to give you one of the last pieces of the failed Berlin Wall to commemorate the United States' dedication to building a world without walls.
Citizens of Berlin

The text on the Berlin Wall piece reads:

November 9, 2019

Dear President Trump,

This is an original piece of the Berlin Wall. For 28 years, it separated east and west, families, and friends.

It divided not only Berlin and Germany, but the whole world. Too many people died trying to cross it –

...today, the world celebrates the 30th anniversary of the fall of the Berlin Wall. Germany is united ...in Berlin only a few... ...pieces remain... ...no wall lasts forever.

For decades the United States played a major role in bringing this wall down. From John F. Kennedy to Ronald Reagan, the Presidents of the USA fought against it.

We would like to give you one of the last pieces of the failed Berlin Wall to commemorate the United States' dedication to building a world without walls.

Citizens of Berlin

Die Mauer mit dem an Donald Trump gerichteten Appell in Los Angeles
© LA Plaza de Cultura y Artes

[Sehr geehrter Präsident Trump,
dies ist ein Originalstück der Berliner Mauer. 28 Jahre lang trennte sie Ost und West, Familien und Freunde. Sie teilte nicht nur Berlin und Deutschland, sondern die ganze Welt. Zu viele Menschen starben beim Versuch, sie zu überwinden – ihr einziges Verbrechen war ihr Wunsch, frei zu sein. Heute feiert die Welt den 30. Jahrestag des Mauerfalles. Deutschland ist wieder vereint und nur wenige verstreute Teile erinnern uns daran, dass keine Mauer für immer Bestand hat. Jahrzehntelang spielten die Vereinigten Staaten eine wichtige Rolle beim Fall dieser Mauer. Von John F. Kennedy bis Ronald Reagan kämpften die Präsidenten der USA gegen sie. Wir möchten Ihnen eines der letzten Teile der gescheiterten Berliner Mauer geben, um an das Engagement der Vereinigten Staaten für den Aufbau einer Welt ohne Mauern zu erinnern. Bürger Berlins]*

Das Mauerstück, das von der Initiative „Die offene Gesellschaft" in Berlin beschrieben und auf den Weg in die USA gebracht worden war, sollte zum 30. Jahrestag des Mauerfalles am 9. November 2019 an US-Präsident Donald Trump übergeben werden. Damit sollte den USA für die wichtige Rolle gedankt werden, die sie beim Fall der Berliner Mauer gespielt hatten – und der Präsident an Amerikas Engagement für eine Welt ohne Mauern erinnert werden. Konkret wurde damit Trumps bereits im Wahlkampf gemachtes Versprechen kritisiert, mit einer Mauer zu Mexiko die illegale Einwanderung in die USA einzudämmen. Dementsprechend wenig überraschte die Weigerung des Weißen Hauses, das Segment entgegenzunehmen. Stattdessen wurde es auf die Reise durch die USA geschickt. Zunächst stand es vor dem Washington Monument, dann wurde es mit Zwischenstopps in Texas und New Mexico per Lastwagen ins kalifornische San Diego gebracht, wo es direkt an der Grenzanlage zu Mexiko zu sehen war – und medienwirksam fotografiert wurde. Auch deshalb wurde der Aufruf auf dem Segment mittlerweile im Internet von Tausenden unterschrieben. Nach Auskunft der Initiative „Die offene Gesellschaft" gab es verschiedene Interessenten, die das Stück nach seiner Rundreise dauerhaft übernehmen wollten. Letztlich wurde es dem 2011 eröffneten mexikanisch-amerikanischen Museum und Kulturzentrum LA Plaza de Cultura y Artes in Los Angeles übereignet. Dort wurde es am kurz zuvor nach umfangreichen Renovierungs- und Modernisierungsarbeiten wiedereröffneten LA Plaza Paseo Walkway aufgestellt, der über die Geschichte der indigenen Einwohner von Los Angeles informiert. Auch wenn das Museum geschlossen ist, kann das Mauerstück besichtigt werden.

173

Die Loyola Marymount University (LMU) in Los Angeles ist die größte katholische Universität an der Westküste der Vereinigten Staaten und seit 1997 im Besitz eines Segmentes der Berliner Mauer. Dirk Verheyen, Politikwissenschaftler aus den Niederlanden und ehemaliger Dozent der Hochschule, wandte sich während eines Forschungsaufenthaltes in Berlin im Sommer 1996 spontan an den Regierenden Bürgermeister der deutschen Hauptstadt. Eberhard Diepgen unterstützte das Vorhaben, ein Mauerteil der Partnerstadt Los Angeles zu übereignen. Verheyen suchte sich aus den Beständen des Berliner Senats ein Mauerteil aus, das 1987 von dem berühmten Mauerkünstler Thierry Noir gestaltet worden war. Ursprünglich an der Waldemarstraße in Berlin-Kreuzberg befindlich, gehörte es zu jenen 360 Mauersegmenten, die von der DDR-Regierung zum Verkauf vorgesehen waren. Zudem hat die symbolträchtige Betonstele noch eine andere Geschichte. Im 1987 in der geteilten Stadt gedrehten Film „Der Himmel über Berlin" von Wim Wenders war es ebenfalls zu sehen.

Standort:
Loyola Marymount University, 1 LMU Drive

Die Mauer in der
Loyola Marymount University,
Los Angeles
© Dirk Verheyen

Zurück in den USA wurde die Aufstellung des Mauerteiles in der Hochschule vorbereitet. Die tonnenschwere Neuerwerbung wurde schließlich von Deutschland nach Long Beach, Kalifornien, verschifft und dann per Truck auf den Campus gebracht. Der Vizepräsident der LMU, David Trump, sowie die Sponsoren Guy Fox und Mr. Moses Cordova überwachten die Entladung. Ein Sockel wurde gegossen und das Mauerteil mit einem Baldachin überdacht, um es vor Regen und Sonne zu schützen. Am 8. Mai 1997 fand die feierliche Einweihung statt. Neben Vertretern der Loyola Marymount University verlas der deutsche Generalkonsul Hans Alard von Rohr ein Grußwort des Berliner Regierenden Bürgermeisters. Eberhard Diepgen erinnerte daran, dass vor 30 Jahren „unter dem Geläut der Berliner Freiheitsglocke" die Städtepartnerschaft zwischen Berlin und Los Angeles besiegelt wurde. Nun sei die ehemalige „Schandtat des Kommunismus" zum Symbol „für den gelungenen Kampf um die Freiheit" geworden. Ähnlich äußerte sich auch der Universitätspräsident Richard Riordan: „Die Berliner Mauer war ein Symbol dafür, was in der Welt falsch war. Ein Stück der Berliner Mauer in freier Umgebung ist ein Symbol dafür, was in dieser Welt richtig ist."

MOUNTAIN VIEW, KALIFORNIEN
USA

Standort:
Mountain View Public
Library, Franklin Street

Die Berliner Mauer vor der
Bibliothek in Mountain View
© Norbert von der Groeben /
Daily News

Mit gerade einmal 15 Jahren bestieg Frank Golzen aus Frankfurt/Main 1931 ein Schiff, das ihn nach Amerika brachte. Dort sollte sich für ihn der Traum von einem besseren Leben erfüllen. Seine damals wirtschaftlich und politisch zerrüttete Heimat bot ihm diese Chance nicht. Frank Golzen ging nach Kalifornien, wo er es als Straßenbauunternehmer in den kommenden Jahrzehnten zu beachtlichem Wohlstand brachte. Seine Firmen bauten Highways durch die Wüsten Kaliforniens. Später begann er entlang der Fernstraßen Bürokomplexe zu bauen. Eines der ersten war das 1966 eingeweihte Bayside Buisness Plaza, malerisch an der Bucht von San Francisco gelegen. Zwischen japanischen Gärten und weitläufigen Parkplätzen stehen zahllose ein- und zweistöckige Bürobauten, wie sie heute auch in den Gewerbegebieten außerhalb Kaliforniens zu finden sind. Auf einem der Parkplätze ließ Frank Golzen im Mai 1991 zwei Segmente der Berliner Mauer aufstellen. Als Dank für die Erfüllung seines amerikanischen Traumes von Erfolg und Wohlstand widmete er die Betonplatten der „Amerikanischen Entschlossenheit" („American Resolve"), die schließlich auch den Fall der Mauer herbeigeführt hat:

The period after the Second World War divided Western Democratic and Eastern Communist ideologies by what was known as the Iron Curtain, which stretched from the Baltic Sea to the Black Sea. Within East Germany, part of the Communist sphere of influence, West Berlin was an island of freedom surrounded by a sea of oppression. In August, 1961, the East German Government, to prevent the flight of its citizens from East to West Berlin, built a wall dividing the city. For 28 years the Berlin Wall was the Rubicon for East and West until „Glasnost" became the new thinking in the Communist world. Between November, 9 and 12, 1989, the Wall was breached, not from within with bombs and bullets, but from within by the sound of freedom and the vision of a better life that had drifted over the Wall.

Die Berliner Mauer vor der Bibliothek in Mountain View

The World must not forget that it was America's resolve and its political and economic ideals that made this bloodless revolution and most significant historical event possible.

[Die Zeit nach dem Zweiten Weltkrieg wurde von den westlichen demokratischen und östlichen kommunistischen Ideologien durch den Eisernen Vorhang, der sich von der Ostsee bis zum Schwarzen Meer erstreckte, geteilt. Innerhalb Ostdeutschlands gelegen, war West-Berlin eine Insel der Freiheit, umgeben von einem Meer der Unterdrückung. Im August 1961 baute die Regierung von Ostdeutschland eine Mauer durch die Stadt, um die Flucht ihrer Bürger von Ost- nach West-Berlin zu verhindern. Für 28 Jahre war die Berliner Mauer der Rubikon zwischen Ost und West, bis „Glasnost" das neue Denken in der kommunistischen Welt bestimmte. Zwischen dem 9. und 12. November 1989 wurde die Berliner Mauer durchbrochen, aber nicht durch Bomben und Kugeln, sondern vom Klang der Freiheit und der Vision eines besseren Lebens, die über die Mauer geweht waren.

Die Welt darf nicht vergessen, dass es Amerikas Entschlossenheit und seine politischen und wirtschaftlichen Ideale waren, die diese unblutige Revolution und dieses höchst bedeutsame historische Ereignis ermöglichten.]

Der „Klang der Freiheit" war für viele im Osten auch die Musik. Der „König des Rock 'n' Rolls" – Elvis Presley – verziert als Graffito eines der beiden Mauerteile. Gegenüber steht in einem schwarz-rot-gold umrandetem Herz „Wir lieben Dich".

Nach dem Tod Golzens 2009 bot die Familie die beiden Stücke der Berliner Mauer der Stadt an. Im März 2013 entschied sich die Stadt Mountain View für den neuen Standort der beiden Mauersegmente. Ein Budget von 50.000 Dollar stellte sie für die Umsetzung und Installation der Mauerteile vor die Bibliothek in Mountain View zur Verfügung. Eventuelle Kosten für eine spätere Instandsetzung sollen damit ebenso abgedeckt sein. Don Bahl war einer der Einwohner von Mountain View, der sich einen prominenteren Ort für die Berliner Mauer als Symbole der Überwindung des Kalten Krieges in Mountain View wünschte: „Proudly put these pieces of the Berlin Wall in a place of prominence, not tucked off in some obscure location, but a location where people will ask, ‚What do these pieces of concrete mean?'." Die Einweihung am neuen Standort fand schließlich im November 2013 statt.

ORANGE, KALIFORNIEN
USA

Standort:
Chapman University,
1 University Drive

Die Mauer in der
Chapman University in Orange,
Zustand 2014
© Chapman University

James L. Doti, Direktor und Wirtschaftsprofessor an der Chapman University im kalifornischen Orange, war beim Besuch der Richard Nixon Präsidentenbibliothek in Yorba Linda begeistert. Das dort ausgestellte Stück der Berliner Mauer sollte unbedingt auch eine Entsprechung an seiner Hochschule finden. Er wandte sich deshalb an den Berliner Senat mit der Bitte um die Überlassung eines Mauerteiles. Nach zweijährigen Verhandlungen und Suche nach Sponsoren, die den Transport finanzieren, stimmte der Senat von Berlin dem Vorhaben zu. Aus der Senatsreserve wurde ein Mauerstück bereitgestellt und im September 1998 über Hamburg in den Hafen von Long Beach, Kalifornien, verschifft. Das Mauerteil hat auf der Vorder- und Rückseite zwei kleinere Graffiti. Auf der ehemals Ost-Berlin zugewandten Seite wurde die britische Rockband U2 mit den Worten „U2 Slays" („U2 tötet") verewigt, während auf der Vorderseite die Reste eines „Fuck you" zu lesen sind. Trotz dieser wenig staatstragenden Inschriften wurde das Mauerteil am 4. Mai 1999 im Beisein der deutschen Vizekonsulin Anne Wohlleben der Öffentlichkeit übergeben. Heute steht es in der Mitte eines ovalen Wasserbassins, auf dessen Außenseite der berühmte Ausspruch von Abraham Lincoln „A house divided against itself shall not stand" („Ein Haus, das geteilt ist, kann nicht stehen") angebracht ist. Ursprünglich geprägt, um die Gegner im amerikanischen Bürgerkrieg zu einen, wurde der Satz nun auf die überwundene Teilung der Welt in Ost und West übertragen. Eine weitere Referenz an Abraham Lincoln ist der Nachbau des Stuhles, auf dem der steinerne Lincoln seit 1922 in Washington sitzt. Die gesamte Anlage erhielt den Namen „Liberty Plaza" („Platz der Freiheit"). Abgeschlossen wird der Platz von mehreren Betontafeln, auf denen Zitate zu Demokratie und Freiheit, unter anderem von George Washington, Patrick Henry und Woodrow Wilson, zu lesen sind.

Im Juli 2020 beschmierten Unbekannte die untere Hälfte des Segmentes auf beiden Seiten mit brauner Farbe. Daniele Struppa, Präsident der Chapman University, verurteilte die Aktion als „sinnlosen Versuch, ein unbezahlbares Stück Geschichte zu zerstören".

PRESIDIO OF MONTEREY, KALIFORNIEN
USA

Standort:
Defense Language
School,
Korean Department,
Building 610

Das Mauerdenkmal vor dem
Defense Language Institute
Foreign Language Center
© Sal Marullo / Presidio of Monterey

Als sich im Herbst 1941 ein militärischer Konflikt zwischen Japan und den USA immer deutlicher abzeichnete, rüstete sich die amerikanische Armeeführung für den Kriegsfall. So wurde am 1. November 1941 im kalifornischen Presidio of Monterey eine Sprachschule für Soldaten eingerichtet, die hier Japanisch lernen sollten. Vor allem Nisei, amerikanische Staatsbürger mit japanischen Wurzeln, wurden hier auf ihren Einsatz vorbereitet. Knapp vier Wochen später attackierte die japanische Luftwaffe den Flottenstützpunkt Pearl Harbour und die USA traten in den Zweiten Weltkrieg ein. Die als Military Intelligence Service Language School (MISLS) bezeichnete Einrichtung wurde daraufhin ins Landesinnere evakuiert. Bis zum Ende des Krieges durchliefen sie mehr als 6.000 Absolventen.

Als sich nach 1945 das bisherige Miteinander der Alliierten im Kampf gegen Hitlerdeutschland in ein Gegeneinander zwischen den Westalliierten und der Sowjetunion verwandelte, bekam auch die MISLS neue Aufgaben. Nun wurden in der Schule angehende Militärs und Geheimdienstler in Koreanisch, Russisch, Chinesisch und Arabisch unterrichtet, um sie nach ihrer Ausbildung an den Schauplätzen des Kalten Krieges einzusetzen. Später in Defense Language Institute (DLI) umbenannt, spielte die Einrichtung vor allem während des Vietnamkrieges eine herausragende Rolle. Mehr als 20.000 Soldaten durchliefen sie, von denen viele ihren Einsatz nicht überlebten. Auch nach dem Fall des Eisernen Vorhanges blieb das DLI bestehen. Bis heute durchlaufen sie jährlich etwa 4.000 Kandidaten, die in mehr als 30 Sprachen unterrichtet werden.

Zur Erinnerung an die Verdienste der Absolventen während des Kalten Krieges wurde am 3. November 2005 außerhalb des Korea-Zentrums des DLI ein Mauermonument enthüllt. Die drei originalen Mauersegmente wurden von Walter Scurei, einem Berliner, der nach Amerika auswanderte, gestiftet. Sie stehen heute halbkreisförmig in der Mitte eines großen Platzes. Das mittlere Segment zeigt noch die bunten Reste von Graffiti, während die beiden anderen jungfräulich grau nach Presidio of Monterey kamen. Skip Johnson, Mitarbeiter des DLI, entdeckte sie im Jahr 2000 bei einem Besuch in Scureis Wohnort Phoenix (Arizona). Scurei erklärte sich bereit, die drei Elemente dem DLI zu schenken. Der gebürtige Berliner war ebenso zufällig auf die Mauerreste gestoßen. Als er in den 1990er Jahren eine Lagerhalle anmietete, befanden sich darin zu seiner Überraschung mehrere Mauersegmente. Der Vorbesitzer war mit den Zahlungen im Rückstand und musste die Halle aufgeben. Offenbar war auch für den Abtransport der dort lagernden Mauerteile kein Geld mehr vorhanden.

Wie ein 1990 in der deutschen Illustrierten *Stern* abgedrucktes Foto belegt, gehörten die Mauerteile Irvin Dyer. Der texanische Truckunternehmer war 1990 in der Hoffnung auf ein gutes Geschäft nach Ost-Berlin gereist. Dort kaufte er für eine unbekannte Summe mehrere große und kleine Mauerteile, die Dyer nach Phoenix bringen ließ. Mit großem Gewinn sollten die Betonblöcke weiterverkauft werden, doch offenbar blieb er auf seiner Ware sitzen. Die drei größten Segmente, vor denen Dyer sich seinerzeit fotografieren ließ, landeten schließlich in der Lagerhalle in Phoenix. Zehn Jahre später löste sie Scurei dort aus und schaffte sie zu sich nach Hause, wo Skip Johnson sie schließlich sah. Er stieß bei seinen Vorgesetzten auf Zustimmung, als er vorschlug, die Segmente aufzustellen. Die Anschläge vom 11. September 2001 verhinderten jedoch die Realisierung des Vorhabens. Erst vier Jahre später konnte die Einweihung erfolgen.

Peter Robinson, ehemaliger Redenschreiber des Ex-Präsidenten Ronald Reagan, hielt die Festansprache. Als Reagan 1987 Berlin besuchte, begleitete er ihn. So wie Churchill in seiner Rede in Fulton 1946 über den „Eisernen Vorhang", der sich über Europa gesenkt habe, den Bau der Berliner Mauer quasi vorweggenommen hatte, so hätte Reagan mit seinem „Mr. Gorbatschow, reißen Sie diese Mauer nieder" („Mr. Gorbachev, tear down this Wall") den Fall des Eisernen Vorhanges vorweggenommen. Die Mauer sei heute, so Robinson, „nicht länger ein Monument eines Reiches des Bösen, sondern für die amerikanische Berufung", so Robinson. Weitere Grußworte kamen vom Kanzler des DLI, Donald Fischer, der als junger Soldat in Westdeutschland stationiert war. Vonseiten des Deutschen Generalkonsulates in San Fransisco nahm Christian Seebolde an der Veranstaltung teil, wo er den versammelten Veteranen und Studenten von seinen Erlebnissen in der Prager Botschaft 1989 berichtete.

Standort:
Reagan Ranch Center,
217 State Street

Die Mauer im Reagan Ranch
Center, Santa Barbara
© Young America's Foundation and
The Reagan Ranch

General Secretary Gorbachev, if you seek peace, if you seek prosperity for the Soviet Union and Eastern Europe, if you seek liberalization: Come here to this gate! Mr. Gorbachev, open this gate! Mr. Gorbachev, tear down this wall!
[Herr Generalsekretär Gorbatschow, wenn Sie den Frieden wollen, wenn Sie Wohlstand für die Sowjetunion und Osteuropa haben wollen, wenn Sie eine Liberalisierung anstreben: Kommen Sie hierher, an dieses Tor. Mr. Gorbatschow, öffnen Sie dieses Tor! Mr. Gorbatschow, reißen Sie diese Mauer nieder!]

Ronald Reagan vor dem Brandenburger Tor am 12. Juni 1987

Hoch über dem Santa Ynez Tal an der pazifischen Küste liegt die Ranch de Cielo – die Ranch des Himmels, die der ehemalige amerikanische Präsident Ronald Reagan 1974 für sich und seine Frau kaufte. 1998 übernahm die „Young Americans Association" das weitläufige Gelände und richtete hier ein Bildungszentrum ein, in dem die konservativen Werte der Republikaner ebenso wie die Erinnerung an Ronald Reagan gepflegt werden. Das Herzstück der Anlage befindet sich in der unweit gelegenen Küstenstadt Santa Barbara, wo 2004 das „Reagan Ranch Centre" eingeweiht wurde. Hier ist auch eine Ausstellung über das Wirken und die Verdienste des Präsidenten zu sehen. Neben originalem Mobiliar, Autos und Schriftstücken wollte die Kuratorin Marilyn M. Fisher auch ein Teil der Berliner Mauer in der Ausstellung haben. Sie wandte sich an den Senat und das AlliiertenMuseum in Berlin, welche die Idee bereitwillig unterstützten. Bei einem Berlinbesuch im Sommer 2002 suchte sie ein passendes Segment aus, das, von Mauerspechten zerklopft, noch Reste von Graffiti aufwies. Eben diese Unvollkommenheit gab den entscheidenden Ausschlag: sie widerspiegele, so Marilyn Fisher, die wechselvolle Geschichte der Berliner Mauer. Die Kosten in Höhe von 10.000 US-Dollar für den Transport wurden von der „Young Americans Association" aufgebracht. Im Dezember 2002 verließ das Mauerteil Berlin und traf am 6. Januar 2003 im Hafen von Long Beach an der kalifornischen Küste ein. Von dort wurde es mit einem Truck zur „Reagan Ranch" gebracht. Zusammen mit der Heuernte vom Vorjahr und anderem landwirtschaftlichen Gerät, das Reagan noch persönlich zur Bewirtschaftung der Ranch genutzt haben soll, wurde es zunächst im alten Ziegenstall deponiert. Als einige Monate später der Rohbau des neuen „Reagan Ranch Centers" in Santa Barbara fast fertiggestellt war, wurde das 2,6 Tonnen schwere Mauerteil mit einem Kran an seinen endgültigen Standort gehievt. Heute steht es im Lichthof vor einer Wendeltreppe, auf welcher der berühmte Ausspruch Reagans „Mr. Gorbatschow, reißen Sie diese Mauer nieder" („Mr. Gorbachev, tear down this wall") zu lesen ist.

Das Mauerteil beim Einbau in das Reagan Ranch Center

© Young America's Foundation and The Reagan Ranch

Standort:
Ronald Reagan
Presidential Library
and Museum,
1 Presidential Drive

Die Mauer vor der Ronald
Reagan Presidential Library,
Simi Valley

© John Martorano /
Ronald Reagan Presidential Library

Den wohl schönsten Ausblick hat das Mauerteil vor der Ronald Reagan Präsidentenbibliothek. Es steht hoch auf einem Hügel über der Stadt Simi Valley in Kalifornien. Von hier aus sind bei gutem Wetter die kalifornische Küste und der Pazifik zu sehen. Als der ehemalige Präsident Ronald Reagan am 12. April 1990 das Mauerteil in Empfang nahm, war die ihm geweihte Ruhmeshalle noch im Bau. Für mehr als 55 Millionen US-Dollar entstanden hier ein Museum und eine Bibliothek, die dem Leben und Wirken Reagans gewidmet sind. Zur feierlichen Einweihung am 4. November 1991 kamen erstmals fünf US-Präsidenten zusammen: Richard Nixon, Gerald Ford, Jimmy Carter, George H. W. Bush und Ronald Reagan selbst eröffneten die Anlage gemeinsam. Reagans Worte vor dem Brandenburger Tor 1987, mit denen er den sowjetischen Staats- und Parteichef Michail Gorbatschow aufforderte, die Mauer niederzureißen, sind in die Geschichte eingegangen. Das Mauerteil sollte deshalb einen prominenten Platz bekommen. Zusammen mit einem originalgetreuen Nachbau des „Oval Office" im Weißen Haus ist es bis heute eine der Hauptattraktionen der Reagan-Bibliothek.

Das auf der Westseite mit einem Schmetterling bemalte Mauerteil wurde von der „Berlin Wall Commemorative Group" in New Jersey angekauft, die vormals im Auftrag der DDR-Regierung unter Hans Modrow das Mauergeschäft in den USA übernommen hatte. Im Gegensatz zu vielen anderen Graffiti ist die Malerei auf Reagans Betonplatte ein Auftragswerk. Der junge Berliner Sprayer Dennis Kaun wurde im Frühjahr 1990 von der West-Berliner Mauerverkaufsfirma LeLé Berlin Wall Verkaufs- und Wirtschaftswerbung GmbH engagiert, um den Wert des unansehnlichen Mauersegmentes mit seinen Graffiti zu steigern. Über den von der Reagan Library schließlich gezahlten Preis ließ sich nichts in Erfahrung bringen.

Dass die dem Osten zugewandte Seite grau geblieben ist, hat für die Museumsmacher auch eine politische Aussage. Schließlich lag dort das Reich des Kommunismus, den der Schmetterling der Freiheit nicht erreichen konnte.

Wind und Sonne ausgesetzt, wurde das Mauerteil 1999 mit einem Schutzanstrich versehen und in einen Sockel eingelassen, der das Eindringen von Nässe verhindern soll. Schließlich soll das prominente Mauerstück auch für zukünftige Generationen als Mahnung erhalten bleiben.

STANFORD, KALIFORNIEN
USA

Standort:
Hoover Tower, 434 Galvez Mall, Stanford University

Vom späteren amerikanischen Präsidenten Herbert Hoover 1919 ins Leben gerufen, ist die Hoover Institution auf dem Campus der renommierten Stanford University eine der größten Forschungseinrichtungen zur Geschichte des 20. Jahrhunderts in den USA. Ursprünglich als Archiv für Dokumente des Ersten Weltkrieges eingerichtet, beherbergt sie heute eine der größten Sammlungen zum politischen, sozialen und wirtschaftlichen Wandel in der Welt.

In die Bestände zur deutschen Geschichte sind auch einige kleine Bruchstücke aus der Berliner Mauer eingegangen. Ein größeres Fragment, das heute im Ausstellungspavillon der Hoover Institution zu sehen ist, wurde Anfang der 1990er Jahre von der „Berlin Wall Commemorative Group" angekauft, die von der DDR-Regierung den Mauerverkauf in den USA übernommen hatte.

Standort:
Richard Nixon Library
and Museum, 18001
Yorba Linda Boulevard

Infotafeln zur deutschen Teilung

in der Richard Nixon Presidential

Library, 2014

© Eric Figge / Richard Nixon Presidential Library and Museum, NARA

We have seen here a wall. A wall can divide a city, but a wall can never divide a people.
[Wir haben hier eine Mauer gesehen. Eine Mauer kann eine Stadt teilen, aber nicht ein Volk.]

Richard Nixon während seines Besuches in West-Berlin am 27. Februar 1969

Zu den zahlreichen Originalexponaten der 2016 eröffneten Dauerausstellung der Richard-Nixon-Präsidentenbibliothek zählt auch ein authentisches Segment der Berliner Mauer. Platziert ist das Mauerstück neben einer Fotoaufnahme von der Unterzeichnung des SALT-I-Abkommens zwischen Nixon und Breschnew 1972. Die Ratifizierung des Vertrages, mit der sich die USA und die Sowjetunion zu einer Begrenzung ihrer Verteidigungssysteme verpflichteten, deutet die Ausstellung als ersten Schritt zur Überwindung der Blockkonfrontation. Das Originalsegment der Berliner Mauer soll dies symbolhaft zum Ausdruck bringen. Richard Nixon war um eine Entspannungspolitik zwischen den Blöcken bemüht und bereiste 1972 als erster US-Präsident sowohl die Sowjetunion als auch die Volksrepublik China. Auch für das geteilte Deutschland waren diese außenpolitischen Neuerungen von Bedeutung. Sie boten den Rückhalt für die durch Willy Brandt vorangetriebene Annäherung der beiden deutschen Staaten. Trotz der außenpolitischen Erfolge blieb Nixons Amtszeit vom Vietnamkrieg überschattet und endete 1974 im Fiasko der Watergate-Affäre.

Das bewegte politische wie private Leben des aus einfachen Verhältnissen stammenden Nixon wird seit 1990 in seiner Präsidentenbibliothek im kalifornischen Yorba Linda nachgezeichnet. Das kleine Holzhaus,

Die Mauer in der Richard Nixon Presidential Library

© Eric Figge / Richard Nixon Presidential Library and Museum, NARA

das Nixons Vater noch selbst gebaut hatte, ist Mittelpunkt der Gedenkstätte, die heute ein Museum, eine Bibliothek und Konferenzräume umfasst. Der Ausstellung zum Leben und Wirken Nixons wurde 1992 von Carl Karcher, Inhaber und Begründer der kalifornischen Fastfood-Kette Carl's Jr., ein Mauerstück hinzugefügt. Karcher war ein politischer Weggefährte Nixons.

Der Ankauf des Mauerteiles von der „Berlin Wall Commemorative Group", die von der DDR-Firma Limex die Vermarktung der Berliner Mauer in Nordamerika übernommen hatte, wurde durch eine großzügige Spende Karchers möglich. Das Mauerteil stammt vom Kreuzberger Leuschnerdamm und wurde noch im Frühjahr 1990 mit einem Graffito von Jürgen Große alias Indiano versehen. Leider ist davon heute kaum noch etwas zu sehen, da Unbekannte es später mit schwarzer Farbe übermalten. Immerhin sitzt in der rechten unteren Ecke ein kleiner Teddybär, der den Besuchern freundlich zuwinkt. Der Ankauf des Mauerteiles von der Berlin Wall Commemorative Group, die von der Limex die Vermarktung der Berliner Mauer in Nordamerika übernommen hatte, wurde durch eine großzügige Spende Karchers möglich. Das Mauerteil stammt vom Kreuzberger Leuschnerdamm und wurde noch im Frühjahr 1990 mit einem Graffito von Jürgen Große alias Indiano versehen. Leider ist davon heute kaum noch etwas zu sehen, da Unbekannte es später mit schwarzer Farbe übermalten. Immerhin sitzt in der rechten unteren Ecke ein kleiner Teddybär, der den Besuchern freundlich zuwinkt.

FORT LEAVENWORTH, KANSAS
USA

Standort:
Grove of Regiments

Das Mauerdenkmal in
Fort Leavenworth

© Leavenworth
KS Convention & Visitors Bureau

Der Name Fort Leavenworth weckt bei vielen Menschen in den USA unangenehme Assoziationen. Bis 2002 befand sich hier das gleichnamige berüchtigte Militärgefängnis, in dem zum Tode verurteilte Angehörige der US-Streitkräfte hingerichtet wurden. Obwohl der seit 1874 genutzte Komplex geschlossen wurde, besteht heute eine kleinere Strafanstalt, in der noch immer Todeskandidaten einsitzen. Das von den Insassen des Gefängnisses erbaute zivile Bundesgefängnis Leavenworth genießt nur einen wenig besseren Ruf.

Fort Leavenworth ist aber auch Sitz verschiedener Militäreinheiten, so des National Simulation Centers und einer Graduiertenschule für Offiziere. Deren Absolventen bekleiden wichtige Funktionen innerhalb des Militärapparates, was nicht unwesentlich dazu beigetragen haben dürfte, dass hier ein Berliner Mauermonument errichtet wurde. Gestiftet vom ehemaligen Präsidenten Ronald Reagan, der die drei Teile der Hinterlandmauer vom Kommandeur der US-Streitkräfte in West-Berlin, Raymond E. Haddock, bekommen hatte, stehen sie seit dem 10. September 1990 am Grove of Regiments. Die Betonstelen wurden symbolträchtig angeordnet. Ein schief stehendes Segment versinnbildlicht den Fall der Mauer, ein liegendes den Abbau und ein aufrecht stehendes den Sieg der Demokratie. Auch die wahrscheinlich nachträglich angebrachten Graffiti verkünden ähnlich heroische Botschaften. Auf das schief stehende Segment wurde die Freiheitsstatue gemalt, das fallende Mauerteil zeigt in Anlehnung an Reagans historische Rede das Zitat „Tear down the Wall" („Reißt die Mauer nieder"), während das liegende Segment ein Mauerteil mit der Aufschrift „Freedom" („Freiheit") zeigt.

WICHITA, KANSAS
USA

Standort:
Museum of
World Treasures,
835 E 1st. Street

Das Mauerteil der
„BerlinBrats" im Museum of
World Treasures, Wichita

© American Overseas Schools
Historical Society Archives

Für 5.000 US-Dollar erstanden die Mitglieder der BerlinBrats Alumni Association im Sommer 2005 auf der Internetauktionsplattform „ebay" ein Segment der Berliner Mauer. Die ehemaligen Schüler der West-Berliner American Highschool in Berlin-Zehlendorf, die bis zum Abzug der US-Truppen 1994 Tausende Kinder amerikanischer Soldaten besuchten, wollten sich auf diese Weise ein Stück ihrer eigenen und der Weltgeschichte sichern. Patricia Hein, Präsidentin der Ehemaligenvereinigung der American Highschool Stuttgart, machte Jeri Glass, der 1972 in Berlin seinen Abschluss gemacht hatte, auf das besondere Internetangebot aufmerksam. Nach kurzer Konsultation mit den anderen Mitgliedern wurde beschlossen, das Segment zu kaufen und anschließend der Historischen Gesellschaft der Amerikanischen Überseeschulen (AOSHS) in Wichita, Bundesstaat Kansas, zu stiften. Die Mittel für den Ankauf waren schnell gefunden, allerdings wollten die „BerlinBrats" sichergehen, auch ein originales Mauerteil zu erwerben. Sie nahmen Kontakt zum Verkäufer auf und besichtigten die Betonstele zunächst persönlich. Tom, der Besitzer, erzählte bei dieser Gelegenheit auch die Geschichte, wie er zu dem Mauerteil gekommen war. In den 1990er Jahre betrieb er in Washington D. C. einen Fitnessklub, in dem Geschäftsleute aus aller Welt verkehrten. Eines Tages sei er mit einem russischen Geschäftsmann in Kontakt gekommen, der eine Ladung von vier Mauerteilen erwartete. Zwei der wertvollen Segmente waren

während des Transportes verloren gegangen. Ein drittes behielt der namentlich nicht genannte Unternehmer selbst, das vierte schenkte er Tom. Dieser lagerte es zunächst in Rockville, Bundesstaat Maryland, ein, da ein Transport nach Washington offenbar zu teuer wurde. Nach seiner Pensionierung übersiedelte Tom an die Pazifikküste, wo er sich aus finanziellen Gründen zum Verkauf entschloss.

Das Mauerteil der „BerlinBrats" im Museum of World Treasures, Wichita

© American Overseas Schools Historical Society Archives

Um sicherzugehen, schickten die „BerlinBrats" Fotos des Mauerteiles nach Deutschland, um hier einen Echtheitsnachweis zu bekommen. Die Gedenkstätte Berliner Mauer in der Bernauer Straße, das Museum Mauermuseum – Museum „Haus am Checkpoint Charlie" und das AlliiertenMuseum gaben positive Rückmeldungen, sodass der Kauf perfekt gemacht werden konnte. Die 2,6 Tonnen schwere Fracht wurde im Juli 2005 verladen und traf am 1. August in Wichita ein. Da die AOSHS noch nicht über ein eigenes Museum verfügt, wurde entschieden, das Mauerteil zunächst als Leihgabe im Museum der Weltschätze (Museum of World Treasures) aufzustellen. Hier wurde es am 12. August 2005 feierlich eingeweiht. Im Beisein von Vertretern der „BerlinBrats", der AOSHS, des Museums und der Stadtverwaltung Wichita steht es hier zusammen mit einer Ritterrüstung (Geschenk der Bonner American Highschool) und einer Hakenkreuzfahne (Geschenk der Nürnberger American Highschool), die bei der Befreiung Nürnbergs im April 1945 von US-Truppen sichergestellt worden war.

FORT KNOX, KENTUCKY
USA

Standort:

General George Patton
Museum, 4554 Fayette
Avenue

Die Mauer im General George
Patton Museum, Fort Knox

© General George Patton Museum,
Fort Knox

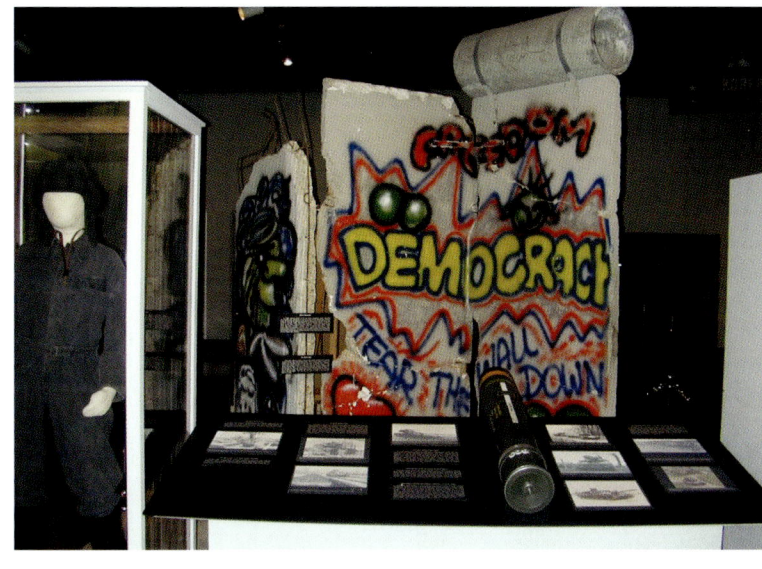

Mehr als 4.500 Tonnen Gold lagern als Staatsreserve der USA im bestgesicherten Tresor der Welt, der unter dem Namen des Armeestützpunktes Fort Knox in aller Welt bekannt ist. Das gesamte Gelände ist Hochsicherheitsgebiet und für die Öffentlichkeit nicht zugänglich. Ein kleiner Teil am südlichen Ende des Sperrgebietes beherbergt seit 1949 das General George Patton Museum, in dem außer dem Leben des berühmten Militärs auch eine der größten Armeeausstellungen in den Vereinigten Staaten zu sehen ist. In Deutschland ist er vor allem als Befehlshaber der 3. US-Armee, welche bei der Befreiung Süddeutschlands 1945 eine wichtige Rolle spielte, bekannt geworden. Später war Patton Militärgouverneur von Bayern, bevor er am 21. November 1945 in Heidelberg verstarb.

Kurz nach dem Mauerfall bot der damalige Kommandeur der US-Streitkräfte in Berlin, Generalmajor Raymond D. Haddock, der US Army Armor School in Fort Knox drei Mauerteile an, die zukünftig im Patton Museum stehen sollten. Den aufwendigen Transport der mehrere Tonnen schweren Fracht rechtfertigte der General damit, dass „dieses Monument zur ewigen Mahnung" dienen könnte und als Erinnerung daran, dass „Ideen, die auf menschlichen Werten fußen, stärker sind als Mauern". Offenbar bereitete die Überführung der Mauersegmente schließlich doch noch Schwierigkeiten. Bereits in Berlin wurden die L-förmigen Fußteile entfernt und eine neue Halterung angebracht, welche die Fracht handlicher machten. Dafür schickte die US-Army noch ein Teil des runden Überkletterungsschutzes mit nach Fort Knox, wo die Ladung am 21. Februar 1991 eintraf. Noch in der gleichen Woche wurden die Teile aufgestellt und sind heute in der Ausstellung „Von der Berliner Mauer zur Operation Iraqui Freedom" zu sehen. Seitdem stehen sie hier als Symbol der Überwindung des Kalten Krieges. Eine Büste des irakischen Diktators Saddam Hussein, der nach dem Einmarsch der US-Truppen 2003 gestürzt worden war, steht ebenfalls hier. Die drei Mauerteile zeigen Graffiti, die vermutlich nachträglich angebracht wurden. Auch hier sollen sie jene Werte versinnbildlichen, für welche die USA angetreten waren: „Freedom" and „Democracy" (Freiheit und Demokratie). Unter den Graffiti ist der berühmte, wenn auch falsch zitierte Ausspruch Ronald Reagans vor dem Brandenburger Tor 1987 „Tear the wall down" (eigentlich: „Tear down the Wall", „Reißt die Mauer nieder") zu lesen.

Standort:
DiMillio's On the Water
Restaurant,
Long Wharf 25

Die Mauer in Portland, Maine,
2016
© Ruth Gleinig

Das Restaurant DiMillo's
On the Water in Portland,
Maine
© Ruth Gleinig

„Die besten Hummer an der Ostküste" und die Berliner Mauer: Damit wirbt das DiMillo's On the Water Restaurant im Hafen von Portland/Maine. Tatsächlich stehen vor dem Eingang drei Elemente der Hinterlandmauer, die einst auf Ost-Berliner Seite den Grenzstreifen markierten. Deren zwischenzeitlich verblassten Graffiti wurden erst nach dem Abbau der Mauerteile in Berlin angebracht. Da das Mauerstück bei seinen Besuchern großen Anklang findet, wurden die Graffiti mittlerweile von der Tochter des Restaurantbesitzers Steve DiMillo, Chelsea DiMillo, nachgemalt. Sie studierte Kunst und arbeitet mittlerweile in dem Familienrestaurant. Das erste Segment zeigt die Fahnen der USA und der Sowjetunion in einem Lorbeerkranz. Darüber die Aufschrift „A Time for" („Eine Zeit für") und darunter die Unterschrift „peace" in Englisch sowie das russische Äquivalent „Мир" („Frieden"). Auf dem mittleren Segment ist ein kurzer Reim angebracht, der dazu aufruft, nicht nur die Erinnerung an

Originale Grenzschilder an den
Mauerteilen in Portland
© Steve DiMillo

die Tyrannei der Mauer wachzuhalten, sondern auch die Liebe zur Freiheit, welche sie zu Fall gebracht habe: „The Berlin Wall / Aug 13. 1961 Nov 9.1989 / Forget not the tyranny of / this wall / horrid place. / Nor the love / of freedom that / made it fall / laid waste". Die dritte Zeichnung, in schwarz-rot-gold gehalten, besteht aus dem Slogan „Party is over", was im Englischen sowohl „Die Party ist vorbei" als auch „Die Partei ist am Ende" bedeuten kann. Davor sind Hammer, Sichel und Sowjetstern, die in Flammen aufgehen, zu sehen. Auf die Rückseite der Mauerteile sind alte Schilder geschraubt, die vor dem Betreten des Grenzgebietes warnen.

Über die Herkunft der Teile liegen dem derzeitigen Besitzer des Restaurants, Steve DiMillo, nur wenig Informationen vor. Sein Vater hatte das Lokal Anfang der 1950er Jahre eröffnet. Mit unternehmerischem Geschick brachte er bis zu seinem Tod 1999 einen Großteil der Hafenanlage in seinen Besitz. Tony DiMillo war es auch, dem ein Unbekannter etwa 1996 die drei Hinterlandmauerteile anbot. Wer dieser Mann war und woher die Stücke stammten, war nicht mehr zu ermitteln. Gegen eine Aufwandsentschädigung von 300 US-Dollar wurden die Mauerteile wenig später vom Hafen in Freeport, wo sie bislang gelagert waren, zum DiMillo's Restaurant gebracht. Der großzügige Unbekannte meldete sich kurze Zeit später noch einmal und ließ wissen, dass er seinen Sohn in Florida besuchen müsse. Danach verschwand er spurlos, so Steve DiMillo.

Standort:
John F. Kennedy
Library and Museum,
Columbia Point

*All free men, wherever
they may live, are citizens
of Berlin. And, therefore,
as a free man, I take pride
in the words: Ich bin ein
Berliner.*
*[Alle freien Menschen, wo
immer sie leben mögen,
sind Bürger dieser Stadt
West-Berlin, und deshalb
bin ich als freier Mann
stolz darauf, sagen zu
können: Ich bin ein Ber-
liner.]*

John F. Kennedy vor dem
Rathaus Schöneberg in
West-Berlin, 26. Juni 1963

Die Mauer in der John F.
Kennedy Presidential Library

© Joel Benjamin / John F. Kennedy
Presidential Library and Museum,
Boston

Zwei Jahre nach dem Bau der Berliner Mauer sprach der damalige US-Präsident John F. Kennedy zu Hunderttausenden West-Berlinern, die sich vor dem Schöneberger Rathaus versammelt hatten. Seine Ansprache hatte große symbolische Bedeutung; sicherte sie doch den eingemauerten Bewohnern der Westsektoren die uneingeschränkte Unterstützung Amerikas zu. Bereits fünfzehn Jahre zuvor hatte die Sowjetunion im Juni 1948 schon einmal versucht, West-Berlin durch eine Blockade von der Versorgung abzuschneiden. Damals waren es die Flugzeuge der Alliierten, vor allem der USA, die mit einer Luftbrücke

West-Berlin mit allem Nötigen versorgten. Angesichts des Mauerbaues wiederholte Kennedy das Versprechen, die Bevölkerung Berlins nicht im Stich zu lassen.

Als die Berliner Mauer 26 Jahre später schließlich fiel, bemühte sich die Schwester des Präsidenten, Jean Kennedy, um ein Stück des symbolträchtigen Bauwerkes. Es sollte in der JFK-Präsidentenbibliothek in Boston aufgestellt werden. Die letzte DDR-Regierung unterstützte dieses Ansinnen und verschenkte wenige Wochen vor der Wiedervereinigung ein Mauerteil. Die mit dem Mauerverkauf beauftragte Außenhandelsfirma Limex übernahm die Realisierung. Am 19. September 1990 wurde das Segment in Berlin verladen, nach Hamburg gebracht und von dort nach New York verschifft. Am 5. Oktober 1990 traf es in der John F. Kennedy Bibliothek in Boston ein.

Das Mauerteil stand bis zu seinem Abbruch am Brandenburger Tor. Auf der ehemals West-Berlin zugewandten Seite ist das Wort „Fear" (Angst) oder „Tear" (Träne) zu lesen, das Jean Kennedy bewog, genau dieses Fragment auszusuchen. Im gleichen Ausstellungsraum, der am Ende des Rundganges durch die JFK Gedenkstätte liegt und dem Erbe des Präsidenten gewidmet ist, befindet sich noch ein weiterer besonderer Stein. Im Jahr des Mauerbaues 1961 verkündete Kennedy, dass dank des amerikanischen Weltraumprogrammes bald ein Mensch den Mond betreten werde. Drei Jahre zuvor war es der Sowjetunion gelungen, einen ersten Satelliten in den Orbit zu schicken. Den Wettlauf zum Mond gewannen schließlich die USA, als John Glenn am 20. Juli 1969 auf dem Erdsatelliten landete. Zur Erinnerung an Kennedys Engagement für dieses Projekt wurde dem Museum ein drei Milliarden alter Gesteinsbrocken vom Mond übergeben.

Standort:
EF Education First
building, Two Educa-
tion Circle, Cambridge,
Mass.

V or der Zentrale des
Sprachreisenanbieters
„Education First" im Bos-
toner Vorort Cambridge
steht seit den 1990er Jahren ein komplettes Seg-
ment der Berliner Mauer.
Sogar der runde Über-
kletterungsschutz, der bei
den meisten Mauerteilen
fehlt, ist hier noch in voller Größe vorhanden. Ein
unbekannter Künstler ver-
ewigte sich auf der Be-
tonstele mit einem kleinen
Männchen mit blauem
Hut, grünem T-Shirt und
einer rosa Jacke, auf dem
deutlich das Emblem des
italienischen Sportbeklei-
dungsherstellers „Fila"
prangt.

Die Mauer in Boston
© Manuel Steinbrecher

Seit wann genau und weshalb das Mauerteil nach Boston gelangte, ließ sich bei dem auch in Deutschland agierenden Unternehmen nicht in Erfahrung bringen. Immerhin vermittelte „Education First" nach
eigenen Angaben in den letzten vierzig Jahren Millionen Schüler und Studenten zur Sprachausbildung aus
Europa in die USA und leistete so auch einen Beitrag, die Teilung der Welt durch Austausch zu überwinden.

GRAND RAPIDS, MICHIGAN
USA

Standort:

Van Andel Museum
Center, Grand Rapids
Public Museum,
272 Peral Street

Die Mauer im Van Andel

Museum, Grand Rapids

© Collections of the Public Museum,
Grand Rapids, Michigan

Infotafel zur Geschichte der

Berliner Mauer

© Collections of the Public Museum,
Grand Rapids, Michigan

Im Eingangsbereich des Van Andel Museums steht seit 1994 ein originales Stück der Berliner Mauer. Die Verwaltung des Grand Rapids Public Museums, der das Van Andel Museum angegliedert ist, erhielt das Betonrelikt bereits drei Jahre zuvor. Fred Meijer, millionenschwerer Großunternehmer mit holländischen Wurzeln und Inhaber der Supermarktkette „Meijers", erwarb es zusammen mit zwei anderen Mauerteilen 1991. Auf das Teil, das heute im Van Andel Museum zu sehen ist, war Meijer durch einen Artikel in der *Times* aufmerksam geworden. Am 13. November 1989 berichtete das englische Magazin über die Eröffnung des ersten Grenzüberganges am Potsdamer Platz. Unter dem Blitzlichtgewitter der internationalen Presse wurden mehrere Segmente aus der Berliner Mauer herausgebrochen. Stehen blieb ein Teil, auf dem deutlich „Meijer" zu lesen war. Fred Meijer wollte damit „sein" Stück haben. Er nahm Kontakt zur „Berlin Wall Commemorative Group", die von der DDR-Firma Limex die Abwicklung des Mauergeschäftes in den USA übernommen hatte, auf. Meijer fuhr nach New Jersey, wo es ihm tatsächlich gelang, das Mauerteil ausfindig zu machen. Seinem Einkauf fügte er noch zwei weitere Segmente hinzu, die er später der Gerald R. Ford Präsidentenbibliothek und der Grand Valley University in Grand Rapids schenkte. Im März 1991 wurde die tonnenschwere Fracht nach Grand Rapids gebracht und dort dem Museum übergeben.

Die Stadt verdankt Fred Meijers nicht nur die drei Mauerteile, sondern inzwischen auch den Fred Meijers Garten und Skulpturenpark, einen Fred Meijers Campus auf der Grand Valley University und natürlich eine nach ihm benannte Straße.

Fred Meijer, millionenschwerer Eigentümer der Supermarktkette „Meijer's", machte sich im Verlaufe seines Lebens um die Grand Valley State University verdient. Dank seiner großzügigen Unterstützung konnten neue Institute gegründet und sogar ein Campus in seiner niederländischen Heimat eingerichtet werden. Nachdem Meijers 1992 von der „Berlin Wall Commemorative Group" mehrere Mauerstücke erworben hatte, schenkte er eines der Hochschule. Vor der James H. Zumberge Bibliothek auf dem Campus in Grand Rapids wurde das Mauerstück in einen Sockel eingelassen. Anlässlich einer Universitätsvollversammlung am 1. September 1992 wurde es vom damaligen Hochschulpräsidenten Arend D. Lubbers und Fred Meijer, der selbst nie ein College besuchen konnte, der Öffentlichkeit übergeben. Eine bronzene Tafel weist in deutscher und englischer Sprache auf die historische Bedeutung des Betonbrockens hin:

Section of the Berlin Wall
We, the students and faculty of Grand Valley State University, dedicate this section of the Berlin Wall to the German people's strength, determination and desire to be free. May this wall remind us all of the precious gift of freedom which we possess and which all humans desire. This section of the Berlin Wall by Frederik C. H. Meijer.

Teil der Berliner Mauer
Die Studenten und Professoren der Grand Valley State University widmen dieses Stück der Berliner Mauer dem gesamten deutschen Volke, seiner Willensstärke, seiner Entschlossenheit und seinem Verlangen nach Freiheit. Dieses Mauerstück soll uns alle daran erinnern, wie wertvoll diese Gabe der Freiheit ist, die wir unser Eigen nennen und nach der die ganze Menschheit sich sehnt. Dieses Mauerteil wurde von Frederik C. H. Meijer gestiftet.

GRAND RAPIDS, MICHIGAN
USA

Standort:
James H. Zumberge Library, Grand Valley State University, Allendale Campus

GRAND RAPIDS, MICHIGAN
USA

Standort:

Gerald R. Ford
Presidential Library
and Museum,
303 Pearl Street

Das Mauerteil vor dem Gerald
Ford Presidential Museum,
Grand Rapids

© Gerald R. Ford Presidential Museum,
Grand Rapids, Michigan, USA

Am 1. August 1975 unterzeichneten in Helsinki die Staats- und Parteichefs von 35 europäischen Ländern die sogenannte KSZE-Schlussakte. Vorausgegangen waren vierwöchige Verhandlungen zwischen den USA und Kanada sowie der Sowjetunion und allen Staaten des Warschauer Paktes um blockübergreifende Zusammenarbeit und Wahrung der Menschenrechte. Der DDR gelang mit Unterzeichnung des Abkommens ein wichtiger außenpolitischer Erfolg. Der zweite deutsche Staat war damit faktisch international anerkannt. Mit seiner Unterschrift verpflichtete sich der DDR-Staats- und Parteichef Erich Honecker aber auch, Meinungs-, Presse- und Religionsfreiheit zu achten. Darüber hinaus war die DDR angehalten, fortan Reiseerleichterungen in den Westen zuzulassen. Obwohl das Abkommen völkerrechtlich bindend war, änderte sich für die DDR-Bürger nur wenig. Reisen jenseits der Berliner Mauer oder gar die Übersiedlung in den Westen wurden von den Behörden behindert, Fluchtversuche mit Todesschüssen verhindert und bis zum Mauerfall hart bestraft. Dennoch beriefen sich viele DDR-Bürger immer wieder auf die KSZE-Bestimmungen. Sie wurde zur Grundlage für viele Menschen- und Bürgerrechtsbewegungen im Ostblock, die schließlich den Zusammenbruch der kommunistischen Diktaturen in Europa beförderten.

Für den damaligen US-Präsidenten Gerald R. Ford war die KSZE-Konferenz in Helsinki sein größter außenpolitischer Erfolg. Damals, so der ehemalige US-Außenminister Henry Kissinger bei einer Rede in der Ford Präsidentenbibliothek 1990, sei „mit dem Abkommen von Helsinki die Grundlage für den Wandel in Osteuropa heute gelegt" worden, der letztendlich zum Mauerfall führte. Folgerichtig wurde Gerald R. Ford am 6. September 1991 auch ein Segment der symbolträchtigen Grenzanlage übergeben. Zur feierlichen Einweihungszeremonie, die aus Anlass des zehnten Jahrestages der Präsidentenbibliothek stattfand, hatten sich auch ehemalige Weggefährten Fords eingefunden. Altbundeskanzler Helmut Schmidt, der in Helsinki neben Honecker sitzend das Schlussprotokoll unterzeichnet hatte, war ebenso anwesend wie James Callaghan, der 1975 das Amt des britischen Außenministers innehatte. Die Museumskuratoren kauften das Mauerteil für 35.000 US-Dollar von der „Berlin Wall Commemorative Group", die von der DDR-Regierung mit dem USA-Geschäft beauftragt worden war. Das Segment zeigt bis heute Reste von buntem Graffiti und steht in der Meijer-Lobby der Präsidentenbibliothek. Die Ausstellung wurde überarbeitet und im Juni 2016 neu eröffnet. Nun befindet sich eine neue Gedenkplakette neben der Betonstele:

With the end of World War II in 1945, there descended across Europe what Winston Churchill called "an Iron Curtain" dividing the Soviet Union and its Satellites from the democratic nations of western Europe. The most tangible symbol of political and military tensions separating East from West was in Berlin, Germany's one time capital, where Soviet authorities in 1961 erected a concrete and barbed wire barrier to prevent East Berliners' escape to the West. The Berlin Wall stood, a hated symbol of oppression, until it was breached in November, 1989. By then the Soviet empire was in ruins, and the Cold War decisively won by the West. This section of the original wall is a gift to the American people who, for nearly 40 years, supported independence for eastern Europe. The gift of Frederik G. H. Meijer, it was donated to the Ford Museum on its tenth anniversary and dedicated by President Ford on September 6, 1991.

[Mit dem Ende des Zweiten Weltkrieges 1945 senkte sich über Europa das, was Winston Churchill „einen Eisernen Vorhang" nannte, der die Sowjetunion und ihre Satelliten von den demokratischen Nationen Westeuropas trennte. Das greifbarste Symbol der politischen und militärischen Spannungen, die Ost und West trennten, war in Berlin, Deutschlands früherer Hauptstadt, wo die sowjetischen Behörden 1961 eine Barriere aus Beton und Stacheldraht errichteten, um die Flucht der Ostberliner in den Westen zu verhindern. Die Berliner Mauer stand, ein verhasstes Symbol der Unterdrückung, bis sie im November 1989 durchbrochen wurde. Zu diesem Zeitpunkt lag das sowjetische Imperium in Trümmern und der Kalte Krieg wurde vom Westen entscheidend gewonnen. Dieser Teil der ursprünglichen Mauer ist ein Geschenk an das amerikanische Volk, das fast 40 Jahre lang die Unabhängigkeit Osteuropas unterstützt hat. Als Geschenk von Frederik G. H. Meijer wurde es dem Ford Museum zum zehnjährigen Jubiläum geschenkt und am 6. September 1991 von Präsident Ford eingeweiht.]

FULTON, MISSOURI
USA

Standort:
Westminster College,
501 Westminster Avenue

Der „Breakthrough" in der
Churchill-Gedenkstätte, Fulton
© The National Churchill Museum

A shadow has fallen upon the scenes so lately lighted by the Allied victory. Nobody knows what Soviet Russia and its Communist international organization intends to do in the immediate future, or what are the limits, if any, to their expansive and proselytizing tendencies. (…) From Stettin in the Baltic to Trieste in the Adriatic, an iron curtain has descended across the Continent. Behind that line lie all the capitals of the ancient states of Central and Eastern Europe. Warsaw, Berlin, Prague, Vienna, Budapest, Belgrade, Bucharest and Sofia, all these famous cities and the populations around them lie in what I must call the Soviet sphere, and all are subject in one form or another, not only to Soviet influence but to a very high and, in many cases, increasing measure of control from Moscow.

[Ein Schatten ist auf die Erde gefallen, die erst vor Kurzem durch den Sieg der Alliierten hell erleuchtet worden ist. Niemand weiß, was Sowjetrussland und die kommunistische internationale Organisation in der nächsten Zukunft zu tun gedenken oder was für Grenzen ihren expansionistischen und Bekehrungstendenzen gesetzt sind, wenn ihnen überhaupt Grenzen gesetzt sind. (…) Von Stettin an der Ostsee bis hinunter nach Triest an der Adria ist ein „Eiserner Vorhang" über den Kontinent gezogen. Hinter jener Linie liegen alle Hauptstädte der alten Staaten Zentral- und Osteuropas: Warschau, Berlin, Prag, Wien, Budapest, Belgrad, Bukarest und Sofia. Alle jene berühmten Städte liegen in der Sowjetsphäre und alle sind sie in dieser oder jener Form nicht nur dem sowjetrussischen Einfluss ausgesetzt, sondern auch in ständig zunehmendem Maße der Moskauer Kontrolle unterworfen."]

Winston Churchill, „Die Kräfte des Friedens",
Rede im Westminster College, Fulton (USA) am 5. März 1946

Mit diesen Worten warnte der ehemalige britische Premierminister Winston Churchill in seiner berühmten Fulton-Rede am 5. März 1946 vor einer Teilung der Welt in Ost und West. Nur ein knappes Jahr nach Kriegsende war die ehemalige Anti-Hitler-Koalition, der neben Großbritannien, den USA und Frankreich auch die Sowjetunion angehörte, zerfallen. Das einstige Miteinander verwandelte sich in eine Konfrontation der beiden Blöcke, die im Kalten Krieg mündete. Churchills Rede war ein riesiges Medienereignis. Im Westminster College drängten sich mehr als 3.000 Zuhörer. Auch im Radio wurde die Veranstaltung weltweit übertragen. Der damals von Churchill geprägte Begriff des „Eisernen Vorhanges" war fortan fester Bestandteil des heraufziehenden Kalten Krieges.

Die überragende Bedeutung seines politischen Vermächtnisses bewegte die DDR-Regierung Anfang 1990 dazu, der Enkelin Churchills, Edwina Sandys, acht Mauerteile zu schenken. Die damals in New York lebende Künstlerin und Bildhauerin war mit ihrem Mann, dem Architekten Richard Kaplan, im Februar 1990 nach Ost-Berlin gereist. Im Kopf hatte sie die Idee für ein Freiheitsdenkmal: Es sollte aus Teilen der Berliner Mauer bestehen. Das weltweite Interesse an der symbolträchtigen Grenzbefestigung hatte die DDR-Regierung unter Hans Modrow jedoch inzwischen dazu bewegt, die abgerissenen Mauerteile zu verkaufen. Sandys war nicht in der Lage, die geforderten Kaufpreise von 60.000 bis 200.000 US-Dollar pro Segment aufzubringen. Auch eine Vorsprache beim damaligen Kulturminister Dietmar Keller brachte zunächst keine Fortschritte. Erst als Sandys in Aussicht stellte, ihr Kunstwerk in der seit 1969 bestehenden Churchill Gedenkstätte in Fulton aufzustellen, waren die DDR-Behörden bereit, einer Schenkung zuzustimmen. In ihrer Sitzung vom 8. März 1990 fasste die amtierende Modrow-Regierung einen Beschluss, der es Sandys erlaubte, sich acht Mauerteile auszusuchen. Die Wahl fiel auf bunt bemalte Segmente, die zuvor das Brandenburger Tor versperrt hatten. Auf ihnen war immer wieder das Wort „unwahr" zu lesen, was Sandys besonders faszinierte.

Kurze Zeit später trafen die Mauerteile mit dem Schiff in New York ein. Sandys begann in ihrem Atelier in Queens den Entwurf umzusetzen. Aus den acht Segmenten wurden zwei überlebensgroße Silhouetten eines Mannes und einer Frau herausgebrochen, die den „Breakthrough" („Durchbruch") des Eisernen Vorhanges symbolisieren. Anschließend ging die Skulptur auf Reisen durch die USA. Sie stand für kurze Zeit vor dem IBM-Gebäude in New York sowie in Washington.

Pünktlich zum ersten Jahrestag des Mauerfalles erfolgte die Einweihung des „Breakthrough" am 9. November 1990 auf dem Gelände des Westminster College. Für Sandys ging damit ein Traum in Erfüllung. „Ich hatte schon immer davon geträumt eine Skulptur für die Churchill Gedenkstätte anzufertigen und dies schien mir der geeignete Zeitpunkt" sagte sie bei der feierlichen Übergabe. Neben der Künstlerin war auch der ehemalige US-Präsident Ronald Reagan anwesend. Er hatte zwei Jahre zuvor am Brandenburger Tor den Staats- und Parteichef der Sowjetunion, Michail Gorbatschow, aufgefordert, die Mauer endlich niederzureißen. Nun sprach er davon, dass mit der Einweihung des „Breakthrough" die Zeit gekommen sei, für eine Welt ganz ohne Mauern einzutreten.

Ronald Reagan vor dem „Breakthrough"

© Rich Sugg / Kansas City Star

Der „Breakthrough" in der
Churchill-Gedenkstätte, Fulton
© The Winston Churchill
Memorial & Library in the USA

Vor der knapp zehn Meter breiten und drei Meter hohen Skulptur kamen in den nächsten Jahren die Gegner von einst zusammen. Michail Gorbatschow, inzwischen für seine Verdienste mit dem Friedensnobelpreis ausgezeichnet, sprach am 6. Mai 1992 in Fulton. Wenige Monate zuvor war die Sowjetunion zerfallen und Gorbatschow von seinem Posten zurückgetreten. „Eine Epoche ist beendet und eine zweite ist angebrochen. Noch weiß niemand, wie sie konkret aussehen wird" sagte er in seiner Rede vor dem „Breakthrough." Der letzte Teil seiner in Englisch verbreiteten Rede ließe sich in Anspielung auf die Mauer auch mit den Worten „Noch weiß niemand, wie viel Beton in ihr sein wird" übersetzen. („No one yet knows how concrete it will be"). Als letztes Staatsoberhaupt aus der Endphase des Kalten Krieges besuchte die britische Premierministerin Margret Thatcher den „Breakthrough". Sie posierte allerdings nur für Fotos vor den Resten der Berliner Mauer.

Michail Gorbatschow vor dem
„Breakthrough"
© Rich Sugg / Kansas City Star

Die bei der Herstellung der Skulptur angefallenen Bruchstücke wurden der Gedenkstätte für einen anderen amerikanischen Präsidenten übereignet. Sie stehen heute in der Franklin D. Roosevelt Gedenkstätte in Hyde Park, Bundesstaat New York.

Standort:
Main Street Station
Casino Brewery Hotel,
6465 S. Rainbow
Boulevard

Außergewöhnliche Stadt,
außergewöhnliche Ideen:
Die Mauer als Toilette
in Las Vegas
© Boyd Gaming Corporation

Betritt man die Herrentoilette des „Main Street Station Casino Brewery Hotel" in der Glücksspielmetropole Las Vegas, steht man vor einem quer in die Wand eingelassenen, mit kräftigen Farben versehenen Stück Berliner Mauer. An diesem hängen vier Pissoirs, die jeweils durch hölzerne Sichtblenden getrennt werden. Eine hölzerne Informationstafel und historische Fotos aus den Jahren 1961 bis 1989 informieren über die Geschichte der Berliner Mauer. Damen können das Mauerstück nur besichtigen, nachdem sie sich bei einem Mitarbeiter des Hotels angemeldet haben.

Über die Gründe des vormaligen Betreibers des „Main Street Station Casino Brewery Hotel", Bob Snow, 1991 ein Stück Berliner Mauer in der Toilette anzubringen, kann nur spekuliert werden. Als die Firma Boyd Game 1993 das „Main Street Station Casino Brewery Hotel" nach dem Bankrott des Vorbesitzers übernahm, war die Toilette bereits installiert. David Strow, Vizepräsident der heute das Hotel betreibenden Firma Boyd Game, meint auf Nachfrage mit einem Augenzwinkern: „Ich vermute, es war eine Art Statement gegenüber dem Kommunismus." Sicher dagegen ist, dass die Herrentoilette in Las Vegas auch dreißig Jahre nach ihrer Einrichtung noch immer zu den Standorten der Berliner Mauer gehört, die weltweit am meisten Aufmerksamkeit erregen.

LYNDHURST, NEW JERSEY
USA

Standort:
Privates Depot

Der Künstler Peter Max vor der Mauer auf der „USS Intrepid" im Hafen von New York City, 1990.
© Peter Thomann

Die linke Hälfte eines von Kiddy Citny auf zwei Mauerteile gemalten Herzens stand von 1990 bis 2006 auf dem Museumsschiff „USS Intrepid" im Hafen von New York City. Der in Berlin geborene, deutsch-amerikanische Pop-Art-Künstler Peter Max, dem das Segment gehörte, hatte es dem Intrepid Sea, Air & Space Museum überlassen. 2007 begann die Generalsanierung des Schiffes und das Mauerteil sollte unter Deck eingelagert werden. Nach Aussage des Museumsdirektors wurde es allerdings an Max zurückgegeben. Seitdem ist das Mauerstück – im wahrsten Sinne des Wortes – von der Bildfläche verschwunden. Im November 2019 untersuchte die Journalistin Sara Germano im *Wall Street Journal* das Verschwinden der beiden Mauersegmente und versuchte, deren Verbleib zu rekonstruieren.

Die beiden Segmente mit Kiddy Citnys Herz (siehe auch Eintrag „Durham, North Carolina, USA") waren die ersten vollständigen Teile der Berliner Mauer, die im Januar 1990 durch Verträge zwischen dem von der DDR beauftragten Außenhandelsbetrieb Limex und der Berlin Wall Commemorative Group offiziell und legal in die USA verschifft wurden. Sie sollten der Beginn einer großen Geschäftsidee sein.[1] Der Bauunternehmer Joseph Sciamarelli aus New Jersey hatte sich mit seiner Idee, die Berlin Wall Commemorative Group zu gründen, gegen viele andere Bewerber um die exklusiven Vermarktungsrechte von Mauerteilen in den USA durchgesetzt. Nach Unterzeichnung der Verträge engagierte seine Firma den Künstler Peter Max, um am 2. Februar 1990 ein „Mauerhappening" im New Yorker Hafen zu veranstalten. Die Veranstaltung markierte den Auftakt für das Geschäft mit der Mauer in den USA, von dem sich die DDR-Regierung umfangreiche Deviseneinnahmen erhoffte.

Max ergänzte die beiden Mauerteile um zwei Friedenstauben und gab das Ganze als sein Kunstwerk aus: Wo der runde Überkletterungsschutz die Mauer grau gelassen hatte, wurde eine der Tauben aufgemalt. Die andere fertigte Max aus Beton und setzte sie auf die obere Kante der Betonplatte. Das auf diese Weise entstandene neue Kunstwerk sollte in einer Auflage von 250 Stück in Miniaturausgabe nachgegossen und zum Stückpreis von 7.000 US-Dollar verkauft werden. Die Nachfrage und der Handel mit originalen Mauerteilen waren allerdings wesentlich rentabler. Die auf dem Mauerteil der „USS Intrepid" stehende Taube musste später wieder entfernt werden, da Besucher versucht hatten, sie zu stehlen.

Bis Herbst 1990 standen beide Segmente mit dem vollständigen Herz auf der „USS Intrepid". In ihrem Artikel berichtete Sara Germano, dass der Finanzberater Gordon Smith während einer Autofahrt im Radio von den Mauerteilen hörte und sofort von einer Telefonzelle aus Joseph Sciamarelli anrief, um ein Mauerstück zu kaufen. Smith plante gerade, ein Kindermuseum in Raleigh, North Carolina, zu eröffnen und wollte dort ein Stück echtes Stück Berliner Mauer ausstellen. Smith und Sciamarelli konnten sich auf einen Preis einigen und – laut „Wall Street Journal" – „teilte Mr. Sciamarelli das Herz in zwei Stücke und platzierte die rechte Hälfte im Oktober 1990 auf einem Pritschenwagen in Richtung North Carolina".

Die linke Herzhälfte, die laut Joseph Sciamarelli dem Künstler Peter Max persönlich gehörte, blieb bis 2006 im Museum auf der „USS Intrepid". Zur Vorbereitung der Generalsanierung des Schiffes wurde es nach Angaben des Museums an Peter Max zurückgegeben und in dessen Depot in Lyndhurst, New Jersey, gebracht.

---

1 Siehe den Beitrag von Ronny Heidenreich in diesem Band.

HAMILTON, NEW YORK
USA

Standort:
Colgate University

Die Mauer in der
Colgate University, Hamilton
© Andrew Daddio / Colgate University

Zur Erinnerung an die Mitglieder der Gemeinden Colgate und Hamilton wurde auf dem Campus der Colgate University ein originales Segment der Berliner Mauer aufgestellt. Die Einweihung fand 1995 zum 25. Jahrestag der Einführung des „Peace Studies Programm" an der Hochschule statt. Zu diesem Anlass waren zahlreiche ehemalige Studenten der Colgate University angereist, die ihr Studium wegen der Einberufung zum Militär unterbrechen mussten.

Heute steht das Mauerteil unterhalb der West Hall, dem auf einem Hügel gelegenen ältesten Gebäude der Hochschule. Das Segment zeigt noch Reste von Graffiti, die jedoch inzwischen stark verblasst sind.

Die Bibliothek im Geburtshaus des US-Präsidenten Franklin D. Roosevelt in Hyde Park im Bundesstaat New York wurde 1941 eröffnet. Im gleichen Jahr erklärten die USA Deutschland den Krieg, der vier Jahre später mit dem Sieg der Alliierten über die NS-Diktatur endete. Roosevelt war es, der zusammen mit Stalin und Churchill die Anti-Hitler-Koalition begründete. Als er im April 1945 starb, tobte in Europa noch die Endphase des Krieges. Seine in der Atlantik-Charta von 1941 formulierten vier Freiheiten – das Recht auf freie Meinungsäußerung, Religionsfreiheit, wirtschaftliche Freiheit und Freiheit von Furcht – prägten die amerikanische Außenpolitik nachhaltig. Umso mehr, als sich das einstige Miteinander der Großmächte nach Kriegsende zum Kalten Krieg wandelte.

Das politische Vermächtnis Roosevelts war auch der Anlass für die Aufstellung

HYDE PARK, NEW YORK
USA

Standort:
Franklin D. Roosevelt Library and Museum, 4079 Albany Post Road

Die Skulptur „BreakFree" in Hyde Park, New York
© Edwina Sandys

der Skulptur „BreakFree" (etwa „Befreiung"), die 1990 im Garten der Präsidentenbibliothek eingeweiht wurde. Geschaffen wurde sie von der Bildhauerin und Churchill-Enkelin Edwina Sandys. Die vier einander zugewandten Menschenskulpturen wurden aus Teilen der Berliner Mauer herausgeschnitten, die Sandys bei Ihrer Skulptur „Breakthrough" („Durchbruch") verwandte. Diese steht heute in der Gedenkstätte für den Weggefährten Roosevelts und ehemaligen britischen Premierminister Winston Churchill in Fulton/Missouri.

NEW YORK CITY, NEW YORK
USA

Standort:
Vereinte Nationen
(UNO), North Lawn,
1st Avenue,
E 42nd Street

Die Mauer im Garten des
Hauptgebäudes der Vereinten
Nationen in New York

© Andrew Gombert / dpa / Picture
Alliance

Bei seinem Besuch in Berlin im Jahr 2001 bekam der damalige Generalsekretär der Vereinten Nationen, Kofi Annan, nicht nur die Ehrendoktorwürde der Freien Universität Berlin verliehen. Die Stadt schenkte ihm auch drei Mauerteile mit einem Graffito von Kani Alavi auf der einen und von Kiddy Citny auf der anderen Seite. Die Mauerteile waren unter den letzten, die auf dem Leipziger Platz in Berlin-Mitte standen. Die Schenkung war umstritten. Erich Stanke, der das Gelände gekauft hatte und damit die Mauer als sein Eigentum betrachtete, wollte den Abbau verhindern. Finanzielle Interessen waren nicht ausschlaggebend. Vielmehr setzte sich Stanke dafür ein, die wenigen Reste der ehemaligen Grenze an ihrem Standort zu belassen und unter Denkmalschutz zu stellen. Nach Meinung der Senatskanzlei waren die Mauerteile mit dem symbolträchtigen Bild „zwei Menschen umarmen sich über die Mauer hinweg" von Alavi in New York besser aufgehoben. Eine Einigung wurde erzielt, als der Senat zusicherte, dass die noch verbliebenen Mauerstücke samt dem Wachturm am Leipziger Platz dauerhaft dort stehen bleiben sollten. Der Übergabe des Geschenkes an Annan am 13. Juli 2001 stand somit nichts mehr im Wege. Bundestagspräsident Wolfgang Thierse und Berlins Regierender Bürgermeister Klaus Wowereit präsentierten Kofi Annan die Mauerteile noch an ihrem ursprünglichen Standort. Nach New York wurden die Betonplatten dann mit einem runden Überkletterungsschutz geliefert, auf dem der Schriftzug „Trophy of Civil Rights" („Trophäe der Menschenrechte") zu lesen ist. Dieser gehörte allerdings zu einem anderen Mauergraffito, das ebenfalls auf dem Potsdamer Platz von Thierry Noir gemalt worden war.

Im Herbst 2001 traf das erweiterte Geschenk schließlich in New York ein. Seitdem steht es im Garten des Hauptgebäudes der Vereinten Nationen. Eine gläserne Tafel erklärt in englischer Sprache die Bedeutung dieses Bauwerkes:

Die Rückseite der Mauer im Garten der Vereinten Nationen in New York
© Michelle Young / Untapped New York

1993 erstrahlte in Berlin die heute stark verblichene Bemalung von Kiddy Citny auf der Rückseite der Mauerteile noch in kräftigen Farben.
© Kiddy Citny

A gift from the people of Germany to the United Nations
For 28 years the Berlin Wall separated East from West Germany and symbolized the division of Europe and the world. Construction began on 13 August 1961 upon the orders of the East German communist leadership, who wanted to prevent a mass exodus to the Federal Republic of Germany.
All along the 155 kilometres border a complex system of barriers and fortifications was erected: a 3,60-meter-high wall made of concrete slabs like the ones in front of you, a patrol belt – known as the death strip – and a trench Watchdogs, watchtowers and bunkers made the area virtually impenetrable. The Wall severed all traffic and communication links between East and West Berlin within the exception of a few border crossing points, such as „Checkpoint Charlie".
Over 200 people died trying to cross the Berlin Wall. Thousands were arrested and sentenced to long prison terms.
The fall of the Wall on 9 November 1989 as a result of the peaceful revolution in East Germany was one of the happiest moments in the history for the German people!
[Ein Geschenk der Menschen von Deutschland an die Vereinten Nationen
Für 28 Jahre trennte die Berliner Mauer Ost- und Westdeutschland und symbolisierte damit die Teilung Europas und der Welt. Der Bau begann am 13. August 1961 auf Befehl der kommunistischen Führung von Ostdeutschland, die damit einen Massenexodus in die Bundesrepublik Deutschland verhindern wollte.
An der gesamten 155 Kilometer langen Grenze wurde ein komplexes System von Barrieren und Befestigungsanlagen gebaut: Eine 3,60 Meter hohe Mauer aus Betonteilen, wie sie vor dir stehen, ein Patrouillenweg – bekannt als Todesstreifen – eine Hundelaufzone, Wachtürme und Bunker machten dieses Gebiet offensichtlich unüberwindbar. Die Mauer trennte alle Verkehrs- und Kommunikationswege zwischen Ost- und West-Berlin. Die einzige Ausnahme waren einige wenige Grenzübergangsstellen wie der „Checkpoint Charlie".
Mehr als 200 Menschen starben bei dem Versuch, die Berliner Mauer zu überwinden. Tausende wurden verhaftet und zu langjährigen Gefängnisstrafen verurteilt.
Der Fall der Berliner Mauer am 9. November 1989 war ein Ergebnis der friedlichen Revolution in Ostdeutschland und einer der glücklichsten Momente in der Geschichte des deutschen Volkes.]

NEW YORK CITY, NEW YORK
USA

Standort:
Battery Park

Die Mauer im Battery Park,
New York

© Patrick Gräfe / Deutsches
Generalkonsulat New York

Während Politik Mauern baut, verbindet Musik die Völker. Unter diesem Motto fand am 14. November 2004 in New York ein Freundschaftskonzert des Julliard School Musikkonservatoriums und der Hochschule für Musik Berlin „Hanns Eisler" statt. Nach den Klängen von Schostakowitsch und Mendelssohn wurden im Battery Park, unweit der Freiheitsstatue, zwei Mauersegmente zum Zeichen der Verbundenheit zwischen der amerikanischen Metropole und der deutschen Hauptstadt der Öffentlichkeit übergeben. Ursprünglich standen die Mauerteile am Potsdamer Platz und waren Teil der sogenannten Vorderlandmauer, die die eigentliche Grenze zu West-Berlin bildete. 1990 hatte der berühmte Mauermaler Thierry Noir die beiden Segmente mit seinen bekannten Mauerköpfen versehen.

Eigentlich sollte die Einweihung zum 15. Jahrestag des Mauerfalles am 9. November 2004 erfolgen. Doch der Initiatorin, Tanja Dorn, selbst Musikerin und künstlerische Leiterin des „Klavierhauses" in New York, legten die Behörden Steine in den Weg. Die Berliner Senatsverwaltung hatte die Mauerteile zwar ohne Probleme zur Verfügung gestellt, allerdings mussten nun für Transport und Einfuhr bürokratische Hindernisse überwunden werden.

Von Februar bis Herbst 1990 standen zwei Segmente der Berliner Mauer (siehe Eintrag „Lyndhurst, New Jersey, USA"), die zusammen ein großes von Kiddy Citny gemaltes Herz (siehe auch Eintrag „Basel, Schweiz") ergeben, auf dem Kriegsschiff „USS Intrepid" im Hafen von New York City. Durch Verträge zwischen dem von der DDR beauftragten Außenhandelsbetrieb Limex und der Berlin Wall Commemorative Group konnten sie im Januar 1990 als erste vollständige Teile der Berliner Mauer offiziell in die USA verschifft werden.[1] Mit seiner Berlin Wall Commemorative Group hatte sich der Bauunternehmer Joseph Sciamarelli aus New Jersey gegen viele andere Bewerber um die exklusiven Vermarktungsrechte der Mauerteile in den USA durchgesetzt und erhoffte sich ein lukratives Geschäft.

Einem Bericht des Wall Street Journal vom November 2019 zufolge hatte der Finanzberater Gordon Smith von den Mauerteilen gehört und Sciamarelli umgehend das rechte der beiden Segmente für sein geplantes Marbles Kids Museum in Raleigh, North Carolina, abgekauft. Dort war es in der Folgezeit zu sehen, wurde dann jedoch im Depot des Kindermuseums eingelagert. Im Frühjahr 2015 sorgte Smith dafür, dass das Mauerteil im Atrium des neu eröffneten „Frontier Research Triangle Park" in Durham, North Carolina, wieder einen angemessenen Standort bekam. Inmitten des größten Wissenschaftsparkes der USA finden hier kreativen Freiberufler Start-up-Arbeitsräume und Infrastruktur vor, um die Zusammenarbeit mit großen Unternehmen anbahnen zu können. Die geschichtsträchtige Leihgabe stieß auf reges Interesse: Besucher des Atriums wurden aufgefordert, Selfies vor dem Stück mit dem riesigen halben Herz zu machen, diese zu posten und mitzuteilen, was sie persönlich mit der Berliner Mauer verbinden.

DURHAM, NORTH CAROLINA
USA

Standort:
The Frontier Research Triangle Park,
800 Park Offices Drive

Die Mauer in Durham, North Carolina

© Photo courtesy
The Research Triangle Foundation
of North Carolina

---

1 Siehe Beitrag von Ronny Heidenreich in diesem Band.

CINCINNATI, OHIO
USA

Standort:

Vor dem National Underground Railroad Freedom Center, 50 E Freedom Way

Die Errichtung der Mauer vor dem National Underground Railroad Freedom Center in Cincinnati, Ohio, 2010
© Robert W. Stevie

Das 2004 eröffnete National Underground Railroad Freedom Center in der Innenstadt von Cincinnati widmet sich der Geschichte der Sklaverei in den USA. Seinen Namen verdankt das Museum einem um 1780 gegründeten Netzwerk, dem es bis zur Mitte des 19. Jahrhunderts gelang, über geheime Fluchtwege rund 100.000 Sklaven aus den Südstaaten der USA in die sicheren Nordstaaten und die Provinz Kanada zu schleusen. Sein Standort verweist auf die bedeutende Rolle von Cincinnati in der Geschichte dieser Fluchthilfe, da hier Tausende von Sklaven mit dem Fluss Ohio die Grenze zu den südlichen Sklavenstaaten überquerten und damit die Freiheit erreichten. Da das National Underground Railroad Freedom Center neben dem Museum of Tolerance in Los Angeles, dem United States Holocaust Memorial Museum in Washington und dem National Civil Rights Museum in Memphis, Tennessee, eines von vier „Museen des Gewissens" in den USA ist, richtet es seinen Blick aber nicht nur auf sein eigentliches Thema, sondern auch auf viele andere Freiheitskämpfe in Vergangenheit, Gegenwart und Zukunft. Deshalb werden seine Besucher beispielsweise aufgefordert, über die Freiheit in ihrem eigenen Leben nachzudenken – und deshalb steht seit 2010 ein Stück Berliner Mauer vor dem Museum.

Die Initiative für das Mauerstück in Cincinnati ging ursprünglich von dem emeritierten Germanistikprofessor an der Universität von Cincinnati und ehemaligen Honorarkonsul Deutschlands, Richard E. Schade, aus. Aus einer deutsch-amerikanischen Familie stammend, hatte dieser in den 1960er Jahren in Marburg studiert, 1964 war er der Westseite der Berliner Mauer zum ersten Mal gegenübergestanden. Ehe er sein Studium an der Universität Yale fortsetzte, leistete er seinen Militärdienst bei der US-Militärspionageabwehr an der innerdeutschen Grenze ab. Als Germanist baute er später einen engen Kontakt zum Lessing-Museum in Kamenz auf und besuchte mehrfach die DDR. Als im November 1989 die Mauer fiel, hielt sich Schade gerade beruflich in München auf und begab sich umgehend nach Berlin. Der passionierte Fotograf dokumentierte den Mauerfall und seine Spaziergänge durch Ost-Berlin ausgiebig, 2014 zeigte die Universität Cincinnati eine Ausstellung dieser Bilder. Mit Blick auf das 20-jährige Jubiläum des Mauerfalles hatte er 2008 die Vorstellung entwickelt, ein Mauerstück nach Cincinnati zu bringen und konnte verschiedene wirtschaftliche und politische Entscheidungsträger der Handelsmetropole von der Idee überzeugen, insbesondere die den Kontakt zur Partnerstadt München pflegende Munich Sister City Association of Greater Cincinnati. Schon bald nahm Schade Kontakt zum Kanzleramt in Berlin auf und arrangierte schließlich, dass Berlins Regierender Bürgermeister, Klaus Wowereit, seinem Amtskollegen in Cincinnati, Mark Mallory, ein Segment schenkte. Nachdem sich die Firma Thyssen-krupp Bilstein in Fairfield, Connecticut, bereit erklärt hatte, die Transportkosten zu übernehmen, konnte Schade nach Berlin fahren und ein Mauerstück aussuchen. Am Vorabend des amerikanischen Unabhängigkeitstages wurde das Segment am 3. Juli 2010 im Rahmen einer Gala feierlich eröffnet. Sowohl der Standort am Ufer des Ohio Rivers in Cincinnati vor dem National Underground Railroad Freedom Center als auch die gesamte Präsentation wurden sehr sorgfältig ausgewählt und umgesetzt. Ein Architekturbüro wurde eigens damit beauftragt, ein Konzept zu entwickeln. Die weiß bemalte Seite, die einst in Richtung DDR zeigte, wurde in Richtung des Ohio Flusses positioniert. Die mit originalem Graffiti besprühte Seite, die einst Richtung West-Berlin zeigte, weist zum Center. Um das Graffiti zu erhalten, das die Hälfte eines freundlichen Gesichtes einer jungen Frau darstellt, ist diese Seite mit einer Glasscheibe geschützt. Auf dem Glas befindet sich folgende Inschrift:

Die Anlieferung der Mauer in Cincinnati, 2010
© Robert W. Stevie

Freedom without Walls
On August 13, 1961, the totalitarian government of East Germany split Berlin with a wall of con-crete. Free expression of thought disappeared. From 1961 to 1989, some 130 people were killed attempting to escape through this brutal barrier to freedom. Many others were injured.
In the autumn of 1989, hundreds of thousands of East Germans began peaceful marches against the oppressive regime. These courageous acts of resistance were inspired by the civil rights mo-vement in the United States. Their chant was "Wir sind das Volk", We are the people, implicitly a reference to the United States Constitution. Ultimately the Berlin Wall could not withstand the desire for freedom and on November 9th 1989 the wall fell.
This section of the wall, a gift from the City of Berlin, honors those who have died seeking freedom without walls.
[Freiheit ohne Mauern
Am 13. August 1961 spaltete die totalitäre ostdeutsche Regierung Berlin mit einer Betonmauer. Die freie Meinungsäußerung verschwand. Von 1961 bis 1989 wurden etwa 130 Menschen bei dem Versuch, über diese brutale Barriere in die Freiheit zu entkommen, getötet. Zahlreiche andere wurden verletzt.
Im Herbst 1989 gingen Hunderttausende ostdeutsche Bürger friedlich gegen das unterdrückende Regime auf die Straße. Diese couragierten Aktionen gewaltfreien Widerstands waren von der ame-rikanischen Bürgerrechtsbewegung inspiriert. Ihr Gesang „Wir sind das Volk" enthielt den Hinweis auf die amerikanische Verfassung. Letztendlich konnte die Mauer dem Wunsch nach Freiheit nicht standhalten und fiel am 9. November 1989.
Vor Ihnen steht ein Stück dieser Mauer, ein Geschenk der Stadt Berlin an die Bürger von Cincinnati. Es ehrt den menschlichen Geist. Es erinnert an die Menschen in aller Welt, die auf der Suche nach Freiheit ohne Mauern gestorben sind.]

COLUMBUS, OHIO
USA

Standort:
Capital University,
Blackmore Library,
Drexel Campus

Die Mauer in der
Blackmore Library,
Columbus, 2014

© Blackmore Library,
Capital University

Bereits 1989 begannen in Amerika die Vorbereitungen auf den 500. Jahrestag der „Entdeckung" des Kontinentes durch den spanischen Seefahrer Christoph Columbus. Mit zahllosen Veranstaltungen von Alaska bis Chile sollte das Jubiläum 1992 begangen werden. In den USA beschloss das zuständige Festkomitee, mit einer Gartenbauausstellung die Ankunft von Columbus zu feiern. Die Vorbereitungen zogen sich aber über mehrere Jahre hin. Als Veranstaltungsort wurde die nach dem „Entdecker" benannte Großstadt Columbus im Bundesstaat Ohio ausgewählt. Unter der Schirmherrschaft der damaligen Präsidentengattin Barbara Bush wurden auf über 36 Hektar Fläche Blumenarrangements aus aller Welt ausgestellt.

Um mehr Touristen anzulocken, gab es zeitgleich noch weitere Ausstellungen, unter anderem eine Schau zu Deutschland, an deren Umsetzung der deutsche Unternehmer Günther Tukay beteiligt war. Der Inhaber einer großen Anlagenbau- und Recyclingfirma expandierte nach dem Mauerfall in die neuen Bundesländer. Seine Hansa Consulting GmbH war dort nach seinen eigenen Angaben sehr erfolgreich und sicherte in wirtschaftlich schwierigen Zeiten zahlreiche Arbeitsplätze. Um amerikanische Unternehmen für ein Engagement in den neuen Bundesländern zu interessieren, unterstützte Tukay den deutschen Pavillon auf der Ausstellung in Columbus. Als besondere Attraktion hatte er eigens ein Mauersegment in die USA bringen lassen. Nach dem Ende der Ausstellung im Oktober 1992 bot er der Capital University an, das Mauerteil als Dauerleihgabe auf ihrem Campus zu belassen.

Mit Unterstützung der Huntington Bank wurde das 2,6 Tonnen schwere Teil am 3. Dezember 1992 zunächst in der Blackmore Library aufgestellt. Heute befindet es sich als „bedeutendes Symbol für den Triumph des menschlichen Geistes über unüberwindbare Zustände" draußen auf einem Innenhof des Campus' hinter der Huber-Spielman Hall. Die Reste eines „Devil" („Teufel"), bunte Schneeflocken und die Jahreszahlen „89" zieren das Mauerstück – allerdings auf der ehemals dem Osten zugewandten Seite, die nur sehr selten nach dem Mauerfall bemalt wurde. Die Westseite hingegen ist unbemalt grau. Damit dies so bleibt, wurde ein Hinweisschild angebracht, auf dem die Studenten gebeten werden, sich nicht selbst auf der Mauer zu verewigen. Anlässlich des 30-jährigen Mauerfalljubiläums veranstaltete das Institut für Geschichtswissenschaften zusammen mit einer Klasse des Studiengangs Film- und Medienproduktion am 7. November 2019 eine Gedenkveranstaltung, um an die Geschichte des universitätseigenen Mauerstückes zu erinnern.

Mehr als 300 Flugzeuge aus der Geschichte der militärischen Luftfahrt warten auf die Besucher des U.S. Air Force Museums nahe der Stadt Dayton. In drei riesigen Hangars untergebracht wird hier die Entwicklung des Luftkrieges, vor allem aber die Überlegenheit der amerikanischen Luftwaffe, dokumentiert. Zwei der drei Ausstellungsräume sind dem Kalten Krieg gewidmet. Von Bombern, wie sie im Koreakrieg 1950/51 zum Einsatz kamen, über Tarnkappenbomber und Aufklärungsflugzeuge reicht die Palette bis hin zu Raketentechnik.

Dazwischen befinden sich seit 2000 zwei Berliner Mauerensembles. Sie wurden vom Museum als Beleg für die wichtige Rolle der US-Luftwaffe im Kalten Krieg in die Ausstellung aufgenommen. Die ersten vier Mauersegmente kamen vom Rhein-Main-Flughafen in Frankfurt/Main, im Tausch gegen zwei Maschinen vom Typ Douglas C-47 und C-54 wie sie während der Berliner Luftbrücke 1948 zum Einsatz kamen, nach Ohio. Für diesen Tausch war William J. Begert, ranghoher General der U.S. Air Force, eigens am 23. Dezember 1999 nach Frankfurt/Main gekommen, um die Teile in Empfang zu nehmen. Die Mauerteile hatten mit etwa 16 Tonnen ein enormes Gewicht, sodass extra ein Großraumflugzeug C-141 Starlifter für den Transport in die Staaten gechartert werden musste. Am 11. November 2000, ein knappes Jahr später, konnten die Mauerteile der Öffentlichkeit präsentiert werden. Nur graues Mauerwerk den Besuchern zur Ansicht zu bieten, erschien den Museumsmachern zu wenig. Also platzierten sie die Betonsegmente hinter einem mit Tarnfarbe angestrichenen Trabant, auf dessen Dach eine freudig den Besuchern zuwinkende Frau steht. Ihr Mitfahrer hat die Mauer bereits überwunden und sitzt jubelnd auf dem runden Überkletterungsschutz. Verbunden sind beide mit einer

Deutschlandfahne – ein Hinweis auf die Wiedervereinigung und das Ende des Kalten Krieges.

Ebenfalls 2000 gelangten zwei weitere Mauerteile nach Dayton. Nach Aussage der Museumsleitung sind sie ein Geschenk des Berliner AlliiertenMuseums. Auf den beiden Segmenten sind die bekannten Graffiti des Mauerkünstlers Thierry Noir zu sehen, der eigens für das Air Force Museum seine populären Köpfe auf die Betonplatten malte.

DAYTON, OHIO USA

Standort:
U.S. Air Force Museum,
1100 Spaatz Street,
Wright-Patterson

CHALK HILL, PENNSYLVANIA
USA

Standort:
Kentuck Knob

Die Mauer in Kentuck Knob

© Kentuck Knob

Nachdem der britische Multimillionär, Architekt und Kunstmäzen Lord Peter Palumbo 1985 das Anwesen Kentuck Knob, etwa 70 Kilometer südlich von Pittsburgh, zum ersten Mal besuchte, kaufte er es den damaligen Besitzern, I. N. und Bernadine Hagan, ab. Abgeschieden und malerisch am Fuße des Chalk Hill gelegen, hatte der berühmte amerikanische Architekt Frank Lloyd Wright 1935 sein Fallingwater, ein schlichtes, aber architektonisch bedeutsames Haus, bei dessen Bau nur natürliche Materialien aus der Umgebung verwendet wurden, errichtet. Lange Zeit war das Anwesen für die Öffentlichkeit nicht zugänglich. Erst 1996 wurde es für Besucher geöffnet, die Kentuck Knob seitdem bewundern können. Palumbo nutzte Teile der weitläufigen Park- und Waldanlage, um hier zeitgenössische Kunstplastiken auszustellen. Neben Kunstwerken von Andy Goldsworthy, Ray Smith oder Sir Anthony Caro fügte Palumbo seiner Sammlung auch zwei Segmente der Berliner Mauer hinzu. Ursprünglich hatte er 1994 bei einer Auktion der Londoner Fischer Fine Art Gallery sechs Segmente erworben, von denen eines heute vor dem Imperial British War Museum in London steht, ein zweites im Yorkshire Sculpture Park (Großbritannien) und ein drittes inzwischen in Privatbesitz übergegangen ist. Die beiden in Kentuck Knob verbliebenen Segmente sind mit Graffiti von Jürgen Große alias Indiano versehen. Beide stammen aus der Serie „global messages" („globale Botschaften"), die Große noch im November 1989 an die Berliner Mauer gemalt hatte. „Save the Planet" („Schützt den Planten") und „Create Live" („Schafft Leben") ist auf ihnen zu lesen.

215

Standort:
Nemacolin Woodland
Resort

Die Mauer im Nemacolin
Woodlands Resort, 2014
© Nemacolin Woodlands Resort

Inmitten der idyllischen Wälder im Südwesten Pennsylvanias befindet sich das luxuriöse Nemacolin Woodlands Resort. Hotels und Gastronomie der Spitzenklasse warten hier auf gut betuchte Besucher, die in den Parks und Kuranlagen, auf den Golfplätzen und im Mini Zoo Erholung suchen. Auf einem der Hügel der weitläufigen Anlage steht ein originales Mauersegment in einer Vitrine. Wann und unter welchen Umständen es hierherkam, ließ sich nicht mehr ermitteln. Das in Schwarz und Weiß gehaltene Graffito stammt von Jürgen Große alias Indiano und wurde noch 1990 auf die Mauer gemalt. „Change myself" und „Wake up" („Ich ändere mich selbst" und „Wacht auf") sind Teile der „Global Messages" („Globale Botschaften"), mit denen Große zahlreiche Mauerstücke verzierte. Das 2,6 Tonnen schwere Mauerteil kam als Geschenk von Joseph Hardy aus Pennsylvania nach Nemacolin. Dieser wiederum bekam es von Lord Peter Palumbo, der es 1994 zusammen mit fünf anderen Mauerteilen in London erstanden hatte. Eine Gedenktafel neben dem Segment informiert über die Geschichte der Berliner Mauer:

Here is proof that freedom will prevail when men and women of great courage and conviction pre-serve toward attaining the highest liberties for themselves and their posterity.
[Hier ist der Beweis dafür, dass die Freiheit überwiegen wird, wenn Männer und Frauen mit großem Mut und großer Überzeugung die höchsten Freiheiten für sich und ihre Nachwelt erreichen.]

SPARTANBURG, SOUTH CAROLINA
USA

Standort:
Menzel LP,
951 Simuel Road

Schüler der Oakbrook Preparatory School in Spartanburg und der Technische Leiter von Menzel LP, Alois Krussig, vor den beiden Originalsegmenten der Berliner Mauer
© Thomas Koenig

Spartanburg, so scheint es, könnte ebenso in der deutschen Provinz und nicht in South Carolina liegen. In „Gerhards Café" kann man eine Schwarzwälder Kirschtorte bestellen oder aber sich zum monatlichen Skatspiel verabreden. Die Region Spartanburg hat 230.000 Einwohner und eine sehr große deutsche Gemeinde. Etwa 2.000 deutsche Manager und Facharbeiter leben hier mit ihren Familien – so wie Jochen Menzel, Inhaber der Maschinenbaufabrik Menzel LP. 1992, als er die Firma übernahm, ließ er zwei 3,6 Meter hohe Originalsegmente der Berliner Mauer vor seiner Maschinenfabrik aufstellen. Nach dem Fall der Mauer verschenkten Radiosender Mauerbruchstücke. So entstand die Idee. Über Freunde erwarb er beide Mauerteile und verschickte sie per Container in die USA. Er selbst lebte bereits vor dem Mauerfall zeitweise in South Carolina.

Jedes Mauersegment ist mit dem Zitat eines amerikanischen Präsidenten versehen, welches Teil des kollektiven Gedächtnisses zum Kalten Krieg ist: „Ich bin ein Berliner" (John F. Kennedy) und „Mr. Gorbatchow tear down this wall" (Ronald Reagan). Diese beiden Präsidenten der USA, so Jochen Menzel, haben die Wiedervereinigung erst ermöglicht und daher seien beide Mauersegmente auch ein symbolisches Dankeschön seiner Familie an die USA. Nicht selten seien Schulklassen vor Ort, um die Teile der Berliner Mauer zu besichtigen und etwas über die Geschichte der Berliner Mauer zu erfahren.

Auf dem Weg zur nationalen Gedenkstätte am Mount Rushmore, von dem seit 1930 die monumentalen Köpfe der amerikanischen Präsidenten George Washington, Thomas Jefferson, Theodore Roosevelt und Abraham Lincoln in die Black Hills schauen, befinden sich seit 1996 auch zwei Mauerteile. In der Stadt Rapid City stehen sie am Mt. Rushmore Highway neben dem Parkplatz des Rushmore

RAPID CITY, SOUTH DAKOTA
USA

Standort:
South Dakota
Memorial Park,
Mt. Rushmore Highway

Die Mauer im South Dakota
Memorial Park
© South Dakota Memorial Park

Plaza Civic Centre zusammen mit zwei Panzersperren, die mutmaßlich vom ehemaligen Grenzübergang Checkpoint Charlie in Berlin stammen.

In der South Dakota School of Mines and Technologie wurde im Sommer 1993 die Ausstellung „BREAK THROUGH. Der Freiheitskampf an der Berliner Mauer" gezeigt. In der Öffentlichkeit rief die Schau ein großes Echo hervor und die Idee eines Mauerdenkmales in Rapid City war geboren. Ein Organisationskomitee wurde einberufen und Sponsoren für die Umsetzung der Idee gesucht. Ein Mauerteil stiftete der Bürgermeister der nordrhein-westfälischen Stadt Ratingen, Ernst Dietrich, der Partnerstadt Vermillion, South Dakota. Das zweite Segment wurde vom Militärkaplan der U.S. Luftwaffe, H. W. Reinke, zur Erinnerung an alle Militärgeistlichen der amerikanischen Streitkräfte aufgestellt. Eine Plakette verweist darauf, dass das Segment ursprünglich zwischen dem Grenzübergang „Checkpoint Charlie" und dem Brandenburger Tor gestanden haben soll.

Eine der Panzersperren wurde ebenfalls vom U.S. Militär gespendet. Die Ellsworth Air Force Base in South Dakota stiftete es im Andenken an alle Soldaten, die „vertrauensvoll bereitstanden, die freie Welt in Krieg und Frieden zu beschützen". Die andere Panzersperre kam mithilfe der Stadt Potsdam, Partnerstadt von Sioux Falls, South Dakota, nach Rapid City. Hier erinnert sie allerdings nicht an die deutsche Teilung, sondern an die Verkündung des Toleranzediktes vom 29. Oktober 1685, in dem der Große Kurfürst Friedrich Wilhelm von Brandenburg die Aufnahme der bedrängten französischen Hugenotten in Preußen anbot.

Die Einweihung der Anlage im Park neben dem Rushmore Plaza Civic Center, der heute offiziell South Dakota Memorial Park heißt, fand schließlich am 5. Oktober 1996 statt. Ergänzt wurden die historischen Ausstellungsstücke um einige Tafeln, die über die Geschichte der deutschen Teilung und des Kalten Krieges informieren. Von der Straße aus fällt das Denkmal durch ein großes Schild auf, in dem in Englisch, Russisch und Französisch vor dem Verlassen des amerikanischen Sektors gewarnt wird. Schilder wie dieses waren überall an den Sektorengrenzen zwischen West- und Ost-Berlin zu sehen.

COLLEGE STATION, TEXAS
USA

Standort:

George H. W. Bush
Presidential Library
and Museum,
1000 George Bush Drive
West

Die Mauer in der

George H. W. Bush Presidential

Library, College Station

© George H. W. Bush Presidential
Library and Museum

Well, I don't think any single event is the end of what you might call the Iron Curtain, but clearly this is a long way from the harshest Iron Curtain days – a long way from that.]
[Ich denke nicht, dass ein einziges Ereignis das Ende des – wie Sie es nennen würden – Eisernen Vorhanges bedeuten kann. Denn es ist sicher noch ein langer Weg, den wir seit den härtesten Tagen des Eisernen Vorhanges zurücklegen müssen – ein langer Weg.]

George H. W. Bush auf der Pressekonferenz zum Mauerfall am 9. November 1989 in Washington D. C.

Während am Abend des 9. November 1989 in Berlin Zehntausende Menschen euphorisch über die Grenzen nach West-Berlin strömten, trat der amerikanische Präsident George H. W. Bush im Weißen Haus vor die Presse. Überrascht von der Dynamik der Entwicklung in der DDR, gab sich der Präsident an diesem Nachmittag deutlich zurückhaltend. Die Öffentlichkeit zeigte sich angesichts dieser wenig emotionalen Reaktion enttäuscht. Dass dieser welthistorische Moment dennoch nicht spurlos an ihm vorbei ging, gab er indirekt zu, indem er der Presse mitteilte: „Ich bin nun mal kein emotionaler Mensch."

Auch wenn Bushs erste Reaktion auf den Mauerfall unbefriedigend ausgefallen sein mag, sind seine Verdienste um den Mauerfall und die deutsche Wiedervereinigung nicht zu bestreiten. Als Zeichen der Dankbarkeit und Anerkennung überreichte ihm der damalige Außenminister Hans Dietrich Genscher am 21. November 1989 ein erstes kleines Mauerstück. Ein Segment erhielt George H. W. Bush nach dem Ende

In Texas und Berlin zu sehen: das Mauerfalldenkmal von Veryl Goodnight
© Archiv Bundesstiftung Aufarbeitung

seiner Amtszeit am 21. April 1993 vom Berliner Senat. Es sollte Bestandteil der in College Station, einem Ort nördlich von Houston, gelegenen George H. W. Bush Präsidentenbibliothek werden. Der Transport des 2,6 Tonnen schweren Betonteiles wurde vom Axel Springer Verlag und der Krone AG gesponsert. Bis zur Fertigstellung des achtzig Millionen US-Dollar teuren Neubaus stand das Mauerteil auf dem Gelände der A & M University in Texas. Seit der Einweihung der George H. W. Bush Präsidentenbibliothek am 6. November 1997 ist es Hauptattraktion der Ausstellung „Die Berliner Mauer / Das Zeitalter der Freiheit". Neben dem Mauerteil kann man sich in der Bibliothek auch Filmausschnitte wichtiger internationaler Konferenzen ansehen, die unter Bushs Präsidentschaft das Ende des Kalten Krieges besiegelten. Vor der Bibliothek steht auch die Skulptur „The day the Wall came down – Der Tag, an dem die Mauer fiel" des Künstlers Veryl Goodnight. Ganz der texanischen Heimat von George H. W. Bush verschrieben, springen hier fünf wilde Bronzemustangs über die Berliner Mauer. Eine Kopie dieses Denkmals befindet sich seit dem 2. Juli 1998 vor dem AlliiertenMuseum in Berlin.

DALLAS, TEXAS
USA

Standort:
Hilton Anatole Hotel,
2201 Stemmons
Freeway

Die Mauer im

Hilton Anatole Hotel, Dallas,

Anatole Art Collection

© Photo courtesy of Hilton Anatole
and Marty Perlman Photography

Act up now" (Spielt jetzt verrückt) und „Smash nor male politix" (etwa: Zerschmettert auch die Politik der Männer) sprühte der Berliner Graffitikünstler Jürgen Große alias Indiano noch im November 1989 auf die Westseite einer Reihe von Mauerteilen an der West-Berliner Waldemarstraße. Die unverkennbaren „Dämonen" Großes verbreiteten die „global messages" – globale Botschaften – auf der bereits zum Abriss bestimmten Mauer. Die prägnanten Graffiti sind zusammen mit den Zeichnungen von Thierry Noir und Kiddy Citny über den gesamten Erdball verstreut. Neben London, Kentucky und New York fanden zwei dieser Segmente ihren Weg in das legendäre Hilton Anatole Hotel im texanischen Dallas. Wann und auf welchem Weg diese beiden Mauerteile dorthin gelangten, dazu konnte die Verwaltung des Hotels, auf deren Gelände die beiden Mauerteile stehen, nichts sagen. Sicher ist, dass sie sich seit mindestens 1992 in Texas befinden. Nach unbestätigten Informationen sollen sie von F. Trammel Crow, einem texanischen Immobilienunternehmer, gekauft worden sein.

Bei den Gästen des Hotels stoßen sie jedenfalls auf großes Interesse. Die Hotelverwaltung bemühte sich, auf einer Tafel einige Informationen zu den beiden Betonstelen bereitzustellen:

Berlin Wall with Graffiti. Symbols of freedom, measuring twelve feet high and four feet wide, these two massive segments of the Berlin Wall weight a total of 11,905 Pounds.
[Berliner Mauer mit Graffiti. Symbole der Freiheit, in den Ausmaßen von zwölf Fuß Höhe und vier Fuß Breite, wiegen die zwei massiven Segmente 11.905 Pfund.]

Vom Hotelgarten gelangten die Mauerteile inzwischen als Teil der Anatole Art Collection in den hoteleigenen Trinity Art Corridor.

221

Zehn Jahre und einen Tag nach dem historischen Fall der Berliner Mauer bekam der ehemalige amerikanische Außenminister James A. Baker am 10. November 1999 ein originales Mauerteil überreicht. Während fast alle Präsidenten-Gedenkstätten der Vereinigten Staaten seit 1945 inzwischen im Besitz eines oder mehrerer Mauersegmente waren, wurde James A. Baker als erstem Nichtpräsidenten diese Ehre zuteil. Damit wurden

vor allem seine historischen Verdienste um die deutsche Wiedervereinigung gewürdigt, die sich Baker während seiner Amtszeit zwischen 1989 und 1992 erworben hatte. Die texanische Rice University hatte das bedeutende Erbe des Staatsmannes schon früher erkannt. Noch vor dem Rücktritt Bakers im Sommer 1992 wandte sich der Politologe und Professor Richard J. Stoll an den Präsidenten der Rice University. Sein Vorschlag, ein „James A. Baker Institute for Public Policy" einzurichten, wurde aufgegriffen und bereits wenige Monate später in die Tat umgesetzt. 1995 kam noch die James A. Baker Halle auf dem Unicampus hinzu, neben der vier Jahre später auch das Mauerteil eingeweiht wurde. Neben dem deutschen Botschafter Jürgen Chrobog waren natürlich auch James Baker und alle Honoratioren der Hochschule zum Festakt erschienen.

Das Mauerteil selbst hingegen ist eher schlicht. Lediglich ein „Love He…" vor einem von einem Pfeil durchbohrten Herzen sowie passend dazu ein „Salut mes amis" („Hallo meine Freunde") hatten seinerzeit Mauermaler angebracht.

Auch Altbundeskanzler Helmut Kohl besuchte den ehemaligen Weggefährten James Baker in Texas. Bei seinem Besuch im September 2003 sprach er über die transatlantischen Beziehungen und ließ sich anschließend zusammen mit Baker vor dem Mauerteil fotografieren.

Nach Angaben der Rice University besprühten Studierende im Januar 2017, kurz vor der Amtseinführung des ehemaligen US-Präsidenten Donald Trump, das Segment mit Graffiti. Die aufgesprühten Slogans „ΔLOHΔ!" und „Trump 16!" verdeckten dabei die originalen Aufschriften. Der Präsident sowie die ehemalige Vizepräsidentin der Universität, David Leebron und Marie Lynn Miranda, bezeichneten die Aktion als besorgniserregend. Das Segment wurde mittlerweile restauriert.

CHARLOTTES-VILLE, VIRGINIA
USA

Standort:

University of Virginia,
vor der Alderman
Library,
160 McCormick Road

Die „Könige der Freiheit"

in Charlottesville, Virginia

© The Hefner Collection, LLC, owner
of the „Kings of Freedom" four
sections of the Berlin Wall

Kings of Freedom" – „Könige der Freiheit" – heißt das Kunstwerk auf den vier Segmenten der Berliner Mauer, die der Hefner Collection gehören und am 11. April 2014 als Leihgabe an der University of Virginia enthüllt wurden. Der König auf den beiden linken Segmenten strahlt froh und zufrieden in bunten Farben, der andere wurde in Grautönen gehalten, seine Augen sind verbunden und seine Mimik drückt Traurigkeit und Unzufriedenheit aus. Das farbenfrohe Gemälde, das die Lebendigkeit des Lebens in Freiheit darstellt, ziert die ehemalige Westseite der Mauer, während die ehemals dem Osten zugewandte Seite nicht gestaltet wurde. Der graue Beton bringt die Notlage von Menschen zum Ausdruck, die nicht in Freiheit leben. Die ungleichen Könige wurden 1990 von den beiden Berliner Streetart-Künstlern Dennis Kaun („Kaos") und Niklas Becker („BAS2") auf die Segmente gesprüht, als sie sich noch an ihrem ursprünglichen Standort in der Puschkinallee in Berlin befanden.

Inspiriert vom historischen Moment des Mauerfalles und der durch die „Kraft der persönlichen Freiheit" vereinten Menschen, hatten Robert A. Hefner III und seine Frau MeiLi 1990 die vier Teile der Mauer für ihre Kunstsammlung erworben. In den folgenden Jahren bereisten die Mauerteile zusammen mit ihren neuen Besitzern die Welt. So befanden sie sich bereits im Kirkpatrick Science and Air Space Museum in Oklahoma City und im Aspen Art Museum in Aspen, Colorado, bevor sie 2010 nach Singapur, dem Heimatland von Frau Hefner, zogen. Hier bekam die Mauer einen eigenen Platz im Bedok-Park, den Berliner Platz, wo die „Könige der Freiheit" in einer aufwendigen Glas- und Stahlinstallation präsentiert wurden. Als die Hefners 2013 nach Virginia zogen, kehrte die Mauer in die USA zurück und steht nun auf dem Campus der University of Virginia.

Standort:
Virginia War Museum, 9285 Warwick Boulevard

Die Mauer im
Virginia War Museum
© Virginia War Museum

Das Jahr 2009 markierte den 20. Jahrestag des Mauerfalles. Das Ausstellungsteam des Virginia War Museum nahm dies zum Anlass, sich in der Sonderausstellung „Turned Upside Down. The 20th Anniversary of the Fall of the Berlin Wall" mit der Berliner Mauer, die nicht nur eine Stadt, sondern vor allem ihre Bewohner trennte, zu befassen.

Das Museum selbst wurde 1923 gegründet und befindet sich im Huntington Park. Die Ausstellungen konzentrieren sich auf die amerikanische Militärgeschichte von 1775 bis zur Gegenwart. Präsentiert werden Waffen, Militärfahrzeuge, Uniformen und Plakate der verschiedenen Epochen/Perioden amerikanischer Geschichte. Im Kontext von deutsch-amerikanischer Geschichte beinhaltet die Sammlung ein Stück der äußeren Mauer des Konzentrationslagers in Dachau sowie zwei Segmente der Berliner Mauer. Die beiden Mauerstücke sind durch Zeitungsartikel und Uniformen der Nationalen Volksarmee auf jeder Seite eingerahmt.

Der Amerikaner Tie D. Sosnowski, heute Stiftungsratmitglied des Museums, erwarb die Originalsegmente der Berliner Mauer bei einem seiner Besuche in Berlin. Nach dem Transport von Berlin nach Bremen gelangten sie schließlich via Schiff mit der Orient Overseas Container Line nach Norfolk, Virginia. 1992 stiftete Tie D. Sosnowski sie dem Virginia War Museum. Es war ihm wichtig, Teile der Berliner Mauer zu erhalten in Erinnerung daran, wie kostbar und wertvoll Frieden ist. Laut Aussagen des Stifters standen sie während der Teilung der Stadt irgendwo zwischen Brandenburger Tor und Checkpoint Charlie. Die beiden Mauerstücke sind jedes für sich in etwa 1,5 Meter breit und 3 Meter hoch. Beide Mauerteile sind mit den deutschen Nationalfarben auf dem Kopf stehend bemalt und tragen den entsprechenden Schriftzug: „Auf den Kopf gestellt" – vielleicht symbolisch für die Gefühle vieler, die von dem zu diesem Zeitpunkt rasanten und unerwarteten Fall der Berliner Mauer überrascht wurden, so vermutet der Kurator des Museums, Dick Hoffeditz.

RESTON, VIRGINIA
USA

Standort:
Bundeswehrkommando
Reston, 1150 Sunrise
Valley Drive

Im Rahmen des transatlantischen NATO-Bündnisses arbeiten die deutschen Streitkräfte auch eng mit der US-amerikanischen Armee zusammen. In den Vereinigten Staaten besteht deshalb eine Vertretung der Bundeswehr, deren Zentrale in Reston, Virgina angesiedelt ist. Vor dem Bundeswehrkommando begrüßt ein 3,20 Meter hohes Mauerteil die Besucher. Es wurde 1991 von der Luftwaffe in die Vereinigten Staaten gebracht und aus Anlass der Eröffnung des neuen Dienstgebäudes eingeweiht. Der Kommandeur des Bundeswehrkommandos, General Gero Schachthöfer, teilte zur Bedeutung der Betonplatte mit: „Für die Soldatinnen und Soldaten und die zivilen Mitarbeiterinnen und Mitarbeiter, die in diesem Gebäude Dienst leiten, ist es – jeden Tag aufs Neue – Mahn- und Denkmal zugleich. Für unsere amerikanischen Gäste steht dieses Teil der Berliner Mauer für den Kalten Krieg, für die Überwindung der Teilung Deutschlands und Europas und für ein Stück Geschichte, an dem viele von ihnen durch persönliches Engagement positiv mitgewirkt haben." Am Fuße des Mauersegmentes, das ursprünglich an der Kreuzberger Waldemarstraße stand und noch Reste von Graffiti des Mauermalers Thierry Noir aufweist, ist eine kleine Tafel in englischer Sprache eingelassen, die dem Besucher die Bedeutung der Betonplatte erklärt:

Die Mauer vor dem
Bundeswehrkommando
in Reston
© Bundeswehrkommando
USA und Kanada

The Division of Berlin ended in November 1989. This original segment of the former Berlin Wall attests to the spirit of German-American Friendship.
[Die Teilung Berlins endete im November 1989. Dieses originale Segment der ehemaligen Berliner Mauer ist dem Geist der deutsch-amerikanischen Freundschaft gewidmet.]

Bis zum Mauerfall 1989 verlief über den Potsdamer Platz der Todesstreifen, der Ost- und West-Berlin teilte. Vor dem Zweiten Weltkrieg ein pulsierender Verkehrsknotenpunkt, herrschte danach vierzig Jahre lang Ödnis. Ende der 1970er Jahre begann die Daimler-Benz AG die Grundstücke an der Grenze vom West-Berliner Senat aufzukaufen. Als 1989 die Mauer fiel, beschloss der Konzern hier seine Niederlassung zu bauen. Die Grenzanlagen, inzwischen auf der West- und Ostseite von bekannten und namenlosen Mauerkünstlern mit buntem Graffiti bemalt, wurden abgerissen und zum Großteil zerschreddert. Einige wenige übrig gebliebene Teile schenkte Daimler-Benz seinen Geschäftspartnern in aller Welt. Bill Gates, Begründer des Microsoft-Konzerns, bekam im Frühjahr 1996 bei einem Besuch der Daimler-Benz AG

ein Mauersegment überreicht. Klaus Mangold, Mitglied des Aufsichtsrates des Autokonzerns, übergab das 2,6 Tonnen schwere Geschenk. Auf der ehemals Ost-Berlin zugewandten Seite hatte ein Unbekannter vermutlich im Überschwang der Freude über den Mauerfall einen Regenbogen und das Wort „Happy" („Glücklich") gemalt. Die Westseite des Mauerteiles ist ebenfalls in Farbe getaucht. Hier waren aber offensichtlich schon Generationen von Mauermalern am Werk, was mehrere Farbschichten bezeugen.

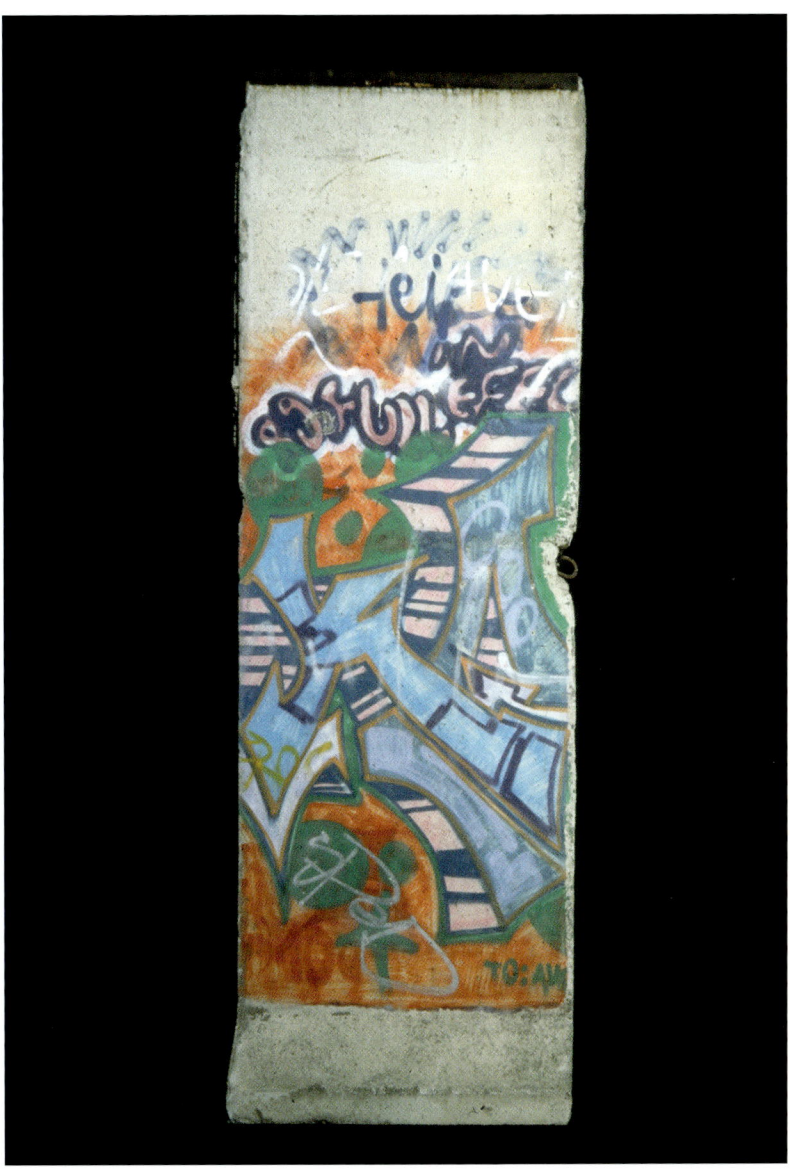

Die ehemalige Westseite der
Mauer bei Microsoft, Redmond

© With permission of the
Microsoft Art Collection

Die Betonstele traf fast pünktlich zum 35. Jahrestag des Mauerbaues am 15. August 1996 in Redmond ein, wo sie heute noch im Eingangsbereich zur Cafeteria steht. Für Besucher ist sie jedoch nicht zugänglich, dafür können es die Mitarbeiter des Software-Unternehmens jeden Tag bewundern.

227

Der Hamburger Unternehmer und Inhaber eines Münzhandelsgeschäftes, Achim Becker, hatte zur Internationalen Numismatikerkonferenz in Seattle 1990 ein besonderes Mitbringsel im Gepäck. Er ließ ein Segment der Berliner Mauer an die amerikanische Westküste bringen. Ursprünglich gedacht, um den Verkauf von deutschen Wiedervereinigungsmünzen zu bewerben, verblieb das 2,6 Tonnen schwere Betonteil schließlich in den USA. Der damalige Generalkonsul in Seattle, Hans von Beesten, überzeugte Becker, das Mauerteil als „Symbol der Freiheit" vor Ort zu belassen. Der Bürgermeister von Seattle, Norm Rice, nahm das Geschenk gerne an und ließ es im Hauptgebäude des Seattle Center aufstellen. Dort ist das auf den Namen „blutiger Erich" getaufte Mauerteil bis heute zu sehen. Ursprünglich am Potsdamer Platz befindlich, wurden auf der Westseite eindrucksvolle Graffiti angebracht. Unter den bedrohlichen und blutunterlaufenen Augen des DDR Staats- und Parteichefs ist eine Leiter zu sehen, über die der Weg in die Freiheit führt.

SEATTLE, WASHINGTON
USA

Standort:
Seattle Center,
305 Harrison Street

Der „blutige Erich" im
Seattle Center
© Stacey Warnke, Metairie

SEATTLE, WASHINGTON
USA

Standort:
750 N. 34th Street

Im Stadtteil Fremont der nordwestamerikanischen Großstadt Seattle ist seit März 2001 ein originales Segment der Berliner Mauer zu sehen. Es wurde dem History House of Greater Seattle (Geschichtshaus Seattle) übergeben, einem Museum, das sich der Geschichte der Stadt und seiner Einwohner verschrieben hat. Spender war der australische Geschäftsmann Carl Asmus, der das Mauerteil Anfang der 1990er Jahre erworben hatte.

Eigentlich sollte das Grenzrelikt neben einer umstrittenen Leninstatue auf dem Westlake Plaza platziert werden. Diese war 1993 von Lewis E. Carpenter für 13.000 US-Dollar der Stadtverwaltung von Poprad (Slowakei) abgekauft worden. Carpenter, den es zu Beginn der 1990er Jahre zeitweilig als Englischlehrer in die Ostslowakei verschlagen hatte, entdeckte das erst 1988 von Emil Venkov geschaffene und bereits ein Jahr später demontierte Monument. Für ihn war es nicht nur ein politisches, sondern auch ein künstlerisches Werk, weshalb er es auf eigene Kosten nach Seattle bringen ließ. Für viele Bürger von Seattle war die Lenin-Statue aber keineswegs nur ein kurioses Relikt des untergegangenen Ostblockes. Erst nach heftigen Kontroversen konnte es im Künstlerviertel Fremont aufgestellt werden. Hier steht der Bronzekoloss bis heute, aber nicht als unantastbares Mahnmal, sondern als Kunstobjekt, das je nach Anlass umdekoriert wird. Zu Weihnachten wird Lenin ein leuchtender roter Stern auf den Kopf gesetzt, während der alljährlichen Schwulen- und Lesbenparade wird der Revolutionär in Frauenkleider gehüllt.

Trotzdem hielten die Kontroversen an. Nicht nur Carl Asmus wollte dem Lenin-Denkmal mit dem Mauerteil etwas entgegensetzen. Ihm schwebte ein Denkmal für die amerikanischen Piloten der Berliner Luftbrücke von 1948 vor. Da diese Pläne nicht realisiert werden konnten, blieb das Mauerteil vor dem History House stehen, bis dieses 2016/2017 an einen anderen Standort umzog. Anstelle des Museums wurde ein Bürogebäude errichtet, das auch ein türkisches Restaurant und Teehaus, das Café Turko, beheimatet. Neben dem Segment, das seinen neuen Platz vor dem Café Turko gefunden hat, befindet sich eine Informationstafel, mit der an die Luftbrücke von 1948 erinnert und der Burke Familie sowie dem History House für den Erhalt des Mauerstückes gedankt wird.

Die Mauer vor dem Café Turko in Seattle
© Sureyya Gokeri

Zum 31. Dezember 2019 schloss mit dem Newseum in Washington das weltweit größte Museum zum Thema Journalismus für immer seine Pforten. Bereits Jahre zuvor war bekannt geworden, dass die seit 1997 bestehende Einrichtung große Verluste einfuhr, obwohl es weltweite Bekanntheit genossen und über 800.000 Besucher jährlich angezogen hatte. Im Eingangsbereich des siebenstöckigen Museums waren die Besucher von einem zwölf Meter hohen Wachturm empfangen worden, von dem aus

die DDR-Grenztruppen einst den Todesstreifen an der Stallschreiberstraße in Berlin-Kreuzberg überwacht hatten. Davor waren acht Segmente der Berliner Mauer zu sehen, die vermutlich von der Ecke Bethaniendamm/Leuschnerdamm in Berlin-Kreuzberg stammen. Dabei handelte es sich um das zeitweilig weltgrößte Ensemble von Relikten der Berliner Mauer außerhalb Deutschlands. Das erste Stück der Sammlung war der Wachturm, der auf Betreiben des Begründers des Mauermuseums – Museum „Haus am Checkpoint Charlie", Rainer Hildebrandt, vor dem Abriss gerettet werden sollte. Als das Grundstück, auf dem der Turm stand, im Herbst 1993 verkauft werden sollte, wollte Hildebrandt den Wachturm vor der Zerstörung retten und bot ihn für gemeinnützige Zwecke kostenlos an. Einzige Bedingung: Der neue Eigentümer müsste den Transport selbst finanzieren. Chris Wells, Vizepräsidentin des im Aufbau begriffenen Freedom Parkes in Arlington bei Washington, ergriff diese einmalige Chance. Sie reiste nach Berlin und arrangierte zusammen mit dem Mauermuseum den Abbau und die Verladung des mehrere Tonnen schweren Ausstellungsstückes. Den Transport nach Amerika übernahm die Spedition Heilmann, die selbst auch im Besitz mehrerer Mauersegmente war. Wells nutzte diese Gelegenheit und kaufte zwölf Segmente, die mit Graffiti von berühmten Mauerkünstlern wie Thierry Noir und Jürgen Große alias Indiano verziert waren. Der Kaufpreis für die zwölf Mauerplatten in Höhe von 36.000 US-Dollar war fast genauso hoch wie die Transportkosten in den Hafen von Baltimore, der mit 40.000 US-Dollar zu Buche schlug. Im Juli 1994 war die wertvolle Fracht schließlich eingetroffen und wurde mit Tiefladern die knapp 100 Kilometer nach Arlington gebracht. Vier der wertvollen Mauerteile hatten während der langen Reise Schäden davongetragen oder wurden von den Museumskuratoren als nicht ausstellungswürdig befunden, sodass nur acht Eingang in die Ausstellung fanden. Nach der Eröffnung des Freedom Parkes 1997 wurden Wachturm und Mauerteile zu Hauptattraktionen des Newseums. Aus Anlass des 10. Jahrestages des Mauerfalles wurde mit viel politischer Prominenz eine neue Mauerausstellung eingeweiht. James Baker, 1989 Außenminister der USA, war ebenso anwesend wie Marianne Birthler, die damalige Leiterin der Stasi-Unterlagen-Behörde in Berlin. Zu den originalen Grenzrelikten wurden Bilder von der deutschen Teilung sowie eine Filmdokumentation über die Rolle der Medien in beiden deutschen Staaten hinzugefügt. 2006 schloss das Newseum seine Tore in Arlington und eröffnete 2008 seine Ausstellung im Herzen der amerikanischen Hauptstadt. Nach der Schließung des Museums Ende 2019 wurden die Mauersegmente in einem Depot eingelagert.

WASHINGTON, D.C.
USA

Standort:

National Museum of
American Diplomacy,
Harry S. Truman
Building

Das „Signature Segment"
im National Museum of
American Diplomacy

© National Museum of American
Diplomacy

Seit 2015 steht das „Signature Segment" direkt am Eingang des National Museum of American Diploma-cy im Harry S. Truman Building, dem Hauptsitz des US-Außenministeriums in Washington, D. C. Seinen Namen hat das Mauerstück, weil es die Unterschriften von 27 Persönlichkeiten trägt, die auf ganz unter-schiedliche Weise zum Fall der Mauer oder zur deutschen Wiedervereinigung beigetragen haben. Zuerst hatten sich am 30. Oktober 2009 der ehemalige US-Präsident George H. W. Bush, der ehemalige deutsche Bundeskanzler Helmut Kohl und der einstige sowjetische Staats- und Parteichef Michail Gorbatschow mit

Anlieferung des
„Signature Segments" im
National Museum of
American Diplomacy

© Nicole Glass / Deutsche Botschaft
Washington / dpa / Picture Alliance

ihren Unterschriften auf dem Mauer-stück verewigt. Wenige Wochen später erwarb dann die in Leipzig ansässige Verbundnetz Gas AG (VNG) in der von der *Bild*-Zeitung initiierten Hilfsorgani-sation „Ein Herz für Kinder" das Seg-ment, wobei der damalige Vorstands-vorsitzende der VNG, Klaus-Ewald Holst, in der im ZDF ausgestrahlten Spendengala den Bogen zum 9. Okto-ber 1989 schlug, als in Leipzig Zehn-tausende Menschen auf die Straße gin-gen, um für Freiheit und Demokratie zu protestieren. Hierzu passte die bereits mit Blick auf das 20-jährige Jubiläum des Mauerfalles vorgenommene Bemalung des Segmentes des Leipziger Künstlers Michael Fischer-Art, unter anderem mit Szenen der Friedlichen Revolution und dem Schriftzug „Wir sind das Volk". Zudem kündigte die VGN an, das Mauerstück im Rahmen des Projektes „Mauerfälle" auf eine „Bildungsreise für Demokratie und Freiheit" durch ganz Europa zu schicken.

Bundespräsident Joachim Gauck, US-Außenminister John Kerry und der ehemalige Nationale Sicherheitsberater der USA Brent Scowcroft bei der Einweihung des „Signature Segments" am 7. Oktober 2015
© National Museum of American Diplomacy

Die erste Station war die Leipziger Buchmesse 2010, wo mit dem Leipziger Pfarrer Christoph Wonneberger und dem polnischen Gewerkschaftsführer sowie Friedensnobelpreisträger Lech Wałęsa zwei Protagonisten von 1989 auf dem Mauerstück unterschrieben. In Chemnitz signierte der Theologe und Mitbegründer der Runden Tische, Christoph Magirius, das Mauerstück, in München unterschrieb dann der ehemalige Leipziger Pfarrer Stephan Bickhardt und erinnerte an die Menschen, die an der Mauer gestorben sind. In Essen fügte Horst Teltschik, der als Berater von Helmut Kohl maßgeblich an den Beratungen zur deutschen Einheit beteiligt war, seine Unterschrift hinzu. Als das Mauerstück im norwegischen Stavanger zu sehen war, unterzeichnete mit dem ehemaligen deutschen Außenminister Hans-Dietrich Genscher ein weiterer wichtiger Wegbereiter der deutschen Einheit das Mauerstück. Nach Stationen in Neubrandenburg, Dresden, Brüssel, Nordhausen, Wittenberg, Erfurt und Hoyerswerda hatten weitere Protagonisten der Friedlichen Revolution und Wiedervereinigung auf dem Mauerteil unterschrieben: die ehemaligen Bürgerrechtler Uwe Schwabe, Matthias Platzeck, Arnold Vaatz, Werner Schulz, Frank Richter, Friedrich Schorlemmer, Katrin Hattenhauer und Herbert Wagner sowie der Dirigent Kurt Masur und der deutsch-ungarische Musiker Leslie Mandoki. Unter den Politikern, die heute auf dem Segment verewigt sind, befinden sich Bundeskanzlerin Angela Merkel, der ehemalige Chef des Kanzleramtes Rudolf Seiters, der letzte Ministerpräsident der DDR Lothar de Maizière und der ehemalige US-Außenminister James A. Baker III sowie Brent Scowcroft, der als Berater von Präsident Bush die Wiedervereinigung begleitet hatte. Auch VNG-Chef Klaus-Ewald Holst hat das Segment unterschrieben.

Ursprünglich war vorgesehen, dass das „Signature Segment" seinen endgültigen Standort in Leipzig finden sollte. Doch 2014 bot die VNG das Mauerteil der amerikanischen Denkfabrik The Atlantic Council an, um deren Verdienste um das transatlantische Verhältnis zwischen Europa und den USA zu würdigen. The Atlantic Council sandte es anlässlich des 25. Jahrestages des Mauerfalles an die deutsche Botschaft in Washington, wo es zunächst ausgestellt wurde. 2015 wurde es dann in das damals noch „Diplomacy Center" genannte National Museum of American Diplomacy gebracht. Das symbolträchtige Mauerstück befindet sich weiterhin im Besitz der VNG, ist aber eine Dauerleihgabe an das Museum, das sich der Geschichte der amerikanischen Diplomatie widmet. Am 7. Oktober 2015 nahm der damalige US-Außenminister John Kerry im Namen des Museums das „Signature Segment" offiziell von Bundespräsident Joachim Gauck entgegen. Als ehemaliger Bundesbeauftragter für die Unterlagen des Staatssicherheitsdienstes und einstiger Bürgerrechtler aus der DDR hatte Gauck dieses bereits im Oktober 2010 auch selbst unterzeichnet.

WASHINGTON D.C.
USA

Standort:

Ronald Reagan
Building and
International Trade
Center,
1300 Pennsylvania
Avenue

Gewaltig und massig erhebt sich das Ronald Reagan Building and International Trade Center in der Pennsylvania Avenue in unmittelbarer Nachbarschaft zum Weißen Haus und zum Capitol. Unter der Präsidentschaft Ronald Reagans wurde der Bau des Komplexes 1987 beschlossen. Heute residieren in ihm US-Regierungsbehörden und internationale Unternehmen. Nach achtjähriger Bauzeit war das Gebäude am 5. Mai 1998 schließlich eingeweiht worden. Drei Jahre zuvor hatte der Kongress mit überwältigender Mehrheit dafür gestimmt, es nach Reagan zu benennen. Als Einweihungsgeschenk überreichte die deutsche Daimler-Benz AG ein Segment der Berliner Mauer. Die Betonplatte stammt von der ehemaligen Grenze am Brandenburger Tor. Wie die Infotafel daneben berichtet, wurden die bunten Graffiti am 11. November 1989, zwei Tage nach dem Mauerfall, aufgesprüht.

Original section of the Berlin Wall

At the conclusion of World War II, Berlin was administratively separated into four sectors, each controlled by one of the allies. Russia controlled the entire eastern half of the city, placing it firmly within the sphere of influence of the Communist Bloc. Over the years, the divided city of Berlin became the focal point of tension between East and West and a symbol of the continuing Cold War.

In August 1961, East Germany's ruling Socialist Party constructed a 103 mile-long wall surrounding West Berlin, which had remained „free" since the end of World War II. The wall's purpose was to prevent Eastern Germans from leaving the east, in search of freedom in the western parts of the city.

On June, 12, President Ronald Reagan visited West Berlin, stood before the Brandenburg Gate and sent a message to the General Secretary of the Soviet Union:

„Mr. Gorbachev, open this gate! Mr. Gorbachev, tear down this wall!"

Lees than two and on-half year later on November 9, 1989, the Berlin Wall was opened and the city of Berlin was free to unite once again. Over the 28 years the wall stood separating east from west, hundreds of east Berliners were killed to escape to the west by climbing over the wall.

This section on display was cut from an inner city section of the wall very near the Brandenburg Gate. The graffiti is original and appears as it did on November 11, 1989, when the eastern part of the city was reopened.

From the employees of Daimler-Benz and the citizens of Berlin, Germany

[Originales Mauerteil

Im Ergebnis des Zweiten Weltkrieges wurde Berlin administrativ in vier Sektoren aufgeteilt, die jeweils von einem der Alliierten kontrolliert wurden. Russland kontrollierte den gesamten Osten der Stadt, der damit fest unter dem Einfluss des kommunistischen Blocks stand. Im Verlaufe der Jahre wurde die geteilte Stadt zum Brennpunkt der Spannungen zwischen Ost und West und ein Symbol für den andauernden Kalten Krieg.

Im August 1961 baute die in Ostdeutschland herrschende Sozialistische Partei eine 103 Meilen lange Mauer um West-Berlin, das seit dem Ende des Zweiten Weltkrieges „frei" geblieben war. Die Mauer wurde gebaut, um Ostdeutsche auf der Suche nach Freiheit vom Verlassen des Ostens in die westlichen Teile der Stadt zu hindern.

Am 12. Juni 1987 besuchte Präsident Ronald Reagan West-Berlin. Er stand vor dem Brandenburger Tor und schickte an den Generalsekretär der Sowjetunion eine Botschaft:

„Herr Gorbatschow, öffnen Sie dieses Tor! Herr Gorbatschow, reißen Sie diese Mauer nieder!"

Weniger als zweieinhalb Jahre später wurde die Berliner Mauer am 9. November 1989 geöffnet und die Stadt Berlin war frei, um sich wieder zu vereinigen. Mehr als 28 Jahre stand die Mauer, sie teilte den Osten vom Westen und Hunderte Ost-Berliner wurden beim Versuch, die Mauer zu überwinden und zu fliehen, getötet.

Das hier gezeigte Teil wurde aus einem Abschnitt der Mauer im Stadtzentrum, in unmittelbarer Nähe zum Brandenburger Tor, herausgeschnitten. Die Graffiti sind original, so wie sie am 11. November 1989 angebracht wurden, als der Ostteil der Stadt geöffnet wurde.

Von den Mitarbeitern von Daimler-Benz und den Einwohnern von Berlin]

Die Mauer im Ronald Reagan Building, Washington
© Kelly Cutchin

WASHINGTON D.C.
USA

Standort:
Johns Hopkins University, School for Advanced International Studies, 1740 Massachusetts Avenue

Die Mauer in der School for Advanced International Studies, Washington
© Kelly Cutchin

Jack Janes, Direktor des Lehrstuhls für Deutschlandstudien an der School of Advanced International Studies (SAIS) in der Johns Hopkins Universität in Washington D.C., reiste im Sommer 1994 nach Berlin, um für seine Hochschule ein Stück der Berliner Mauer zu erwerben. Janes nahm Kontakt zum Berliner Senat auf, der das Anliegen unterstützte. Da keine kleinen Bruchstücke vorhanden waren, sondern nur komplette Segmente, musste Janes seine Pläne ändern. Der vorgesehene Aufstellungsort im Konferenzraum des Instituts war angesichts eines Gewichtes von 2,6 Tonnen hinfällig geworden. Dennoch ließ Janes die Chance nicht ungenutzt und suchte sich von den eingelagerten Mauersegmenten, die der Berliner Senat in Reserve hatte, ein Teil aus. Seine Wahl fiel auf ein Betonsegment, auf dem er ein Graffito mit den Anfangsbuchstaben „FR" sah. Im festen Glauben, dass das Wort „frei" heißen würde und damit von hoher Symbolkraft wäre, vereinbarte er den Transport in die USA. Als Janes das Mauerteil dann in Washington genauer begutachtete, war aus „frei" einfach „Fred" geworden. Der historischen Bedeutung des Mauerteiles tat dies allerdings keinen Abbruch.

Bis die tonnenschwere Fracht allerdings in den USA eintraf, mussten noch einige Probleme gelöst werden. Die Transportkosten und die Aufstellung auf dem Unicampus waren zu organisieren. Paul Wolfowitz, Dekan der Hochschule und späterer Präsident der Weltbank, unterstützte das Vorhaben ebenso wie Ted Baker von der Hochschulverwaltung. Trotz dieser Zusagen war der Transport noch immer zu teuer, weshalb sich die Universität an die Bundeswehr mit der Bitte wandte, das Mauerteil in die USA zu bringen. Die Anfrage blieb zunächst unbeantwortet. Erst Jahre später erhielt Janes einen Anruf vom deutschen Militärattaché, in dem dieser ihm mitteilte, dass das Mauerteil auf einem Luftwaffenstützpunkt in Virginia eingetroffen sei. Einer Aufstellung in Washington stand somit nichts mehr im Wege. Am 5. November 1997, vier Tage vor dem achten Jahrestag des Mauerfalles, wurde das Segment schließlich eingeweiht.

Eine der Zufahrten zum CIA-Hauptquartier in Langley, einem Vorort von Washington D.C., ist seit dem 18. Dezember 1992 mit drei Teilen der Berliner Hinterlandmauer versperrt. Wie auch die Website des US-Auslandsgeheimdienstes vermerkt, müssen die CIA-Mitarbeiter das Mauerdenkmal absichtlich umgehen. Schließlich hätten die Betonteile jahrzehntelang auch alle Verbindungen zwischen und Ost und West verhindert. Um den heutigen Generationen ei-

nen Eindruck von der Berliner Mauer zu vermitteln, wurde auf diesen Lerneffekt der Mitarbeiter abgezielt. Die Einweihung im Winter 1992 war die erste Aufstellung von Mauerteilen in der amerikanischen Hauptstadt. Sie kamen als Geschenk der Bundesrepublik Deutschland hierher, nachdem sie zuvor 1990 als Teil der Berliner Hinterlandmauer am Potsdamer Platz demontiert worden waren. Die bunten Graffiti „The wind cries freedom" („Der Wind ruft Freiheit") und der oft zitierte Ausspruch des Ex-Präsidenten Ronald Reagan „Tear down the wall" („Reißen Sie die Mauer nieder") sollen noch Originale sein.

Der Befehlshaber der US-Streitkräfte in Berlin, General Haddock, unterstützte das Vorhaben und war auch bei der feierlichen Einweihung zugegen. Robert Gates, Chef des CIA, erklärte bei dieser Gelegenheit auch, warum die Mauer in der Geheimdienstzentrale gut aufgehoben sei. Im selben Jahr, als die Mauer gebaut wurde, bezog der CIA das neue Gebäude in Langley. Darüber hinaus „war es in Berlin, wo wir daran arbeiteten, die Barrieren einzureißen. Zu den Namen derer, die dort arbeiteten, Risiken auf sich nahmen und für die Freiheit kämpften, gehören einige der bekanntesten in der Geschichte des CIA. (…) Amerikas Geheimdienste waren gut auf die Anforderungen des Kalten Krieges vorbereitet, wo militärische Gewalt zu scharf und freundliche Diplomatie zu mild war. Wir halfen unseren Führern durch diese unsicheren Gewässer zu navigieren; wir informierten sie über die Gefahr eines Krieges und die Möglichkeiten für den Frieden." Schlussendlich spielte der amerikanische Geheimdienst eine „Schlüsselrolle bei der Verhinderung des Dritten Weltkrieges und beim Triumph über den Kommunismus", wie Gates bemerkte. Vernon A. Walters, Topagent, ehemaliger CIA-Vizechef und während des Mauerfalles US-Botschafter in Bonn, erinnerte an seine Eindrücke in Berlin am 10. November 1989, als er zusammen mit Haddock an der Glienicker Brücke die Maueröffnung selbst erlebte. Die Überwindung des Eisernen Vorhanges war auch für ihn ein persönlicher Sieg, den sich letztlich alle Geheimdienstler zuschreiben könnten. Sie, „die Besatzung der belagerten Zitadelle, die niemals fiel. Sie fiel niemals dank Euch", rief er abschließend seinen ehemaligen Kolleginnen und Kollegen zu.

EUROPA

NORDAMERIKA

ZENTRALAMERIKA

SÜDAMERIKA

AFRIKA

ASIEN

AUSTRALIEN UND OZEANIEN

MARS

Ein Segment der Berliner Mauer hat seinen Weg auf das Inselparadies Bahamas gefunden. Es steht auf einem privaten Grundstück im Reichenviertel Lyford Clay der Hauptstadt Nassau. Das exklusive Wohnviertel, in dem sich zahlreiche Millionäre und Milliardäre aus aller Welt niedergelassen haben, ist von der Außenwelt weitgehend abgeschirmt. Wem das Mauerteil gehört und wann es auf die Bahamas kam, ließ sich nicht ermitteln. Es ist jedoch wahrscheinlich, dass ein US-Amerikaner die geschichtsträchtige Betonstele in die Karibik bringen ließ. Für die USA ist das Eiland ein beliebter Ferien- sowie Ausflugsort und in keinem anderen Land der Erde dürfte die Begeisterung für Mauerreste so groß sein wie dort. In den Vereinigten Staaten wurden, abgesehen von Deutschland, die meisten Mauerteile als Denkmäler wieder aufgestellt. Sicher ist, dass das Mauersegment auf der ersten großen Mauerauktion in Monaco am 23. Juni 1990 zur Versteigerung kam. Unter der Position Nr. 16 wurde die 2,6 Tonnen schwere Betonstele vom Potsdamer Platz für 40.000 Francs ausgerufen. Auf der Oberseite ist der Schriftzug „Hello Virgin" („Hallo Jungfrau") zu lesen; die anderen bunten Graffiti stammen von anonymen Mauerkünstlern.

NASSAU
BAHAMAS

Standort:
Lyford Clay

SAN JOSÉ
COSTA RICA

Standort:

Außenministerium der
Republik Costa Rica,
Avenida 7 y 9,
Calle 11 y 13

Die Mauer im

Außenministerium von

Costa Rica

© Außenministerium von Costa Rica

Im Garten des als „Casa Amarilla" („Gelbes Haus") bekannten Außenministeriums der Republik Costa Rica
befindet sich seit 1994 ein originales Segment der Berliner
Mauer. Gestiftet hat es der ehemalige deutsche Außenminister und Ehrenbürger des lateinamerikanischen Inselstaa-
tes, Hans Dietrich Genscher. Er kam damit einer Bitte des
damaligen costa-ricanischen Außenministers und persönlichen Freundes, Bernd Niehaus, nach, der Genscher um
ein Mauerstück gebeten hatte. Die Republik sollte das erste
Land Lateinamerikas sein, das ein Mauerteil sein eigen nennen konnte. Mit Unterstützung der Hapag Lloyd wurde das
2,6 Tonnen schwere Betonteil in die Hauptstadt San Jose
gebracht. Um dieses Symbol der Freiheit angemessen zu
präsentieren, sollte es in einem „Garten der Freiheit" aufgestellt werden. Der Plan zerschlug sich jedoch. So steht das
Mauersegment bis heute im Garten des Außenministeriums
inmitten eines kleinen Wasserbeckens. Für die Öffentlichkeit ist das Gelände zwar nicht zugänglich, das Mauersegment kann aber von der Straße aus eingesehen werden.

Die Mauer im

Außenministerium von

Costa Rica

© Außenministerium von Costa Rica

Der neugestaltete Plaza de Berlín in Guatemala-Stadt, 2018

© Deutsche Botschaft Guatemala

Auf dem Plaza de Berlín (Berliner Platz) in Guatemala-Stadt wurde am 23. Mai 1995 das Denkmal „Berlín por la Libertad" („Berlin für die Freiheit") der Öffentlichkeit übergeben. Der deutsche Botschafter, Joachim Neukirch, und der Bürgermeister der guatemaltekischen Hauptstadt, Oscar Berger Perdomos, übergaben im Beisein des Präsidenten der deutsch-guatemaltekischen Handelskammer, Eugenio Bosch, drei Mauerteile der Öffentlichkeit. Seitdem stehen sie in einem mehr als zehn Meter langen Wasserbecken. Die Überwindung der Unfreiheit und das Eintreten für die demokratischen Grundwerte sollten mit diesem Bauwerk den Einwohnern des lateinamerikanischen Staates nähergebracht werden. Die kleine Plakette mit der spanischen Aufschrift „La fé del hombe por la libertad es más fuerte cualquier muro" („Der Glaube des Menschen an die Freiheit ist stärker als jede Mauer") erinnert daran, dass dies auch im Falle des geteilten Deutschlands möglich gewesen war.

Die Initiative für das Mauerdenkmal ging ursprünglich von der deutsch-guatemaltekischen Handelskammer aus. Deren damaliger Vorsitzender, Manfred Kratz, trug die Idee eines Mauerdenkmales bereits 1990 dem Bürgermeister von Guatemala-Stadt vor. Nach Rücksprachen mit dem Berliner Senat und der Wahl von Oscar Berger zum Bürgermeister der guatemaltekischen Hauptstadt gewann das Projekt an Kontur. Im August 1991 beschloss der Senat der deutschen Hauptstadt, Guatemala drei Mauerteile für das Vorhaben zur Verfügung zu stellen. Dank der Unterstützung der Unternehmen Schenker und Hapag Lloyd konnte die mehr als sieben Tonnen schwere Fracht die Reise antreten. Am 2. September 1991 trafen die Segmente im Hafen von Santo Tomás de Castilla ein. Die Kosten für den Bau des Denkmals waren dann jedoch höher als geplant. Der ambitionierte Entwurf des Architekten Fidel Roberto Reyna sieht ein Wasserbecken vor, auf dessen Grund großflächige Mosaike angebracht werden. Dahinter erhebt sich eine mehr als drei Meter hohe Betonwand mit abstrakten Reliefs, in deren Mitte zwischen einer Karte des geteilten Berlins und der beiden deutschen Staaten ein Brustbild Alexander von Hum-

Die Mauer in Guatemala-Stadt nach der Bemalung durch Daniela Dávila
© Deutsche Botschaft Guatemala

boldts zu sehen ist. Die Mauerteile selbst stehen am rechten Rand auf drei unterschiedlich hohen Sockeln. Als Erinnerung an den Mauerfall ist das Letzte umgekippt. Nach mehr als vier Jahren Planungs- und Bauzeit waren die Arbeiten im Frühjahr 1995 abgeschlossen. Die wenig einladende Plaza de Berlín erhielt damit eine neue Attraktion. Schon dessen Einweihung war dreißig Jahre zuvor von Schwierigkeiten begleitet. Als der damalige Stadtbezirksbürgermeister des 13. Distrikts, Arturo Sandoval Soto, 1965 vorschlug, die damals dort befindliche Müllhalde am Ende der Avenida de las Américas in einen „Berliner Platz" umzuwandeln, traf diese Idee auf wenig Gegenliebe. Soto, dessen Frau deutsche Staatsbürgerin und der selbst zugleich Vorstandsmitglied der dortigen Alexander von Humboldt Gesellschaft war, trat mit seiner Idee entgegen den Widerständen des Gemeinderates an den Bürgermeister von Guatemala-Stadt, Fransisco Montenegro Sierra, heran. Dieser wiederum setzte sich mit seinem Berliner Kollegen, Willy Brandt, in Verbindung, der das Vorhaben begrüßte. Mit dem Verweis, dass das Streben nach der Einheit Berlins und der Einheit Lateinamerikas eine gemeinsame historische Aufgabe seien, konnten die Kritiker in Guatemala-Stadt schließlich überzeugt werden. Im November 1965 wurde der Plaza de Berlín im Beisein vom Berliner Senator Klaus Schultz vom guatemaltekischen Staatspräsidenten Oberst Enrique Peralta Azurdia eingeweiht.

Mithilfe des Convivir-Programmes der deutschen Entwicklungshilfe und der Stadtverwaltung Guatemala wurde im Jahr 2018 die Plaza de Berlín grundlegend renoviert. Im Zuge des Umbaues erhielten auch die drei Mauerteile einen neuen farbenprächtigen Anstrich: Die guatemaltekische Künstlerin Daniela Dávila gewann einen von der deutschen Botschaft in Guatemala ausgeschriebenen Gestaltungswettbewerb. Um sich auf die Aktion vorzubereiten, reiste sie nach Berlin, wo sie sich mit der deutschen Teilung beschäftigte. Im November 2018 bemalte die Künstlerin zusammen mit über 80 Freiwilligen aller Altersgruppen die drei Mauerstücke, die jeweils ein schwarzes Graffito auf buntem Untergrund tragen. Die aufgesprühten Symbole – ein Schmetterling, das Friedenszeichen als Handgeste und eine in Ketten gelegte Faust – sollen nach der Künstlerin die Botschaft von Leben, Frieden, Freiheit und friedlichem Miteinander vermitteln.

Standorte:

Deutsche Schule,
Paseo Alexander von
Humboldt No. 2 – III,
Sección Lomas Verdes,
Naucalpan de Juárez

Deutsche Schule,
Av. México 5501,
Col. Huichapan
(La Noria),
Del. Xochimilco

Die Einweihung des Mauer-
teiles in der Nordschule am
3. Oktober 1990
© Peter Thomann

Zur Wiedervereinigung der beiden deutschen Staaten am 3. Oktober 1990 wurden in Mexiko-Stadt zwei Segmente der Berliner Mauer aufgestellt. Jeweils eins steht in den beiden zum „Alexander von Humboldt Kollegium" gehörenden deutschen Schulen – im südlichen Stadtteil Xochimilco und in Lomas Verdes, im Norden der Stadt. Zusammen mit einer weiteren Grundschule und einem Kindergarten werden hier mehr als 34.000 mexikanische und deutsche Kinder unterrichtet. Damit gehört das bereits 1884 gegründete „Alexander von Humboldt Kollegium" zu den größten deutschen Auslandsschulen überhaupt.

Zu den Klängen mexikanischer Volksmusik und Beethovens „Ode an die Freude", die der Schulchor auf Deutsch sang, wurden die Mauerteile enthüllt. Der damalige Schulleiter, Philipp Fabry, gebürtig aus der Eiffel, hielt die Festansprache. An dem Festakt nahmen unter anderem auch der mexikanische Staatspräsident Carlos Salinas de Gortaris sowie der Bildungsminister Manuel Bartlett Díaz und der damals noch amtierende stellvertretende Ost-Berliner Oberbürgermeister, Hartmut Hempel, teil.

Die Idee, die Mauerteile aufzustellen, war dem Vorstandsvorsitzenden des Humboldt-Kollegiums, Gerhart E. Reuss, bei der Lektüre des „Economist" Anfang 1990 gekommen. Dort hatte die mit dem Mauerverkauf beauftragte West-Berliner Firma LeLé Berlin Wall Verkaufs- und Wirtschaftswerbung GmbH Mauersegmente inseriert, deren Erlös karitativen Zwecken in der DDR zugutekommen sollte. Reuss, der im Vorstand der Filiale des deutschen Versicherungsunternehmens „Allianz" tätig war, konnte die ebenfalls deutschstämmigen Unternehmer Erich und Kurt Vogt aus Mexiko-Stadt als Sponsoren für das Projekt gewinnen. Reuss fuhr nach Ost-Berlin, um den Kauf der Segmente persönlich abzuwickeln. Seine Kontakte mit dem für den Mauerverkauf beauftragten DDR-Unternehmen Limex hat er wie folgt in Erinnerung behalten:

Das Mauerteil vor der
deutschen Südschule in
Mexiko-Stadt
© Ludwig Johannsen

„100.000 Mark sei der Marktpreis, der für zwei Blöcke der Mauer von je 3,60 m Höhe und einem Gewicht von jeweils zweieinhalb Tonnen zu zahlen war. Da es sich aber um deutsche Schulen handle, wolle man einen Preis von 30.000 Mark akzeptieren. Der Erlös würde der Charité zufließen und man versprach (und lieferte dann auch bei Übergabe) ein entsprechendes Zertifikat. Aber aussuchen möchte man die Stücke selbst. Natürlich, kommen Sie morgen wieder und ein Offizier der Volkspolizei wird Sie zum Lagerplatz bringen. Den Kaufpreis brachten Reuss und die Brüder Vogt vom Vorstand der deutschen Schule in Mexiko-Stadt auf. In der Tat, der Mann war pünktlich und brachte mich in seinem Wagen zu einer außerhalb der Stadt gelegenen Volkspolizeikaserne. Bis dahin unterlag auch ich dem Eindruck, dass in Ostdeutschland ein zwar immerhin im Abtritt befindliches, aber intern noch solides Staatswesen herrsche.

Von West-Berlin nach
Mexiko-Stadt – das Mauerteil
in der Nordschule

© Archiv Bundesstiftung Aufarbeitung,
Bestand Rosmarie Gentges, Nr. 8

Das Mauerteil in der deutschen Nordschule von Mexiko-Stadt

© Ludwig Johannsen

Diese Meinung änderte sich schlagartig, als ich an den Wachen vorbei in das Kasernengelände chauffiert wurde. Mit losen Schlipsen, ins Genick geschobenen Uniformmützen und Zigaretten im Mundwinkel, winkten uns die Wachen vorbei – da wurde mir klar: jener Staat ist am Ende. Auf einer riesigen Wiese hinter der Kaserne lagen und standen Hunderte von Mauersegmenten – und mein Offizier sagte mir, wie einem Kinde im Süßwarenladen, Herr Reuss, suchen Sie einfach aus. Ich garantiere, dass Sie die richtigen Stücke bekommen. So geschah es. Mithilfe der großzügigen Spende einer deutsch-mexikanischen Reederei wurden die Segmente nach Mexiko verschifft."

Am Fuße des Mauerteiles in der Südschule wurde eine kleine Tafel angebracht, auf der auf Deutsch „DEN TOTEN ZUR EHRE, DEN LEBENDEN ALS MAHNUNG" zu lesen ist. Die Graffiti zeigen noch Reste der berühmten Mauerköpfe von Thierry Noir, die Mitte der 1980er Jahre an der Kreuzberger Waldemarstraße gemalt worden waren.

In der Nordschule fand das Mauerteil neben dem Eingang seinen neuen Standort. Ein Metallrahmen schützt das ebenfalls von Noir an gleicher Stelle gemalte Graffito. Die ursprünglich in Berlin links davon stehenden Mauerteile sind heute als „König Buffo" in Paris zu sehen.

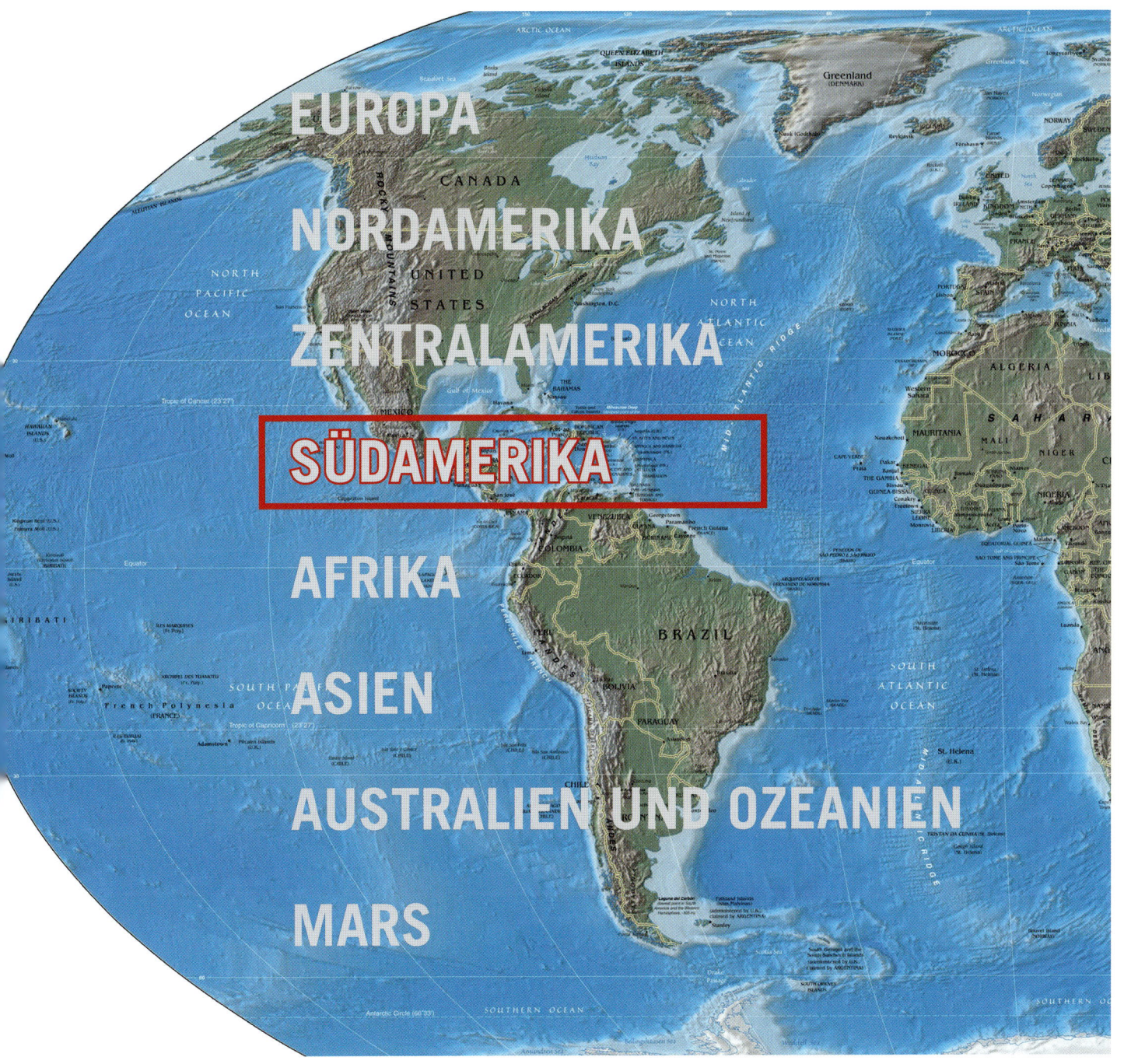

EUROPA

NORDAMERIKA

ZENTRALAMERIKA

SÜDAMERIKA

AFRIKA

ASIEN

AUSTRALIEN UND OZEANIEN

MARS

Standort:
Palacio San Martín,
Arenales 761

Die Mauer im argentinischen

Außenministerium in

Buenos Aires

© Federación de Asociaciones
Argentino-Germanas

Im Garten des prächtigen Palastes San Martín, in dem seit 1936 das Außenministerium Argentiniens residiert, steht ein originales Fragment der Berliner Mauer. Das 3,60 Meter hohe Betonteil wurde zwischen zwei Palmen platziert und zeigt noch Reste von Graffiti. In den Rasen ist eine Marmortafel eingelassen:

... este fragmento pone de manifiesto la amistad entre la Republica Federal de Alemania y la República Argentina; el mismo une simbolicamente al pueblo Argetino con la istoria de la Capital Alemanna y nos recuerda que la libertad, la democrazia y los derechos humanos nunca se enconraran asegurados si los ciudadanos de cada nacion no se esfueerzan por su defensa y hasta luchan por ellos ...
(Acta de donation de senato de Berlín al Ministerio de relaciones exteriores de la República Argentinia)
En ocasion del 10 aniversario de la caida del Muro de Berlín, el 9-XI 1999
Ignacio Guido di Tella / Cancaler
Dr. Adolf Ritter von Wagner / Embajador de Alemanna
[... dieses Fragment bezeugt die Freundschaft zwischen der Republik Argentinien und der Bundesrepublik Deutschland: Es vereint symbolisch das argentinische Volk mit der Geschichte der deutschen Hauptstadt und erinnert uns daran, dass die Freiheit, die Demokratie und die Menschenrechte nicht gesichert werden können, wenn die Staatsbürger der jeweiligen Nation nicht für ihre Verteidigung eintreten, ja sogar für sie kämpfen ...
(Schenkungsakt des Berliner Senats an das Außenministerium der Republik Argentinien)
Zur Erinnerung an den 10. Jahrestag des Mauerfalles am 9.11.1999
Ignacio Guido di Tella / Außenminister
Dr. Adolf Ritter von Wagner / Deutscher Botschafter]

Anlässlich des Staatsbesuches von Bundespräsident Roman Herzog im Februar 1999 wurde das Geschenk des Berliner Senates in die argentinische Hauptstadt gebracht und der Regierung Argentiniens übergeben.

BUENOS AIRES
ARGENTINIEN

Standort:
Foyer der Editorial Perfil,
Chacabucco 271

Die Mauer im Eingangsbereich
der Editorial Perfil, 2014
© Editorial Perfil

Für die Weltgeschichte war die „Entdeckung" Amerikas durch Christoph Columbus 1492 nicht minder bedeutend als der Fall der Berliner Mauer 1989. Als 1992 in der argentinischen Hauptstadt Buenos Aires die Jubiläumsfeierlichkeiten zum 500. Jahrestag der historischen Columbus-Expedition vorbereitet wurden, sollten beide Ereignisse würdig in Szene gesetzt und ihrer erinnert werden. Im alten Hafen von Buenos Aires lag ein originalgetreuer Nachbau des Schiffes „Santa Maria" vor Anker, auf dem der spanische Seefahrer den Weg in die „Neue Welt" angetreten hatte. Ein weitläufiges Ausstellungsgelände, auf der die „America 92" gezeigt wurde, hielt darüber hinaus auch eine nachgebaute Maya-Pyramide, diverse Länderpavillons, ein Delfinarium und andere Attraktionen bereit, die die Vielfältigkeit und Größe des Doppelkontinentes aufzeigen sollten. Die Berliner Mauer mutete in diesem Ensemble sowohl thematisch wie auch visuell etwas verloren an. Rafael Jijena Sánchez, der künstlerische Leiter der „America 92", gab sich alle Mühe, den Grenzwall so publikumsträchtig wie möglich zu inszenieren. Mit Unterstützung des größten Verlagshauses der hispanischen Welt, der Editorial Perfil, wurden zwanzig laufende Meter Betonwall von Berlin nach Buenos Aires gebracht. Das Schiff, das die 50 Tonnen schwere Ladung 1991 über den Atlantik transportierte, trug ironischerweise den Namen „Leningrad". In Argentinien angekommen, wurden die Betonplatten auf zwanzig Lastwagen verladen und zum Ausstellungsgelände gebracht. Dort empfingen zur Eröffnung die Besucher zwei hoch an einem Kran schwebende Mauersegmente, symbolisch für den Fall des Eisernen Vorhanges. Im Inneren des Pavillons wurden Bilder aus dem geteilten Berlin auf eine Wand aus Mauerteilen projiziert. Mutige Besucher hatten auch die Gelegenheit, unter zwei Betonsegmenten hindurch das Gefühl eines Fluchttunnels nachzuempfinden. Selbstverständlich unter den wachsamen Augen

von DDR-Grenzsoldaten, die als Gummipuppen auf der Mauerkrone platziert waren. Zu den Klängen aus Richard Wagners Oper „Tannhäuser" ging es dann auf einer Rampe wieder hinaus ins Freie. Zu beiden Seiten waren auf den letzten Metern der Ausstellung noch die Namen von 195 Menschen zu lesen, die bei Fluchtversuchen an der innerdeutschen Grenze ums Leben gekommen waren. Das Berliner Mauermuseum – Museum „Haus am Checkpoint Charlie" hatte hier beratend zur Seite gestanden.

Nach dem Ende der Jubiläumsfeiern kamen acht der nach Buenos Aires verschifften Mauerteile in die Zentrale der Editorial Perfil. Dort stehen sie im Eingangsbereich und sind seit einiger Zeit durch Glaswände geschützt. Die mit Graffiti besprühten Segmente wurden 2019 der Öffentlichkeit präsentiert. Doch nicht nur 30 Jahre Mauerfall jährten sich im Jahr 2019: Auch das hauseigene Magazin Noticias feierte seinen 30. Geburtstag, was durch eine Kunstaktion mit dem argentinischen Maler und Artdirector bei Editorial Perfil, Pablo Temes, gewürdigt wurde. Eines der Mauerteile erhielt durch den Künstler einen neuen farbenprächtigen Anstrich. Vor himmelblauem Hintergrund malte Temes zwei sich anschauende Gesichter, die von einer Ranke umgeben sind. Die Ranke beginnt als Stacheldraht, verwandelt sich zwischen den Gesichtern zu einer grünen Pflanze, an deren Enden sich auf der anderen Seite der Mauer rote Blüten in Herzform bilden. „Nur die Liebe bringt Mauern zu Fall" – dieser Slogan beschreibt die Idee hinter dem Bildnis und befindet sich ebenso auf Spanisch auf dem Segment.

SUCRE
BOLIVIEN

Standort:
Casa de la Libertad,
Plaza 25 de Mayo Nr. 11

Einhundertachtzig Jahre vor dem Fall der Berliner Mauer erhoben sich die Kolonien in Süd- und Lateinamerika gegen die spanische Herrschaft. Als erstes Land erklärte Ecuador am 10. August 1809 seine Unabhängigkeit. Am 25. Mai 1809 ertönte auch in Bolivien das erste Mal der zunächst erfolglose Ruf nach Freiheit. Das Jahr markierte den Auftakt für die südamerikanischen Unabhängigkeitskriege, die schließlich mit der Loslösung von den Kolonien endeten. Viele der lateinamerikanischen Revolutionäre wurden am Jesuitenkolleg von Sucre ausgebildet. Hier versammelten sich auch die Führer der ersten freien bolivianischen Regierung im Juli 1825, nachdem die Unabhängigkeit des Landes endgültig errungen war. Die Regierung Boliviens, der Kongress, traf sich noch bis 1898 in den Räumen der ehemaligen Universität, die nunmehr den Namen „Casa de la Libertad" („Haus der Freiheit") trägt. Heute befindet sich hier ein Museum, das der Geschichte der Unabhängigkeitsbewegung gewidmet ist. Der deutsche Botschafter Hermann Saumweber schenkte Anfang der 1990er Jahre der „Casa de la Libertad" drei kleinere Brocken der Berliner Mauer, die bis heute im Museum aufbewahrt werden. Eine Nachfrage ergab allerdings, dass die Betonbröckchen zurzeit nicht in der Ausstellung zu sehen sind. Man überlege jedoch, sie wieder der Öffentlichkeit zu präsentieren.

Standort:
Wechselnde Orte
in der Stadt

Ankunft der Mauer in Mogi
Mirim im Mai 2016
© Michael Schleusener

Was haben eine blaue Kinderfigur namens Theo Tintenklecks und die Berliner Mauer miteinander zu tun? Auf den ersten Blick vermutlich nur, dass viele Berliner Kinder schon einmal von beiden gehört haben. Doch die 1992 erfundene Figur ist immerhin dafür verantwortlich, dass auch in Brasilien ein Stück Berliner Mauer steht. Der Berliner Verein MyTheo e. V., dessen Maskottchen Theo Tintenklecks ist, und seine Gründerin Sylvia Hahnisch starteten 2015 im Rahmen des Lernprogrammes „Die Erde mein Zuhause" ein groß angelegtes Mauerprojekt. Grundsätzlich ist das Ziel des gemeinnützigen Vereines die Förderung der kindlichen Neugierde und Offenheit. Weltweit sollen Kindern Wege für ein tolerantes, verständnisvolles und respektvolles Miteinander aufgezeigt werden. Dieses Miteinander stand auch beim Mauerprojekt im Mittelpunkt: Kinder und Künstler verschiedener Länder gestalteten als Zeichen für eine gemeinsame Zukunft symbolträchtig Teile der Berliner Mauer.

Die Musikschule Banda Lyra Mogimiriana, die in der brasilianischen Stadt Mogi Mirim im Bundesstaat São Paolo liegt, wurde durch MyTheo e. V. zur Partnerschule der Hohen Neundorfer Grundschule Niederheide. Bereits seit 2011 wurden mehrere gemeinsame Projekte durch den Verein ins Leben gerufen. So standen die Schülerinnen und Schüler beider Schulen in Unterrichtsstunden zu bestimmten Themen per Videokonferenzen in regelmäßigem Kontakt.

Die maßgebliche Koordination und Umsetzung des Mauerprojektes übernahm der Berliner Michael Schleusener. Er flog gemeinsam mit einer kleinen deutschen Delegation und Theo Tintenklecks im Gepäck nach Mogi Mirim, wo zum Auftakt Teile einer Miniaturmauer bemalt wurden. Im September 2015 reiste dann eine zehnköpfige brasilianische Reisegruppe nach Berlin. Mit der Partnerschule in Hohen Neuendorf

Die gemeinsame Gestaltung der Mauer durch brasilianische und deutsche Kindern in Berlin im September 2015
© Michael Schleusener

wurde hier dann eine Seite eines echten Mauerteiles bemalt. Drei brasilianischen Schülerinnen und Schüler halfen der 5. Klasse der Grundschule Niederheide. Das Bild wird dominiert von Symbolen für Musik und Frieden, Hand- und Fußabdrücke der Kinder stehen für das Überschreiten von Grenzen. Auf die zweite Seite schrieben die Kinder mit Kreide abwaschbare Grüße. Sie sollte dann in Brasilien durch die Kinder der Partnerschule dauerhaft bemalt werden.

Das Segment verblieb zunächst ein halbes Jahr in Hohen Neuendorf, im April 2016 wurde es dann von einer Spedition abgeholt und nach Hamburg gebracht. Von dort aus erfolgte die Verschiffung und die weite Reise über den Atlantik nach Brasilien begann. Etwa einen Monat später kam das Mauerstück in Santos, dem größten Hafen Brasiliens, an und wurde schließlich in das rund 200 Kilometer im Landesinneren gelegene Mogi Mirim gebracht, wo es an der Musikschule Banda Lyra Mogimiriana einen ersten Standort fand. Im Juli 2016 wurde das Mauerteil im Rahmen eines örtlichen Musikfestivals feierlich übergeben. Eine Ausstellung über die DDR mit Devotionalien aus privaten Spenden ergänzte die Zeremonie. Auch wenn das Mauerstück von Zeit zu Zeit seinen Standort in der Stadt mit knapp 100.000 Einwohnern wechselt und mittlerweile nicht mehr direkt an der Musikschule steht, fand dort im September 2018 eine Veranstaltung zum Thema „Es gibt Mauern in mir" statt.

Standort:
Vor der Kanzlei der
deutschen Botschaft
im Stadtteil Vitacura,
Las Hualtatas 5677

Die Mauer vor der Kanzlei
der deutschen Botschaft in
Santiago de Chile
© Deutsche Botschaft
Santiago de Chile

Studenten der Universidad de Chile wandten sich im Frühjahr 1990 an die Regierung der DDR und baten um ein Teil der Berliner Mauer. Inspiriert durch das rege Interesse an diesem geschichtsträchtigen Bauwerk, wollten sie das Mauerteil in der chilenischen Hauptstadt ausstellen und anschließend versteigern. Der Erlös sollte einem Sozialprojekt in Pudahuel, einem Stadtteil von Santiago de Chile, zugutekommen.

Nach Auskunft der deutschen Botschaft in Chile wurde von einer „Mauergesellschaft e. V." tatsächlich ein Mauersegment kostenlos zur Verfügung gestellt. Junge Chilenen, die in Berlin studierten, nahmen die Betonstele in ihre Obhut, standen dann allerdings vor dem Problem, wie sie das 2,6 Tonnen schwere Mauerteil nach Chile bringen sollten. Dank der bereitwilligen Hilfe des damaligen deutschen Botschafters in Santiago de Chile, Wiegand Pabsch, konnte das Projekt dann doch verwirklicht werden. Das Schifffahrtsunternehmen Ultramar, dessen Geschäftsführer der gebürtige Hamburger Albert von Appen war, besorgte den kostenlosen Transport, nachdem das Mauerteil vorher mit der Bahn von Berlin nach Hamburg gebracht worden war. Im September 1991 traf es in der chilenischen Hafenstadt Valparadiso ein. Einem Verkauf kam die deutsche Botschaft zuvor. Den Studenten wurde im Namen der Bundesrepublik eine Spende für ihr Sozialprojekt übergeben und das Mauerteil schließlich zum Tag der Deutschen Einheit, am 3. Oktober 1991, im Hof der Residenz des Botschafters aufgestellt.

Die Umsetzung des
Mauersegmentes
© Deutsche Botschaft
Santiago de Chile

Im Frühjahr 1992 organisierten die Studenten zusammen mit der deutschen Botschaft einen Malwettbewerb. Chilenische Maler waren aufgerufen, sich mit dem Mauerfall und der deutschen Wiedervereinigung auseinanderzusetzen. Bekannte Künstler wie José Balmes, Gracia Barrios, José Basso und Carmen Aldunate beteiligten sich und die fünfzig besten Werke kamen zur Ausstellung. Wiegand Pabsch erinnert sich an die Eröffnung:

„In Anwesenheit von Doña Leonor (Ehefrau des damaligen chilenischen Staatspräsidenten Patricio Aylwin Azócar, A. d. R.), Erziehungsminister Ricardo Lagos und 1.500 Gästen stellte ich seine (des Mauerstückes, A. d. R.) zwei Seiten dar – kahle Hässlichkeit nach Osten, wo Trostlosigkeit herrschte, lebhaftes Bunt auf der westlichen Seite mit der als ideologische Verbohrtheit überwindenden Losung „Think Global" [„Denke Global"]. Der Zufall wollte es, dass der Erbauer jener Gefängnismauer jetzt als behüteter Gast in Chiles Botschaft lebte. Der Beifall war riesig, die Botschaft war angekommen."

Das Asyl des letzten DDR Staats- und Parteichefs Erich Honecker in der chilenischen Botschaft in Berlin war tatsächlich ein bezeichnender historischer Zufall. Wenig später wurde Honecker an die deutschen Behörden übergeben und wegen des Schießbefehles an der innerdeutschen Grenze angeklagt. Aufgrund seines schlechten Gesundheitszustandes wurde er wenig später entlassen. Honecker reiste nach Chile aus, wo er 1994 in Santiago de Chile starb.

Im gleichen Jahr wurde das Mauerteil in der Residenz des deutschen Botschafters vom Nationalen Museum der Schönen Künste restauriert. 2011 entschied der scheidende Botschafter Dr. Michael Glotzbach über die Umsetzung des Mauerteiles vor die Kanzlei der deutschen Botschaft, wo es für den Publikumsverkehr nicht nur sichtbar, sondern auch zugänglich ist.

Am Fluss Uruguay, unweit der argentinischen Grenze, siedelten sich um 1850 deutsche Kolonisten an. Die Brüder Karl und Richard Wendelstandt begründeten die Siedlung Nueva Melhem, die dank erfolgreich betriebenem Ackerbau wirtschaftlich wuchs und gedieh. Zwanzig Jahre später kauften die Brüder weitere Ländereien um Nueva Melhem hinzu und beauftragten den Architekten Fridolin Quincke mit der Planung einer Stadt. 1875 wurde so aus Nuevo Melhem Nuevo Berlín. Die ursprünglich überwiegend deutsche Gemeinde wuchs dank der regen Handelstätigkeit weiter an. Einheimische und Angehörige anderer Nationalitäten ließen sich in den kommenden Jahrzehnten in dem Urwaldstädtchen nieder.

Handelskontakte waren es auch, welche die Berliner Mauer an die Ufer des Rio Uruguay brachten. Am 9. März 1991 wurde ein von der Uruguayanisch-Deutschen Handelskammer initiiertes und verwirklichtes „Freiheits- und Mauerfalldenkmal" im Zentrum von Nuevo Berlín enthüllt. Neben Vertretern der Regionalregierung und der deutschen Botschaft war auch die Schuhplattlergruppe „Los Alpinos" aus Montevideo zugegen. So wurde zu den Klängen von bayerischer Volksmusik und begleitet von Trachtentänzen das unter Acryl geschützte Mauerteilchen der Öffentlichkeit übergeben. Eine kleine Tafel soll die Einwohner des Ortes an den Mauerfall erinnern:

Trozo del muro de Berlin echado abajo el 9.11.1989.
Simbolo del ansia de libertad del hombre.
La camara de comecio Uruguayo – Alemana al pueblo de Nuevo Berlin
[Stück der Berliner Mauer, die am 9.11.1989 eingerissen wurde.
Symbol der Sehnsucht des Menschen nach Freiheit.
Von der Uruguayisch-Deutschen Handelskammer für die Bevölkerung von Nuevo Berlin]

Dem Präsidenten der Lokalregierung von Rio Negro wurden zudem zwei Lindenbäume überreicht. Auf diese Weise sollte in Nuevo Berlín eine Kopie des Berliner Boulevards „Unter den Linden" entstehen. Auch die örtliche Schule wurde wenige Jahre später in „República Federal de Alemania" („Bundesrepublik Deutschland") umbenannt.

Einweihung des Mauerdenkmales in Nuevo Berlín
© Dr. W. Forker

Volkstanzgruppe bei der Einweihung des Mauerdenkmales
© Dr. W. Forker

EUROPA

NORDAMERIKA

ZENTRALAMERIKA

SÜDAMERIKA

AFRIKA

ASIEN

AUSTRALIEN UND OZEANIEN

MARS

Standort:
Vor The Mandela
Rhodes Building,
150 St Georges Mall

Die Mauer in Kapstadt
© Nic Bothma / dpa / Picture
Alliance

Der Fall der Berliner Mauer und die Freilassung von Nelson Mandela waren mehr als ein historischer Zufall." Diese Worte sprach der deutsche Botschafter in Südafrika, Dr. Uwe Kästner, anlässlich der Übergabe eines Mauersegmentes in Kapstadt, das der südafrikanische Präsident Mandela zuvor bei einem Staatsbesuch im Mai 1996 in Berlin persönlich ausgewählt hatte.

Im Sommer 1996 war das Mauerstück dann von der Bundesmarine von Wilhelmshaven auf der Fregatte „Schleswig-Holstein" nach Südafrika gebracht worden. Die anlässlich des Tages der deutschen Einheit am 3. Oktober 1996 vorgenommene Übergabe läutete auch ein neues Kapitel in den deutsch-südafrikanischen Beziehungen ein: Das durch das Apartheid-Regime lange isolierte Land schloss ein militärisches Kooperationsabkommen mit der Bundeswehr ab.

Wo das Mauerstück in Kapstadt genau aufgestellt werden sollte, war zunächst unklar. Kapstadts Bürgermeisterin, Theresa Solomon, hatte das Segment stellvertretend entgegengenommen und versprochen, für einen geeigneten Standort zu sorgen. Im Gespräch war unter anderem das Kapstadter Vergnügungszentrum Waterfront, von dem einst Schiffe zur Gefängnisinsel Robben Island ablegten, auf der Nelson Mandela 28 Jahre im Gefängnis saß. Seine Freilassung am 11. Mai 1990 war auf internationalen Druck erfolgt. Präsident Willem de Klerk, der im September 1989 zum Staatsoberhaupt gewählt worden war, hob bereits im Februar 1990 das Verbot der von Mandela geführten Organisation Afrikanischer Nationalkongress (ANC) auf und leitete damit das Ende des Apartheid-Regimes ein. 1993 erhielten er und Nelson Mandela gemeinsam für ihren Beitrag zur Beendigung der Apartheit den Friedensnobelpreis. Vier Jahre nach seiner Freilassung wurde Mandela bei der ersten freien Wahl 1994 zum Staatspräsidenten Südafrikas gewählt.

Als weiterer Standort für das Mauerstück war auch der bekannte District Six in Kapstadt im Gespräch. Das mehrheitlich von Schwarzen bewohnte Viertel erlangte traurige Berühmtheit, als die südafrikanische Regierung 1968 die Räumung anordnete, um hier eine Siedlung für „Weiße" zu errichten. Alle Einwohner wurden zwangsweise in andere Stadtviertel umgesiedelt und der District Six dem Erdboden gleichgemacht.

Doch die Entscheidung fiel zugunsten des ehemaligen Hafengeländes mit seinen touristischen Attraktionen „Waterfront" aus. Hier wurde es allerdings fast am Ende der Hafenpromenade in der Nähe des BMW-Pavillons ausgestellt. Nur wenige Besucher verirrten sich an diesen abgelegenen Ort. Nachdem BMW 2010 seinen Pavillon verkauft hatte, der nicht nur als Verkaufsraum für Autos, sondern auch für Ausstellungen genutzt wurde, schien es keinen aktuellen Zusammenhang mehr zwischen Mauer und dem damaligen Standort zu geben. Zwei Mitarbeiter von BMW sorgten nach dem Verkauf dafür, dass das Mauerstück der Mandela Rhodes Foundation übereignet wurde. Seitdem steht das Mauerstück vor deren Büro und ziert somit die St. Georges Mall, die Fußgängerzone in der Innenstadt. Der neue Standort liegt in unmittelbarer Nähe zur St. George Cathedral, dem Parlament sowie dem bekannten Companies Garden und ist somit stark frequentiert.

Die Mandela Rhodes Foundation ist eine Stiftung, die 2002 aus dem Zusammenschluss der beiden Stiftungen Rhodes Trust und Nelson Mandela Foundation entstanden ist. Ziel der Stiftungsarbeit ist es, mit speziellen Programmen und Stipendien Führungspersönlichkeiten für Afrika im Geiste der Versöhnung des 2013 verstorbenen Nelson Mandela und im Geiste des britischen Unternehmers und Politikers Cecil Rhodes (1853–1902) auszubilden und zu fördern. Die derzeitige Geschäftsführerin der Mandela Rhodes Foundation, Judy Sikuza, unterstreicht die Bedeutung des Mauerstückes für die Stiftung wie folgt:

„In den frühen 1990er Jahren begannen sowohl Deutschland als auch Südafrika, die während des Kalten Krieges und der Apartheid entstandenen Spaltungen abzubauen. Die Berliner Mauer stellte eine physische Barriere und Trennung dar. Sie war damit ein Symbol für die Unfreiheit und das Fehlen unserer gemeinsamen Menschlichkeit. Ebenso sorgten im Apartheid-System die physische Rassentrennung mit den ‚Homelands' und den Zwangsumsiedlungen dafür, die Spaltung in Südafrika zu festigen. Unser Gründungsvater, Nelson Mandela, symbolisierte die Freiheit und die historischen Unterschiede – auf physischer, rechtlicher, gesellschaftspolitischer und wirtschaftlicher Ebene. Ein Stück Berliner Mauer vor unseren Büros symbolisiert beides: Wie weit wir damit gekommen sind, politische und soziale Freiheiten in Südafrika zu erreichen, aber auch die Art und Weise, wie wir weiterhin gespalten sind. Es provoziert uns, in unserer Tätigkeit standhaft zu bleiben, um wahre Freiheit zu erreichen. Es ist auch eine Erinnerung daran, dass der Kampf um Freiheit ein globaler ist, dass wir nicht alleine mit unseren Bemühungen sind und dass diejenigen, die kämpfen und Brücken bauen, in einem gemeinsamen Kampf vereint sind, der bis zur vollständigen Verwirklichung der grundlegenden Menschenrechte fortgesetzt werden muss. Würde, Gerechtigkeit und Wohlstand für alle."

Am Fuß des Mauerteiles in Kapstadt ist eine kleine Tafel angebracht, die an die Geschichte der Teilung und den Mauerbau erinnert.

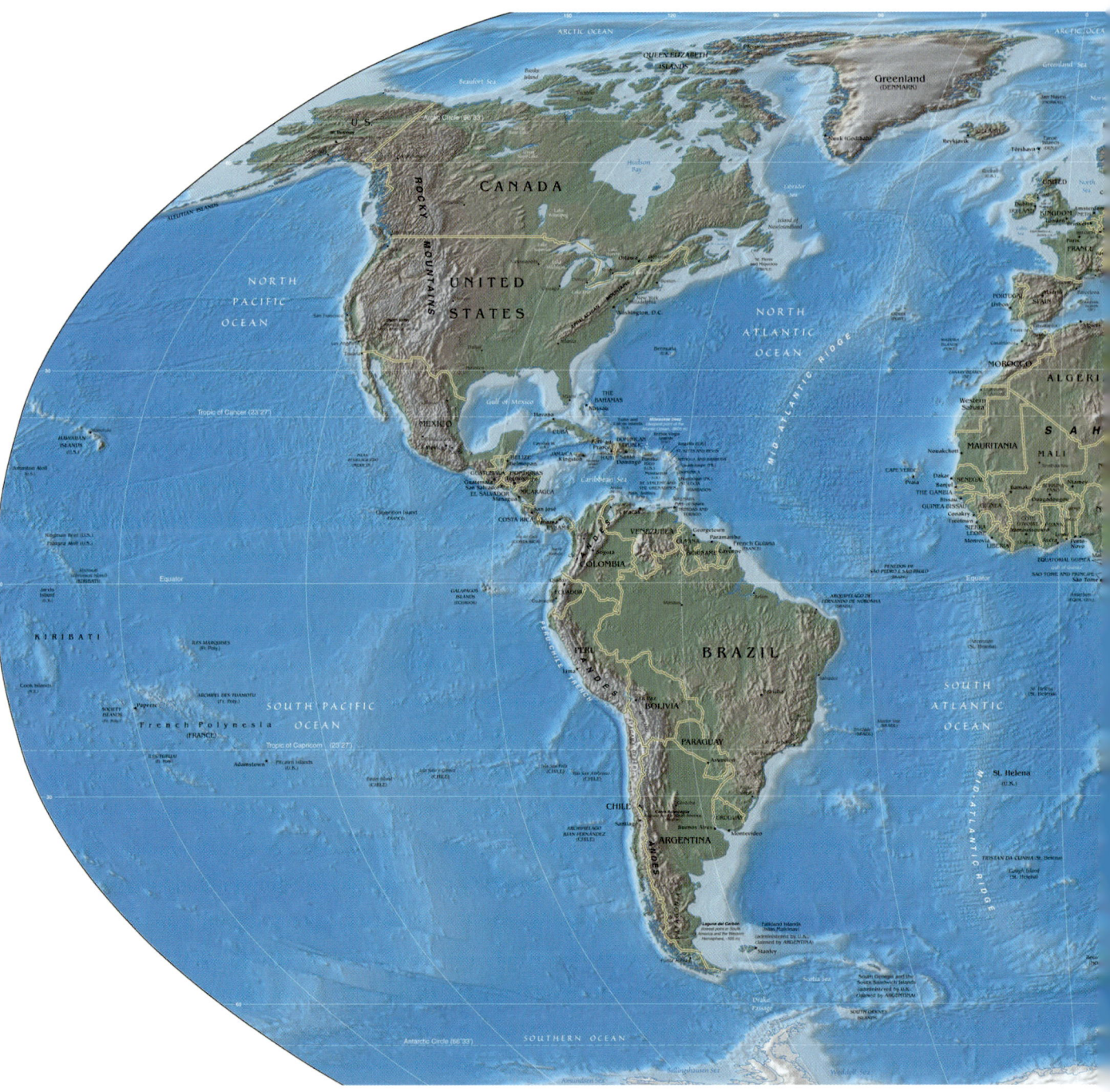

EUROPA

NORDAMERIKA

ZENTRALAMERIKA

SÜDAMERIKA

AFRIKA

ASIEN

AUSTRALIEN UND OZEANIEN

MARS

Im Nordosten Chinas, an einer Bucht des Gelben Meeres, liegt die Hafenstadt Dalian. Nach Einrichtung einer Sonderwirtschaftszone in den 1980er Jahren entstand hier ein großes Industrie- und Handelszentrum, dessen Kontakte in die ganze Welt reichen. Im Hotel „Wanda International" wurden für die Gäste aus dem Ausland im März 1995 zusammen mit bayerischer Brautechnik auch drei bunt bemalte originale Segmente der Berliner Mauer importiert. Sie standen im Biergarten des Hotels, bis dieser Ende der 1990er Jahre einem Neubau weichen musste. Vermutlich im Zuge der Bauarbeiten verschwanden die Mauerstücke spurlos. Ob sie zusammen mit dem Bauschutt abtransportiert und zerschreddert wurden oder ob sie einen neuen Besitzer gefunden haben, ließ sich bei der Hotelleitung nicht in Erfahrung bringen. Somit sind die einzigen jemals nach China und damit in ein sozialistisches Land gelangten Mauerteile wohl für immer verloren.

DALIAN
CHINA

Im Sommer 1990 reiste der indonesische Künstler Teguh Ostenrik, der in den 1980er Jahren an der Hochschule der Künste in Berlin-Charlottenburg studiert hatte, nach Berlin. Ein halbes Jahr nach dem Mauerfall war das geschichtsträchtige Bauwerk, das Ostenrik während seiner Studienzeit zusammen mit West-Berliner Freunden bereits nächtens mit Graffiti besprüht hatte, nahezu verschwunden. Er wandte sich an die DDR-Behörden, um einige Segmente zu kaufen und auf diese Weise für die Nachwelt zu sichern. Ostenrik wurde an die mit dem Mauerverkauf beauftragte Firma Limex verwiesen. Dort entschied er sich für vier bemalte Teile. Nachdem der Kauf abgeschlossen war, wurden die Segmente in die indonesische Hauptstadt verschifft. Dort angekommen, wandte sich Ostenrik an die Stadtverwaltung von Jakarta, die er von seinen Plänen für ein Mauerdenkmal überzeugen konnte. Mit seiner Installation „Grenzüberwindung" will Teguh Ostenrik sowohl Teilung als auch Vereinigung thematisieren:

„Die vier Mauersegmente sollen von zwölf bis vierzehn lebensgroßen Stahlskulpturen umgeben werden. Sie repräsentieren den nach Freiheit drängenden Menschen unabhängig der gegebenen Hindernisse. Und seien sie nur physischer Art, gleich denen der Berliner Mauer. Die DDR Bürger/-innen waren nach wie vor sehr daran interessiert, hinüberzugehen. Auf mentale Art und Weise hat die Mauer hingegen nicht für sie existiert. Die Menschen lebten fast wie in einer Fata Morgana, denn ihr Wissen über die Ereignisse und das Leben in West-Berlin war fundierter als über ihr eigenes Leben in der DDR. Somit hat der Geist die Grenze durch und durch überwunden. Die Weichheit und Flexibilität der Menschen wird in den Skulpturen durch Biegungen jeder einzelnen Stahlplatte dargestellt. Der menschliche Wille hingegen durch das Material, der hart ist wie Stahl."

Die Stadtregierung sorgte zunächst für eine Anschubfinanzierung, doch als die Mittel aufgebraucht waren, kam das Vorhaben zum Erliegen. Neue Hoffnung brachte die 1994 abgeschlossene Städtepartnerschaft zwischen Berlin und Jakarta. Im Gegenzug für Wirtschaftshilfe versprach die Regierung der indo-

JAKARTA
INDONESIEN

Standort:
Kalijodo-Park

Die Installation „Grenzüberwindung" von Teguh Ostenrik
in Jakarta
© Eko Nobel for Teguh
Ostenrik

nesischen Hauptstadt einen „Berliner Platz" einzurichten, auf dem auch die Mauerteile eine neue Heimat finden sollten. Doch das Vorhaben zerschlug sich erneut. Der Inselstaat wurde von der Wirtschaftskrise der 1990er Jahre stark getroffen, sodass die Gelder für die Umsetzung versiegten. Auch der Berliner Senat sah sich außerstande, das Projekt voranzutreiben.

27 Jahre lang verweilten sowohl die Segmente als auch die stählernen Menschenskulpturen im Atelier des Künstlers. Die Gouverneurswahl in Jakarta nahm Ostenrik dann im Jahr 2016 zum Anlass, erneut einen Versuch zur Realisierung des Projektes zu starten. Während des Wahlkampfes wurde der christliche und chinesischstämmige Gouverneur Basuki Tjahaja Purnama der Blasphemie beschuldigt und anschließend zu zwei Jahren Haft verurteilt. Ihm wurde Verunglimpfung des Korans vorgeworfen. Der Prozess gegen ihn erfuhr internationale Aufmerksamkeit und entfachte über die Landesgrenzen hinaus Diskussionen um den Stand der Religionsfreiheit in Indonesien. Ostenrik wandte sich nach der Verurteilung des Politikers im Frühjahr 2017 gemeinsam mit dem Architekten Yoris Antar an den neuen Gouverneur der Stadt, Djarot Saiful Hidayat, der das Projekt begrüßte. Wenige Monate später, im September 2017, wurde Ostenriks Installation im Kalijodo-Park in Nord-Jakarta aufgestellt und anlässlich des Tags der Deutschen Einheit am 3. Oktober 2017 eingeweiht. Die Installation „Grenzüberwindung" besteht wie angedacht aus vier bemalten Mauersegmenten und 14 Stahlfiguren.

EIN HOD
ISRAEL

Standort:
Janco Dada Museum

Die Mauer vor dem Janco-
Dada-Museum, Ein Hod
© Ein Hod Visitors Centre

Vor dem Museum des Begründers des Dadaismus, Marcel Janco, steht seit 1992 ein bunt bemaltes Stück Berliner Mauer. Das Segment, auf das vom West-Berliner Patrice Lux ein kleiner Junge mit rotem Basecap und Sonnenbrille gesprayt wurde, soll ein Denkmal für die Opfer des Holocaust sein. Am Fuße des Mauerteiles ist eine kleine Messingtafel angebracht, auf der in Hebräisch steht:

„Ein Teil der Berliner Mauer. Erworben und errichtet dank der Spende eines Kuratoriumsmitgliedes des Janco Dada Museums zur Erinnerung an seine Mutter Perl Jablonka und seine beiden Schwestern Chaja und Dwora, die 1943 hinter den Mauern des Warschauer Ghettos umgekommen sind."

Diese Widmung zeigt, dass der Fall der Berliner Mauer zunächst nicht auf der ganzen Welt als Symbol für Freiheit und Recht stand. In Israel weckte er vor allem unter den Überlebenden des Holocaust traumatische Erinnerungen. War doch in ihren Augen die Teilung Deutschlands nach dem Zweiten Weltkrieg eine gerechte Strafe für die von Hitler-Deutschland durchgeführte Vernichtung der europäischen Juden.

Dennoch war Raya Zommer, damals Direktorin des Janco Dada Museums, von der Aufbruchsstimmung in Berlin begeistert, die sie 1991 bei einem Deutschlandbesuch erlebte. Eine Freundin hatte ihr vom Mauermuseum – Museum „Haus am Checkpoint Charlie" erzählt, dessen Ausstellung zur innerdeutschen Grenze bereits in vielen Städten des ehemaligen Ostblockes gezeigt worden war. Unter dem Titel „Jenseits der Mauer" kam sie 1992 ins Künstlerdorf Ein Hod, südlich von Haifa im Norden Israels gelegen, und

Die Mauer von dem Janco-Dada-Museum, Ein Hod
© Ein Hod Visitors Centre

in den Räumen des eigens dafür geräumten Janco Dada Museums gezeigt. Die Ausstellung erregte seinerzeit großes Aufsehen: Auch ein hochrangiger Vertreter der deutschen Botschaft war bei der Eröffnung zugegen. Überlebende des Holocaust brachten dem Vorhaben kaum Verständnis entgegen. Für sie war die deutsche Teilung eine „gerechte Strafe", und die Aussicht auf ein wiedervereinigtes Deutschland weckte Ängste. Für die Museumsdirektorin ging es jedoch um eine andere Frage. Sie wollte angesichts der Schrecken des Kalten Krieges und der unmenschlichen Berliner Mauer zu einer Debatte über Menschenrechte anregen.

Nach Schließung der Ausstellung schenkte der Direktor des Mauermuseums – Museum „Haus am Checkpoint Charlie", Rainer Hildebrand, das Mauerteil dem Janco Dada Museum. Einige Jahre später wurde es zum Verkauf angeboten. Glücklicherweise erwarb ein Kuratoriumsmitglied die Betonplatte und beließ sie in Ein Hod. Der neue Eigentümer Zeev Yalon und seine Frau beschlossen schließlich, die kleine Messingtafel zur Erinnerung an seine Mutter und seine Schwestern anzubringen. Damit war eine versöhnliche Brücke zwischen dem dunkelsten Kapitel der deutschen Geschichte und dem Mauerfall geschlagen.

Standort:
Maruho Co. Ltd.,
2763 Takamiya-cho

Mehrere Jahrzehnte lang war Jiro Takagi Vorsitzender der Pharmafirma Maruho Co. Ltd. im mitteljapanischen Hikone. Als er im November 1989 mit großer Anteilnahme den Mauerfall vor seinem Fernseher verfolgte, beschloss er, dass auch sein Unternehmen Anteil an der Weltgeschichte nehmen sollte. Vor allem zur Information und Aufklärung seiner jüngeren Angestellten wollte Takagi ein Mauerteil für den Firmensitz in Japan erwerben. Es sollte hier sowohl als Symbol der Freiheit stehen wie auch zum Nachdenken über die jüngste Geschichte Japans im Zweiten Weltkrieg anregen.

Nachdem im Frühjahr 1990 in der DDR mit dem Verkauf von Mauerteilen begonnen worden war, wandte sich Takagi an seine Partnerfirma Dr. Kade in Berlin-Kreuzberg. Beide Unternehmen verbindet eine lange Geschichte. Der Ende des 19. Jahrhunderts in Berlin gegründete Pharmaziehersteller schaffte 1922

Die Mauer in Hikone
© Maruho Co. Ltd.

Der Stifter der Mauer in
Hikone: Jiro Takagi
© Maruho Co. Ltd.

mit der Einführung des ersten Hämorrhoiden-Präparates den Durchbruch auf dem Weltmarkt. Bereits ein Jahr später begannen die Geschäftsbeziehungen mit Maruho in Japan.

Der damalige Inhaber Arthur Felix Sackler kam der Bitte seines japanischen Partners sofort nach. Bereits im April 1990 wurde bei der mit dem Mauerverkauf beauftragten DDR-Firma Limex das Segment Nr. 28 vom ehemaligen Grenzübergang Checkpoint Charlie erworben. Als Geschenk zum bevorstehenden 70. Geburtstag von Jiro Takagi gedacht, traf das Mauerteil im Juni 1990 rechtzeitig im Hafen von Kobe ein. Der japanische Zoll verweigerte jedoch zunächst die Übergabe der Fracht, da nicht klar war, ob Steuern auf Bauschutt oder Kunstgegenstände erhoben werden mussten. So konnte das Segment erst am 20. November 1990 im Garten von Maruho Co Ltd. feierlich eingeweiht werden. Um es nicht weiter Wind und Regen auszusetzen, wurde das Segment einige Zeit später in die Eingangshalle des Werkes umgesetzt. Hier steht es heute zusammmen mit einer Karte, auf welcher auf Japanisch der Mauerverlauf zwischen Brandenburger Tor und dem ehemaligen Grenzübergang Checkpoint Charlie erklärt wird. Die von Limex in japanischer und deutscher Sprache ausgestellten Echtheitszertifikate hängen daneben.

Bei der Einweihung des evangelischen Gemeindezentrums in der japanischen Großstadt Nagoya, zwischen Tokio und Osaka gelegen, konnten den Gläubigen vier Kreuze präsentiert werden. Eines befindet sich auf dem Dach, eines im Gebetsraum, das dritte neben dem Eingang des Gotteshauses und das vierte war ein kleines Holzkreuz, das jedem Besucher überreicht wurde. Das Kreuz neben dem Eingang, aus winzigen Bruchstücken der Berliner Mauer angefertigt, ist in die Wand eingelassen und soll ein Symbol der Freiheit und zur

NAGOYA
JAPAN

Standort:
Evangelische Gemeinde
Nagoya-Tenpaku,
Umezato 2-82-1,
Midori-Ku, Aichi-Ken,
458-0001

Erinnerung an die Grenzöffnung sein. Die Idee für dieses Mauerkreuz hatte der evangelische Missionar Erhard Hottenbacher, der viele Jahre der Gemeinde in Nagoya vorstand. Über den Fall der Berliner Mauer und den Weg der Bruchstücke nach Japan erzählt er:

Mauerkreuz am Gemeinde-
zentrum in Nagoya
© Dankmar Hottenbacher

„Im Herbst 89 führten wir wie jedes Jahr in unserer damals noch kleinen Holzkapelle in Nagoya einen Charity Bazar durch, der wegen mancherlei ‚echt deutscher' Sachen in der ganzen Umgebung großen Anklang fand. Auch sonst boten sich viele Möglichkeiten, um bei den Japanern Interesse an Deutschland zu wecken, beispielsweise durch Deutschunterricht, bunte Deutschabende, Konzerte usw. Wenige Wochen vor diesem Bazar nun war das große Ereignis des Mauerfalles. In der Zeitung sahen wir damals das Bild, wie Genscher dem amerikanischen Präsidenten einen Stein der Berliner Mauer überreichte. Dadurch kamen wir auf die Idee, unseren Sohn Friedemann, der in Berlin studierte, zu bitten, einige Steine und Fragmente zu schicken, die wir dann auch bei dem Bazar grammweise verkauften. Der Andrang war überwältigend. Der Erlös ging vollständig an eine christliche Hungerhilfeorganisation für Afrika."

Friedemann Hottenbacher
an der Berliner Mauer
© Dankmar Hottenbacher

OSAKA
JAPAN

Standort:
Tempel Toukokuji,
Ten-nouji,
chausuyama 1-31

Gedenkstein neben der Mauer
in Osaka
© Takahisa Matsuura

Im Zentrum der japanischen Metropole Osaka befindet sich der Toukokuij-Tempel. Etwa im 7. Jahrhundert wurde er von Einwanderern aus dem koreanischen Königreich Baekje gegründet, die sich auf den japanischen Inseln niederließen. Der erste Priester, so will es die Legende, ließ etwas nördlich des heutigen Tempels einen Grabhügel aufschütten, der heute Bestandteil eines weiteren Heiligtums ist. Seit dieser Zeit pflegt der Toukokuij-Tempel enge Kontakte zur koreanischen Halbinsel. Von zwei Gläubigen wurden dem Gotteshaus 1998 zwei Teile der Berliner Mauer übergeben. Sie sollen dem Wunsch nach Wiedervereinigung Nord- und Südkoreas Ausdruck verleihen. Ein kleiner Gedenkstein mit japanischer und koreanischer Inschrift erinnert daran.

Die Mauer im Tempel in Osaka
© Takahisa Matsuura

Die Belegschaft von
Nihon Bisho vor dem Mauerteil
© Nihon Bisho Co., Ltd.

Das einzige außerhalb Deutschlands bekannte Mauerteil mit Tür fand 1990 seinen Weg nach Japan. Ein Vorstandsmitglied der in Tokio ansässigen Fassadeninstandhaltungsfirma Nihon Bisoh erstand es vom DDR-Betrieb Limex, der das ungewöhnliche Stück vom Brandenburger Tor zum Verkauf angeboten hatte. Über den damals gezahlten Preis konnten die heutigen Eigentümer keine Auskunft geben. Zusammen mit einem Echtheitszertifikat und zwei bronzenen Limex-Siegeln kam das Segment B008 samt der zugehörigen Türschlüssel im Sommer 1990 in Japan an. Ursprünglich war geplant, das Mauerteil als Grundstein für ein „Museum der Außenwände" zu verwenden. Der Vorstand von Nihon Bishon sah darin eine moralische Verpflichtung. Schließlich müsste sich das Unternehmen, das vor allem Fahrkörbe für Fassadenlifte herstellt, auch mit der tieferen Bedeutung von Wänden und Mauern beschäftigen. Die Museumsidee blieb indes bis heute unverwirklicht. Einen neuen Standort fand das Mauerteil in der Nihon Bisoh Fabrik in Togitsu (Präfektur Nagasaki). Hier wird es allen Werksbesuchern und Mitarbeitern beim Firmenrundgang erklärt. Besonders stolz ist man auf die Tür und die beiden Schlüssel, die als Weltrarität präsentiert werden.

Mitte der 1970er Jahre begann auf Weisung der DDR-Führung die Erneuerung der Grenzanlagen zu West-Berlin. Anstelle der bislang auf verschiedene Weise befestigten Mauer sollten die heute bekannten L-förmigen Betonelemente aufgestellt werden. Drei Jahre nachdem mit dem Aufbau der „Grenzmauer 75" begonnen worden war, hatten die Grenztruppen das Problem, wie man auf den der Mauer stellenweise vorgelagerten Grenzstreifen gelangen sollte. Vor allem im innerstädtischen Raum waren die Mauerteile etwas eingerückt gesetzt worden, sodass ein schmaler Streifen DDR von West-Berlin aus leicht zugänglich blieb. Die ausgeklügelte Konstruktion der „Grenzmauer 75" machte das Überwinden der Mauer vom Wes-

Die Mauer mit Tür bei der
Ankunft in Japan (li.)
© Nihon Bisho Co., Ltd.

Die Mauer bei
Nihon Bisho (re.)
© Nihon Bisho Co., Ltd.

ten her zwar unmöglich. Gleiches galt jedoch auch für die Grenztruppen auf der Ostseite, die nun nicht mehr das Hoheitsgebiet der DDR sichern konnten. Der Kommandeur des Grenzkommandos Berlin-Mitte machte auf diesen Umstand aufmerksam. Um Überraschungen vorzubeugen, vor allem aber um die immer wieder auf West-Berliner Seite angebrachten Graffiti entfernen zu können, wurde schließlich im Herbst 1978 der Einbau von Türen beschlossen. Neben der technischen Realisierung – die Betonteile wurden zentral hergestellt und Änderungen waren im Plansystem nur schwer durchsetzbar – beschäftigte die Grenztruppenführung vor allem das Problem möglicher Fluchtversuche durch diese Türen. Der Einbau von zwei verschiedenen Sicherheitsschlössern sowie die sichere Verwahrung der in dreifacher Ausfertigung angefertigten Schlüssel sollten Fluchtversuche unmöglich machen. Im Frühjahr 1980 wurde die erste Tür im Grenzabschnitt Mitte getestet. Bis 1983 sollten 35 derartiger Sicherheitstüren eingebaut werden. Am Brandenburger Tor, von dem auch die heute in Japan zu sehende Tür stammt, wurden 1982 zwei Türen eingesetzt.

Standort:
Deutsches Kulturdorf
Ueno

Ein schwerer Taifun ließ am 2. Juli 1873 das deutsche Handelsschiff J. R. Robertson vor der Küste der japanischen Insel Miyako-jima zerschellen. Die Bewohner des kleinen Küstendorfes Ueno wagten sich trotz der stürmischen See mit ihren Booten auf das Meer hinaus und konnten schließlich alle acht Besatzungsmitglieder vor dem Ertrinken retten. Die deutschen Seeleute wurden bei den Fischern aufgenommen. Einen Monat später konnten sie mit einem Schiff auf das Festland übersetzen und die Heimreise antreten. Der deutsche Kaiser Wilhelm I. zeigte sich von der Rettungsaktion tief beeindruckt. Als Dank stiftete er einen Gedenkstein, der bis heute im Hafen von Hirara zu sehen ist.

Mehr als 120 Jahre später wurde diese Episode zum Anlass genommen, um in dem kleinen Fischerdorf Ueno ein deutsches Kulturdorf einzurichten. 1987 wurde in der Gemeindeverwaltung die Idee dafür

Die Mauer im deutschen Kulturdorf Ueno

© Takahisa Matsuura

Die nachgebaute Marksburg
in Ueno

© Division for Trade and Tourism,
Miyakojima City

geboren. Nachfahren der japanischen Fischer, die die deutschen Seeleute gerettet hatten, reisten nach Deutschland, um sich Inspirationen zu holen. Beeindruckt vom Schloss Mainau auf der gleichnamigen Blumeninsel im Bodensee wurde in Ueno ein Hotel gebaut, dessen dem Meer zugewandte Fenster auf jenes Korallenriff blicken, das dem deutschen Handelsschiff seinerzeit zum Verhängnis geworden war. Etwas im Landesinneren befindet sich das in Form einer Kirche gebaute Kinderhaus, in dessen Hof zwei originale Teile der Berliner Mauer aufgestellt wurden. Die Gemeindeverwaltung hatte sich bereits unmittelbar nach dem Mauerfall um die Segmente bemüht. Vertreter waren nach Ost-Berlin gereist und hatten dort für den stolzen Preis von 6.000.000 Yen (etwa 60.000 DM) die Teile Nr. 166 und 167 der DDR-Firma Limex abgekauft und nach Japan verschifft. Der Sonne und den starken Regenfällen in der Region ausgesetzt, wurden die Mauerteile später ins örtliche Museum umgesetzt, wo sie bis heute zu sehen sind. Hier stehen sie zusammen mit den Echtheitszertifikaten und zwei Siegeln von Limex, welche die Authentizität der beiden teuren Ausstellungsstücke beglaubigen.

Außerdem kann Ueno auch noch mit einer kompletten Fachwerkhäuserzeile aufwarten, deren Original im niedersächsischen Stade steht. Hauptattraktion ist allerdings der Nachbau der Marksburg am Rhein. Die Gemeindeväter ließen sich auch dieses Schmuckstück einiges kosten. Allerdings war der Nachbau deutlich günstiger als der ursprünglich anvisierte Kauf der Original-Marksburg und deren Transport nach Japan. Genau wie die Stadtväter in Stade wollte der Eigentümer einem Abbau des historischen Kulturerbes letztlich nicht zustimmen.

Standort:

TÜV Rheinland, Shin-
Yokohama Daini Center
Building, Kohoku-ku

Sechzehn Jahre nach dem Mauerfall wurde am 9. November 2005 vor dem Gebäude des TÜV Rheinland Japan ein Mauersegment der Öffentlichkeit übergeben. Vom Mauerkünstler Thierry Noir aufwendig restauriert, erstrahlt heute einer seiner berühmten Köpfe in grellem Gelb auf blauem Grund. Zu den Klängen traditioneller japanischer Trommler weihte es der Geschäftsführer von TÜV Rheinland Japan, Ralf Wilde, im Beisein von Vertretern der Stadt Yokohama und der deutschen Botschaft ein. Ursprünglich an der Kreuzberger Waldemarstraße Mitte der 1980er Jahre von Noir bemalt, wurde das Segment im Auftrag der DDR-Regierung 1990 abgebaut und für den Verkauf eingelagert. Unter der Nr. 50 hielt es die mit der Veräußerung der Mauerteile beauftragte DDR-Firma Limex für Interessenten bereit. Doch offenbar fand sich zunächst kein Käufer. Erst fünfzehn Jahre später tauchte es auf einer Auktion in Berlin auf, komplett mit Echtheitszertifikat und Standortnachweis. Der Grund für das mangelnde Interesse könnte der Zustand der Betonstele gewesen sein. Von Mauerspechten stark in Mitleidenschaft gezogen, war das Graffito Noirs kaum noch zu erkennen. So erklärte dieser sich bereit, nach Japan zu fliegen und die Bemalung zu erneuern.

Uwe Bast, geboren in der DDR und heute als Unternehmer in Japan tätig, war es schließlich zu verdanken, dass Mauer und Künstler nach Japan reisen konnten. Seine Frau entdeckte das Mauerteil im Frühjahr 2005 in einem Auktionskatalog, wo es zusammen mit vier anderen Segmenten angeboten wurde:

„Es ist toll, dass ich alter Ossi nun die Gelegenheit habe, mir dieses ehemalige Element der Eingrenzung als Demonstration meiner Freiheit dahin setzen zu können, wo ich es will. Ohne den Fall der Mauer hätte ich meine japanische Frau nicht kennengelernt und wäre jetzt nicht in Japan. Also, wenn ich das Segment bekommen kann, dann möchte ich es gern nach Japan holen", erinnerte sich Bast in einem Brief an den TÜV in Yokohama.

Schließlich erhielt er den Zuschlag und ließ die 2,6 Tonnen schwere Fracht auf eigene Kosten nach Fernost verschiffen. Zunächst war geplant, das Segment im Privatbesitz zu belassen. Da sich jedoch kein geeigneter Standort finden ließ, trug er Ralf Wilde die Idee an, das Mauersegment vor der TÜV Zentrale aufzustellen. Dieser war sofort begeistert und wenige Monate später konnte die Einweihung erfolgen. Eine kleine Tafel erklärt auf Japanisch und Englisch die Geschichte der Betonstele.

DOHA
KATAR

Standorte:

Georgetown University in Qatar, Education City, Al Luqta Street, Ar-Rayyan und Qatar National Convention Centre (QNCC), Education City, Ar-Rayyan

Die Mauer in der Georgetown University in Qatar in Doha

© Photo courtesy of Georgetown University in Qatar

Am 11. Dezember 2018 wurde im Atrium Georgetown University in Qatar ein mit einem bunten Männchen bemaltes Segment der Berliner Mauer enthüllt. Die 2005 als Ableger der Georgetown University in Washington, D. C., gegründete Hochschule liegt in der westlich der katarischen Hauptstadt Doha gelegenen Education City in Ar-Rayyan. Bei der Feierstunde sprachen Ahmad Dallal, Dekan der Universität, Machaille Hassan Al-Naimi von der Weill Cornell Medicine Qatar, Abdulrahman Al Ishaq vom Quatar Museum, Gerd Nonneman, Professor für internationale Beziehungen und Golfstudien an der Georgetown University in Qatar, sowie der stellvertretende Dekan für Studien- und Fakultätsangelegenheiten an der Georgetown University in Qatar, Kai-Henrik Barth. Barth und seine Ehefrau schilderten dabei ihre persönlichen Erfahrungen mit dem Aufwachsen auf den unterschiedlichen Seiten der Berliner Mauer.

Das Mauerstück war 2007 zusammen mit 14 weiteren Segmenten bei einem Projekt mit Schülerinnen und Schülern der Carl-Zeiss-Oberschule in Berlin-Lichtenrade unter Anleitung von Thierry Noir auf dem Kreuzberger Firmengelände von Dämmisol bemalt worden. Der Baustoffgroßhändler hatte die Mauerstücke auch erworben und das Schulprojekt finanziell gefördert. Ein während des Projektes von Thierry Noir selbst gestaltetes Segment wurde 2009 in der Sendung „zibb" des Rundfunkes Berlin-Brandenburg zugunsten einer Reha-Einrichtung für krebs- und herzkranke Kinder in Bernau bei Berlin versteigert. Der Chef der Unternehmensgruppe Gegenbauer und Präsident von Hertha BSC, Werner Gegenbauer, hatte den Zuschlag erhalten und das Segment vor dem Sitz seiner Firma in Birkenwerder bei Berlin aufgestellt. Sechs von Schülern gestaltete Elemente wurden dagegen an die Firma Veloform verkauft, als Dämmisol 2008 den Kreuzberger Standort aufgab. Die Qatar Foundation, die als Trägerin der Education City das

Mauersegment von der Qatar Museums Authority entliehen hatte, erwarb von Veloform das Stück, das nun an der Georgetown University in Qatar zu sehen ist.

Seit 2019 stehen in Katar zwei weitere Segmente der Berliner Mauer, die bei dem Schülerprojekt in Kreuzberg von 2007 gestaltet wurden. Das deutsche Außenministerium hatte die beiden mit einem großen Auge bemalten Stücke von Veloform gekauft und im Rahmen des deutsch-katarischen Kulturjahres 2017 an Katar übergeben. Sheikha Al-Mayassa, Vorsitzende der Qatar Museums Authority, Schwester des amtierenden Emirs von Katar und Initiatorin des Kulturjahres, hatte gegenüber dem deutschen Außenminister Sigmar Gabriel bei dessen Besuch in Doha im Juli 2017 den Wunsch geäußert, Stücke der Berliner Mauer nach Katar zu bringen und im Qatar Museum auszustellen. Dieser Bitte war Gabriel nachgekommen und hatte im November 2017 die Mauerstücke anlässlich der Eröffnung des katarischen Kulturzentrums in der Villa Calé in Berlin symbolisch an Katar übergeben. Dort möchte man die Mauerstücke als Zeichen gegen die 2017 von verschiedenen Ländern gegen das Emirat verhängten und Anfang 2021 wieder aufgehobenen Sanktionen verstanden wissen. An der Einweihung der Mauerteile in der Eingangshalle eines Erweiterungsgebäudes des ebenfalls in der Education City gelegenen Qatar National Convention Centre (QNCC) im Juni 2019 nahm der deutsche Botschafter Hans-Udo Muzel, der amtierende Vorstandsvorsitzender der Qatar Museums Authority, Ahmad Musa Al-Namla sowie Hisham E. Nourin von der Qatar Foundation teil.

DORASAN
REPUBLIK
KOREA

Standort:
Bahnhof

Bundespräsident Joachim Gauck (2. v. l.) bei der Einweihung des „Bahnsteig der Wiedervereinigung" in Dorasan am 14. Oktober 2015
© Yonhap / Picture Alliance

Am 22. Juli 2015 trat ein Mauerstück seine Reise zu einem Standort mit ganz besonderer Symbolkraft an. Als eines der letzten von ursprünglich 35 Segmente, die 2005 von der Firma Sony an das Land Berlin zur nicht kommerziellen Nutzung vergeben wurden, wurde es vom Berliner Senat nach Südkorea geschickt, wo es heute zusammen mit verschiedenen anderen Ausstellungsstücken auf dem „Bahnsteig der Wiedervereinigung" des Bahnhofes Dorasan, dem nördlichsten Punkt des südkoreanischen Eisenbahnnetzes an der Grenze zu Nordkorea, steht.

Am 14. Oktober 2015 wurde das Segment vom deutschen Bundespräsidenten Joachim Gauck, dem südkoreanischen Wiedervereinigungsminister Hong Yong-pyo, der Präsidentin der südkoreanischen Eisenbahngesellschaft KORAIL, Choi Yeon-hye, und weiteren Persönlichkeiten feierlich eingeweiht. Gauck und Yong-pyo enthüllten eine Kupferplatte, auf der sich Appelle der Staatsoberhäupter Koreas und Deutschlands befinden. Während die südkoreanische Präsidentin Park Geun-hye dazu aufruft „Schaffen Sie ein wiedervereinigtes Korea und helfen Sie der Welt, friedlicher zu werden", lautet Gaucks Botschaft: „Gemeinsam für ein Leben in Freiheit." Die Präsidentin der südkoreanischen Eisenbahngesellschaft KORAIL präsentierte zudem eine Landkarte, auf der eine Eisenbahnstrecke eingezeichnet war, die eines Tages Korea mit Berlin verbinden könnte. Mit Blick auf den deutschen Bundespräsidenten stellte sie fest: „Bundespräsident Gauck ist für das sich wiedervereinigende Deutschland ein Held. Sein Besuch in Korea, einem der wenigen derzeit geteilten Länder der Welt, wird den Menschen in Korea Hoffnung geben. Ich hoffe, dass die koreanische Wiedervereinigung so schnell wie möglich in die Realität umgesetzt wird, damit die süd-nordkoreanische Eisenbahn mit dem kontinentalen Eisenbahnsystem verbunden werden kann."

Links und rechts des Mauerstückes auf dem „Bahnsteig der Wiedervereinigung" befinden sich zwei Tafeln. Auf der linken Tafel wird erkennbar, dass die deutsche Teilung seit dem 3. Oktober 1990 überwunden ist, während auf der rechten eine Uhr die anhaltende Teilung Koreas anzeigt.

Standort:
Jeju April 3 Peace
Memorial Park,
53-5 Bongae-Dong

Die Mauer vor dem
Jeju Peace Institute
© Jeju Peace Institute

Am Morgen des 3. April 1948 begannen aufgebrachte Bauern und Fischer auf der südkoreanischen Insel Jeju einen Aufstand. Sie überfielen Polizeistationen und Behörden der Zentralregierung in Seoul. Für kurze Zeit gelang es den schlecht bewaffneten Rebellen, die Insel unter ihre Kontrolle zu bringen. Dann schlugen der südkoreanische Geheimdienst und die Armee gnadenlos zurück.

Anlass für den Aufstand war das Militärregime, das damals auf der Insel bestand. Nach der Befreiung von der japanischen Besatzung 1945 hofften die meisten auf Jeju auf eine bessere Zukunft. Die Unterdrückung und Ausbeutung sollte einer Selbstverwaltung weichen, die es den Bauern und Fischern ermöglichte, ein besseres Auskommen zu finden. Unter ihnen befanden sich auch Anhänger sozialistischer Bewegungen, die nach Zwangsarbeit oder Gefangenschaft nach Jeju zurückkehrten. Ihnen gegenüber standen vor allem Polizeikräfte, die mit den Japanern kollaborierten und nun in die koreanischen Sicherheitskräfte übernommen wurden. Hinzu kamen antikommunistische Flüchtlinge, die sich in Terrororganisationen zusammenschlossen und gegen vermeintlich linke Insulaner vorgingen. Für die Bevölkerung löste scheinbar nur eine Besatzungsmacht die andere ab. Übergriffe, Erpressungen und Anschläge bestimmten das Leben auf Jeju. Die amerikanische Besatzungsmacht schritt nicht ein und duldete die von der Regierung in Seoul betriebene Politik. Im Frühjahr 1948 demonstrierten 30.000 Menschen in der Inselhauptstadt Jeju-si. Die Polizei schoss in die unbewaffnete Menge und tötete sechs Menschen. Wenige Wochen später brach der Aufstand los.

Ein Stück innerdeutscher
Grenze auf Jeju
© Jeju Peace Institute

Die Reaktion der südkoreanischen Polizei- und Sicherheitsdienste war brutal. Mehr als die Hälfte aller Siedlungen wurde niedergebrannt und die Einwohner verschleppt oder erschossen. Diesem beispiellosen Massaker fielen in den kommenden Monaten zwischen 25.000 und 30.000 Inselbewohner zum Opfer. Spezialeinheiten des Militärs wurden nach Jeju verlegt, das amerikanische Militär sah dem Morden tatenlos zu. Ein Jahr später waren auch die letzten Aufständischen vernichtet. Als Nordkorea 1950 den Süden des Landes überfiel, wurden noch einmal vermeintliche Aufständische verhaftet und erschossen. Über die Ereignisse auf der Insel herrschte in den kommenden 50 Jahren Schweigen. Erst 1992 wurde das Tabu gebrochen und die Beisetzung einiger in Massengräbern verscharrter Toten gestattet. Acht Jahre später verabschiedete die Regierung in Seoul ein Gesetz zur Aufklärung der Vorgänge auf Jeju 1948. Die Untersuchungskommission legte 2003 einen Bericht vor, in dem die Schuld anerkannt wurde. Staatspräsident Roh Moo-hyun entschuldigte sich daraufhin offiziell bei den Einwohnern von Jeju. Zur Erinnerung an die Opfer wurde 2003 mit dem Bau eines Friedensgedenkparkes „3. April" in Jeju-si begonnen. Neben einem großen Mahnmal und Altar für die Opfer der Tragödie wurde auch ein Museum eröffnet.

Heute sind hier auch zwei Segmente der Berliner Mauer zu finden, die 2007 als Geschenk der Stadt Berlin auf die Insel kamen. Youngmin Kwon, ehemaliger Botschafter in Berlin und Kanzler des Jeju Peace Institutes bemühte sich gemeinsam mit der Inselverwaltung um die beiden Betonstelen. Nach Aussage von Jae-hawn Kim, Direktor für Planung und Koordination des Jeju Peace Institutes, waren sowohl die Berliner

Das Mauerkunstwerk von
Jung Hyun Kim in Jeju
© Jeju Peace Institute

Mauer als auch der Aufstand von Jeju 1948 Ergebnisse der Blockkonfrontation. Beide wurden schließlich friedlich überwunden, weshalb die Insel ein geeigneter Standort für die Mauersegmente sei. Sie standen ursprünglich auf dem Sony-Gelände am Potsdamer Platz und wurden 2005 an den Berliner Senat übergeben. Versehen mit einer Plakette, die sie als Geschenk von Sony an die Hauptstadt ausweisen, stehen sie nun unter freiem Himmel.

Das Grenzlandmuseum im thüringischen Eichsfeld steuerte seinerseits noch einen Teil der innerdeutschen Grenze bei. Ein etwa zwei Meter breites Stück Streckmetallzaun, wie es an den Sperranlagen zur Bundesrepublik eingesetzt wurde, steht seit 2007 im Memorial Park.

Zwei Jahre zuvor gastierte die Mauerausstellung des französischen Galeristen Sylvestre Verger in Jeju-si. Unter dem Titel „From the DMZ to the Berlin Wall" („Von der Entmilitarisierten Zone zur Berliner Mauer") wurden die Werke internationaler Künstler ausgestellt, die selbst Teile der Mauer gestaltet hatten. Aus Anlass der Ausstellung bekamen auch koreanische Kunstschaffende einige Betonblöcke übereignet, die bis heute in Jeju-si zu sehen sind. Jung Hyun Kim hängte ein komplettes Teil der sogenannten Hinterlandmauer in eine Aufhängung und setzte die großen Lettern „DMZ" darauf. Die Abkürzung steht für den entmilitarisierten Grenzstreifen, der Nord- und Südkorea seit 1953 voneinander trennt. Suk Won Park verband ein schwarzes und ein weißes Mauerteil mit dem Schriftzug „one" („eins") – in der Hoffnung auf Wiedervereinigung der beiden Staaten. Ein letztes Mauerteil wurde von Sung Mook Choi mit einer nach links gewendeten Swastika versehen, die in Korea für Liebe steht.

Die „Liebe" von
Sung Mook Choi in Jeju
© Jeju Peace Institute

SEOUL
REPUBLIK KOREA

Standort:
Zwischen der Sanghuh
Memorial Library und
dem Konkuk University
Medical Center

Die Mauer auf dem Campus
der Konkuk University Seoul

© Konkuk University, Seoul,
South Korea

Ein Jahr nach der Befreiung Koreas von japanischer Besatzung, 1946, öffnete in Seoul die Chosun
Schule für Politikwissenschaft ihre Pforten. Hier wurden Wissenschaftler ausgebildet, die beim Aufbau
eines unabhängigen Staates mithelfen sollten. Trotz Koreakrieg und Teilung der Halbinsel wuchs die Hochschule beständig und wurde 1959 in Konkuk-Universität umbenannt.

Auf dem Hochschulcampus in der südkoreanischen Hauptstadt ist eine große Sammlung von Steinen
aus aller Welt zu bewundern, die seit Jahrzehnten zusammengetragen werden. Einen ganz besonderen
Steinbrocken stellte die Berliner Senatsverwaltung 1991 zur Verfügung. Seung-yune Yoo, ehemaliger Prä-
sident der Konkuk Universität, bemühte sich zusammen mit der Pacific State University in Los Angeles
(USA) um einen Teil der ehemaligen Grenzanlage, deren Überwindung Vorbild für die geteilte koreanische
Halbinsel sein sollte. Die Pacific State University erwarb ein vom Brandenburger Tor stammendes, etwa
1 mal 1,2 Meter großes Betonteil und ließ es nach Seoul bringen. An dem Mauerteil angebracht ist ein in
Bronze gegossenes Echtheitszertifikat.

Am 30. November 1993 erfolgte in der Konkuk Universität die feierliche Übergabe des Mauerteiles
als Mahnzeichen für die Wiedervereinigung der beiden koreanischen Staaten. Auf der Vorderseite ist eine
entsprechende Inschrift in Koreanisch und Englisch zu lesen:

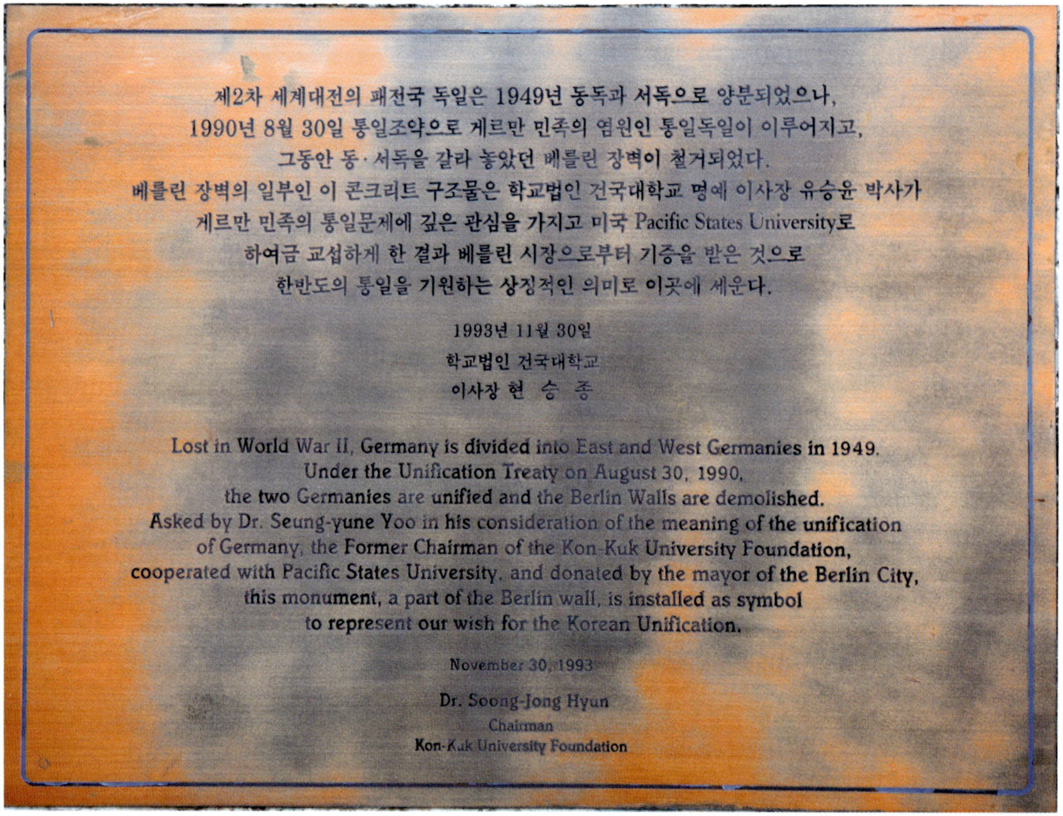

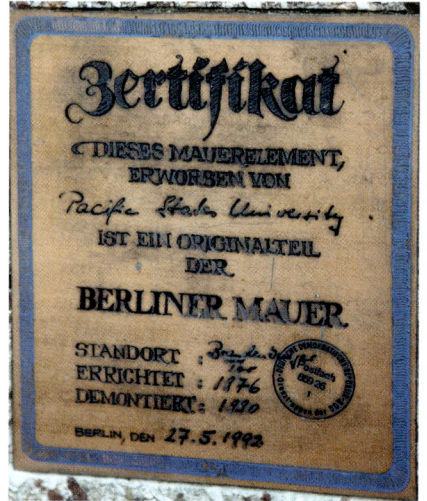

제2차 세계대전의 패전국 독일은 1949년 동독과 서독으로 양분되었으나,
1990년 8월 30일 통일조약으로 게르만 민족의 염원인 통일독일이 이루어지고,
그동안 동·서독을 갈라 놓았던 베를린 장벽이 철거되었다.
베를린 장벽의 일부인 이 콘크리트 구조물은 학교법인 건국대학교 명예 이사장 유승윤 박사가
게르만 민족의 통일문제에 깊은 관심을 가지고 미국 Pacific States University로
하여금 교섭하게 한 결과 베를린 시장으로부터 기증을 받은 것으로
한반도의 통일을 기원하는 상징적인 의미로 이곳에 세운다.
1993년 11월 30일
학교법인 건국대학교
이사장 현 승 종
Lost in World War II, Germany is divided into East and West Germanies in 1949.
Under the Unification Treaty on August 30, 1990,
the two Germanies are unified and the Berlin Walls are demolished.
Asked by Dr. Seung-yune Yoo in his consideration of the meaning of the unification
of Germany, the Former Chairman of the Kon-Kuk University Foundation,
cooperated with Pacific States University, and donated by the mayor of the Berlin City,
this monument, a part of the Berlin wall, is installed as symbol
to represent our wish for the Korean Unification.
November 30, 1993
Dr. Soong-Jong Hyun
Chairman
Kon-Kuk University Foundation

Infoplakette am Mauerteil in der Konkuk University Seoul

© Konkuk University, Seoul, South Korea

This concrete structure is an important portion of the Berlin Wall which once separated East from West Germany. Hoping that the peaceful unification of our country will come true at the earliest possible date, we should ruminate on the significance of the fence. [Dieses Betonstück ist ein vollständiger Teil der Berliner Mauer, die einst Ost- von Westdeutschland trennte. In der Hoffnung, dass die friedliche Vereinigung auch unseres Landes zum frühestmöglichen Zeitpunkt wahr werden wird, sollten wir über die Bedeutung dieses Mauerstückes nachdenken.]

Zertifikat
DIESES MAUERELEMENT,
ERWORBEN VON
Pacific States University
IST EIN ORIGINALTEIL
DER
BERLINER MAUER
STANDORT :
ERRICHTET : 1976
DEMONTIERT : 1990
BERLIN, DEN 27.5.1992

Echtheitszertifikat am Mauerteil in der Konkuk University Seoul

© Konkuk University, Seoul, South Korea

SEOUL
REPUBLIK KOREA

Standort:
Cheonggyecheon,
an der Samilgyo-Brücke

Die Mauer auf dem
„Berliner Platz" in Seoul
© Seoul Metropolitan Government

Drei Segmente der Berliner Mauer, ein blauer Berliner Bär mit dem Brandenburger Tor sowie eine originale Berliner Gaslaterne stehen seit dem 28. September 2005 auf dem „Berliner Platz" in der südkoreanischen Hauptstadt Seoul. Der Berliner Senat schenkte die vom Künstler Rolf Biser gestaltete Installation der südkoreanischen Partnerstadt als Zeichen der Freundschaft und Verbundenheit zwischen den beiden Metropolen. Der Regierende Bürgermeister von Berlin, Klaus Wowereit, verewigte sich auf einer kleinen Stele neben den Mauerteilen, auf denen eine Inschrift der Wiedervereinigung Nord- und Südkoreas Hoffnung verleiht. Möglich geworden war der „Berliner Platz" im Zuge von Rekonstruktionsarbeiten im Stadtzentrum. Der Ende der 1960er Jahre wegen des rasanten Wachstums zugeschüttete und mit einer Autobahn überbaute Fluss Cheonggyecheon wurde wieder freigelegt und das ganze Gelände in eine weitläufige Grünanlage verwandelt. An den drei Mauersegmenten gehen heute täglich Tausende Passanten vorbei. Mit einiger Mühe sind noch die Reste von Graffiti zu erkennen, die auf der ehemals West-Berlin zugewandten Seite angebracht worden waren.

Im Juni 2018, am Vorabend des historischen Gipfeltreffens zwischen Donald Trump und Kim Jong-un, sprühte der südkoreanische Graffitikünstler Tae-Yong Jung (aka Hideyes) auf die Westseite der Segmente in bunten Neonfarben eine stilisierte koreanische Flagge und auf die Ostseite in schwarzer Schrift den Spruch „Ich sah ein neues Licht auf mich scheinen. Wenn es auch meine Augen funkeln lässt …". Die nicht genehmigte Aktion löste einen Sturm der Entrüstung wegen Beschädigung eines Kulturdenkmales aus. Ein Gericht entschied 2019, Jungs Graffiti zu entfernen und die ursprüngliche Bemalung zu erneuern.

Standort:
Peace Park –
Uijeongbu Station
Neighborhood Park

Teltows Bürgermeister

Thomas Schmidt und

Thierry Noir, vor dem

von Thierry Noir gestalteten

Mauersegment

© Stadt Teltow

Nachdem der Bürgermeister der südkoreanischen Grenzstadt Uijeongbu bei einem Deutschlandbesuch die Mauerteile in Teltow entdeckte, gelangten fünf originale Segmente der Berliner Mauer auf den Weg nach Südkorea. Sie werden im „Uijeongbu Station Neighborhood Park" aufgestellt, der schrittweise zum Friedenspark umgebaut wird. Die Stadt Uijeongbu liegt nördlich von der Hauptstadt Seoul und ist 30 Kilometer von der Grenze zu Nordkorea entfernt. Als Symbol für die Wiedervereinigung Deutschlands 1989/1990 stehen die Mauersegmente an ihrem neuen Standort vor allem für die große Hoffnung auf eine friedliche Vereinigung beider koreanischer Staaten.

Zuvor lagerten die fünf, etwa zehn Tonnen schweren Mauersegmente auf dem Gelände des Baustoffunternehmens Klösters in Teltow. Anfang der 1990er Jahre hatte das Unternehmen VEB Betonwerke Mauerteile von der Nationalen Volksarmee erworben, um die Stelen als Boxen für Schuttgut zu nutzen. Vor zwei Jahren schließlich übernahm die Baustofffirma Klösters die auf dem Gelände in Teltow noch verbliebenen 160 Mauerteile. Die 2011 von Elmar Prost, dem Geschäftsführer der Baustofffirma, ins Leben gerufene Aktion „Mauerteile bemalen" richtet sich an professionelle Künstler und Laien. Unter den fünf Mauerteilen für Uijeongbu befindet sich ein von Thierry Noir bemaltes Element.

Nachdem am 30. September 2013 die symbolische Übergabe der fünf Mauerteile an den südkoreanischen Generalkonsul Eon-wook Heo im Beisein von Thierry Noir, Elmar Prost und dem Bürgermeister von

Teltow, Thomas Schmidt, erfolgt war, fand am 19. März die offizielle Einweihung statt. Der Bürgermeister von Uijeongbu eröffnete die Feier und neben zahlreichen Ehrengästen waren auch Thomas Schmidt, der deutsche Schauspieler Bruno Eyron als Vertreter von Thierry Noir und Tobias Dollase, Justiziar der Bundesstiftung zur Aufarbeitung der SED-Diktatur, sowie 500 weitere Gäste zugegen.

Zwischen den fünf Mauersegmenten findet sich ein Nachbau des Brandenburger Tores. Dieses Ensemble und die Mauersegmente selbst werden durch bebilderte Informationstafeln eingerahmt, die die Geschichte der innerdeutschen Teilung in koreanischer und englischer Sprache vermitteln. Ein Film erinnert zudem an die Friedliche Revolution.

Die offizielle Einweihung der fünf Mauersegmente im Friedenspark in Uijeongbu
© Tobias Dollase

Standort:
University Town,
36 College Avenue E

Die Mauer in Singapur

© Tembusu College, National
University of Singapore

Der Stadt- und Inselstaat Singapur ist das kleinste Land Südostasiens. Mit seiner Hauptinsel und rund 60 kleineren Inseln entspricht seine Fläche in etwa der Größe Hamburgs. Die Republik Singapur ist eines der reichsten Länder der Welt und zugleich ein sehr beliebtes touristisches Ziel, das von bis zu elf Millionen Urlaubern jährlich besucht wird. Zum 50. Jubiläum der diplomatischen Beziehungen zwischen Deutschland und Singapur übereignete der Geschäftsführer des Teltower Baustoffunternehmens Klösters, Elmar Prost, dem Land zwei Segmente der Berliner Mauer. Auf dem Gelände des Unternehmens Klösters in Teltow standen einst 217 Mauerstücke, inzwischen sind es weniger als 70. Prosts Ziel war es, die Segmente weltweit zu verteilen und damit ein Zeichen der Dankbarkeit für die deutsche Wiedervereinigung zu setzen. Singapurs Außenministerium überreichte die beiden Segmente schließlich als Leihgabe der National University of Singapore. Aufgestellt wurden sie in der University Town, zu dem fünf Colleges und mehrere universitäre Forschungseinrichtungen gehören. Am 18. Oktober 2016 wurden die Mauerstücke durch die Außenministerin Singapurs, Vivian Blakrishnan, den deutschen Botschafter, Michael Witter, sowie den Rektor des Tembusu-Colleges der National University of Singapore, Tommy Koh, feierlich enthüllt. Anlässlich der Veranstaltung fand am Tembusu-College ein Forum zur historischen Bedeutung des Kalten Krieges statt.

ASIEN – REPUBLIK SINGAPUR

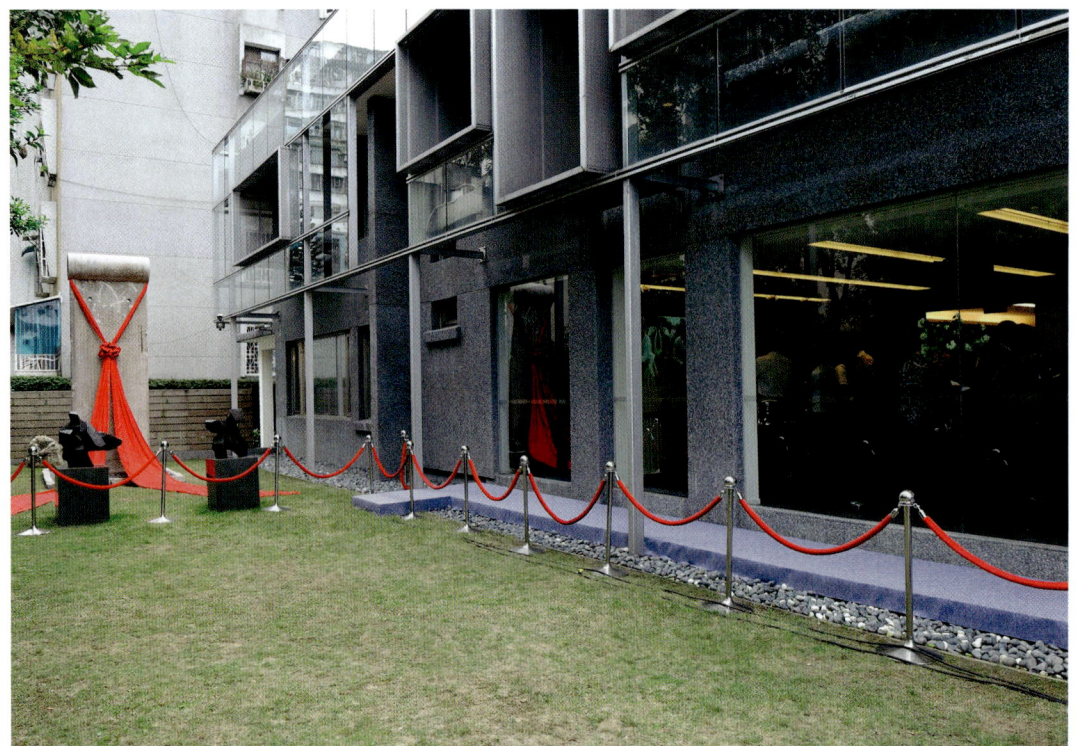

TAIPEI
TAIWAN

Standort:
Taiwan Foundation for
Democracy, Alley 17,
Lane 147, Section 3,
Sinyi Road

Die Mauer in Taipei
© Deutsches Institut Taipei

Pünktlich zum 20. Jahrestag des Mauerfalles erhielt die taiwanische Stiftung Memorial Foundation of 2-28 vom Landkreis Oberhavel ein Segment der Berliner Mauer als Geschenk. Die Idee, es in einem Museum in Taipei aufzustellen, war während eines Treffens des Vorsitzenden der Stiftung Memorial Foundation of 2-28 und des Landkreises Chiayi mit Karl-Heinz Schröter, dem Landrat des deutschen Partnerlandkreises Oberhavel, entstanden.

Die Stiftung erinnert an das Massaker vom 28. Februar 1947 (daher auch 2/28 Massaker) in Taiwan. Chinesische Regierungstruppen schlugen den Volksaufstand in Taiwan mit äußerster Brutalität nieder. Den Ereignissen gingen Spannungen zwischen den neuen Machthabern vom chinesischen Festland – welche die Insel nach dem Zweiten Weltkrieg und der Kapitulation Japans besetzt hatten – und der einheimischen Bevölkerung voraus. Als erste Kolonie Japans hatte Taiwan von 1895 bis 1945 unter japanischer Herrschaft gestanden und einen enormen wirtschaftlichen Aufschwung erfahren. Mit der neuen chinesischen Militärverwaltung verschlechterten sich die wirtschaftlichen Verhältnisse und die Lebensbedingungen der Taiwaner dramatisch, welche schließlich in einem Volksaufstand gipfelten. Trotzdem im April 1947 die Militärregierung durch eine zivile Regierung, der auch Taiwaner angehörten, abgelöst wurde, hatte das durch die chinesische Regierung ausgerufene Kriegsrecht auf Taiwan bis 1987 Bestand. 1995 gab Li Denghui als Präsident der Republik China auf Taiwan erstmalig eine offizielle Entschuldigung für das Massaker im Namen der Regierung ab. Unter dem jahrzehntelangen Kriegsrecht war ein Gedenken tabuisiert, heute ist der 28. Februar ein offizieller Feiertag in Taiwan.

Einweihung des Mauerteiles
© Deutsches Institut Taipei

Am 9. November 2009 wurde das 2,5 Tonnen schwere Mauerstück im Garten der Stiftung Taiwan Foundation for Democracy in Taipei vom ehemaligen Parlamentspräsidenten Wang Jin-pyng enthüllt. Der DDR-Bürgerrechtler Jörn Mothes nahm an der Einweihung teil und hielt eine Festrede. Mothes ist ein prominenter Vertreter der DDR-Opposition und Zeitzeuge der Friedlichen Revolution 1989/90. Zudem veranschaulichte eine von ihm mitgebrachte Plakatausstellung „20 Jahre Friedliche Revolution und Deutsche Einheit" der Bundesstiftung Aufarbeitung die Ereignisse zwischen 1989 und 1990 in Deutschland. Im Jahr 2011 sollte das Mauerstück in den Hof des wiedereröffneten Taipei 2-28 Memorial Museums wechseln. Das Museum widmet sich vor allem den Ereignissen um den 28. Februar 1947. Die bloße Existenz des Museums verdeutlicht einen Wandel in der offiziellen Auseinandersetzung mit der taiwanischen Geschichte und, so argumentierte die *Taipei Times*, außerdem eine späte Gerechtigkeit für die Opfer sowie einen symbolischen Ausgangspunkt für das „Einreißen einer taiwanischen ‚Berliner Mauer'", die die Segregation der verschiedenen ethnischen Gruppen manifestierte. Die vorgesehene Umsetzung des Mauerstückes fand bis heute nicht statt.

Standort:
Garten der deutschen
Botschaft, 9 S Sathorn
Rd, Thung Maha Mek,
Sathon

Die Mauer in Bangkok
© Deutsche Botschaft Bangkok

STREET – Urban Culture Highlight" hieß ein großes, vom Goethe-Institut und der französischen Botschaft organisiertes Festival im November 2018 in Bangkok. Wie der Name andeutet, drehte sich dabei vierzehn Tage lang alles um Kunst, Kultur und Essen auf der Straße. Junge Künstlerinnen und Künstler aus Thailand, Frankreich und Deutschland konnten sich hier nicht nur präsentieren, sondern vor allem auch zusammenwirken und in einen kreativen Austausch kommen. Stets international gemischt fanden so zahlreiche Beatbox-Konzerte statt, legten DJs auf und Hip-Hop-Tänzer traten auf, während Graffiti-Künstler ihre Kunstwerke sprayten. Die erste Aktion von STREET fand im Garten der deutschen Botschaft statt. Besprüht werden sollten hier aber nicht etwa die Wände der Botschaft, sondern zwei originale Stücke der Berliner Mauer, die der Berliner Unternehmer Axel Brauer der deutschen Botschaft geschenkt hatte und die seit Juli 2018 auf dem Botschaftsgelände standen. Die französische Künstlerin Kashnik, der thailändische Künstler Mue Bon und Julia Benz aus Deutschland gestalteten jeweils eine Seite der Mauersegmente in ihrer individuellen Handschrift. Die vierte Fläche teilten sie sich und schufen ein gemeinsames Werk, in dem ihre persönlichen Handschriften zwar zu erkennen sind, diese aber dennoch zu einem neuen harmonischen Bildwerk verschmelzen. Die Berlinerin Julia Benz erklärte dazu, dass es vorab unter den drei Street-Artists keine genauen Absprachen gab und jede ihren oder seinen Teil frei gestalten konnte. Sie selbst entschied sich für eine mit Pflanzen umrankte, einstürzende Mauer.

Die gestalteten Mauersegmente wurden am 12. November 2018 feierlich vom stellvertretenden Außenminister des Königreiches Thailand, Virasakdi Futrakul, und dem designierten deutschen Botschafter, Georg Schmidt, enthüllt. Die beiden Mauerteile sind die einzigen in Thailand. Wie die deutsche Botschaft berichtet, stoßen sie – ebenso wie die gesamte Geschichte der friedlichen Überwindung der deutschen und europäischen Teilung – auf großes Interesse bei den thailändischen Besucherinnen und Besuchern des Hauses.

Mindestens zwei Mauerstücke haben wahrscheinlich ihren Weg in das Südseeparadies Tonga gefunden. König Taufa'ahau Tupou IV., Oberhaupt des Königreiches, erwarb bei der ersten Versteigerung von Mauerteilen in Monaco im Frühsommer 1990 ein bunt bemaltes Exemplar für mehrere Zehntausend Francs. Ein zweites Mauerteil sollte als Geschenk des tongaischen Honorarkonsuls Alexander Müller 1999 aus Deutschland in die Südsee verschifft werden. Ob beide Segmente jemals angekommen sind und ob sie einen Standort in der Hauptstadt Nuku'alofa gefunden haben, ließ sich nicht ermitteln. Die deutsche Vertretung vor Ort und das Fremdenverkehrsbüro des Königreiches wussten davon jedenfalls nichts.

NUKU'ALOFA
TONGA

Der „Klub der Freundschaft Esperanto" war eine der ersten Esperantistenvereinigungen, die sich Anfang der 1980er Jahre in der damaligen usbekischen Sowjetrepublik gründete. Dem historischen Erbe Samarkands als Handelsstadt an der Seidenstraße verpflichtet, baute der kleine Kreis um Anatoly Ionesov ein weltweites Kontaktnetz auf. 1986 konnte schließlich das „Internationale Museum für Frieden und Solidarität" eröffnet werden, das anlässlich des Internationalen Jahres des Friedens mit Duldung der staatlichen Behörden eingerichtet wurde. Diese Initiative blieb auch nach dem Zerfall der Sowjetunion 1991 einzigartig. Das Museum wurde Mitglied im Internationalen Friedensbüro in Genf und im 1992 gegründeten Bund der Friedensmuseen weltweit. Ähnliche Anti-Kriegs- und Pazifismusausstellungen bestehen heute in Europa, Asien und Lateinamerika. In Usbekistan wurde der Einrichtung der Ehrentitel „Volksmuseum" verliehen.

Die Ausstellung, die sich seit einiger Zeit im Umbau befindet und neue Räume erhalten soll, beherbergt mehr als 20.000 verschiedene Exponate, die aus mehr als einhundert Staaten zusammengetragen wurden. Darunter befindet sich auch ein Brocken der Berliner Mauer, der als Geschenk der Friedensbibliothek-Antikriegsmuseum in Berlin nach Samarkand kam. Heute liegt das Fragment, auf dem noch Reste von Graffiti zu sehen sind, unter Glas in einem aufgeklappten Koffer. Daneben ist ein Foto des Spenders mit der Mauer im Hintergrund zu sehen.

SAMARKAND
USBEKISTAN

Standort:
International Museum
for Peace and Solidarity

Mauerbrocken in Samarkand
© Museum of Peace and Solidarity
Uzbekistan

EUROPA

NORDAMERIKA

ZENTRALAMERIKA

SÜDAMERIKA

AFRIKA

ASIEN

AUSTRALIEN UND OZEANIEN

MARS

Standort:
Harmonie German
Club, 49 Jerrabomberra
Avenue, Narrabundah
ACT 2604

Die Mauer in Canberra

© Botschaft der Bundesrepublik
Deutschland Canberra

Zwei Monate vor dem Mauerbau wurde im Juni 1961 in der australischen Hauptstadt Canberra der deutsche Klub „Harmonie" aus der Taufe gehoben. Die Vereinigung, die sich mit Chor, Fußballmann-schaft und Tanzclub der Pflege deutscher Kultur verschrieben hat, unterhält im Südwesten Canberras ein Vereinshaus. An der Auffahrt steht seit dem 3. Oktober 1992 ein Mauersegment, das aus Anlass des „Tages der Deutschen Einheit" im Beisein des Ständigen Vertreters der deutschen Botschaft, Dr. Otto Roever, eingeweiht wurde. Neben dem Mauerteil erinnert eine kleine Tafel an die Teilung Deutschlands:

Harmonie Deutscher Verein Canberra / The section of the Berlin Wall reminds us that no man-made barrier can repress the spirit of freedom. / May we all unite to live in harmony, ensuring peace for further generations / Eingeweiht am 3. Oktober 1992 durch: Dr. Otto Roever, Ständiger Vertreter des deutschen Botschafters Canberra.
[Harmonie Deutscher Verein Canberra / Dieses Teil der Berliner Mauer erinnert uns daran, dass keine von Menschenhand gebaute Barriere den Geist der Freiheit unterdrücken kann. / Mögen wir alle in Harmonie zusammenleben und so den Frieden für zukünftige Generationen sichern]

Günther Körner, langjähriger Vorsitzender des Klubs „Harmonie", erzählt die Geschichte des Mauersegmentes wie folgt:

„Nach dem Fall der Berliner Mauer im Jahr 1989 beschloss das Komitee des Deutschen Vereines ‚Harmonie' auf meinen Vorschlag in der australischen Hauptstadt auf dem Klubgelände eine Gedenkstätte zur Wiedervereinigung Deutschlands einzurichten. Dazu sollte ein Element der Berliner Mauer aus der Bundeshauptstadt an der Spree importiert werden. Mit der Unterstützung von Berliner Freunden, Feely und Kilian Heerwig, konnte schließlich ein Stück ostdeutschen Betons für 500 Deutsche Mark erworben werden. Einige Monate später kam das Mauerelement, verpackt in einem Container, mit einem russischen Containerschiff in Sydney an. Inzwischen war auf dem Klubgelände in Canberra eine von einer Natursteinmauer umrahmte Gedenkstätte errichtet worden. Die offizielle Einweihung fand am 3. Oktober 1992, dem zweiten Jahrestag der deutschen Wiedervereinigung, statt. Unter der Leitung von Günther Körner, musikalisch begleitet vom gemischten Chor des Vereines und im Beisein Hunderter Gäste eröffnete Dr. Otto Roever von der Deutschen Botschaft Canberra die Gedenkstätte. Über die Jahre wurde das Mauerstück zu einer viel beachteten Sehenswürdigkeit der Stadt Canberra. Sogar der Regierende Bürgermeister der Stadt Berlin, Klaus Wowereit, besichtigte neben vielen anderen Besuchern bereits das Denkmal zur deutschen Einheit."

Zum 30-jährigen Jubiläum des Mauerfalles am 9. November 2019 veröffentlichte *The Sydney Morning Herald* eine Geschichte über ein angeblich seit 28 Jahren verschollenes Stück der Berliner Mauer in Australien. Tatsächlich hatte das Mauersegment die ganze Zeit über genau dort gestanden, wo es einst abgestellt wurde: gut sichtbar unter einem Vordach eines Lagerhauses in Blacktown im australischen Bundesstaat New South Wales.

Das Lagerhaus gehört zu einer Verpackungsfirma, deren Mitarbeiter Raymond Chim laut *The Sydney Morning Herald* erklärte, dass er das unbemalte graue Betonsegment zwar seit Jahren angeschaut, sich aber nie gefragt habe, was es eigentlich darstellen sollte. Das Mauerteil gehörte dem Vorbesitzer der Anlage und war nach dem Besitzerwechsel am Ort verblieben. Umso erstaunter war Chim, als er eines Tages von seinem Chef gefragt wurde, was eigentlich mit dem Stück Berliner Mauer vor dem Lagerhaus passieren solle. Chim startete daraufhin mit Freunden den Aufruf „Need Home for Berlin Wall", den auch ein Mitarbeiter der Deutschen Botschaft in Canberra zur Kenntnis nahm. Da in Canberra bereits seit 1992 ein anderes Segment der Berliner Mauer steht, kontaktierte die Botschaft das Goethe-Institut in Sydney. Als gebürtige Berlinerin, die die Mauer noch selbst erlebt hatte, war dessen Direktorin Sonja Griegoschewski schnell bereit, sich um das wiederentdeckte Stück Berliner Mauer zu kümmern und es der Öffentlichkeit zugänglich zu machen. Durch seinen vor Wind und Wetter geschützten Unterstand vor dem Lagerhaus befand sich das Segment in einem gut erhaltenen Zustand. Zudem hielt das Mauerteil eine Überraschung bereit: Auf der der Lagerhalle zugewandten und daher nicht einsehbaren Seite befand sich eine gut erhaltene Originalbemalung von Jürgen Große alias Indiano mit der Aufschrift „Jeder hat Kraft".

Seit November 2019 steht das Mauersegment nun in einem kleinen Park namens Euroka-Reservat direkt vor dem Goethe-Institut in Woollahra, einem Vorort von Sydney. Eingeweiht wurde es in Anwesenheit der Gouverneurin von New South Wales, Margaret Beazley, der Bürgermeisterin von Woollahra, Susan Wynne, dem deutschen Generalkonsul, Peter Silberberg, sowie der Direktorin des Goethe-Instituts, Sonja Griegoschewski, die ihre persönliche Verbindung zur Berliner Mauer bei der Feierstunde unterstrich: „Ich dachte, [die Mauer] würde niemals weg sein in Berlin. Das war unvorstellbar. Meine Eltern, meine Großeltern, alle sagten, sie würde immer da sein, die Russen werden es niemals zulassen. Jetzt kann ich sie von meinem Fenster aus sehen."

Standort:
Vor dem Goethe-Institut,
90 Ocean Street,
Woollahra

Die Mauer in Sydney
© Leann M. Hopkins-Corby

Die Ankunft der Mauer in Australien in den 1990er-Jahren
© Leann M. Hopkins-Corby

Standort:
Cashel Street, Rauora
Park

Die Mauer in Christchurch
City, 2020
© Fiksate Gallery, Christchurch NZ

Am 22. Februar 2011 wurden bei einem schweren Erdbeben 80 Prozent der Innenstadt von Christchurch City zerstört. Neben dem Einsturz vieler denkmalgeschützter Bauten, wie dem Turm der ChristChurch Cathedral und der Cathedral of the Blessed Sacrament, wurden besonders viele Wohnhäuser beschädigt, von denen 12.000 abgerissen werden mussten. In der Folge verließen auch viele Einwohner die Stadt an der Ostküste der Südinsel Neuseelands. Christchurch City, oder Ōtautahi, wie die Stadt in der Sprache der Māori heißt, musste sich seitdem erholen, aber auch neu erfinden. Daher sollten neue Attraktionen geschaffen werden, und es entstand die Idee, zwei originale Segmente der Berliner Mauer im Rauora Park in der Innenstadt aufzustellen. Die zwei Mauerstücke wurden 2016 durch das Brandenburger Unternehmen EMP Beratungsgesellschaft an die neuseeländische Botschaft übergeben und von dieser der Stadt Christchurch zugesprochen. Gestaltet wurden die Segmente, die zuvor in Teltow auf dem Gelände eines Bauunternehmens standen, in den Jahren 2014 und 2015. Eines der Mauerstücke hatten Berliner Schülerinnen und Schüler im Rahmen eines Projektes mit menschlichen Figuren bemalt. Auf das zweite Stück wurde von einem Fan der Fernsehserie „Dr. Who" die Raum-Zeit-Maschine „TARDIS" in Form einer historischen blauen britischen Polizei-Telefonzelle gemalt.

Anastasia Papaleonida und Robert Seikon bei der Gestaltung der Mauer in Christchurch
© Fiksate Gallery, Christchurch NZ

Per Schiff erreichten die Mauerteile 2017 Neuseeland. Da im Stadtrat und in der Bevölkerung von Christchurch heftige Auseinandersetzungen über einen passenden Standort geführt wurden, lagerte man sie zunächst in einem Depot ein. Der Öffentlichkeit übergeben wurden die beiden Segmente dann im November 2019 – zum dreißigjährigen Jubiläum des Mauerfalles – an ihrem jetzigen Standort am Ende der Cashel Street am Rauora Park. Die für Veranstaltungen und Kunst verantwortliche Stadträtin, Lucy Blackmore, zeigte sich anlässlich der Einweihung optimistisch: „Dieses Denkmal wird bei den Einheimischen Anklang finden und Mittelpunkt für einen neuen öffentlichen Raum in der Innenstadt sein." Zudem wurde eine regelmäßige Neugestaltung der Mauerteile durch lokale Künstler beschlossen. Für das Jahr 2020 beauftragte der Stadtrat die Fiksate Gallery des Künstlerehepaares Jenna und Nathan Ingram mit der Verwaltung sowie Gestaltung der Segmente für ein Jahr. Die beiden Vorderseiten der Mauerteile wurden von den beiden Künstlern Robert Seikon und Anastasia Papaleonida bemalt, die beiden Hinterseiten von Jenna und Nathan Ingram selbst. Die Bilder sind jung, frisch und modern – und nicht für die Ewigkeit gedacht.

EUROPA

NORDAMERIKA

ZENTRALAMERIKA

SÜDAMERIKA

AFRIKA

ASIEN

AUSTRALIEN UND OZEANIEN

MARS

MARS

Standort:
Neben „Frog"
und „Pumpkin"

Die Mauer auf dem Mars:
der „Broken Wall"
© NASA / JPL / DLR

Die „Pathfinder"-Mission zum Mars erregte 1997 großes Aufsehen. Erstmals konnte mit einer Sonde die Oberfläche des Roten Planeten erkundet werden. An der Mission beteiligten sich Wissenschaftler aus aller Welt, so auch die Deutsche Luft- und Raumfahrtgesellschaft (DLR). Die zur Erde gefunkten Bilder des „Pathfinder" wurden von einem internationalen Team kartografiert und die markantesten Gesteinsbrocken mit Namen versehen. Eine Reihe von schräg gestellten Gesteinsbrocken, die entfernt an die zusammenge-stürzte Berliner Mauer erinnern, sollten auf Vorschlag des deutschen Marsgeologen Ralf Jaumann nach dem Mauerfall vom 9. November 1989 benannt werden. Doch nur ein etwa 85 Zentimeter großer Felsbrocken durfte den Namen „Broken Wall" („Zerbrochene Mauer") tragen. In unmittelbarer Nachbarschaft befinden sich „Frog" („Frosch") und „Pumpkin" („Kürbis"), die von den amerikanischen Kollegen so betitelt wurden.

Für Ralf Jaumann war die Benennung von großer Bedeutung, werde doch auf diese Weise „an das für uns alle bedeutende Ereignis, den Fall der Berliner Mauer" erinnert. Für seine Arbeitsstelle, die im ehemaligen Ost-Berliner Stadtteil Adlershof liegt, sollte sie zudem ein Zeichen sein, dass „die seit 1992 erfolgreiche Eingliederung von Wissenschaftlern und Technikern der östlichen und westlichen Bundes-länder im DLR-Forschungszentrum Berlin-Adlershof" gelungen sei, wie die Website der Deutschen Luft- und Raumfahrtgesellschaft verkündet. Bislang ist Ralf Jaumanns Initiative jedoch noch nicht offizialisiert worden. Die Entscheidung der endgültigen Benennung des in einem ausgetrockneten Flusstal liegenden Brockens durch die Internationale Astronomische Union steht noch aus.

Auch die nachfolgenden Marsexpeditionen hinterließen Spuren der deutschen Geschichte auf dem Roten Planten. Als Dank für ein an der Universität Mainz entwickeltes Messgerät durfte ein Forscherteam um Göstar Klingelhöfer 2005 erneut Gesteinsformationen benennen. Der „Broken Wall" befindet sich heu-te in Gesellschaft von „Nikolaikirche", „Montagsdemo" und „Wiedervereinigung".

Berlin ist, so ist auf der offiziellen Tourismus-Website der Stadt zu lesen, „europaweit Top-3-Reiseziel nach London und Paris" und in der Liga der „Ü30-Metropolen mit über 34 Millionen Übernachtungen von 13,5 Millionen Besuchern in Hotels und Pensionen" beliebt wie nie zuvor.[1] Von diesen Millionen Menschen ist mindestens ein Drittel dem „Mythos Mauer" auf der Spur. Dessen materielle Indizien finden sie an den wichtigsten baulichen Resten der Berliner Mauer, wie etwa in der Gedenkstätte Berliner Mauer an der Bernauer Straße und an der East Side Gallery. Ebenso faszinierend ist, dass jährlich schätzungsweise 4,5 Millionen Besucherinnen und Besucher Berlins zum ehemaligen Grenzkontrollpunkt Checkpoint Charlie pilgern, von dem sie – abgesehen von einigen den einstigen Grenzübergang rahmenden Brandwänden – keine nennenswerten baulichen Überreste vorfinden.[2]

Die genannten Orte sind die zentralen touristischen Anlaufstellen des öffentlichen Interesses an der Berliner Mauer und wurden, wie Rainer E. Klemke in diesem Band ausführt, im im Jahr 2006 verabschiedeten Gesamtkonzept zur Erinnerung an die Berliner Mauer konzeptionell mit weiteren bedeutenden „Mauerorten" zusammengeführt. Das Konzept konzentrierte sich auf Reste besonders ausdrucksstarker Grenzabschnitte und hatte zum Ziel, Defizite in der Erinnerungskultur zu überwinden, dezentral existierende Erinnerungs- und Gedeninitiativen zu bündeln sowie historische „Mauerorte" aufzuwerten und zu entwickeln. Ebenso sollte die hier neu avisierte Stiftung Berliner Mauer, die schließlich vom Berliner Abgeordnetenhaus per Gesetzesbeschluss am 17. September 2008 begründet wurde, perspektivisch als Kompetenzzentrum fungieren und zwei wichtige Teilungsorte, nämlich die Gedenkstätte in der Bernauer Straße und die Erinnerungsstätte Notaufnahmelage Marienfelde, unter ihrem Dach vereinen. Damit wurde zugleich die ohnehin in der Stadt vorhandene fachliche Kompetenz zum Teilungsthema zusammengeführt und institutionell professionalisiert.

DER AUFTRAG

Der inhaltliche Auftrag der Stiftung Berliner Mauer, die eine durch Bundesmittel kofinanzierte Berliner Landesstiftung ist, wird im Gesetz klar definiert: „Zweck der Stiftung ist es, die Geschichte der Berliner Mauer und der Fluchtbewegungen aus der Deutschen Demokratischen Republik als Teil und Auswirkung der deutschen Teilung und des Ost-West-Konflikts im 20. Jahrhundert zu dokumentieren und zu vermitteln sowie deren historische Orte und authentische Spuren zu bewahren und ein würdiges Gedenken der Opfer kommunistischer Gewaltherrschaft zu ermöglichen."

Dieser Auftrag lässt sich also in die Bereiche der denkmalpflegerisch angemessenen Bewahrung der Orte, deren Vermittlung durch historisch-politische Bildungsarbeit sowie den Bereich der Dokumentation und der Erforschung der Teilungsgeschichte und deren Überwindung im Kontext des Kalten Krieges gliedern. Ausgehend von den historischen Orten fokussiert die Stiftung ihre Arbeit auf die Geschichte der Berliner Mauer und die Auswirkungen der deutsch-deutschen Teilung. Ihre inzwischen vier sehr unterschiedlichen Standorte ermöglichen eine differenzierte Auseinandersetzung mit Fragen von Teilung, Grenzen, Migration, Rechtsstaatlichkeit, Handlungsräumen und Menschenrechten in historischer und gegenwartsorientierter Perspektive. Dabei ist der historische Ort Ansatzpunkt jeglicher Bildungsarbeit. Zielgruppengenau wird etwa für Schulklassen sowie Kinder- und Jugendgruppen ein methodisch und inhaltlich vielfältiges Bildungsprogramm angeboten.

Axel Klausmeier

---

1   www.visitberlin.de, Zugriff am 29.3.2020. Als „Ü30-Metropolen" werden Städte mit über 30 Millionen Übernachtungsgästen pro Jahr bezeichnet.
2   Die Stiftung Berliner Mauer beauftragte 2019 eine Besucherforschung, die im Mai und Juli 2019 durchgeführt wurde. Dabei hat die quantitative Erhebung ergeben, dass jährlich rund 4,1 Millionen Menschen die East Side Gallery und rund 4,5 Millionen den einstigen Grenzkontrollpunkt Checkpoint Charlie besuchen.

Die Gedenkstätte
Berliner Mauer an der
Bernauer Straße in Berlin
© Susanne Muhle / Stiftung Berliner
Mauer

ENTWICKLUNG UND NEUE STANDORTE

Mit der Gründung der Stiftung Berliner Mauer im Jahr 2008 wurden zwei sehr unterschiedliche Einrichtungen zusammengeführt, die beide aus bürgerschaftlichem Engagement hervorgegangen waren. Nicht nur behandeln die Gedenkstätte Berliner Mauer und die Erinnerungsstätte in Marienfelde sehr unterschiedliche Aspekte der Teilungsgeschichte, auch wurden die ersten Jahre der Stiftungsarbeit insbesondere durch den 2006 beschlossenen Ausbau der Gedenkstätte in der Bernauer Straße bestimmt. Die Gedenkjahre 2009 (20 Jahre Mauerfall), 2011 (50 Jahre Mauerbau) und 2014 (25 Jahre Mauerfall) definierten den Handlungsrahmen ebenso wie die hohe politische Erwartungshaltung, zu diesen Stichtagen entweder signifikante Bauabschnitte oder schließlich das Gesamtresultat der rund 32 Millionen Euro umfassenden Gedenkstättenerweiterung der Öffentlichkeit zu übergeben. Die Gestaltung des einstigen, rund 1,4 Kilometer langen und rund fünf Hektar großen Grenzabschnittes an der Bernauer Straße wurde anfänglich nicht nur von der Frage geprägt, wie der von der SED zu verantwortende und durch die Mauer sichtbar gemachte Repressionsapparat an heutige Besucherinnen und Besucher vermittelt werden könne. Vielmehr wurden die Entwicklung des Ortes und die Arbeit der Stiftung ebenso medienwirksam begleitet, befördert durch zahlreiche hochrangige (Staats-)Gäste aus aller Welt, die die zentralen Fragen vieler Touristen teilten: „Wo war denn hier die Mauer?" Und: „Wie erinnern Deutschland und Berlin daran?"

So entwickelte sich das Freigelände der völlig überarbeiteten Gedenkstätte und der neu konzipierten Dauerausstellung in den letzten Jahren zum zentralen Erinnerungsort an die deutsche Teilung mit zuletzt jährlich mindestens einer Million, erfreulicherweise überwiegend jungen und internationalen Besuchern aus aller Welt: Mehr als sechzig Prozent von ihnen sind jünger als 35 Jahre alt und haben damit keine eigenen Erinnerungen an die Zeit der Teilung. Etwa ebenso viele kommen aus dem Ausland, sind doch die Orte

Die Erinnerungsstätte
Notaufnahmelager Marienfelde
in Berlin
© Stiftung Berliner Mauer

und archäologischen Stätten der friedlich und gewaltfrei überwundenen Berliner Mauer letztlich – gerade in der internationalen Wahrnehmung – Stätten der Hoffnung und Zuversicht mit einer klaren Botschaft: „Ja, Diktaturen können friedlich überwunden und Mauern können zum Einsturz gebracht werden!"

Wie bereits angedeutet, sind in den Jahren 2017 und 2018 zwei weitere Standorte unter das Dach der Stiftung gekommen, die unterschiedlicher nicht sein könnten: die Gedenkstätte Günter Litfin am Kieler Eck unweit des Berliner Hauptbahnhofes und die East Side Gallery – das international wohl bekannteste erhaltene Mauerstück an der Mühlenstraße zwischen Ostbahnhof und der Oberbaumbrücke im Bezirk Friedrichshain. Der Erhalt beider Orte in den vergangenen Jahrzehnten ist wiederum bürgerschaftlichem Engagement zu verdanken.

Bei der Gedenkstätte Günter Litfin handelt es sich um eine einstige Führungsstelle der Grenztruppen, also um einen Wachturm. Nach dem Mauerfall wurde dieser zu einem Erinnerungsort für Günter Litfin, der am 24. August 1961 zum ersten erschossenen Todesopfer an der Berliner Mauer wurde. Sein jüngerer Bruder Jürgen Litfin (1940–2018), selbst wegen angeblicher „Beihilfe zur Flucht" in der DDR inhaftiert und dann von der Bundesrepublik freigekauft, setzte sich nach dem Mauerfall mit großem Engagement für den Erhalt „seines" Turms ein. Am 24. August 2003, dem Todestag seines Bruders Günter, eröffnete er hier einen Ort der Erinnerung. Sein Hauptziel war es, das Grenzrelikt für eine breite Öffentlichkeit als Bildungsort zugänglich zu machen. Mittlerweile steht der Turm länger ohne Mauer als einst mit ihr. Diese eigene Zeitschicht des Denkmals ist ein integraler Bestandteil der Gesamterzählung. Der Stiftung ist es ein Anliegen, diesen besonderen Ort mit minimalen Eingriffen nachhaltig zu sichern und der Öffentlichkeit dauerhaft zugänglich zu machen.

Geht es bei der Gedenkstätte Günter Litfin vornehmlich um das individuelle Opfergedenken, steht die East Side Gallery mit ihren riesigen Bildern für die Zeit der friedlichen Überwindung der Mauer sowie für die künstlerische Aneignung des verhassten Bollwerks im Jahr 1990. Schnell avancierte die Ende September 1990 eingeweihte „längste Galerie der Welt", die 118 internationale Künstlerinnen und Künstler bis dahin geschaffen hatten, zu einem neuen Berliner Highlight, zu dem die Massen seitdem pilgern. Im Jahre 2019 waren es rund 4,1 Millionen Menschen aus aller Welt. Die Bilder der East Side Gallery waren und sind Ausdruck der Freude und Erleichterung über den Mauerfall, sie standen für eine Zeit der Euphorie, aber auch der Besinnlichkeit, für einen Moment der Neuorientierung und für die Hoffnung auf eine bessere Welt. Ähnlich definiert dies auch das Gedenkstättenkonzept des Senats von 2006. Und doch ist die mehrfach grundsanierte East Side Gallery, deren heutiger Zustand ins Jahr 2009 datiert, mit ihren Verletzungen, Unterbrechungen und den sie umgebenden großformatigen Architekturen, die die Vollständigkeit des Ensembles dauerhaft empfindlich stören, auch ein Spiegel des beinahe drei Jahrzehnte währenden Streits um ihren Erhalt. In den nächsten Jahren gilt es, diesen auch

Die Gedenkstätte Günter Litfin
© Moritz Reininghaus

städtebaulich sehr schwierigen und umkämpften Ort mit einer zeitgemäßen und dem Ort angemessenen Ausstellung zu erklären. Denn bislang gibt es hier noch kaum touristische Infrastruktur, die die Geschichte und Bedeutung dieses historischen Mauerortes vermittelt.

AUSSICHTEN

Die Geschichte der Berliner Mauer und deren friedliche Überwindung hat in Zeiten eines sich verändernden Europas, neuer Grenzregime sowie der dauerhaften Diskussion um eine globale Fluchtbewegung nicht an Aktualität verloren. Im Gegenteil: Fragen an die Geschichte müssen immer wieder neu gestellt werden; jede Generation entwickelt neue Perspektiven auf die Vergangenheit, um Antworten für die Gegenwart zu erhalten. Vor diesem Hintergrund sind die Standorte der Stiftung Berliner Mauer facettenreiche

Erinnerungs- und Denkorte, offene Räume der Begegnung, des Austausches und der Diskussion. Mit unterschiedlichen, multiperspektivisch angelegten Bildungsformaten wird zur (Selbst-)Reflexion und zum Dialog eingeladen. Jeder Ort ermöglicht einen eigenen Zugang zur Geschichte – und damit zur Auseinandersetzung mit der eigenen Gegenwart; Besucherinnen und Besucher können Zeitgeschichte in ihrer lokalen und globalen Dimension entdecken. Menschen begegnen sich mit ihren Erlebnissen und Erfahrungen und können sich mit unterschiedlichen Geschichtsbildern auseinandersetzen. Die Erinnerungsorte der Stiftung dienen letztlich auch der ethischen, politischen und historischen Vergewisserung, denn die Stiftung Berliner Mauer tritt für eine offene, demokratisch verfasste Gesellschaft und ein solidarisches, respektvolles Zusammenleben ein. In diesem Sinne will sie die Ausbildung eines differenzierten Geschichtsbewusstseins in der Gesellschaft fördern und den Wert politischer Teilhabe verankern helfen. Deshalb ist die Arbeit der Stiftung keinem statischen, selbstreferenziellen Selbstverständnis verpflichtet: Ergänzend zu den bisherigen Tätigkeiten lassen alle Arbeitsbereiche fortan bisher marginalisierte Sichtweisen stärker zu Wort kommen, um ein umfassenderes Bild der Zeitgeschichte zu vermitteln. Diese Erweiterung kann Ambivalenzen und Kontroversen zutage treten lassen, doch ermöglicht sie zugleich, diverse Narrative im erinnerungskulturellen Diskurs zu verankern.

„Doin' it cool for the East Side", Jim Avignon, East Side Gallery 2018

© Jascha Fibich / Stiftung Berliner Mauer

Dies alles soll zukünftig auch noch an zwei weiteren historischen Orten der Teilung geschehen, die jeweils anders von der Geschichte der Mauer erzählen und die perspektivisch von der Stiftung betreut werden sollen: zum einen das in unmittelbarer Nähe des Reichstages gelegene „Parlament der Bäume gegen Krieg und Gewalt" des Berliner Künstlers Ben Wagin, dem letzten authentischen Mauerort inmitten des Regierungsviertels, zum anderen auf einem Teilareal des wohl berühmtesten Grenzüberganges der Welt, dem einstigen Checkpoint Charlie. Dort soll mittelfristig ein musealer Erinnerungsort zur Geschichte der Berliner Mauer in ihrer internationalen Dimension und im Kontext des Kalten Krieges entstehen. Die Stiftung Berliner Mauer hat vom Land Berlin den Auftrag erhalten, den Entwicklungsprozess dieses Bildungs- und Erinnerungsortes fachlich zu begleiten und ein museales Konzept zu entwickeln.

Pfarrer Manfred Fischer (1948–2013), die treibende Kraft sowohl beim Erhalt der Mauerreste in der Bernauer Straße als auch bei der konzeptionellen Entwicklung und der politischen Durchsetzung der Gedenkstätte Berliner Mauer, hat all diese Bemühungen zur Verteidigung der demokratischen Verfasstheit unseres Gemeinwesens in zahllosen Gesprächen mit dem Autor sehr einfach auf den Punkt gebracht: „Inhaltlich gesehen dürfen wir uns nie sicher fühlen oder gar ‚fertig werden‘, denn sonst wird unsere Arbeit gesellschaftlich irrelevant!" Wie recht er hatte.

**DIE MEISTGESTELLTE FRAGE: „WO WAR DENN EIGENTLICH DIE BERLINER MAUER?" –
DER RUF NACH EINEM GESAMTKONZEPT FÜR DEN UMGANG MIT DER BERLINER MAUER**

In der zweiten Hälfte der 90er Jahre wurde die Frage von Gästen der Stadt, aber auch aus der Berliner Bevölkerung immer lauter: „Wo war denn eigentlich die Mauer?" Die Opferverbände mahnten eine umfassende Erinnerung an das Mauerregime und seine Opfer an. Internationale Umfragen zeigten, dass Berlin weltweit vor allem mit dem Thema Mauer und ihrem Fall, einer politischen Ikone der Welt, verbunden wurde und Berlin gerade wegen seiner politischen Aufladung als „das Rom der Zeitgeschichte des 20. Jahrhunderts" besucht wurde. In der Stadt selbst aber waren die noch vorhandenen Spuren nur mit kundiger Führung zu finden, Zusammenhänge schwer zu erschließen und eine Vorstellung davon, was die Teilung einer Stadt für diese und ihre Bevölkerung bedeutet hatte, nur mit größter Fantasie zu entwickeln. Nun wurde in den Medien eine breite Diskussion darüber geführt, warum so vieles abgerissen und beseitigt worden war und wie man die Geschichte der Mauer in der Stadt wieder sichtbar machen könnte. Den verschiedenen und vielfältigen einzelnen und nicht aufeinander bezogenen Erinnerungsorten, Gedenkstätten und Mauerteilen fehlte ein konzeptioneller Verbund und dies wurde zunehmend als unbefriedigend empfunden.

Die Wahrnehmung der Berliner Mauer war seit 1961 vor allem mit dem Gedenken und der Erinnerung an ihre Opfer verbunden. Mit dem ersten Mauertoten, Günther Litfin, der nur wenige Tage nach dem Mauerbau am 24. August 1961 bei einem Fluchtversuch erschossen wurde, wurde das Bild der Mauer in der Welt als eine todbringende Einrichtung, die für den menschenverachtenden Charakter des Regimes in der DDR zum Symbol wurde, festgelegt. Spontan wurden immer wieder Mahnmale und Todeskreuze für Maueropfer errichtet. Insgesamt entstanden so bis 1989 rund 50 Denkmäler, die an die tödliche Geschichte der Berliner Mauer erinnerten. Diese wurden nach dem Mauerfall zu den entsprechenden Gedenktagen von den Berliner Bezirken bzw. dem Senat ergänzt und mit kommentierenden Infotafeln versehen. Im November 1961 errichtete das Kuratorium Unteilbares Deutschland das erste Mauermahnmal auf dem Mittelstreifen der Straße des 17. Juni gegenüber dem Brandenburger Tor. Mittlerweile steht es etwas abgeschoben und längs geschwenkt kurz vor der Siegessäule.

Während die entstandenen Denkmäler auch nach dem Fall der Berliner Mauer weiter gepflegt und sogar vervollständigt wurden, bestand hinsichtlich der eigentlichen Mauer ein breiter Konsens in der Bevölkerung, den Medien und der Politik, dass diese schnellstmöglich aus dem Stadtbild zu verschwinden habe. Die ehemaligen DDR-Grenztruppen, bis zu diesem Zeitpunkt mit tödlicher Konsequenz mit der Sicherung der Grenzanlagen beschäftigt, versuchten ihre Leistungsfähigkeit nunmehr dadurch zu demonstrieren, dass sie mithalfen, die bis zum Herbst 1989 am besten gesicherte Grenze der Welt abzureißen. Von den politisch Verantwortlichen im Land und in den Berliner Bezirken wurde unter großem medialem Echo jede wieder geöffnete Straßenverbindung zwischen Ost und West gefeiert. „Mit der gleichen Gründlichkeit, mit der sie die Mauer 28 Jahre lang bewacht hatten, gingen die DDR-Grenztruppen, seit dem 3. Oktober 1990 dem Bundeswehrkommando Ost unterstellt, nun bei ihrem Abriss zu Werk. Schon am 30. November 1990 meldeten sie Vollzug."[1] Die kleine Schar von Experten aus Denkmalpflege, Museen, Kulturverwaltung, aber auch sonstige engagierte Bürger, die dafür warben, zumindest einen Teil der Grenzanlagen als Mahnung und Denkmal zu erhalten, konnten sich in der allgemeinen Euphorie, den Berliner Albtraum aus Beton und

---

1   Prof. Konrad Jarausch. Zitiert nach „Gesamtkonzept Berliner Mauer", Senatsbeschluss vom 20. Juni 2006, Drs. des Abgeordnetenhauses 15/5308 vom 21.06.2006.

Der erste Mauergedenkstein in
Berlin von 1961

© Archiv Bundesstiftung Aufarbeitung

Stacheldraht für immer aus dem Stadtbild zu tilgen, nicht durchsetzen. Insbesondere mit dem Antritt der Großen Koalition 1991 sollte das „neue Berlin" geschaffen werden und dies vornehmlich auf den Mauerbrachen im Herzen der Stadt. Der enorme Druck, den die Mauer in den 28 Jahren ihrer Existenz aufgebaut hatte, schien sie bis auf einzelne Spuren geradezu wegzusprengen. Die unbändige und weltweite Freude über den Mauerfall machte zugleich das Maß vorhergehender Unterdrückung und Hoffnungslosigkeit in der DDR deutlich.

DIE VERSCHIEDENEN FORMEN DES ERINNERNS

Denkzeichen für Peter Fechter, Günter Litfin und Chris Gueffroy

Das erste Gedenkzeichen für Maueropfer wurde am 17. August 1962, dem Todestag von Peter Fechter, spontan nahe des Checkpoint Charlie in der Zimmerstraße errichtet. 1999 wurde es durch ein Denkmal nach einem Entwurf von Karl Biedermann ersetzt. In Erinnerung an den als ersten Mauertoten geltenden Günter Litfin wurde am 24. August 1962 auf Initiative der SPD-Fraktion des Abgeordnetenhauses ein Gedenkstein an der Sandkrugbrücke errichtet. Der letzte derartige Gedenkort wurde am 21. Juni 2003 zum Gedenken an den letzten Mauertoten, Chris Gueffroy, eingeweiht, der am 5. Februar 1989 am Britzer Zweigkanal erschossen wurde. Dieses Denkmal steht in bewusster Analogie zu dem für Peter Fechter errichteten. Darüber hinaus entstanden insgesamt weit über 100 Erinnerungszeichen, Infotafeln, Gedenktafeln/-steine und Kreuze zur Erinnerung an Menschen, die dem mörderischen Grenzregime zum

Opfer fielen oder aber an Ereignisse an der Berliner Mauer. Diese Denkmäler und Erinnerungszeichen sind über den gesamten Mauerverlauf hinweg rund um das einstige West-Berlin zu finden. Alle Gedenk-/Infotafeln finden sich mit ergänzenden Materialien auf der berlinHistory.app.

Weiße Kreuze

Zu diesen Markierungen gehören auch die vom Berliner Bürgerverein e. V. und dem Bund der Mitteldeutschen errichteten „Weißen Kreuze". Vom 13. August 1971 an wurden auf Initiative dieser Vereine für die Mauertoten an den jeweiligen Todesorten weiße Kreuze aufgestellt. Später wurden einige davon am Reichstagufer und in der Bernauer Straße zusammengeführt, da sie sich so besser pflegen ließen. So

Gedenkkreuze für die Opfer der Mauer – „Weiße Kreuze"
© Archiv Bundesstiftung Aufarbeitung

erklärt sich auch die willkürlich erscheinende Zusammenstellung der Kreuze, die mit dem tatsächlichen Ort der Grenzüberwindung bzw. des Todes der Opfer in keinem Zusammenhang steht. Wegen der Arbeiten zur Errichtung des neuen Regierungsviertels wurden die Kreuze vom Spreeufer zunächst provisorisch an die Kreuzung Ebert-/Scheidemannstraße verlagert. Der eigentliche Sammelstandort am Spreeufer wurde vom Architekten der Bundestagsbibliothek, Stephan Braunfels, neu gestaltet und am 17. Juni 2003 der Öffentlichkeit übergeben.

East Side Gallery

Nördlich der Oberbaumbrücke im Bezirk Friedrichshain-Kreuzberg liegt der längste erhaltene Abschnitt der Berliner Mauer. Da die eigentliche Grenze die Spree bildete, handelt es sich um einen Teil der sogenannten Hinterlandmauer. Das 1,3 Kilometer lange Mauerstück entlang der Mühlenstraße wurde im Frühjahr 1990 von Künstlern aus 21 Ländern mit 106 großformatigen Wandbildern als „längste Leinwand der Popkultur" bemalt. Zu den bekanntesten Motiven gehören der die Mauer durchbrechende Trabbi „Test the best" von Birgit Kinder und der Bruderkuss von Honecker und Breschnew „Mein Gott hilf mir, diese tödliche Liebe zu überleben" des russischen Künstlers Dmitri Wrubel. Im September 1990 wurde das Bilderensemble als East Side Gallery offiziell eröffnet und ist seither ein international bekannter Besuchermagnet.

„Parlament der Bäume"

Mit dem Bau der Mauer in Berlin 1961 entstand, initiiert u. a. von Karl Prantl, Gerson Fehrenbach, Joachim-Fritz Schultze-Bansen, als erste künstlerische Auseinandersetzung mit der Mauer eine Skulpturenwiese auf der Grünfläche zwischen Kongresshalle und dem Reichstag als „Mauer aus Kunst wider alle

Mauern der menschlichen Tyrannei". Der Berliner Künstler Ben Wagin pflanzte hier und in der weiteren Umgebung des Spreeufers gemeinsam mit führenden Politikern der Bundesrepublik Bäume als lebendige Zeichen der Erinnerung an die Geschichte dieses Ortes und gegen die Trennung der Stadtteile. Ben Wagin wollte zugleich auch an eine andere Geschichte des Ortes erinnern: Das „Parlament der Bäume" soll auch den Tod Tausender Soldaten des Zweiten Weltkrieges in Erinnerung bringen. Sowjetische Soldaten hatten am 30. April 1945 den Reichstag erstürmt und waren auf ihrem Rückweg von einer zuvor unentdeckten SS-Elite-Einheit hinterrücks erschossen worden. Rund um das Spreeufer fand 1945 das große Gemetzel statt. Mit dieser doppelten Widmung rief er 1989/90 gegenüber dem Reichstag am Schiffbauerdamm das „Parlament der Bäume" gegen Krieg und Gewalt ins Leben, als sich für das Niemandsland des Grenz-streifens keiner verantwortlich fühlte. Auf einzelnen Segmenten der Hinterlandmauer listete er das Jahr und die Anzahl der Mauertoten auf und ergänzte die Dokumentation durch Bilder und Gedichte. Durch die Baumaßnahmen des Bundes für die Bundestagsbibliothek und die Bundespressekonferenz auf dem von Ben Wagin gestalteten Mauerstreifen wurde das „Parlament der Bäume" auf den jetzt verbliebenen Mittelteil reduziert. Nach heftigen Protesten wurden die mit der Zahl der Mauertoten in den jeweiligen Jahren versehenen Mauerteile im Bereich der Bundestagsbibliothek Teil derselben und die Mauer vom Grundstück der heutigen Bundespressekonferenz hinter die am Ort erhaltene Mauer auf dem „Parlament der Bäume" verschwenkt, sodass dort jetzt eine doppelte Mauerreihe steht.

ANFÄNGE DES ERINNERNS AN DIE MAUER UND EINES WÜRDIGEN OPFERGEDENKENS
VOM BESCHLUSS DES RUNDEN TISCHES ZUR ERRICHTUNG DER GEDENKSTÄTTE BERLINER MAUER

Bereits im Frühjahr 1990 wurde am „Runden Tisch Berlin-Mitte" sowie von der Versöhnungsgemeinde die Schaffung einer Gedenkstätte an der Bernauer Straße angeregt. Beide historische Museen Berlins (Deutsches Historisches Museum (West) und Museum für Deutsche Geschichte (Ost)) sowie die beiden Berliner Stadtoberhäupter Tino Schwierzina und Walter Momper betrieben seither die Errichtung einer Gedenkstätte an dieser Stelle. Der erste gemeinsame Senat von Berlin beschloss am 13. August 1991, eine Erinnerungs- und Gedenkstätte Berliner Mauer zu errichten. Wegen der schwierigen Verhandlungen über eine Nutzungsvereinbarung des Todesstreifens auf dem Gelände der Sophiengemeinde, die erst im Oktober 1993 abgeschlossen werden konnten, wurde der künstlerische Wettbewerb für das Denkmal erst 1994 ausgeschrieben. Nach einem kontroversen Verfahren entschieden Bundestag und Bundesregierung nach Absprache mit dem Land Berlin im Juli 1995 die Realisierung des Entwurfes Kohlhoff & Kohlhoff (Stuttgart). Am 9. November 1997 wurde schließlich der Grundstein gelegt und am 13. August 1998 nach mehr als achtjährigem Ringen die Eröffnung der Gedenkstätte vorgenommen. Vom Deutschen His-torischen Museum vor der Vernichtung durch Einlagerung gerettete Mauerteile, wie z. B. der originale Wachturm von der Ackerstraße/Bernauer Straße, durfte aus Gründen des Denkmalschutzes und wegen des Einspruches der Sophiengemeinde nicht wieder aufgestellt werden. Dieser befindet sich jetzt auf dem Gelände des AlliiertenMuseums.

Ein Jahr später konnte im bisherigen Gemeindehaus der Versöhnungsgemeinde das Dokumentati-onszentrum Berliner Mauer am 9. November 1999 vom Trägerverein Berliner Mauer eröffnet werden. Mit der Einweihung der Kapelle der Versöhnung im Jahre 2000 und mit dem Umbau und der Ergänzung des Dokumentationszentrums durch eine Aussichtsplattform (2003) fand das Gedenkstättenensemble seine erste Abrundung, um dem wachsenden Publikumsinteresse geeignete Angebote machen zu können.

Mauerverlaufskennzeichnung durch Doppelpflastersteinstreifen

Parallel zum Abriss der Mauer kamen auch die ersten Ideen auf, wie der bisherige Mauerverlauf durch die Stadt für die Nachwelt sichtbar gehalten werden könnte. Zu nennen sind dabei das lupinenbestandene Mauerland (Manfred Butzmann, 1990), die Idee einer doppelreihigen Großpflastersteinreihe (Tiefbauamt Kreuzberg, 1990), ein Kupferband (Gernot Zohlen, 1992) und die Markierung der Grenzmauer und der Hinterlandmauer mit roten und blauen Betonintarsien (Angela Bohnen, 1992). Während Muster der letzten beiden Ansätze noch in der Niederkirchner Straße zu sehen sind, hat sich letztlich die Idee der Doppelpflastersteinreihe mit eingelassenen bronzenen Markierungsschildern durchgesetzt und wurde kilometerweit auf öffentlichem Straßenland eingearbeitet.

Geschichtsmeile Berliner Mauer

Ebenso Bestand hatte die Idee des Kreuzbergmuseums zu einer „Geschichtsmeile Berliner Mauer", die nun Teil des Kommunikationskonzeptes und weiter ausgebaut worden ist. Hier werden an den Brennpunkten des Mauergeschehens auf über 30 zweisprachigen Tafeln in Bild und Wort die Ereignisse an dem jeweiligen Standort erläutert. Außerdem kann man mit der berlinHistory.app 100 Mauergeschichten an den jeweiligen Ereignisorten der Mauer abrufen und den Mauerverlauf in seiner ursprünglichen Ausdehnung sehen.

Markierung der Berliner Mauer im Straßenpflaster
© Archiv Bundesstiftung Aufarbeitung

Markierung der ehemaligen Grenzübergänge

Auch für die Kennzeichnung der aufgelassenen ehemaligen Grenzübergänge wurde 1996 ein künstlerischer Wettbewerb ausgelobt, der sich der Übergänge Bornholmer Straße, Chausseestraße, Invalidenstraße, Friedrichstraße, Heinrich-Heine-Straße (und vier anderer U-Bahnstationen), Oberbaumbrücke und Sonnenallee widmete. Hier wurden – heute leider nur noch teilweise sichtbare – künstlerische Markierungen angebracht, teils ironische, wie die plattgefahrenen Kaninchen am Übergang Chausseestraße, teils plakative, wie mit der Stele am Checkpoint Charlie, wo ein US-Soldat und ein russischer Soldat in den jeweils anderen ehemaligen Grenzbereich schauen. Das „Haus am Checkpoint Charlie" zog am 13. August 2000 mit dem Nachbau der ersten Abfertigungsbaracke der Amerikaner am Checkpoint Charlie nach. Die Originalbaracke der letzten Phase wurde nach dem Mauerfall unter großer öffentlicher Anteilnahme in das AlliiertenMuseum verlagert.

Wachtürme am Schlesischen Busch und an der Kieler Straße

Die einzigen im Stadtbild erhaltenen Wachtürme sind die Leittürme im Schlesischen Busch in Treptow und an der Kieler Straße sowie ein Hinterland-Beobachtungsturm in der Erna-Berger-Straße am Potsdamer Platz. Beide Wachtürme (ehemalige sogenannte Führungsstellen) wurden unter Denkmalschutz gestellt und Nutzern übergeben, die Konzepte für eine spezifische Erinnerung an die Mauer vorlegten. Im Schlesischen Busch widmete sich die Künstlergruppe aus der Fabrik am Flutgraben – ebenfalls einer Mauerhinterlassenschaft – der künstlerischen Auseinandersetzung mit dem Mauerthema, im Leitturm am Kieler Eck/Nordhafen richtete der Bruder des Maueropfers Günter Litfin einen Gedenkort ein.

Freiluftausstellung zur Berliner Mauer am Checkpoint Charlie
© Archiv Bundesstiftung Aufarbeitung

Mauerkreuze am Checkpoint Charlie

Am 31. Oktober 2004 eröffnete die Leiterin des privaten Mauermuseums – Museum „Haus am Checkpoint Charlie", Alexandra Hildebrandt, auf den Grundstücken östlich und westlich der Friedrichstraße einen Mauernachbau auf 200 Metern Länge und ein Mauerdenkmal mit 1065 Holzkreuzen, die an Opfer des DDR-Grenzregimes erinnern sollten. Das Bauwerk war als temporäre künstlerische Installation angemeldet und wurde vom Eigentümer nach Ablauf des Pachtvertrages auf der Basis eines gerichtlichen Räumungsbeschlusses am 5. und 6. Juli 2005 abgebaut. Während sich viele Menschen von der Installation sehr bewegt zeigten und die Diskussion um die Erinnerung an die Mauer und deren Opfer sehr beflügelt wurde, wurde sie von Historikern und Denkmalschützern heftig kritisiert, weil der Nachbau Standort und Aussehen der Mauer verfälschte und der Ort insgesamt kein Ort der Opfer war. Zudem wurde mit den Kreuzen an Menschen als Maueropfer erinnert, die nach den Forschungsergebnissen des Zentrums für Zeithistorische Forschung Potsdam und der Gedenkstätte Berliner Mauer entweder in anderen Zusammenhängen verstorben oder sogar noch am Leben waren.

Checkpoint Charlie

Seit dem Sommer 2006 informiert eine 360 Meter lange Galeriewand am Checkpoint Charlie über die Geschichte des Ortes, die Berliner Mauer und ihre Opfer allgemein und ergänzt damit das Angebot des Mauermuseums – Museum „Haus am Checkpoint Charlie" mit seinen Exponaten aus der Fluchtbewegung und seiner Ausstellung zum gewaltfreien Widerstand. Die Ausstellung verweist zudem die zahlreichen Besucher der Stadt auf weitere Orte der Mauergeschichte und noch vorhandene authentische Spuren. Sie gehört mittlerweile zu den meistbesuchten zeitgeschichtlichen Ausstellungen überhaupt. Bei einer künftigen Bebauung der ehemaligen Kontrollpunktgrundstücke wird es einen frei zugänglichen Erinnerungsort auf dem Grundstück Zimmer-/Friedrichstraße (Ostseite) geben, der nach Möglichkeit zu einem Museum des Kalten Krieges unter besonderer Berücksichtigung des Brennpunktes Checkpoint Charlie als weltweit einziger Ort der direkten Konfrontation der beiden Supermächte und Angelpunkt des Eisernen Vorhanges durch Europa ausgebaut werden soll.

Brandenburger Tor

Das Brandenburger Tor mit dem Parlamentsviertel ist der zentrale touristische Anziehungspunkt der Stadt, an dem allerdings infolge der Baumaßnahmen für die Bundesregierung und das Parlament bis auf das „Parlament der Bäume" alle Mauerspuren verloren gegangen sind. Seit Sommer 2009 gibt es daher im U-Bahnhof Brandenburger Tor das „Zeitgeschichtliche Portal", das über die Geschichte dieses nationalen Symbols in den verschiedenen Epochen und insbesondere die Ereignisse der Teilung und des Mauerfalles in einem Ausstellungsraum in der Passerelle unter dem Pariser Platz und an den Wänden des Bahnhofs informiert. Außerdem wird auf die Orte in der Stadt verwiesen, wo sich authentische Spuren erhalten haben und in welchen Gedenkstätten und zeitgeschichtlichen Museen weitere Informationen erhältlich sind.

Potsdamer Platz

Im ehemaligen Verlauf der Berliner Mauer auf dem Potsdamer Platz hat die Senatsverwaltung für Stadtentwicklung 2006 eine Ausstellung zum Gedenkkonzept Berliner Mauer eingerichtet. Die Ausstellung ist zweisprachig und informiert über bestehende Erinnerungsorte sowie über zukünftige Projekte. Anlässlich des 20-jährigen Jubiläums des Mauerfalles wurde sie 2009 aktualisiert und neu gestaltet. Weitere Mauerteile und eine Doppelpflastersteinreihe markieren den Verlauf der Mauer und eine Infosäule verweist in acht Sprachen auf die weiteren Mauerorte. An der nahe gelegenen Erna-Berger-Straße ist ein seit 2001 unter Denkmalschutz stehender sogenannter Rundblickbeobachtungsturm („RBT") erhalten, der der Vorfeldsicherung auf der Ostseite der Mauer diente. An der Ecke Stresemannstraße/Erna-Berger-Straße wurden weitere erhaltene Mauerteile der Vorderlandmauer innerhalb des Neubaues des Umweltministeriums am originalen Standort aufgestellt.

Bernauer Straße

An der Bernauer Straße ist zum 50. Jahrestag des Mauerbaues am 13. August 2011 die zentrale Gedenkstätte der Bundesrepublik Deutschland zur Geschichte der Berliner Mauer entstanden, die mit mehr als einer Million Besuchen im Jahr zu den meistbesuchten Gedenkstätten gehört. Ausgehend von einem 2008 abgeschlossenen Wettbewerb wurden die drei bisherigen konstitutiven Bestandteile der bisherigen Gedenkstätte Berliner Mauer, dem Denkmal für die Opfer der Berliner Mauer und der kommunistischen Gewaltherrschaft, dem Dokumentationszentrum Berliner Mauer im ehemaligen Gemeindehaus der Versöhnungsgemeinde und der an der Stelle der von den Grenztruppen 1985 gesprengten Versöhnungskirche errichteten Versöhnungskapelle, in eine umfassende Gedenklandschaft zwischen dem Nordbahnhof und dem Mauerpark eingebettet. Dabei empfängt ein Infopavillon am Nordbahnhof/Gartenstraße die Besucher und das Dokumentationszentrum dient als Ausstellungshaus für Dauer- und Sonderausstellungen zu Mauerthemen und enthält Seminarräume und ist Sitz der Stiftung Berliner Mauer.

Mauerreste am
Potsdamer Platz
© Archiv Bundesstiftung Aufarbeitung

Die bis dahin von einem Trägerverein betriebene Gedenkstätte wurde im September 2008 gemeinsam mit der Erinnerungsstätte Notaufnahmelager Marienfelde per Gesetz in den Status einer selbstständigen, vom Land Berlin und dem Bund gemeinsam getragenen Stiftung überführt und damit auf Dauer gesichert. Beide Träger stellten erhebliche Mittel für den Grunderwerb im Mauerstreifen und den weiteren Ausbau der Stiftung zur Verfügung.

Niederkirchner Straße

Die hier erhaltene 200 Meter lange Vorderlandmauer vom Typ 75 der vierten Mauergeneration ist integraler Bestandteil der Stiftung Topographie des Terrors. Sie ist im Zuge der Umgestaltung des Freigeländes auch von der Westseite über den ehemaligen Gehweg vor der damaligen NS-Terrorzentrale wieder zugänglich. Eine weitere Infosäule an der Ecke Niederkirchner-/Stresemannstraße erzählt die Geschichte dieses Ortes in acht Sprachen.

East Side Gallery

Die East Side Gallery ist seit November 2008 baulich rekonstruiert und wurde von Künstlerinnen und Künstlern aus aller Welt – soweit sie noch verfügbar sind – bis zum 20. Jahrestag des Mauerfalles mit den ursprünglichen Motiven neu bemalt. Parallel dazu entstand zwischen der ehemaligen Hinterlandmauer, die die East Side Gallery eigentlich darstellt, und der Spree ein Bürgerpark. Zum 1. November 2018 hat das Land Berlin die Verantwortung für die Grundstücke „Park an der Spree" und „East Side Park" mit den als „East Side Gallery" bekannten Elementen der ehemaligen Berliner Mauer aus dem Eigentum des Landes

Infopavillion zum
20. Jahrestag des Mauerfalles
am Potsdamer Platz
© Archiv Bundesstiftung Aufarbeitung

Berlin in das Eigentum der Stiftung Berliner Mauer übertragen, die hier nun ein umfassendes Informationsangebot entwickelt.

„Parlament der Bäume"

Auf Bundes- und Landesebene wurde daran gearbeitet, das „Parlament der Bäume" als letzten authentischen Mauerort im Regierungsviertel auf Dauer zu sichern. Dafür wurde die Liegenschaft 2020 an das Land Berlin übertragen und der Stiftung Berliner Mauer zur Betreuung zugewiesen.

Erinnerungsstätte Notaufnahmelager Marienfelde

Neben den Orten der gescheiterten oder unter teilweise dramatischen Umständen gelungenen Fluchten an der Mauer ist das Notaufnahmelager Marienfelde als zentrales Durchgangslager für alle DDR-Übersiedler im Gedenkstättenkanon zur DDR-Geschichte von herausragender Bedeutung. Deshalb wurde es mit der Gedenkstätte Berliner Mauer unter einem gemeinsamen Stiftungsdach zusammengeführt und damit auf Dauer gesichert.

Sonstige Mauerorte

Der Wachturm (Führungsstelle) an der Kieler Straße bildet in Zusammenhang mit der künstlerischen Kennzeichnung der Sandkrugbrücke (Invalidenstraße) und der erhaltenen Hinterlandmauer auf dem Invalidenfriedhof das Bindeglied zwischen Hauptbahnhof und der Erinnerungslandschaft zwischen dem

Mauerstreifen vom St. Hedwigsfriedhof/Elisenstraße über das Nordbahnhofsgelände, die Bernauer Straße und über den Mauerpark bis zur Bösebrücke/Bornholmer Straße. Der Turm wird als Gedenkstätte für Günter Litfin von dessen Bruder Jürgen mithilfe eines Vereines betrieben. Dieses Relikt der Berliner Mauer wurde ebenfalls der Stiftung Berliner Mauer übertragen.

Baugleich mit dem Turm an der Kieler Straße ist der Wachturm im Schlesischen Busch an der Puschkinallee, der in Zusammenhang mit den Mauerresten und der heutigen Kunstfabrik am Flutgraben für thematisch auf Mauer und Grenze bezogene Kunstprojekte genutzt wird. Dieser dezentrale Mauerabschnitt wird durch ein eigenes Führungssystem erschlossen.

Mit diesen beiden Türmen korrespondiert ein Wachturm außerhalb der Berliner Landesgrenze, der Führungspunkt des Grenzregiments 44 „Walter Junker" am ehemaligen DDR-Kontrollpunkt Drewitz, der vom Checkpoint Charlie e. V. betrieben wird. Zu diesem Erinnerungsraum gehört auch das ehemalige Panzerehrenmal an der Autobahn zwischen Dreilinden und Drewitz, der auf Berliner Seite gelegene ehemalige Alliiertenkontrollpunkt Dreilinden mit der Bronzeplastik des Berliner Bären und die Gedenkstätte zum 17. Juni 1953 auf dem Mittelstreifen der Potsdamer Chaussee.

Ausblick – Was bleibt?

Die Erfahrung der zurückliegenden Jahre zeigt, dass mit dem zeitlichen Abstand bei Touristen ebenso wie bei Berlinern das Interesse daran wächst, was und wo die Mauer war und was sie für das Leben in der geteilten Stadt bedeutete. Das Interesse an der DDR-Geschichte und speziell an der Mauer wuchs schneller und eher, als es bei der Geschichte des NS-Staates der Fall war. Hier wie da wird es keine Rekonstruktionen geben, aber eine sorgfältige Präsentation ausgewählter Spuren sowie der geschichtlichen Hintergründe und Verantwortlichkeiten. Dazu gehört auch ein angemessenes Gedenken an die Opfer kommunistischer Gewaltherrschaft und der Mauer. Wenn Zeitzeugen irgendwann nicht mehr zur Verfügung stehen, um aus ihrer eigenen lebendigen Erinnerung und ihren Erfahrungen zu erzählen, werden mediale und museale Techniken diesen Part übernehmen und im Zusammenklang mit den materiellen Zeugnissen und Dokumenten die Geschichte präsentieren. Aufgabe bleibt, den bedeutendsten Einschnitt der Stadt- und Nationalgeschichte nach dem Zusammenbruch des NS-Regimes (und die SED-Diktatur als Folge des von Deutschland ausgehenden Krieges) zu erzählen und im internationalen Kontext zu verankern, insbesondere in dem der Geschichte der mittel- und osteuropäischen Staaten. Der Fall der Berliner Mauer kann somit als Geburtsstunde einer neuen und umfassenden europäischen Integration begriffen werden, die zuvor an der Westseite des Eisernen Vorhanges durch Europa endete.

Quellen
Gesamtkonzept „Berliner Mauer" – Senatsbeschluss vom 20. Juni 2006 und Materialien
Koalitionsvereinbarung der SPD/PDS-Koalition von 2001
Wettbewerbsunterlagen zur Errichtung des Denkmals für die Opfer der Berliner Mauer und der kommunistischen Gewaltherrschaft
Wettbewerbsergebnis zur Kennzeichnung der ehemaligen Grenzübergänge
Wettbewerbsunterlagen zur Erweiterung der Gedenkstätte Berliner Mauer
Klausmeier/Schmidt, Mauerreste-Mauerspuren, Berlin 2004
www.berlin.de/Mauer
www.chronik-der-mauer.de

Mit ihrer unverhofften, ungeplanten und gewaltfreien Überwindung am 9. November 1989 wurde die Berliner Mauer – auch wenn sich dies damals kaum jemand wirklich bewusst machte – gleichsam in einen anderen Aggregatzustand überführt. Das Bollwerk rund um West-Berlin, an dem über 10.000 waffenstarrende Soldaten des Grenzkommandos Mitte dafür sorgten, dass niemand die DDR in Richtung Westen verlassen konnte, war nun redundant, seiner Funktion ledig, eine ausgeknipste Maschine. Aber es war plötzlich etwas völlig Neues: nämlich Denkmal seiner selbst.

Nichts belegt diese Transformation und diesen neuen Status besser und handgreiflicher als der Umstand, dass von diesem Moment an ein allgemeines, begeistertes Fragmentieren begann. Man konnte nun dem am Boden liegenden Ungeheuer „ein Ohr abschneiden", wie es Marion Detjen formuliert, und genau dies praktizierten Tausende, für die schnell der Name „Mauerspechte" aufkam. Wer hätte vor diesem Moment ein Stück der Berliner Mauer begehrt? Die Grenzmauer stand zwar auf DDR-Gebiet, war aber vom Westen praktisch frei zugänglich: Dennoch waren es ja nicht nur pragmatische Erwägungen, nicht nur die Gefahr, von DDR-Grenzern gestellt zu werden, die die Leute bis dahin abgehalten hatten, sich Stücke aus der Mauer zu klopfen und zu Hause in die Vitrine zu stellen. Ein solches Fragment hätte nur in einem Gruselkabinett Platz gefunden. Der Mauerfall aber lud den grauen, deprimierenden Beton mit einer gänzlich neuen Bedeutung auf, brachte ihn gleichsam zum Leuchten.[1]

Diese Strahlkraft trug den Namen Freiheit. Liberté hatte das genau 200 Jahre früher geheißen, als die (damals alles andere als gewaltlose, aber ebenfalls ungeplante) Überwindung eines anderen Bauwerkes der Unterdrückung, die Bastille, zum Sturz eines anderen Ancien Régime führte.

Wie die Berliner Mauer, so wurde auch die Bastille, diese aus dem 14. Jahrhundert stammende und eigentlich gegen die englische Gefahr errichtete Festung im Osten von Paris, geschleift und, durchaus symbolträchtig, aus dem Stadtbild getilgt. Doch der mit dem Abbruch der Bastille beauftragte Baumeister P. F. Palloy betrachtete die Festung nicht nur als Steinbruch, dessen Baumaterial für eine Neuverwendung aufzubereiten war, sondern er sah die Symbolkraft, die der Substanz innewohnte. So kam es zu der berühmt gewordenen Aktion, in der aus jeweils einem der mächtigen Kalksteinquader Miniatur-Bastilles gemeißelt wurden, präzise skulptierte Modelle, die Palloy den Départements der neuen Republik als Kultobjekte und Freiheitssymbole zukommen ließ (Abb. 1).

Die mit Palloys Miniatur-Bastilles vergleichbaren Segmente der Berliner Mauer wurden zu Hunderten über den ganzen Erdball verteilt, und sie werden an ihren neuen Orten oft in sehr prominenter Weise präsentiert – Fakten, die einerseits die veränderte Welt des späten 20. Jahrhunderts beschreiben, vor allem aber unterstreichen, welchen herausragenden Stellenwert die Berliner Mauer im Bewusstsein der Zeitgenossen hatte und hat.

Wie sehen diese Mauerdenkmäler aus, wie werden sie präsentiert, und was vermitteln sie? Zunächst ist auffällig, dass es sich weit überwiegend um ein und dasselbe Motiv handelt, das da präsentiert wird: um Elemente der „Grenzmauer 75". Genauer gesagt sind es Stützwandelemente des Typs UL 12.41, die ursprünglich für landwirtschaftliche Zwecke entwickelt worden waren, aber nach ausführlichen Tests seit 1975 für die „vierte Generation" der Grenzmauer Verwendung fanden. Diese im Querschnitt L-förmigen Stahlbetonelemente, 3,60 Meter hoch und 1,20 Meter breit, konnten praktisch nahtlos aneinandergereiht werden. Nach dem Vermörteln der Fugen bildeten sie eine scheinbar endlose Betonwand. Bekrönt mit einem aufgeschlitzten Beton-Abwasserrohr, das ein Überklettern ohne Hilfsmittel fast unmöglich machte,

---

1 Der zugrunde liegende Mechanismus ist seit Langem vertraut; der Reliquienkult der katholischen Kirche basierte auf ihm. Feversham, Polly/Schmidt, Leo: Die Berliner Mauer heute. Denkmalwert und Umgang, Berlin 1999, S. 127 f.

Abb. 1:

Modell der Bastille, aus einem

Originalquader gearbeitet

© BTU Cottbus,
Lehrstuhl Denkmalpflege

wurde diese Version der Grenzmauer gleichsam zur Bild-Chiffre des ganzen Bauwerkes. Dass die „Berliner Mauer" auch noch aus vielen anderen Bauteilen bestand, geriet aufgrund dieser Dominanz der Grenzmauer aus dem Blickfeld.

Zur selben Dominanz speziell dieses Elementes der Grenze trug sicher auch bei, dass die fugenlos-glatte Betonoberfläche der Grenzmauer geradezu dazu einlud, an ihrer von West-Berlin frei zugänglichen Seite mit Graffiti und Parolen besprüht und bemalt zu werden, ganz im Gegensatz zu ihren rauen und groben Vorgängermodellen. Genauer betrachtet bestand das Markenzeichen, die aus Westsicht wahrgenommene Bildchiffre „Berliner Mauer", somit aus Grenzmauer-Element, Rohrbekrönung und buntem Graffiti.

Die meisten dieser weltweit errichteten Mauerdenkmäler verwenden nur ein einzelnes Stützwandelement; manchmal allerdings treten die Elemente indessen auch paarweise oder gar in kleinen Gruppen auf. Gemeinsam ist ihnen der Habitus eines gesetzten Denkmals. Oft sind sie sogar gesockelt und es ist ihnen eine Inschrift beigegeben, ganz so, als handele es sich um die Skulptur einer berühmten Figur der Geschichte – was in gewisser Weise ja auch zutrifft.

Obwohl es sich im Kern immer wieder um denselben materiellen Gegenstand handelt – eben die Berliner Mauer, repräsentiert durch ein authentisches Belegstück –, transportieren die einzelnen Aufstellungsformen ihre jeweils ganz eigene Bedeutung. Diese Bedeutung entsteht in erster Linie durch den Kontext, in dem das Mauer-Monument präsentiert wird, manchmal auch durch spezifische Zutaten.

Die zahlenmäßig wohl größte Gruppe von Setzungen verzichtet weitgehend auf Beiwerk, präsentiert das jeweilige Mauerstück nackt und wie in einem Vakuum. Eine solche Präsentation geht offenkundig davon aus, dass das gezeigte Objekt problemlos erkannt wird und für sich selbst spricht. Sie setzt ein stillschweigendes Einvernehmen des Präsentierenden und des Wahrnehmenden voraus – im Sinne von „Jeder weiß doch, wie die Berliner Mauer aussah und was sie bedeutete". Idealerweise handelt es sich dabei wohl um die Setzung durch einen Privatmann für sich selbst, zum Zweck seiner persönlichen Kontemplation, etwa auf dem Landgut von Hans-Olaf Henkel in Deauville in der Normandie.

Eine solche Präsentationsweise kann nur innerhalb einer homogenen Gruppe funktionieren und innerhalb einer überschaubaren Zeitphase; wendet man sie an einem öffentlichen, urbanen Ort an, so riskiert man, dass sie am Publikum vorbeigeht. Ein Beispiel dafür findet sich in Madrid, wo die kommentarlos als Mittelpunkt einer Brunnenanlage aufgestellten Mauerelemente letztlich wohl „unsichtbar" sind, im Sinne der Feststellung von Robert Musil, es gebe „nichts auf der Welt, was so unsichtbar ist wie Denkmäler. Sie werden doch zweifellos aufgestellt, um gesehen zu werden … aber gleichzeitig sind sie durch irgendetwas gegen Aufmerksamkeit imprägniert."[2]

Vielfältig sind die Setzungen, bei denen der Kontext zur Reflexion einlädt und Deutungsansätze durch ihn nahegelegt werden. Mauerteile im Foyer eines Verlagshauses, der Editoria Perfil in Buenos Aires, stellen die Mauer in den Kontext der Informations- und Meinungsfreiheit. Auf einem Bahnhof wie in Chicago lädt ein Mauerteil dazu ein, über die – allzu selbstverständlich genommene – Reisefreiheit nachzudenken. Einen gewissen Charme besitzt auch die Präsentation eines Mauersegmentes durch einen Anbieter von Sprachreisen in Boston (Massachusetts), wird hiermit doch das Abgeschnittensein von der Welt, das die Berliner Mauer bedeutete, mit polyglotter Weltläufigkeit kontrastiert. Mauerteile in einem Supermarkt, wie etwa in Seattle, scheinen dagegen auf das weniger hehre Thema des freien Zuganges zu Konsumgütern verweisen zu wollen.

Eine andere, interessante und vielfältige Gruppe von Setzungen bietet, aufgrund des gewählten Ortes oder durch andere Mittel, implizite – oder auch sehr explizite – Deutungen an, die sich auf die Mauer selbst oder, spezieller, auf die Geschichte ihrer Überwindung beziehen. Vor dem NATO-Hauptquartier im belgischen Mons oder auch vor dem Imperial War Museum in London stehend, bringt man Mauerteile naturgemäß mit den sicherheitspolitischen und militärischen Aspekten der Grenze und des Eisernen Vorhanges insgesamt in Verbindung. Die räumliche Collage eines Mauerteiles mit der High-Tech-Schiffsschraube eines US-Flugzeugträgers und einer Panzerkanone auf der USS Intrepid in New York drängt dem Betrachter die sehr direkte, wohl allzu platte Deutung auf, dass die Mauer letztlich aufgrund der westlichen Überlegenheit auf dem Gebiet des Wettrüstens gefallen sei, und dass der Westen den Kalten Krieg dank einer Politik der Stärke gewonnen habe.

Das Museum der U.S. Air Force in Dayton (Ohio) feiert die Überwindung der Mauer durch ein Tableau, bestehend aus einem Paar Schaufensterpuppen (in einer für DDR-Bürger des Jahres 1989 untypischen Gewandung), die vom Dach eines Original-Trabis auf die Mauer klettern und dabei eine DDR-Fahne schwenken. Das Abdeckrohr der Mauer war offenbar nicht mitgeliefert worden, sodass es durch ein etwa doppelt so dickes ersetzt wurde. Verhaltener ist die Inszenierung im Museum der Royal Air Force in Cosford: Zwei Figuren winken, auf Leitern stehend, von Westen über die Mauer in den Osten und erinnern so an die plötzliche und gewaltsame Trennung von Familien und Freunden im Jahr 1961. Dem Historiker fällt allerdings der Anachronismus auf, dass die Figuren über ein Element der Grenzmauer 75 hinweg winken, die erst ab der zweiten Hälfte der 70er Jahre aufgestellt wurde.

In eingängiger Weise erinnert die Gegenüberstellung eines Mauerelementes mit einer Büste von Ronald Reagan in der Gedächtnisbibliothek dieses ehemaligen US-Präsidenten an dessen Appell „Mister Gorbachev,

---

2   Zitiert nach Feversham/Schmidt 1999, S. 165 f.

tear down this wall", gesprochen im Mai 1987 vor dem Brandenburger Tor, und das Arrangement scheint nachgerade zu belegen, dass dieser Appell erfolgreich war. Dieser Kontext gehört zu einer Familie von ähnlichen Situationen, ist es doch offenbar geradezu de rigueur für die Gedächtnisbibliotheken amerikanischer Präsidenten des späten 20. Jahrhunderts, ein Segment der Berliner Mauer zu präsentieren: Außer bei Reagan finden sie sich auch in den entsprechenden Einrichtungen für John F. Kennedy, Richard Nixon, Gerald Ford und George H. W. Bush und unterstreichen so den enormen Stellenwert, den Berlin während deren Regierungszeit besaß. Aber auch die Memorial Libraries von Herbert Hoover und von Franklin D. Roosevelt, also von Präsidenten, deren Regierungszeit vor dem Mauerbau lag, nahmen Mauerteile in ihre Sammlung auf.

Wird in diesen Präsidentenbibliotheken und Militärmuseen immer wieder auf den staats- und machtpolitischen Kontext des Kalten Krieges verwiesen, so finden wir in Fatima (Portugal) eine etwas andere Sicht auf die Ereignisse des 9. November 1989: Dort lässt die Präsentation eines Mauerelementes keinen Zweifel zu, dass der Mauerfall himmlischer Intervention, genauer gesagt der Jungfrau Maria zu verdanken ist. Auf derart direkte Deutungsmuster verzichtet das Mauersegment im Zentrum des Katholizismus, im Vatikan, doch handelt es sich hierbei nicht um ein beliebiges Segment, sondern um eines mit direktem kirchlichen Kontext, trägt es doch einen Ausschnitt des Bildes der (protestantischen) Michaelkirche am Engelbecken: Deren untere Fassadenhälfte, auf die Kreuzberger-Seite der Mauer gemalt, ergänzte sich für den aus West-Berlin blickenden Beschauer mit der dahinter stehenden, zum Todesstreifen blickenden Kirchenfront zur Illusion einer transparenten Mauer. (Abb. 2)

Das Thema der Mauer als Kunstwerk, oder zumindest als Kunstträger, ist im Vatikan nur ein Nebenaspekt, doch bei zahlreichen anderen Setzungen wird ihm eine weit bedeutendere Rolle zugemessen. Der

Yorkshire Sculpture Park besitzt ein Mauerelement, das ursprünglich ein buntes Graffiti-Bild aufwies und sicherlich auch deshalb erworben worden ist, doch die Aufstellung im Freien hat über die Jahre praktisch zum Verlust des Bildes geführt. Dieses Problem, dass die Graffiti zwar geschätzt werden, aber materiell nicht auf Dauerhaftigkeit angelegt sind, ist auch an vielen anderen Orten aufgetreten. Häufig ist man daher auf die Lösung verfallen, die Mauerelemente neu bemalen zu lassen. Die Art der Bemalung verrät viel über den Reflexionsgrad der Beteiligten: Malt oder sprüht man die neuen Graffiti beispielsweise auf die „falsche", nämlich die ursprünglich dem Todesstreifen zugewandte Seite des Mauerelementes oder trägt man sie auf einer von Mauerspechten abgepickelten Oberfläche auf, so entfernt man sich in nicht unerheblichem Maß von der Situation, in der die „echten" Graffiti entstanden. In dem Versuch, das originale Flair durch Nach- oder Neuschöpfung wieder erstehen zu lassen, sind in einigen Fällen auch namhafte Graffitikünstler aus Berlin beauftragt worden, Mauerteile an ihren neuen Orten möglichst mit vertrauten Motiven neu zu bemalen. Am erfolgreichsten war dabei wohl Thierry Noir, etwa in Paris, Dayton und Culver City.

In ihrer künstlerischen Qualität deckten die Graffiti der Berliner Mauer bekanntlich das gesamte Spektrum der Möglichkeiten ab – von ungelenken Schmierereien bis zu den Aktionen von Keith Haring. Die komplexeste Geschichte erzählen wohl die Hasen von Manfred Butzmann auf Mauerteilen, die heute in Caen stehen. Direkt nach dem Mauerfall, noch im November 1989, auf der Ostseite der Grenzmauer aufgetragen und sofort wieder von den Grenztruppen übermalt, wurden sie nicht nur durch die Witterung wieder freigelegt, sondern später auch noch vor dem Schredder gerettet. Die Hasen spielen nicht nur auf die einzigen unbehelligten Bewohner des Todesstreifens, die Kaninchen, an, sondern auch auf die Geschichte eines Ost-Berliner Kinderspielplatzes in Grenznähe, auf dem Butzmann und andere Künstler in den 80er Jahren die Hasenfahne gehisst hatten. Trotz ihrer mehrdeutigen, sicher nicht regimetreuen Anspielungen auf den gewaltlosen Widerstand der vermeintlich Schwachen einerseits, aber auch auf das Hasenpanier (als Synonym für Flucht) andererseits, blieben die Urheber offenbar unbehelligt – ganz im Sinne des Aphorismus von Karl Kraus: „Die Satire, die der Zensor versteht, wird mit Recht verboten." Noch 1996 diente das Motiv der Hasen zur Markierung des ehemaligen Grenzüberganges Chausseestraße durch Karla Sachses „Kaninchenzeichen", bestehend aus 120 lebensgroßen Kaninchensilhouetten aus Messing in der Straßen- und Gehwegoberfläche.[3]

Immer wieder wurde auch versucht, mit den Mauerteilen neue Kunst zu machen, wobei die Ergebnisse insgesamt nicht sehr überzeugend waren. Als gut gemeinter, inhaltsschwerer, aber künstlerisch eher zweifelhafter Versuch ist etwa das Arrangement von acht Mauerteilen in der Gedenkstätte für Winston Churchill in Fulton (Missouri) zu werten. Aufgestellt und gestaltet von Churchills Enkelin, weisen sie zwei gleichsam eingestanzte Silhouetten auf: die (keilförmige) eines Mannes und die (kurvigere) einer Frau – in unbeabsichtigter Komik an Sehgewohnheiten aus Cartoons anspielend.

In der ganzen Bandbreite ihrer mehr oder weniger deutlichen inhaltlichen Interpretationen sagen diese weltweit aufgestellten Mauersegmente viel aus über die jeweiligen Orte und über die Umstände, unter denen die Mauerteile dort errichtet wurden. Vor allem aber erzählen sie davon, welche Bedeutung und welche Symbolkraft die Berliner Mauer für die dort jeweils Handelnden besaß. Sie sagen etwas über das Weltbild der Akteure und über die Rolle, die die Berliner Mauer in diesem Weltbild einnahm. Sie sind aufgeladen mit Bildern, Deutungen, mit Angst und Freude, Enthusiasmus und Gläubigkeit; sie spiegeln die Emotionen derer, die sie aufgestellt haben und präsentieren sie ihrer jeweiligen Öffentlichkeit.

---

3   Feversham/Schmidt 1999, S. 158 f.

Aussagekräftig sind diese Denkmäler aber auch, wenn man sie gleichsam gegen den Strich bürstet und zu ermitteln versucht, wo die Beschränkungen der von ihnen repräsentierten Wahrnehmung liegen.

So wurde erwähnt, dass die weltweit verbreiteten Mauer-Monumente sich weit überwiegend der Grenzmauer-Elemente bedienen – also der 3,60 Meter hohen, rohrbekrönten Betonwand direkt an der Grenzlinie nach West-Berlin. Dies wird den meisten als so selbstverständlich erscheinen, dass man es wohl geradezu rechtfertigen muss, wenn man dieses Faktum überhaupt benennt. Selbstverständlich ist diese Wahl der Grenzmauer-Elemente jedoch nur vor dem Hintergrund, dass die Berliner Mauer von Anfang an, seit ihrer Erfindung im Jahr 1961, vor allem eine visuelle Metapher war, ein Bild von hoher Symbolkraft – und überdies ein Bild, das allein von der West-Perspektive geprägt war. Dass 1961 im Kontext der Grenzschließung überhaupt eine Mauer gebaut wurde, war vor allem eine politisch-symbolische Aktion. Die Militärs hatten für Stacheldrahtsperren plädiert, und tatsächlich wurden 1961 nur knapp 10 Kilometer Mauer errichtet – der Rest des 155 Kilometer langen Grenzringes um Berlin wurde mit Stacheldraht abgeriegelt. Aber Ulbricht wollte dort, wo die Kameras der Westpresse stehen würden, und das hieß immer hauptsächlich zwischen Brandenburger Tor und Checkpoint Charlie, eine Mauer sehen, den „Antifaschistischen Schutzwall", denn eine Mauer wird ganz anders wahrgenommen als eine – scheinbar provisorische und temporäre – Stacheldrahtsperre. Eine Mauer vermittelt Entschlossenheit und Anspruch auf Dauerhaftigkeit, obwohl die Mauer von 1961 hauptsächlich Bluff war. Sie sollte Stärke demonstrieren, aber eigentlich hofften und erwarteten die SED-Oberen, sie sehr bald wieder abräumen zu können, nachdem sie ihre Funktion erfüllt hätte.[4]

Von Beginn an tat die SED alles, die Deutungshoheit über die Grenzanlagen zu behalten – vor allem die Kontrolle über deren Wahrnehmung in der Öffentlichkeit, also über das Bild der Grenze. An der dazu entwickelten Begrifflichkeit hätte George Orwell sein Vergnügen gehabt. Schon der „Antifaschistische Schutzwall" war ein Begriff, der die Realität auf den Kopf stellte, suggerierte er doch, dass die Mauer gegen die aus West-Berlin anstürmenden faschistischen Horden gerichtet sei. Mit der Entwicklung des Grenzsystems, das tiefgestaffelte Sperren und den Todesstreifen umfasste, kamen weitere orwellianische Begriffe in Gebrauch. Die Grenzmauer hieß „Vorderes Sperrelement", die nach Ost-Berlin oder zum Bezirk Potsdam gerichtete Einfassung hieß „Hinterlandsicherungsmauer" (oder „Hinterlandsicherungszaun"); Richtung West-Berlin hieß „feindwärts", Richtung Ost-Berlin und DDR hieß „freundwärts" – alles Begriffe, die eine klare funktionelle Ausrichtung der militärischen Anlagen in Richtung West-Berlin zu belegen scheinen. Tatsächlich war von Anfang an klar, gegen wen die Mauer und die Grenzsperren gerichtet waren, nämlich gegen das eigene Staatsvolk, gegen die Bürger der DDR, die bis 1961 bereits zu Millionen mit den Füßen abgestimmt hatten und über West-Berlin nach Westdeutschland geflohen waren. Jeder genauere Blick auf die Form und Anordnung der Grenzsperren belegt dies auch eindeutig, was bei unbedarften Wehrpflichtigen, die ihren Dienst bei den Grenztruppen antraten, immer wieder zu einer vorübergehenden schwindelgefühlartigen Desorientierung führte. Denn wo war vorne, wo war hinten? Der DDR-Schriftsteller Karl-Heinz Jakobs gab im August 1981 im *Spiegel* wieder, was ihm wenige Jahre zuvor ein ehemaliger Grenztruppenangehöriger berichtet hatte:

„… Die haben immer gesagt: antifaschistischer Schutzwall. Aber die ganze Sache war verkehrt herum gebaut. Ich bin zwar kein Baufachmann, aber dass die verkehrtrum gebaut war, sah ich sofort. Alle sahen das. Die war so gebaut, dass von unserer Seite praktisch keiner rüber konnte. Aber von drüben hätte alles rüberrollen können, was sie so hatten.

---

4 Vgl. Schmidt, Leo: Architektur und Botschaft der „Mauer" 1961–89, in: Deutsches Nationalkomitee für Denkmalschutz (Hg.): Die Berliner Mauer – Vom Grenzwall zum Denkmal (=Schriftenreihe des Deutschen Nationalkomitees für Denkmalschutz Bd. 76), Bonn 2009, S. 53–69.

Abb. 3:

Visualisierung der Grenz-

anlagen in der Ansicht von

Osten

© BTU Cottbus,
Lehrstuhl Denkmalpflege

Da fing's bei mir langsam zu dämmern an. Vorher hatte ich die Mauer noch nie gesehen. Und jetzt sah ich mit einem Mal, dass es gegen unsere eigenen Leute ging. Bis dahin hatte ich immer gedacht, die Mauer, das ist der antifaschistische Schutzwall. Aber dazu hätte er andersrum gebaut sein müssen."[5]

Rational waren dieser Zweck und diese Ausrichtung der Grenzanlagen den West-Berlinern, Westdeutschen und der Weltöffentlichkeit, die da Jahr für Jahr zu Millionen von den Besucherplattformen über die Grenze Richtung Ost-Berlin blickten oder mit Bildern der Grenzanlagen in den Medien konfrontiert wurden, völlig klar. Aber die Suggestionskraft des Bildes und der Begriffe war offenkundig stärker als dieses Bewusstsein der Fakten. Denn die Grenzanlagen wurden immer und ausschließlich von Westen abgebildet. Das Bild der Ostseite – funktional gesehen war die angebliche „Hinterlandsicherungsmauer" schließlich die Hauptfassade der Grenzanlage – wurde durch die SED derart konsequent und erfolgreich unterdrückt, dass man die Ansicht von Osten heute im Computer generieren muss (Abb. 3). Hinzu kam, so darf man wohl unterstellen, auch ein Element der Selbstbezogenheit des Westens, gar der Eitelkeit, wonach man selbstverständlich davon ausging, dass die Seite der Grenze, die einem so demonstrativ und prominent zugewandt wurde, auch die Hauptseite sein musste.

Diese Selbstbezogenheit West-Berlins, aber auch der gesamten westlichen Öffentlichkeit, wird von den Mauerdenkmälern auch heute noch transportiert, keineswegs aber reflektiert. Selbst in den wenigen Fällen, in denen Elemente der (in Richtung Ost-Berlin weisenden) „Hinterlandsicherungsmauer" als Mauerdenkmal verwendet wurden, geschah dies allem Anschein nach nicht aufgrund einer kritischen Reflexion ihrer Funktion und Bedeutung, sondern es war das Ergebnis von Zufällen oder von pragmatischer Herangehensweise. Bei genauerer Betrachtung der Einzelfälle stellt sich heraus, dass diese Elemente entweder aus Kostengründen gewählt wurden, etwa in Odense, oder es wird durch die Art ihrer Verwendung klar, wie wenig man über ihre ursprüngliche Bedeutung wusste oder nachdachte. Dies zeigt sich vor allem dort, wo Platten aus der Hinterlandmauer vertikal aufgestellt oder gar noch mit Graffiti versehen wurden, so in West Branch (Iowa) und in Portland (Maine).

Wenn man nun fragt, welche Wahrnehmung der Berliner Mauer durch die in aller Welt aufgerichteten Mauer-Segmente transportiert wird, so ist die Antwort naheliegend: natürlich die Wahrnehmung, die aus den Jahren vor

---

5   „Was haben die mit uns gemacht?", in: *Der Spiegel* vom 09.08.1981.

dem Mauerfall stammt, nämlich die Wahrnehmung von Westen. Die Erwartungshaltung der Interessenten, die ihre Segmente oft über die einschlägigen Auktionen im Jahr 1990 erwarben, ging dabei Hand in Hand mit den aus der DDR-Bürokratie stammenden Verkäufern, die natürlich weiterhin im Sinne der orwellianischen Grundhaltung agierten, dass die Grenzmauer schließlich die Essenz des „Antifaschistischen Schutzwalles" verkörpere.

Letztlich stehen die wohl einzigen Mauerdenkmäler, die ein Interesse an der Grenzfunktion der Mauer belegen, in Südkorea – was Sinn ergibt durch die Tatsache, dass dieses Land immer noch durch eine militärisch gesicherte Grenze in zwei Teilstaaten gespalten ist.

Die weltweit gesetzten Mauerdenkmäler basieren somit auf einer fast abstrakten, jedenfalls von der komplexen Situation in Berlin abgelösten West-Wahrnehmung der Mauer. Diejenigen, die die Denkmäler gesetzt haben, beschäftigen sich mit der eigenen Situation und der mehr oder weniger diffusen Bedrohung, die sie empfanden und die durch die Mauer symbolisiert wurde.

Worüber die in der Welt verteilten Fragmente der Mauer jedoch nichts aussagen, ist die Realität der Mauer, wie sie in Berlin bestand. Sie tragen keinerlei Informationen darüber in die Welt, wie es war, in einer geteilten Stadt zu leben und was es bedeutete, im eigenen Land gefangen zu sein.

Aber auch wenn sie somit sehr wenig mit der Mauer zu tun haben, wie sie die Berliner – im Osten wie auch im Westen der Stadt – vor Augen hatten; mit der tatsächlichen, gebauten, 155 Kilometer langen und vom Grenzkommando Mitte bewachten Grenze, die ihr Leben mit prägte, so wäre es doch engstirnig und kurzsichtig, die weltweit aufgestellten Denkmäler deshalb, aus deutscher Sicht, als irrelevant abzutun. Im Gegenteil: Von welchem Baudenkmal weltweit ließe sich denn Vergleichbares berichten? Welches andere Monument wird von Hunderten von Ablegern auf allen Kontinenten physisch repräsentiert? Welches Monument hat eine derart schillernde und vielfältige Rezeptions- und Interpretationsgeschichte?

Was somit durch die Segmente belegt und konkretisiert wird, die rund um den Erdball auf Initiative der unterschiedlichsten Personen und Institutionen aufgestellt wurden, ist nichts weniger als die unvergleichbare internationale Dimension der Mauer in ihrer Denkmalbedeutung, ihrer „Cultural Significance" im Sinne der Charta von Burra, definiert als „ästhetische, historische, wissenschaftliche, gesellschaftliche oder spirituelle Werte für vergangene, gegenwärtige oder zukünftige Generationen".[6]

Für sich genommen wirken die Fragmente gleichsam entwurzelt. Aber immerhin: Nimmt man alle die Mauersegmente zusammen, die auf der Welt verteilt sind, so sind sie insgesamt wohl länger als die am Ort in Berlin verbliebenen Reste zumindest der Grenzmauer. Aber erst durch dieses ergänzende und unverzichtbare Gegenstück, nämlich die in situ verbliebenen Reste und den authentischen Ort, wächst den in der Welt verstreuten Mauerteilen eine Verbindlichkeit zu, die aus ihrer Teilhaberschaft an einer komplexen Sachgesamtheit resultiert. Die weltweiten Mauer-Monumente sind gleichsam die „Botschafter" der Berliner Mauer: Sie repräsentieren das eigentliche Monument, sie bringen es weltweit ins Bewusstsein. Sie „holen das Publikum dort ab, wo es steht" (um ein Grundprinzip jeder Vermittlungsarbeit zu zitieren) und regen letztlich dazu an, ihr unverrückbar in und um Berlin verortetes Gegenstück aufzusuchen, den authentischen Ort kennenzulernen. Wie erfolgreich diese Anregung ist, lässt sich an den jedes Jahr steigenden Zahlen der internationalen Touristen ablesen, die die Orte der Mauer in Berlin besuchen.

---

6   Die Definition fährt fort: „Träger kultureller Bedeutung sind das Objekt an sich, seine Substanz, sein Umfeld, sein Gebrauch, seine Assoziationen, Bedeutungen, Quellen sowie mit ihm in Beziehung stehende Gegenstände. Objekte können für unterschiedliche Personen und Gruppen unterschiedliche Bedeutung besitzen." Vgl. Schmidt, Leo: Einführung in die Denkmalpflege, Stuttgart 2008, S. 157.

Wer heute die Berliner Mauer sehen möchte, muss nicht unbedingt in die deutsche Hauptstadt reisen. Auf sämtlichen Kontinenten finden sich Reste des symbolträchtigen Grenzwalles. Zusammengerechnet vielleicht sogar mehr als in Berlin selbst, wo die Mauer heute nahezu aus dem Stadtbild verschwunden ist.[1]

Das Interesse an der Berliner Mauer war nach dem Mauerfall am 9. November 1989 so groß wie wahrscheinlich niemals zuvor. Jahrzehntelang verkörperten Todesstreifen und Betonwall die Teilung der Welt. Mit dem Fall der Mauer wurde das einstige Symbol der Unterdrückung und Unfreiheit praktisch über Nacht zum Sinnbild für einen erfolgreichen Freiheitskampf. Für jeden, der in jenen Tagen Berlin besuchte, bot sich die Möglichkeit, als Mauerspecht mit Hammer und Meißel ein Stück Weltgeschichte mit nach Hause zu nehmen. Mindestens ebenso so groß war das Interesse an vollständigen, 2,6 Tonnen schweren und 3,2 Meter hohen Betonsegmenten, die einst Ost- und West-Berlin voneinander trennten. Etwa 500 solcher Mauerstücke wurden in den vergangenen zwanzig Jahren als Siegestrophäen, Kunstobjekte oder kuriose Ausstellungsstücke in alle Winde verstreut. Die wenigsten von ihnen wechselten dabei als Geschenke ihre Besitzer. Hauptsächlich fanden die Mauerreste als Handels-, aber auch Spekulationsobjekte für teilweise sehr hohe Preise einen neuen Eigentümer. Am Verkauf der Mauer beteiligten sich viele: angefangen von der noch SED-geführten DDR-Regierung, die für die Existenz der Mauer verantwortlich war, bis hin zu Marketingunternehmen, die mit viel Fantasie aus dem Verkauf des „antifaschistischen Schutzwalles" Gewinn erzielen wollten. Die Grenztruppen der DDR, die die Mauer jahrzehntelang streng bewacht hatten, mussten diese schließlich eigenhändig abtragen.

Am Abend des 9. November 1989 fiel unter den Augen der Weltöffentlichkeit die Berliner Mauer. Nach der missverständlichen Äußerung Günter Schabowskis, Mitglied des Zentralkomitees der Staatspartei SED, auf der am Abend des 9. November 1989 einberufenen Pressekonferenz, stürmten wenige Stunden später Tausende Ost-Berliner zu den Grenzübergängen. Sie erzwangen die Öffnung der jahrzehntelang streng bewachten und undurchlässigen Berliner Mauer. Kurz vor Mitternacht passierten die ersten DDR-Bürger jubelnd die Grenze zu West-Berlin.[2]

Die Euphorie über dieses historische Ereignis war groß. Für die DDR und ihre angeschlagene Staatspartei läutete der Mauerfall den endgültigen Untergang ein. International markierte die Grenzöffnung faktisch das Ende des Kalten Krieges. Noch während auf der diplomatischen Ebene über die Folgen der Berliner Ereignisse beraten wurde, meldeten sich erste Unternehmen, die ihr Interesse an einem Erwerb von Mauerteilen bekundeten. Jetzt, da der Eiserne Vorhang gefallen und die Berliner Mauer Geschichte war, wollten sich viele Unternehmen, aber auch Privatpersonen, ein Stück des symbolträchtigen Bauwerkes sichern. Am schnellsten war ein bayerischer Geschäftsmann. Er bot bereits am 10. November 1989 dem Außenhandelsminister der DDR Gerhard Beil an, „nicht benötigte Teile Ihrer Grenzsicherungsanlagen" gegen Devisen zu kaufen.[3] Auch die DDR-Botschaften in den Vereinigten Staaten und Großbritannien erreichten wenige Tage nach dem Mauerfall erste Anfragen, ob und zu welchen Bedingungen der nicht mehr benötigte Betonwall gekauft werden könne. In den Auslandsvertretungen sorgten diese Nachfragen für Verwirrung. Bislang musste der schändliche „antifaschistische Schutzwall" international verteidigt werden, nun sollten seine Reste ausgerechnet an den einstigen Klassenfeind verkauft werden. Sichtlich irritiert wandte sich die

---

1 Siehe den Beitrag von Rainer E. Klemke in diesem Band sowie Sälter, Gerhard: Das Verschwinden der Berliner Mauer, in: Henke, Klaus-Dietmar (Hg.): Revolution und Vereinigung. Deutschland 1989/90. Als in Deutschland die Realität die Phantasie überholte, München 2009.
2 Hertle, Hans-Hermann: Chronik des Mauerfalls. Die dramatischen Ereignisse um den 9. November 1989, Berlin 1990; Hertle, Hans-Herrmann/Jarausch, Konrad H./Kleßmann, Christoph (Hg.): Mauerbau und Mauerfall. Ursachen, Verlauf, Wirkung, Berlin 2002.
3 Brief von J. R. an den Minister für Außenhandel, 10.11.1989. Bundesarchiv Berlin-Lichterfelde (BArchB) DE 10/21.

Von Mauerspechten durchlöchert: die Mauer am Brandenburger Tor
© Archiv Bundesstiftung Aufarbeitung / Bestand Rosemarie Gentges Nr. 238

DDR-Botschaft in New York am 15. November 1989 an das Ministerium für Außenhandel in Ost-Berlin, um nachzuprüfen, ob eine „Vermarktung infrage kommt."[4]

In Berlin begann der Handel mit Mauerstücken sofort nach der Grenzöffnung. Mauerspechte begannen von West-Berliner Seite aus mit Hammer und Meißel kleinere und größere Brocken aus dem Betonwall herauszupicken. Dem unablässigen Klopfen und Hämmern an der einst so stark bewachten Grenze konnten die bewaffneten DDR-Grenztruppen kaum mehr als Ermahnungen entgegensetzen. Für die Soldaten an der Grenze kam die Öffnung der Berliner Mauer ebenso überraschend wie für die Bürger der DDR und der geteilten Stadt. Aber auch die Staats- und Regierungschefs rund um den Erdball traf der Fall der Mauer unerwartet. Angesichts des offensichtlichen Zerfalles des SED-Regimes war schließlich keiner mehr bereit, die alte Ordnung an der Staatsgrenze wiederherzustellen. Schließlich wurde auch der berüchtigte Schießbefehl unter dem Eindruck der Ereignisse am 21. Dezember 1989 offiziell aufgehoben.[5]

Wer kein Werkzeug dabei hatte, nutzte die Möglichkeit und erstand für hartes Westgeld Mauerbröckchen bei fliegenden Straßenhändlern.[6] Die Preise für solche Freiheitssouvenire erreichten im November/Dezember 1989 beachtliche Höhen. Zwischen fünf und 30 D-Mark wurden für kleinere und größere Brocken gezahlt. Die Folgen des überwältigenden Interesses waren kaum zu übersehen. Bereits Ende November

4   Telegramm der Handelspolitischen Abteilung [HPA] New York an das Ministerium für Außenhandel [MHA], 15.11.1989. BArchB DE 10/21.
5   Flemming, Thomas/Koch, Hagen: Die Berliner Mauer. Geschichte eines politischen Bauwerks, Berlin 1999, S. 125.
6   „Sonntagsspaziergang mit Kamera, Hammer und Meißel", in: Der Tagesspiegel vom 14.11.1989.

1989 war die Mauer zwischen Reichstag und Brandenburger Tor über weite Strecken durchlöchert. So begehrt die aus der Mauer herausgebrochenen Bröckchen waren und reißenden Absatz fanden, so umstritten war dieser „wilde" Handel. Dass diese nun als bunte Souvenirs verkauft werden sollten, stieß bei vielen auch auf Ablehnung.

Wegen des großen Ansturms auf die wenigen Grenzübergänge mussten neue Passierstellen geschaffen werden, bei denen nun auch ganze Mauersegmente zu Bauschutt wurden. Einer der ersten neuen Übergänge entstand in der Nacht vom 11. auf den 12. November 1989 am Potsdamer Platz. Im Beisein von mehreren Tausend Menschen und unter dem Blitzlichtgewitter der Weltpresse wurden acht Mauerteile mit Kränen herausgehievt. Ihnen folgten in der kommenden Woche Dutzende weitere.[7]

Waren die kleinen Mauerbrocken schon heiß begehrt, welcher Gewinn müsste sich dann erst mit kompletten Mauersegmenten machen lassen? Der vermeintliche Wert dieser ersten herausgebrochenen Betonplatten rief Unternehmergeist auf den Plan. Am Morgen des 13. November 1989 fuhr ein West-Berliner Bauunternehmer mit einem Tieflader zum Potsdamer Platz. Er und sein Begleiter, der von den Grenztruppen als österreichischer Staatsbürger identifiziert wurde, boten dem diensthabenden Offizier des Grenzkommandos Mitte 500 D-Mark in bar für die ausgebauten Segmente. Sie wurden an das Außenhandelsministerium verwiesen, um sich dort eine entsprechende Ausfuhrgenehmigung zu holen. Schließlich standen die Mauerteile auf DDR-Territorium. Das Geschäft kam jedoch nicht zustande, da das Ministerium keine Erlaubnis erteilte.[8] Andere versuchten die wertvollen Betonteile einfach zu stehlen. Sechzehn Mauersegmente, schon zum Abtransport verladen, konnten Anfang Dezember nur mithilfe der West-Berliner Polizei wieder sichergestellt werden.[9]

Bei den DDR-Behörden gingen unterdessen immer neue und lukrativere Angebote ein. Eine Ost-Berliner Rechtsanwaltskanzlei übermittelte die Offerte eines kalifornischen Unternehmers, der 500.000 US-Dollar für die inzwischen ausgebauten Mauerteile zu zahlen bereit war.[10] Ein Privatmann aus Aachen bot 500.000 D-Mark für den gleichen Posten.[11] Andere Firmen und Zwischenhändler boten dem Außenhandelsministerium Exklusivverträge an, mit denen „eine Menge Geld in die Kassen der DDR kommen" würde.[12] In einem an die Ständige Vertretung der DDR in Bonn am 14. November 1989 gerichteten Schreiben wird die Situation folgenderma-

Fliegende Souvenirhändler am Brandenburger Tor

© Archiv Bundesstiftung Aufarbeitung / Bestand Leonore Schwarzer Nr. 924

---

7 Hertle 1990, S. 263.
8 Vermerk für Minister Beil, Kontrollabteilung des Ministers, 14.11.1989. BArchB DE 10/21.
9 Grundlage waren Berichte des westdeutschen Fernsehsenders Sat1, der den Mauerklau aufgedeckt hatte. Vermerk über ein Telefongespräch, 05.12.1989. BArchB DE 10/21.
10 Telefax von Rechtsanwalt P. an den Minister für Außenhandel, 30.11.1989. BArchB DE 10/21.
11 Telefax über die Ständige Vertretung in Bonn an den Oberbürgermeister von Ost-Berlin, undatiert (Mitte November 1989). BArchB DE 10/21.
12 Brief des Groß- und Außenhandels C. R. an MHA, 23.11.1989. DE 10/21.

ßen zusammengefasst: Der Handel mit der Berliner Mauer sei nicht mehr aufzuhalten: „Bei aller Zwiespältig-keit […] sollten Sie jedoch einen Aspekt bedenken: Gehandelt wird mit Mauerteilen, woher sie auch immer stammen mögen. Wenn aber schon, dann halte ich es für sinnvoll, daraus auch Devisen zu machen."[13]

Zeitgleich mehrten sich in Ost und West Stimmen, dem moralisch zweifelhaften Mauergeschäft Einhalt zu gebieten. Wenn der Mauerverkauf realisiert würde, dann sollten zumindest die Verkaufserlöse dem „Volk der DDR, das über drei Jahrzehnte unter diesem Bauwerk litt", zugute kommen.[14] In den zurückliegenden Jahrzehnten waren an der innerdeutschen Grenze Hunderte Menschen zu Tode gekommen; nicht nur für die hinter Mauer und Grenze eingesperrten Ostdeutschen symbolisierte der Betonwall Unterdrückung und Unfreiheit. Zum anderen war die verhasste Mauer, für deren Bau und Unterhaltung die DDR-Regierung Mil-lionen aufgewendet hatte, sogenanntes Volkseigentum. Die Forderung, dass zumindest ein Bruchteil dieser Kosten nun durch einen organisierten Mauerverkauf zurück in die leeren Staatskassen fließen könnte, hatte durchaus ihre Berechtigung.[15]

Dieser Aspekt dürfte für die damalige DDR-Regierung unter Hans Modrow schließlich ausschlaggebend gewesen sein, in das Mauergeschäft einzusteigen. Der drohende Staatsbankrott wurde seit den 1980er Jahren nur durch Auslandskredite verhindert. Im Herbst 1989 waren aber auch diese Reserven fast auf-gebraucht. Vier Tage nach dem Mauerfall wurde auf der Sitzung des DDR-Parlamentes, der Volkskammer, der faktische Staatsbankrott öffentlich bekannt gegeben.[16] Der Versuch des amtierenden Staatsoberhaup-tes, Egon Krenz, Bundeskanzler Helmut Kohl zu überzeugen, die Maueröffnung als humanitären Akt auch ökonomisch zu honorieren, lief ins Leere.[17] Auch der Grenzverkehr von West nach Ost brachte kaum noch Geld in die Kassen der DDR. Der für Besucher aus der Bundesrepublik bis dahin immer noch obligatorische Zwangsumtausch entfiel aufgrund der chaotischen Situation an den Grenzübergängen und wurde folgerich-tig zu Weihnachten 1989 schließlich offiziell abgeschafft.[18]

Auch wenn die Hoffnung, mit dem Mauergeschäft Löcher im Staatshaushalt zu stopfen, illusorisch war, so war doch die Aussicht auf zusätzliche Deviseneinnahmen willkommen. Dementsprechend stieß ein Schreiben des Außenhandelsministers Gerhard Beil vom 20. November 1989 bei der DDR-Regierung auf Interesse. Nicht einmal zwei Wochen nach dem Mauerfall wies der Minister in einem Schreiben knapp darauf hin, dass in „kapitalistischen Ländern" Preise zwischen 800 und 500.000 D-Mark beim Verkauf von Mauerteilen und „Abbruchschutt" zu erwarten seien. Von der Regierung müsse nun eine Entscheidung gefällt werden, wie mit diesen Offerten umzugehen sei.[19] Die Staatsführung unter Hans Modrow signalisierte Zustimmung und im Außenhandelsministerium begannen Anfang Dezember 1989 die Vorbereitungen für die koordinierte Vermarktung. Das Grenzkommando Mitte, in dessen Zuständigkeit sich die begehrten Seg-mente aus den neuen Übergangsstellen befanden, wurde angewiesen, den anfallenden „Betonschutt" nicht auf Müllhalden abzutransportieren. Gleichzeitig sollten weitere Beschädigungen der Grenzanlagen durch Mauerspechte unterbunden werden.[20] Am 7. Dezember 1989 gab das amtierende Staatsoberhaupt, Hans Modrow, sein Einverständnis, mit dem Mauerverkauf zu beginnen. Auch der damalige Verteidigungsminis-ter, Theodor Hoffmann, der für den Abbau der Mauerteile an den neuen Passierstellen verantwortlich war,

13 Telex der M. A. Unternehmensberatung an die Ständige Vertretung der DDR in Bonn, 14.11.1989. BArchB DE 10/21.
14 Brief der DSU an Ministerpräsident Modrow vom 12.12.1989. BArch DE 10/21, o.P.
15 „Wenn der Specht das Volkseigentum zerhackt", in: *Berliner Morgenpost* vom 11.02.1990.
16 Links, Christoph/Bahrmann, Hannes: Chronik der Wende, Berlin 1999, S. 77.
17 Hertle 1990, S.249f.
18 Links/Bahrmann 1999, S. 147.
19 Vermerk über Anruf des Genossen E., undatiert (Ende November 1989), BArchB DE 10/21.
20 Vermerk über Anruf des Genossen E., undatiert (Ende November 1989), BArchB DE 10/21.

und der Verkehrsminister, Heinrich Scholz, waren einverstanden.[21] Formal folgte noch ein Beschluss der DDR-Regierung über die „kommerzielle Nutzung von kompletten Segmenten der Grenzsicherungsanlagen („Mauer")", der auf der Ministerratssitzung am 4. Januar 1990 offiziell verabschiedet wurde.[22]

Da sich die potenziellen Käufer im westlichen Ausland befanden, sollte die Abwicklung über das Außenhandelsministerium erfolgen. Beauftragt wurde schließlich der Außenhandelsbetrieb Limex. Das volkseigene Unternehmen war seit den 1960er Jahren mit der Durchführung verschiedener Bauaufträge im westlichen Ausland und Lateinamerika beauftragt gewesen. In den 1980er Jahren hatte Limex auch ostdeutsche Leiharbeiter nach West-Berlin vermittelt, sehr zum Ärger der dortigen Gewerkschaften.[23] Nun war es per Regierungsbeschluss für den Verkauf der Berliner Mauer zuständig.

Mitte Dezember 1989 erfolgte durch den Generaldirektor von Limex, Dirk Pfannschmidt, eine Besichtigung der bislang abgebauten Mauerteile beim Grenzkommando Mitte. Die sichere Verwahrung der bisher abgebauten wertvollen Segmente sowie der perspektivische Abbau weiterer interessanter Mauerteile wurden vereinbart.[24] Als besonders verkaufsträchtig galt ein etwa 300 Meter langer Streifen Mauer entlang der West-Berliner Waldemarstraße/Leuschnerdamm. Hier hatten seit Mitte der 1980er Jahre bekannte „Mauermaler" wie Thierry Noir, Kiddy Citny, Keith Haring oder Jürgen Große alias Indiano begonnen, die hässliche Betonwand mit farbenprächtigen Graffiti zu verschönern. Nach Meinung des Außenhandelsministeriums und von Sachverständigen aus „Kunst und Kultur" waren dies die wertvollsten Stücke der ehemaligen Grenzanlage.[25] Deren Schutz vor „Vandalismus", wie das Werk der Mauerspechte bezeichnet wurde, wurde den Grenztruppen befohlen. In dieser Anordnung lag eine gewisse Ironie. In den zurückliegenden Jahrzehnten waren der DDR-Führung die „Schmiereien" auf der West-Berliner Seite der Staatsgrenze immer ein Dorn im Auge gewesen. Nun sollten die Grenzer alles daran setzen, die offiziell zu Kunst erklärten Graffiti für eine Geschäftsidee der Regierung zu bewahren.

Im Schutze der Dunkelheit begann am späten Abend des 22. Januar 1990 die Demontage der Mauer an der Waldemarstraße. In den nächsten drei Tagen wurden etwa 50 bunt bemalte Segmente vorsichtig mit Kränen entfernt und abtransportiert. Auf diese Weise verschwand das erste große zusammenhängende Stück Betonwall in Berlin. Allerdings wäre es verfehlt, die Entfernung der Mauerteile als Zeichen des guten Willens der DDR-Regierung unter Modrow für einen zügigen Abbau der Grenzanlagen zu interpretieren. Denn die entstandene Lücke wurde umgehend mit einem fast zwei Meter hohen Zaun wieder verschlossen. Allein die Sicherung der zum Verkauf vorgesehenen Mauerteile sollte mit dieser Aktion gewährleistet werden. Die Abrissarbeiten fanden nachts statt, um, wie ein Grenzsoldat der Presse mitteilte, „kein Aufsehen zu erregen".[26] Zwischengelagert wurde die wertvolle Fracht auf einem Brachgelände an der Grenze zwischen den Stadtteilen Kreuzberg und Treptow. Hierher wurden nach und nach alle 360 demontierten Mauersegmente transportiert, die in limitierter Auflage nun zum Verkauf standen.

Am 28. Dezember 1989 erschien in den Tageszeitungen der DDR eine Erklärung, in welcher der anstehende Verkauf von Mauerteilen und die damit verbundenen Absichten erläutert wurden.[27] Die geplante

21 Handschriftlicher Vermerk des Außenhandelsministers, Beil, 07.12.1989. BArchB DE 10/21.
22 Beschluss des Ministerates der DDR 8/I.8./90 vom 29. Dezember 1989 zur kommerziellen Nutzung von kompletten Segmenten/Einzelstücken der Grenzsicherungsanlagen („Mauer") zu West-Berlin. BArchB DC 20/I/3 2891.
23 „Konkurrenz hinter der Mauer. Die DDR verkauft immer mehr Dienstleistungen an West-Berlin", in: *Die Zeit* vom 11.08.1989.
24 Brief des AHB Limex an das MHA, 14.12.1989. BArchB DE 10/21.
25 Vermerk für Gen. Minister Beil, 15.12.1989. BArchB DE 10/21.
26 „Statt Mauer jetzt ein Metallgitterzaun", in: *Berliner Morgenpost* vom 24.01.1990.
27 „DDR verkauft Teile der Berliner Mauer", in: *Neues Deutschland* vom 28.12.1989 sowie Entwurf für eine ADN-Mitteilung, gezeichnet Pfannschmidt, AHB Limex, undatiert (Dezember 1989). BArchB DE 10/21.

Millionen wert: die Mauer an der Waldemarstraße vor der Demontage

© Archiv Bundesstiftung Aufarbeitung / Bestand Rosemarie Gentges Nr. 10

Verwendung der eingenommenen Erlöse für humanitäre Zwecke wurde hier ausdrücklich hervorgehoben. Zugleich verbreitete Limex über ADN eine Pressemitteilung. Angesichts des weltweiten Interesses habe das Unternehmen im Auftrag der DDR-Regierung den Verkauf der Mauerteile übernommen. Die Meldungen über den begonnenen Mauerverkauf veranlassten zahlreiche Bürger, sich an die DDR-Regierung zu wenden und die Einstellung des Verkaufes zu fordern. Die Vorstellung, dass die Mauer, die so viel Leid über die Menschen gebracht und so viele Opfer gefordert hatte, nunmehr verkauft würde, schien vielen anrüchig.[28]

Dennoch war die Resonanz auf diese Mitteilung groß. Ein japanisches Unternehmen bot 185.000 US-Dollar für ein Mauerteil vom Brandenburger Tor, für weniger symbolträchtige Elemente wurden mehrere Zehntausend D-Mark gezahlt.[29] Über alte Geschäftsbeziehungen von Limex sollte der Verkauf logistisch begleitet werden. Die Spandauer Baufirma Herfurt, die seit Jahren Splitt und Kies aus der DDR bezog, stellte dem Ostbetrieb sowohl Vertriebssystem als auch Transporttechnik zur Verfügung.[30] In den kommenden Monaten florierte das Geschäft. Bis Mitte April 1990 gingen aus den Verkäufen 900.000 D-Mark (damals etwa 2.700.000 DDR-Mark) auf einem Sonderkonto ein.[31]

Der gewaltige Umsatz war nicht allein der Geschäftstüchtigkeit der Limex-Mitarbeiter zu verdanken. Im Januar 1990 wurde im Westteil der Stadt eigens eine Verkaufsagentur unter dem Namen LeLé Berlin Wall Verkaufs- und Wirtschaftswerbung GmbH aus der Taufe gehoben. Inhaber waren die West-Berliner Judith B. LaCroix und Christian Herms, die in den 1980er Jahren im innerdeutschen Bierexport bereits Kontakte in den Osten

28 Entwurf eines Antwortschreibens des AHB Limex undatiert Ende Dezember 1989. BArch DE 21/10, o.P.
29 „Wie die DDR mit der Mauer ein Geschäft machen wollte", in: *Der Tagesspiegel* vom 09.11.1999.
30 „Mauerbrocken auf schwarzem Samt und weißer Seide", in: *Berliner Morgenpost* vom 29.12.1989.
31 Begründung zum Beschluss des Ministerrates der DDR 4/13/90 vom 02.05.1990. BArchB DC 20/I/3 2930.

geknüpft hatten.[32] Zwischen der eigentlich beauftragten DDR-Firma Limex und LeLé Berlin bestand ein exklusiver Kooperationsvertrag.[33] Limex hatte danach die Anfragen von Museen und Institutionen zu befriedigen, die sich wegen der Mauerreste an die DDR-Regierung gewandt hatten. LeLé Berlin fiel das ungleich gewinnbringendere Geschäft mit Privatleuten, Unternehmen und Galeristen zu. Die eigentliche Vermarktung der Grenzanlagen lag demnach in den Händen West-Berliner Unternehmer. Und diese setzten neue Maßstäbe. Dem wenig repräsentativen Ost-Berliner Limex-Büro in einem Plattenbau in der Neuen Jakobstraße wurde eine großbürgerliche Wohnung am Tempelhofer Ufer gegenübergestellt. Die Geschäftsräume wurden komplett neu eingerichtet: mit schicken Möbeln, zeitgenössischer Kunst und natürlich Bildern der wertvollen Mauergraffiti. Das neue glanzvolle Erscheinungsbild sollte Interessenten aus aller Welt beeindrucken.

Um die Betonstelen in einem würdigen Licht zu präsentieren, beauftragte LeLé Berlin den Ost-Berliner Fotografen Karl-Heinz Kraemer, die in Treptow stehenden Mauerteile einzeln zu fotografieren. Die Bilder fanden Eingang in den Verkaufskatalog von LeLé Berlin und Limex, der an potenzielle Käufer in aller Welt verschickt wurde. Einige der von Mauerspechten und Witterung in Mitleidenschaft gezogenen Betonteile wurden zuvor noch aufbereitet. Verblasste Graffiti erhielten einen neuen Anstrich. Andere Segmente wurden in der Hoffnung auf größere Gewinne komplett neu bemalt. Judith B. LaCroix bemühte sich im Frühjahr 1990 um junge Berliner Künstler, die das Werk der West-Berliner Mauermaler nun für kommerzielle Zwecke fortsetzten. Einige der Bilder lehnten sich an die in den 1980er Jahren entstandenen Motive von Thierry Noir und Kiddy Citny an, die als die wertvollsten Graffiti galten. Im Auftrag von LeLé Berlin wurden mehrere Segmente entsprechend gestaltet und später als „originale" Mauerkunst zum Verkauf angeboten. Heute stehen sie beispielsweise in Singapur oder vor der Ronald Reagan Präsidentenbibliothek in Kalifornien. Für die Käufer war es offenbar nicht weiter wichtig, ob ihr teuer bezahltes Graffiti vor oder nach dem Mauerfall auf die Betonstelen gemalt wurde. Auch andere Unternehmer und Künstler bedienten sich dieses „Hilfsmittels", um die wenig attraktiven Mauerreste für den Verkauf interessanter zu machen. Das Werk von fünf sowjetischen Künstlern, die im Sommer 1990 von Moskau nach Ost-Berlin kamen, um einhundert kleine Betonplatten künstlerisch zu gestalten, wurde beispielsweise noch im gleichen Jahr an den amerikanischen Sammler Cal Worthington für mehrere Hunderttausend US-Dollar verkauft.[34]

Um an der Authentizität der Mauersegmente keine Zweifel aufkommen zu lassen, ließen Limex und später auch LeLé Berlin Echtheitszertifikate für alle 360 zum Verkauf bereit gehaltenen Mauerteile anfertigen. Einzeln nummeriert und mit einem bronzenen Siegel versehen garantierten diese Nachweise, dass es sich um originale Teile der ehemaligen Grenzanlage handelte. Für diese verlangte LeLé Berlin im Sommer 1990 stolze Preise: 90.000 D-Mark waren für ein komplettes bemaltes Mauerteil zu zahlen, ohne Graffiti konnte man dies schon für 40.000 D-Mark erwerben. Für einen 20 mal 20 Zentimeter großen Brocken schlugen immerhin bis zu 2.500 D-Mark zu Buche.[35] Weltweit wurden in einschlägigen Kunst- und Sammlerjournalen Verkaufsanzeigen geschaltet.

Um eine größtmögliche Öffentlichkeit herzustellen, organisierten Limex und LeLé Berlin zwei Auktionen. Die Idee, Mauerteile versteigern zu lassen, war bereits im Dezember 1989 vom Kulturminister der DDR, Dietmar Keller, ins Gespräch gebracht worden. Er schlug dem Außenhandelsministerium vor, ausgewählte Mauer-

32 Die Mauer. Le mur de berlin vente aux encheres exceptionelle, Auktionskatalog hg. von Limex und LeLé Berlin, Berlin 1990.
33 Schreiben von LeLé Berlin an Jens Galschiøt Christophersen, 26.02.1990. Archiv Jens Galschiøt.
34 „Auch Moskau will ein Stück Mauer", in: *Der Tagesspiegel* vom 08.08.1990. Die Kunstwerke stehen heute in den USA wieder zum Verkauf. Auskunft der Outdoor Arts Foundation, 22.01.2009.
35 Preisliste der LeLé Berlin GmbH, undatiert (Frühjahr 1990). Archiv Jens Galschiøt.

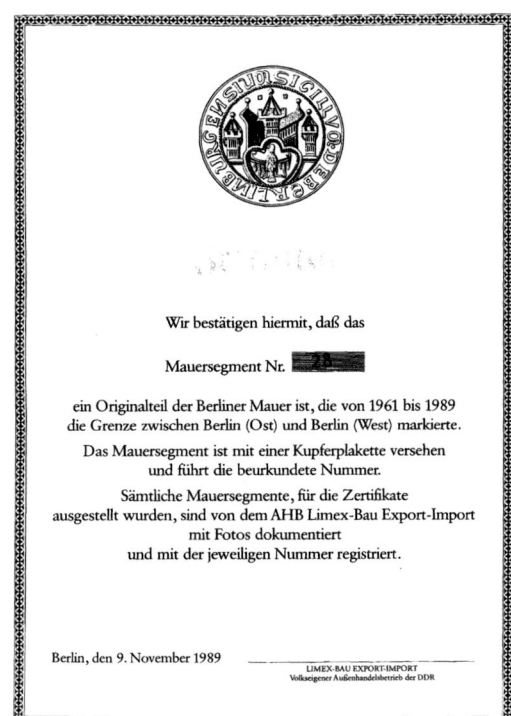

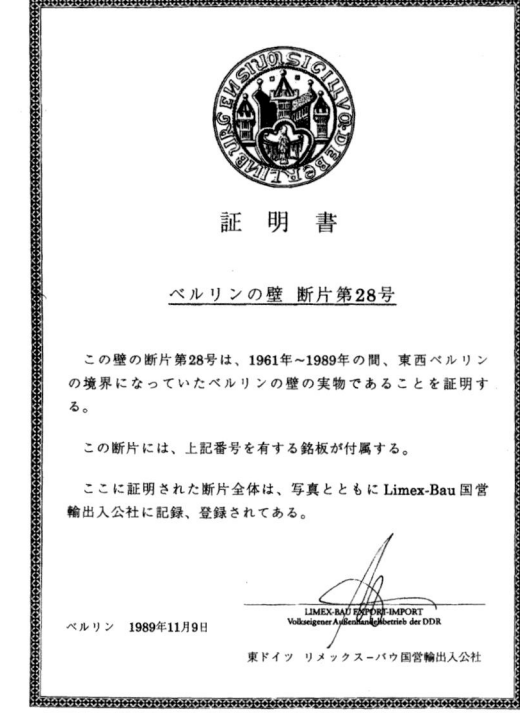

Echte Mauer für die ganze Welt: Limex-Zerifikate auf deutsch und japanisch

© Maruho Co. Ltd.

reste gewinnbringend zur Versteigerung zu bringen.[36] Der Auftakt fand am 28. April 1990 im vornehmen West-Berliner Hotel Interkontinental in der Nähe des Kurfürstendamms statt. Drei ausgewählte Segmente, zwei vom Checkpoint Charlie und eines vom Brandenburger Tor, wurden angeboten. Allerdings war das Interesse an den Betonstelen gering. Nur ein Mauerteil fand unter den etwa 80 Anwesenden einen Käufer. Der Vertreter einer Schweizer Firma konnte die 2,6 Tonnen schwere Betonplatte für den Ausrufpreis von 1.500 D-Mark mit nach Hause nehmen.[37] Trotz des enttäuschenden Ergebnisses hielten LeLé Berlin und Limex an dem Konzept fest. Zum Abschluss der Versteigerung wurde bekannt gegeben, dass in wenigen Monaten internationale Mauerauktionen durchgeführt werden sollten. In Paris und Monaco sollten die Betonstelen Kunstliebhabern aus aller Welt angeboten werden. Die Pläne in der französischen Hauptstadt zerschlugen sich, dafür wurde aber die Versteigerung in Monaco mit großem Aufwand vorbereitet. LeLé Berlin konnte die monegassischen Galeristen Francoise und Louis Jezequelou, bislang spezialisiert auf Gemälde des 17. und 18. Jahrhunderts, für das Projekt gewinnen.[38] Als Ort wurde das mondäne Hotel Metropole Palace an der Côte d'Azur ausgewählt. Hier fand am 30. Mai 1990 eine Pressekonferenz statt, auf der der Verkauf von 81 originalen Mauerkunstwerken angekündigt wurde.[39] Knapp einen Monat später war es dann soweit.

---

36 Gesprächsvermerk mit Minister Keller, 28.12.1989. BArchB DE 10/21.

37 „Versteigerung von Mauerteilen mangels Geboten schnell zu Ende", in: *Der Tagesspiegel* vom 29.04.1990.

38 Die Mauer. Le mur de Berlin vente aux encheres exceptionelle, Auktionskatalog hg. von Limex und LeLé Berlin, Berlin 1990; „Ein Stück Waldemarstraße für die Hennessy-Kids", in: *Die tageszeitung* vom 25.06.1990

39 Schielke, Mandy: Das Mauerpuzzle. Eine kleine Geschichte der Berliner Mauer. Radiofeature von Deutschlandradio Kultur, http://www.dradio.de/dkultur/sendungen/laenderreport/527213/, Zugriff am 22.03.2009.

Etwa einhundert Kunstliebhaber und Makler aus aller Welt hatten sich am Abend des 23. Juni 1990 in Monaco eingefunden. Zum Verkauf standen 70 Mauersegmente, darunter einige mit Graffiti der bekannten West-Berliner „Mauermaler" Noir und Citny versehen. Andere Segmente – im Auktionskatalog als „anonymer Künstler" ausgewiesen – waren im Auftrag von LeLé Berlin nachgemalt worden.[40] Hinzu kamen elf kleinere Brocken, alle zum Ausrufpreis von 40.000 Francs. Der Erlös sollte komplett für karitative Zwecke in die DDR zurückfließen, wie die Veranstalter im Vorwort des Auktionskataloges noch einmal betonten. Um dieses noble Anliegen zu unterstreichen, wurde auch der Chef des Ost-Berliner Charité-Krankenhauses, Professor Christian Thierfelder, nach Monaco eingeladen. Vom Verkauf ausgenommen waren Mauersegmente, an denen mutmaßlich Menschen zu Tode gekommen waren oder die gar Einschusslöcher aufwiesen. Damit sollte dem ehemaligen „antifaschistischen Schutzwall" der Schrecken und den potenziellen Käufern mögliche Skrupel genommen werden. Die Auktion war erfolgreich. Die italienische Verlegerin Jaguba Rizzoli und die französische Unternehmerin Ljilijana Hennessy erwarben beispielsweise ihr Mauerteil für jeweils 170.000 D-Mark. Ein Schweizer Unternehmer zahlte für zwei Segmente sogar 1.300.000 Francs. Über den Gesamterlös der Monaco-Auktion herrscht bis heute Unklarheit. Zwischen 2,2 und 1,8 Millionen D-Mark soll er gelegen haben. LeLé Berlin verweigerte einem Zeitungsbericht zufolge als Hauptveranstalter später jegliche Auskunft darüber.[41] Das DDR-Unternehmen Limex und die offiziell mit dem Erlös bedachten Krankenhäuser hatten das Nachsehen. Insgesamt blieb das West-Berliner Unternehmen nach Presseberichten zwischen 700.000 und einer Million D-Mark schuldig.[42]

Doch nicht nur die DDR machte Ansprüche gegenüber dem West-Berliner Kooperationspartner geltend. Auch die Mauermaler Noir und Citny, deren Kunstwerke ohne ihre Zustimmung verkauft worden waren, versuchten nachträglich wenigstens anteilig an der Monaco-Auktion beteiligt zu werden. Noch im Herbst 1990 klagten sie vor dem Berliner Landgericht gegen die Organisatoren. Ihre Bemühungen waren zunächst erfolglos. Das Bemalen der Mauer sei letztendlich „Sachbeschädigung von DDR-Eigentum" gewesen, weshalb Noir und Citny froh sei könnten, nicht selbst belangt zu werden – so eine Stellungnahme von Limex.[43] Der Streit ging bis vor den Bundesgerichtshof. Die obersten Richter entschieden 1995 schließlich zugunsten der Künstler, deren Urheberrechte verletzt worden waren. Noir und Citny mussten deshalb mit knapp 500.000 D-Mark aus den verbliebenen Verkaufserlösen entschädigt werden, die eigentlich ein 1990 eingesetztes Kuratorium für wohltätige Zwecke verteilen sollte.[44] Inzwischen hatten sich sowohl Limex als auch LeLé Berlin aufgelöst. Mit dem Ende der DDR endete offiziell auch die Tätigkeit von Limex, die seit der Wirtschafts- und Währungsunion im Juni 1990 unter dem Namen VGH Bau GmbH firmierte und ohnehin nur noch am Rande am Mauergeschäft beteiligt war. Nach Streitigkeiten zwischen LeLé Berlin und Limex über die eingenommenen Gelder mussten die West-Berliner Makler auf andere Weise die begehrten Segmente einkaufen. Nach Zeitungsberichten soll LeLé Berlin von einem der großen Abrissunternehmen weiter beliefert worden sein.[45] Die LeLé Berlin-Gesellschaft löste sich 1992/1993 auf, als Berichte über unlauteres Geschäftsgebaren und abgezweigte Gelder zunahmen.

---

40 Patrice Lux, der die Künstler für die Nachmalaktionen an LeLé Berlin vermittelt hatte, bestätigte, dass die meisten als „anonym" ausgewiesenen Graffitis eigenes für die Monaco-Auktion gestaltet wurden. Gespräch des Autors mit Patrice Lux, 04.02.2009.
41 Die Stellungnahme von Limex zitiert nach: „Gericht: 492301,65 Mark für Mauerkünstler", in: *Berliner Morgenpost* vom 13.07.1999.
42 Zur Kontroverse über die Erlöse aus Monaco: „Wem gehört die verkaufte Mauerkunst?", in: *Die tageszeitung* vom 08.12.1990 sowie „Ein Teilsieg für Mauerkünstler", in: *Die tageszeitung* vom 13.02.1991.
43 „Citney-Mauer-Graffiti an Museum verkauft", in: *Der Spiegel* vom 27.05.1990.
44 „Gericht: 492301,65 Mark für Mauerkünstler", in: *Berliner Morgenpost* vom 13.07.1999.
45 „Klammheimliche Millionengeschäfte mit der Mauer?", in: *Berliner Morgenpost* vom 16.12.1990.

Dass die Gelder aus dem Mauerverkauf in dunklen Kanälen versickern könnten, befürchtete auch die im März 1990 neu gewählte und einzige aus freien Wahlen hervorgegangene DDR-Regierung. Ende April 1990 unterbreitete der Kulturminister Herbert Schirmer der Staatsführung den Vorschlag, die bislang auf einem Sonderkonto von Limex eingegangenen Gelder von einem Kuratorium verwalten zu lassen. Zwar

Abbau der Grenzanlagen

in Berlin-Pankow

© Archiv Bundesstiftung Aufarbeitung / Bestand Leonore Schwarzer Nr. 134

war im Ministerratsbeschluss vom Dezember 1989 schon festgelegt worden, dass die Erlöse dem Gesundheitssystem und der Denkmalpflege zugute kommen sollten. Doch wie diese Gelder dorthin gelangen sollten, war bislang nicht geregelt. Zudem erreichten Limex und die DDR-Regierung immer noch Anfragen besorgter Bürger, die trotz aller öffentlichen Beteuerungen nicht so recht an die uneigennützigen Geschäftsinteressen der mit dem Verkauf Beauftragten glauben mochten. Angesichts der erst wenige Monate zuvor in der Presse debattierten Enthüllungen über Unterschlagungen und Korruption in der alten DDR-Regierung war das Misstrauen groß.[46]

Die nach der Volkskammerwahl vom 18. März 1990 neu gewählte Regierung de Maizière fasste am 2. Mai 1990 den Beschluss, ein Kuratorium aus Vertretern des Kultur- und Gesundheitsministeriums, ergänzt um zehn Persönlichkeiten des öffentlichen Lebens, mit der Verwaltung und Verteilung der Gelder zu beauftragen.[47] Den Vorsitz hatte Oberkirchenrat Martin Ziegler, der zwischen Dezember 1989 und März 1990 bereits den Runden Tisch moderiert hatte. Die Konstituierung des Kuratoriums zog sich jedoch in die Länge. Bis zur Wiedervereinigung am 3. Oktober 1990 bestand das Kuratorium mehr oder weniger nur auf dem Papier. Die bis zu diesem Zeitpunkt aus den Limex-Verkäufen eingegangenen mehr als zwei Millionen D-Mark sperrte das Bundesfinanzministerium Ende 1990 bis auf Weiteres. Vor dem Hintergrund der Klagen der Mauerkünstler musste zunächst geklärt werden, ob der Verkauf überhaupt rechtmäßig gewesen sei. Zudem sei die Mauer mit dem Einigungsvertrag in den Besitz der Bundesrepublik übergegangen und somit auch die mit ihr erzielten Gewinne. Dennoch sicherte das Finanzministerium die Verwendung für gemeinnützige Zwecke zu, über die das Kuratorium entscheiden könne.[48] Anfang November 1990, nachdem eine Einigung über die personelle Zusammensetzung erzielt werden konnte, lagen mehr als 700 Anträge mit einem Gesamtvolumen von 50.000.000 D-Mark vor.[49] Bewilligt wurden schließlich 25 Projekte, die von

---

46 Wegen gehäufter Anfragen von Bürgern an Limex im Dezember 1989 und Januar 1990 sah sich die Geschäftsführung gezwungen, eine Klarstellung zu verfassen. Der überlieferte Briefentwurf verweist darauf, dass alle Erlöse aus dem Mauerverkauf in den Staatshaushalt fließen und dort für wohltätige Zwecke verwendet werden. Entwurf eines Antwortbriefes, gezeichnet Pfannschmidt, undatiert (Januar 1990). BArchB DE 10/21.

47 Beschluss des Ministerrates der DDR 4/13/90 vom 2. Mai 1990 über die Bildung eines Kuratoriums zur Verwendung der Erlöse aus dem Verkauf von Segmenten der „Berliner Mauer". BArchB DC 20/I/3 2930.

48 „Die Mauer ist weg, das Geld auch", in: Hamburger Abendblatt vom 08.08.1991.

49 „Erlös aus Mauerverkauf fließt ins Gesundheitswesen", in: Der Tagesspiegel vom 06.11.1990.

der Ausstattung von Krankenhäusern bis hin zur Sanierung von Kirchen und Schlössern reichten. Doch erst 1997, nachdem der Rechtsstreit mit den Mauermalern beigelegt war, überwies das Bundesfinanzministerium einen ersten Abschlag von 250.000 D-Mark. Drei Jahre später wurde noch einmal eine halbe Million D-Mark freigegeben. Der Rest des Geldes, nach Schätzung des Kuratoriumsvorsitzenden Ziegler etwa 650.000 D-Mark, verblieb im Bundeshaushalt. Das Kuratorium löste sich 2002 auf. Immerhin profitierten Krankenhäuser in Berlin und Plauen, ein Behindertensportverein und einige sanierungsbedürftige Kirchen schlussendlich doch noch vom Mauergeld.[50]

Die Auktion in Monaco im Juni 1990 war der wohl größte Erfolg des Mauergeschäftes. Bis dahin hatten Limex und LeLé Berlin als einzige die Möglichkeit, komplette Betonplatten aus der Mauer auf den Markt zu bringen. Mit Beginn des vollständigen Abbaus der Grenzanlagen am 13. Juni 1990 und vor allem mit der Entsorgung der Mauerteile erweiterte sich der Kreis derjenigen, die in den Besitz ganzer Segmente kommen konnten.

Bereits beim Abbau der Grenzanlagen zwischen Potsdam und West-Berlin, der weitgehend unbemerkt im März 1990 begonnen hatte, war das Interesse an den Betonstelen groß. Die mit dem Abriss betrauten Grenztruppen boten die Mauerteile Privatleuten und Unternehmen aus der DDR an, die sie günstig als Baumaterial für Garagen oder Futtersilos nutzen könnten.[51] Nach Aussage eines Grenzoffiziers wurden darüber in den ersten Märzwochen „einige Hunderttausend Mark" eingenommen.[52]

Zur Unterstützung des im Frühsommer 1990 beginnenden vollständigen Abbaus der 155 Kilometer langen Grenzanlagen rund um West-Berlin wurden auch private Firmen hinzugezogen. Den Zuschlag erhielten neben einigen DDR-Firmen überwiegend in West-Berlin und der Bundesrepublik ansässige Unternehmen, die die Grenztruppen bei der Demontage unterstützten und im Gegenzug den Betonschutt günstig als Baustoff erhielten. Dass dabei das eine oder andere Mauerteil entgegen den Vorgaben des Ministeriums seinen Weg am Schredder vorbei zu Sammlern auf dem Kunstmarkt gefunden hat, war ein offenes Geheimnis. Zeitungsberichten zufolge verschwanden vor allem die bemalten Mauerteile immer wieder von Lagerplätzen und Sammelhöfen.[53]

Die Geschichte von Volker Pawlowski, dessen Betrieb 1990 einen der begehrten Zuschläge des Ministeriums für Abrüstung und Verteidigung der DDR erhielt, zeigt, welchen Anklang die Mauerreste fanden. Neben dem Handel mit den unhandlichen Betonplatten hatte Volker Pawlowski die Idee, Bröckchen in Plastikkapseln auf Postkarten zu kleben, die bei Touristen bis heute reißenden Absatz finden.[54] Andere erkannten den Wert der Mauerteile nicht sofort. Ein Landwirtschaftsbetrieb in Mecklenburg kaufte im Sommer 1990 von den Grenztruppen mehrere Segmente für den Bau von Futtersilos. Erst Jahre später erkannten die heutigen Besitzer den eigentlichen Wert der verbauten Betonteile. Erneut demontiert und mit Graffiti versehen, werden sie heute auf Auktionen für mehrere Tausend Euro zum Kauf angeboten.[55]

Um den Abriss der Mauer und den Verbleib der Mauerreste zu regeln, ordnete das Ministerium für Abrüstung und Verteidigung Ende Juni 1990 u. a. an, dass Reste der Grenzsicherungsanlagen verkauft werden

---

50 „Die Wende, fünf Aktenordner und viel Frust", in: *Berliner Zeitung* vom 14.03.2002.
51 „Mauer-Silos", in: *Der Tagesspiegel* vom 04.05.1990.
52 „Millionengeschäft mit der Mauer", in: *Der Tagesspiegel* vom 18.03.1990.
53 „Klammheimliche Millionengeschäfte mit der Mauer?", in: *Berliner Morgenpost* vom 16.12.1990.
54 „Geschichte, bröckchenweise, in: *Berliner Zeitung* vom 11.08.2001.
55 Katalog der 26. Brecht Immobilien GmbH Auktion, 14. März 2009 in Berlin, S. 28 f.

dürfen. Die Einnahmen sollten an den Staatshaushalt abgeführt werden.[56] Dabei ging es nicht nur um den Verkauf von Bauschutt. So sollte von den Abrisskommandos auch sichergestellt werden, dass Mauerteile, die von der DDR-Regierung als Geschenke vergeben werden könnten, auch bereitgestellt werden. Darüber hinaus mussten potenzielle Mauerkäufer, die sich direkt an die Armee wandten, ihre „Gemeinnützigkeit" nachweisen, um dem Schwarzmarkthandel mit Mauerteilen keinen Vorschub zu leisten. Im Ministerium für Abrüstung und Verteidigung war man sich bewusst, dass die Segmente auf dem Markt noch immer zwischen „1.000 und 10.000 D-Mark" wert seien.[57]

Die Mauer wurde jedoch nicht nur in Einzelteilen verkauft. Die grauen Betonwände wurden auch als Werbeflächen an Firmen vermietet, kleinere Teile der Grenzanlagen wie Schilder, Zaunteile usw. fanden sich im großen Stil auch auf Flohmärkten und in Kaufhäusern wieder.

Auch nach der Wiedervereinigung riss das Interesse nicht ab. Die mit dem Abbau beauftragten Grenztruppen der DDR wurden der Bundeswehr unterstellt. Der „Zentrale Auflösungsstab der Grenztruppen" unter Leitung des Bundeswehrgenerals Rolf Ocken vollendete den Mauerabriss bis Mitte 1991.

Die Bundeswehr erreichten auch weiterhin Anfragen. Angesichts nicht abreißender Pressemeldungen über unlautere Geschäfte verbot General Ocken im Oktober 1990 den Verkauf von Mauersegmenten. Die eingehenden Angebote wurden gesammelt und an das Verteidigungsministerium in Bonn weitergeleitet. Im Dezember 1990 erfolgte von dort die offizielle Anordnung, den Verkauf wieder aufzunehmen. Mehr als sechs Millionen D-Mark sollen auf diese Weise zwischen Dezember 1990 und Mitte 1991 in den Etat des Verteidigungsministeriums geflossen sein – dreimal so viel, wie das Mauergeschäft der DDR eingebracht hatte. Dem gegenüber standen allerdings geschätzte 170.000.000 D-Mark, die der Abbau des Grenzstreifens den Fiskus gekostet hatte.[58]

Doch nicht nur die DDR-Grenztruppen und private Firmen rückten der Mauer zu Leibe. Um den zügigen Abbau voranzutreiben, leisteten unter anderem Pioniereinheiten der in West-Berlin stationierten britischen Truppen Hilfe. Als Dankeschön nahmen sie – ganz offiziell – einige Mauerteile mit nach Hause. Sie sind heute in verschiedenen Militärmuseen Großbritanniens ausgestellt.[59] Das größte Kontingent sicherten sich die US-Truppen. Der amerikanische Stadtkommandant von Berlin, General Raymond Haddock, vermittelte mehrere komplette Segmente und kleinere Teile der sogenannten Hinterlandmauer an Armeemuseen und Behörden in die USA.[60] Abgesehen von Deutschland war das Interesse an Erinnerungsstücken an den gefallenen Eisernen Vorhang nirgendwo größer. Zusammengerechnet dürfte es heute schätzungsweise in den USA mehr Mauerteile geben als in Berlin. Vor allem als Siegestrophäen über den Kommunismus und als steingewordene Beweise für die Richtigkeit des amerikanischen Traumes von einer besseren Welt, waren Mauerreste in den USA schon heiß begehrt und fanden bereits reißenden Absatz, als die Mauer zwar offen, aber von einem Abriss noch keine Rede sein konnte. Zwei Wochen nach dem 9. November 1989 wurden 60 Tonnen Bauschutt, deklariert als Mauerreste, in die Vereinigten Staaten verschifft, um dort die Nach-

---

56 Befehl Nr. 10/90 des Ministers für Abrüstung und Verteidigung, zitiert nach Rathje, Wolfgang: „Mauer-Marketing" unter Erich Honecker. Schwierigkeiten der DDR bei der technischen Modernisierung, der volkswirtschaftlichen Kalkulation und der politischen Akzeptanz der Berliner „Staatsgrenze" von 1971 bis 1990, 2 Bde. (Diss.), Kiel 2001, S. 913 f.
57 Aktennotiz für den Staatssekretär für Abrüstung, 23.08.1990, zitiert nach Rathje 2001, Bd. 1, S. 919.
58 „Mauerabriss verlief ‚wie's Brezelbacken'", in: Berliner Morgenpost vom 21.08.1999 sowie „Ein Mann räumt auf", in: Süddeutsche Zeitung vom 11.06.2009.
59 So im Royal Engineers Museum, Gillingham, Museum der Royal Air Force, Cosford oder im National Army Museum, London.
60 So im Museum der U.S. Air Force in Ohio, im Militärgefängnis Fort Leavenworth oder beim CIA in Langley/Washington D. C.

frage für das Weihnachtsgeschäft zu befriedigen. Selbst eine Hundertschaft von Mauerspechten hätte es in der kurzen Zeit kaum vermocht, soviel Grenzanlage zu zertrümmern. Die Kaufhauskette Bloomington warf Anfang Dezember 1989 geschätzte zwei Millionen angebliche Mauerkrümel, zusammen mit einem vermeintlichen Echtheitszertifikat und Faltblatt auf den Markt.[61] Die zweifelhafte Herkunft schien niemanden zu stören. Findige amerikanische Touristen klopften selbst vor Ort an der Mauer und ließen ihre zentnerschwere Fracht für viel Geld nach Hause fliegen. Der Münzsammler Barry Stuppler bot bspw. an, die Mauer komplett für 50 Millionen US-Dollar zu erwerben. Von New York über Washington bis Kalifornien verdienten sich auch in den USA private Mauerspechte zum Jahreswechsel 1989/90 eine goldene Nase.

Was auf dem amerikanischen Markt noch fehlte, waren komplette Mauersegmente. Diese waren weitaus schwieriger zu beschaffen als abgeklopfte Bröckchen. Trotzdem versuchten einige Amerikaner im Frühjahr 1990 Mauersegmente zu stehlen und verschiffen zu lassen. Die westdeutschen Zollbehörden wurden jedoch ob der tonnenschweren Fracht stutzig und ließen die Mauersegmente zurück nach Ost-Berlin bringen.[62]

Im Januar 1990 war der der Limex-Verkaufsdirektor Helge Möbius nach New York geflogen, um für die Vermarktung der Mauerteile in den USA ein eigenes Vertriebsnetz aufzubauen. Bis dahin lagen bereits mehr als 300 Anfragen amerikanischer Unternehmen vor, die sich als Makler angeboten hatten. Drei Unternehmen sollten schließlich die exklusiven Vermarktungsrechte erhalten, darunter die Berlin Wall Commemorative Group und JAK Productions.[63] Letztere war auf professionelles Fundraising für amerikanische Polizeieinrichtungen spezialisiert, während die Berlin Wall Commemorative Group eine Idee des Bauunternehmers Joseph Sciamarelli aus New Jersey war. Sein Konzept, alle 32 amerikanischen Siedlungen namens Berlin mit einem Mauerdenkmal auszustatten, überzeugte den Limex-Vertreter offensichtlich. Joseph Sciamarelli erhielt im Januar 1990 das Exklusivrecht, komplette Mauersegmente in den USA zu vertreiben. Am erwarteten Geschäft, aus dem man sich Millionen erhoffte, sollte Limex anteilig beteiligt werden.[64]

Nachdem die Verträge unterzeichnet waren, fand am 2. Februar 1990 auf dem Kriegsschiff USS Intrepid im Hafen von New York der Auftakt für den Mauerverkauf statt. Die Berlin Wall Commemorative Group engagierte den in Berlin geborenen Popart-Künstler Peter Max für ein Berlin Wall Happening. Zwei komplette Segmente, die zusammen mit den Limex-Vertretern in den USA angekommen waren, wurden von Max mit einer kleinen Friedenstaube dekoriert und signiert. Verkleinerte Versionen dieses Mauerdenkmales sollten in einer limitierten Auflage von 250 Stück für 7.000 US-Dollar verkauft werden.[65] Die Nachfrage hielt sich jedoch in Grenzen. Potenzielle Käufer warteten auf die angekündigten kompletten Mauerteile und Bruchstücke, die sich noch auf einem Frachtschiff auf dem Atlantik befanden. Joseph Sciamarelli belieferte in den kommenden Jahren fast alle amerikanischen Präsidentenbibliotheken mit Mauersegmenten, ebenso Kunstsammler und Privatleute. Neben den von Limex zur Verfügung gestellten 300 Mauerteilen konnten sich Interessenten auch Betonplatten aus Europa kommen lassen. Oder sie flogen selbst zum Verkaufslager in Berlin, wie zum Beispiel der amerikanische Unternehmer Fred Meijers, der bei seinem Besuch gleich drei Mauerteile mit nach Hause nahm.[66] Über die von der Berlin Wall Commemorative Group erzielten Gewinne liegen keine Angaben vor. Allein die während der Recherchen zu diesem Buch zusammengetragenen Zahlen belau-

---

61 „Großes Mauerspektakel im New Yorker Hafen", in: *Berliner Morgenpost* vom 04.02.1990.
62 „Eine Unze Freiheit." In: *Der Spiegel* 5/1990, 29.01.1990.
63 „Heute in New York …", in: *Die tageszeitung* vom 01.02.1990.
64 Selbstdarstellung der Berlin Wall Commemorative Group. www.berlin-wall.com.
65 „Eine Mauer für die ganze Welt", in: *Stern* vom 08.11.1990.
66 Sie stehen heute im Public Museum, Grand Rapids, in der Grand Valley State University, Allendale und in der Gerald Ford Präsidentenbibliothek in Grand Rapids.

Warten auf Käufer:
350 Segmente der Berliner
Hinterlandmauer in Florida
© Outdoor Arts Foundation

fen sich aber auf mehrere Hunderttausend US-Dollar. Der Erlös sollte wie bei allen offiziellen Transaktionen in das Gesundheitssystem der DDR fließen. Doch nicht alle Unternehmer waren so erfolgreich. Irvin Deyer, der im Sommer 1990 in Ost-Berlin für 165.000 US-Dollar Mauerteile kaufte, um in das USA-Geschäft einzusteigen, blieb beispielsweise auf seinen Betonblöcken sitzen. Ähnlich erging es einem Rechtsanwalt aus Chicago, der die von ihm erworbenen Mauerteile ebenfalls nicht verkaufen konnte.[67] Zwei Berliner scheiterten Mitte der 1990er Jahre mit ihrer Idee, in Florida einen Mauer-Erlebnispark zu eröffnen. Wachtürme, Selbstschussanlagen und 90 Mauersegmente waren bereits in die USA verschifft worden, wo sich zahlende Touristen auf dem nachgebauten Todesstreifen gruseln sollten. Für den makaberen Unterhaltungspark ließen sich in Amerika keine Sponsoren finden.[68]

Derartige Misserfolge sind allerdings die Ausnahme. Bis heute floriert das Mauergeschäft in den USA. Die in Florida ansässige Outdoor Arts Foundation ließ sich pünktlich zum 20. Jahrestag des Mauerfalles mehr als 350 Platten der sogenannten Hinterlandmauer aus Europa kommen. Jede amerikanische Gemeinde, die die geforderten Preise zwischen 60.000 und 100.000 US-Dollar aufbringen kann, hat nun die Möglichkeit, sich mit einem echten Mauerdenkmal zu schmücken.[69] Andere Segmente, beispielsweise aus der West-Berliner Enklave Steinstücken, warten ebenfalls noch auf Interessenten.[70]

Bis heute ist das Interesse an den Resten der Berliner Mauer ungebrochen. Ihr vielschichtiger und weltweiter Symbolcharakter wird den Handel mit den Mauerresten weiterhin befördern. Wirklich reich ist mit der Berliner Mauer aber kaum jemand geworden. Am allerwenigsten die DDR-Regierungen Modrow und de Maizière, die sich durch den Verkauf eine teilweise Erstattung der horrenden Abrisskosten und eine Finanzierung sozialer Aufgaben erhofften. Nicht nur für sie blieb die Mauer, was sie immer war: ein Verlustgeschäft.

---

67 „Eine Mauer für die ganze Welt", in: *Stern* vom 8. November 1990.
68 „Freizeitspaß auf dem Todesstreifen", in: *Süddeutsche Zeitung* vom 20.05.1995.
69 www.outdoorartsfoundation.com.
70 www.berlin-wall-monuments.com.

Lena Ens: Studium der Politikwissenschaft an der FU Berlin (M.A.), seit 2013 Mitarbeiterin der Bundesstiftung zur Aufarbeitung der SED-Diktatur in den Bereichen „Opfer und Gedenken" sowie „Gedenkstätten und Erinnerungskultur", seit 2019 dort Projektkoordinatorin „Erinnerungsorte an die kommunistischen Diktaturen".

Ruth Gleinig: Seit 1999 Mitarbeiterin der Bundesstiftung zur Aufarbeitung der SED-Diktatur als Ansprechpartnerin für die Opfer der politischen Verfolgung in der SBZ/DDR und von 2003 bis 2019 Projektkoordinatorin „Erinnerungsorte an die kommunistischen Diktaturen".

Ronny Heidenreich: Historiker, wissenschaftlicher Mitarbeiter im Stasi-Unterlagen Archiv, zuvor Referent beim Berliner Aufarbeitungsbeauftragten, Mitarbeiter der Unabhängigen Historikerkommission zur Erforschung der Geschichte des Bundesnachrichtendienstes, der Stiftung Berliner Mauer und der Bundesstiftung Aufarbeitung. 2019 Promotion an der TU Dresden über die frühe DDR-Spionage des BND. Forschungen und Veröffentlichungen zur Geschichte der Geheimdienste, der deutschen und osteuropäischen Zeitgeschichte und Erinnerungskultur.

Anna Kaminsky: 1993 Promotion Dr. phil.; 1993 bis 1998 Mitarbeit an verschiedenen Forschungs- und Ausstellungsprojekten u.a. am Berliner Institut für vergleichende Sozialforschung, an der Universität Münster, der Gedenkstätte Sachsenhausen und am Deutschen Historischen Museum. Seit 1998 wissenschaftliche Mitarbeiterin, seit 2001 Geschäftsführerin/Direktorin und seit 2021 Mitglied im Vorstand der Bundesstiftung zur Aufarbeitung der SED-Diktatur.

Axel Klausmeier: Seit 2009 Direktor der Stiftung Berliner Mauer und seit 2012 Honorarprofessor für Historische Kultur- und Erinnerungslandschaften an der BTU Cottbus-Senftenberg. Zur Stiftung Berliner Mauer gehören die Gedenkstätte Berliner Mauer, die Erinnerungsstätte Notaufnahmelager Marienfelde, die East Side Gallery und die Gedenkstätte Günter Litfin.
Zahlreiche Publikationen zur Dokumentation, zum Umgang mit und zur Vermittlung von historischer Bausubstanz und historischen Kulturlandschaften, insbesondere zur Geschichte und Bedeutung der Berliner Mauer.

Rainer E. Klemke: Diplompolitologe, Kommunikationsberater und Projektentwickler, ehemals Leiter der ressortübergreifenden Arbeitsgruppe „Gesamtkonzept Berliner Mauer" des Berliner Senats sowie von 1995 bis 2012 Leiter der AG Museen mit Bundesbeteiligung, Gedenkstätten und Zeitgeschichte in der Senatskanzlei des Landes, heute Vorsitzender der berlinHistory.app, die insbesondere die DDR- und Mauergeschichte in der Stadt verortet präsentiert.

Maria Nooke: Religionspädagogisches Studium und Tätigkeit in der kirchlichen Kinder- und Jugendarbeit, nach 1989 Studium der Soziologie, Erziehungswissenschaften und Psychologie an der TU Berlin, Mitarbeit in zeitgeschichtlichen Projekten zur NS- und DDR-Geschichte. 2007 Promotion am Otto-Suhr-Institut der FU Berlin. Ab 1999 wissenschaftliche Mitarbeiterin und leitende Tätigkeiten in der Gedenkstätte Berliner Mauer, 2009 bis 2017 Stellvertretende Direktorin der Stiftung Berliner Mauer und Leitung des Arbeitsbereiches Zeitzeugen und Biografieforschung, 2013 bis 2017 zusätzlich Leitung der Erinnerungsstätte

Notaufnahmelager Marienfelde. Seit 2017 Beauftragte des Landes Brandenburg zur Aufarbeitung der Folgen der kommunistischen Diktatur.

Zeitgeschichtliche und biografiegeschichtliche Veröffentlichungen zur Auseinandersetzung mit dem Nationalsozialismus, zur DDR-Opposition und zur deutschen Teilungsgeschichte. Mitglied im Vorstand des Vereines „Gegen Vergessen – Für Demokratie" und im Stiftungsrat der Stiftung Gedenkstätte Lindenstraße Potsdam; Mitglied im Beirat der Bundesstiftung zur Aufarbeitung der SED-Diktatur, des Bundesbeauftragten für die Unterlagen des Staatssicherheitsdienstes der ehemaligen Deutschen Demokratischen Republik (BStU), der Gedenk- und Begegnungsstätte Leistikowstraße Potsdam und in der Beiratskommission II der Stiftung Brandenburgische Gedenkstätten.

Moritz Reininghaus: Historiker und Journalist. Studium Geschichte, Allgemeine und Vergleichende Literaturwissenschaft und Philosophie an der Universität Potsdam (M.A. phil.) und freie Mitarbeit am Moses Mendelssohn Zentrum für europäisch-jüdische Studien sowie am Institut für Germanistik/Jüdische Studien an der Universität Potsdam. Von 2006 bis 2012 Redakteur der *Jüdischen Zeitung* und freie Mitarbeit u.a. für *Der Tagesspiegel* und den Rundfunk Berlin-Brandenburg. Seit 2018 Projektmitarbeiter der Bundesstiftung zur Aufarbeitung der SED-Diktatur.

Tina Schaller: Freischaffende Historikerin (M.A. phil.). Mitarbeit an verschiedenen historischen und kunsthistorischen Ausstellungen sowie Publikationsprojekten. Promoviert am Zentrum für Zeithistorische Forschung in Potsdam.

Zuletzt erschienen: (Hg. mit Gerhard Sälter): Grenz- und Geisterbahnhöfe im geteilten Berlin, 3. Aufl., Berlin 2017; Der Währungsumtausch als Marionettenspiel. Greta Kuckhoff, der Geldumtausch in der DDR und parteiliche Disziplinierung, in: *Deutschland Archiv*, 19.10.2016, www.bpb.de/235558; (Hg. mit Gerhard Sälter und Anna Kaminsky): Weltende – Die Ostseite der Berliner Mauer. Mit heimlichen Fotos von Detlef Matthes, Berlin 2011; (Hg. mit Bettina Effner und Enrico Heitzer): Verschwunden und Vergessen. Flüchtlingslager in West-Berlin bis 1961, Berlin 2012.

Leo Schmidt: Studium Kunstgeschichte, Klassische Archäologie und Geschichte an den Universitäten Freiburg i.Br. und München. Nach der Promotion 15 Jahre beim Landesdenkmalamt Baden-Württemberg in Freiburg i. Br. tätig, zuletzt als Leiter der Denkmalinventarisation in Baden. Von 1995 bis 2020 Inhaber des Lehrstuhls für Denkmalpflege an der BTU Cottbus.

Schwerpunkte seiner wissenschaftlichen Tätigkeit und Publikationen: Britische Landhäuser des 18. und 19. Jahrhunderts, aber auch das unbequeme Erbe des 20. Jahrhunderts, wie etwa – neben der Berliner Mauer – das Raketengelände in Peenemünde. Fellow der Society of Antiquaries of London (FSA) und Vizepräsident des International Scientific Committee on 20th Century Heritage (ISC20) des International Council on Monuments and Sites (ICOMOS).

Die Recherchen zu einem Band wie diesem gestalten sich oftmals zeitaufwändig und nicht selten schwierig. Unser großer Dank gebührt daher zuallererst den Erarbeitern der ersten beiden Auflagen dieses Buches, Ruth Gleinig, Ronny Heidenreich und Tina Schaller. Ohne ihre akribische Grundlagenarbeit, wären zahlreiche Standorte und die mitunter verschlungenen Wege, auf denen die Segmente der Berliner Mauer an ihre neuen Destinationen in aller Welt gelangten, nicht mehr zu rekonstruieren gewesen. Die Realisierung eines solchen Projekts ist jedoch ohne die bereitwillige und tatkräftige Unterstützung von Ansprechpartnern vor Ort nicht möglich. Die Bundesstiftung Aufarbeitung ist deshalb zahlreichen Behörden, Institutionen, Gedenkstätten und Museen ebenso wie vielen Privatpersonen zu großem Dank verpflichtet. Diese haben nicht nur bereitwillig Informationen und Fotos zur Verfügung gestellt, sondern die Recherchen darüber hinaus auf vielfältige Weise unterstützt:

American Overseas Schools Historical Association (USA), Andrej Sacharow Zentrum (Russland), Associación Civil „Club Berlín" (Argentinien), Association Monphi / Philippe Belleuvre (Frankreich), Außenministerium der Republik Costa Rica (Costa Rica), BerlinBrats Association (USA), Bezirksamt Steglitz-Zehlendorf von Berlin (Deutschland), Bezirksamt Treptow-Köpenick von Berlin (Deutschland), Botschaft der Republik Costa Rica (Deutschland), Boyd Gaming Corporation / David Strow (USA), Bundespräsidialamt / Joost Schmallenbach (Deutschland), Bundeswehrkommando Reston (USA), Capital University (USA), Carlo Accorsi (Italien), Centre Mondial de la Paix, des Libertés et des Droites de l'Hommes / Philippe Hansch (Frankreich), Chapman University (USA), Chaussee36. Photography / Natalia Dymkowski, Renaud de Gambs, Christchurch City Council / Kiri Jarden (Neuseeland), City of Leavenworth (USA), City of Modena / Daniela Lanzotti, Paolo Borghi (Italien), Colgate University (USA), Dankmar und Christel Hottenbacher (Deutschland), Defense Language Institute (USA), Deutsche Botschaft Bangkok (Thailand), Deutsche Botschaft beim Heiligen Stuhl (Vatikanstadt), Deutsche Botschaft Buenos Aires (Argentinien), Deutsche Botschaft Canberra (Australien), Deutsche Botschaft Doha (Katar), Deutsche Botschaft Guatemala-Stadt (Guatemala), Deutsche Botschaft Kapstadt (Südafrika), Deutsche Botschaft Kiew (Ukraine), Deutsche Botschaft Kingston (Jamaika), Deutsche Botschaft La Pas (Bolivien), Deutsche Botschaft Madrid (Spanien), Deutsche Botschaft Montevideo (Uruguay), Deutsche Botschaft Moskau (Russland), Deutsche Botschaft Ottawa (Kanada), Deutsche Botschaft Riga (Lettland), Deutsche Botschaft San José (Costa Rica), Deutsche Botschaft Santiago de Chile (Chile), Deutsche Botschaft Seoul (Südkorea), Deutsche Botschaft Singapur (Singapur), Deutsche Botschaft Sofia (Bulgarien), Deutsche Botschaft Stockholm (Schweden), Deutsche Botschaft Tel Aviv (Israel), Deutsche Botschaft Tiflis (Georgien), Deutsche Botschaft Warschau (Polen), Deutsche Botschaft Washington (USA), Deutsche Botschaft Zagreb (Kroatien), Deutsche Luft- und Raumfahrtgesellschaft (Deutschland), Deutsche Schule London / Anne Gerstle (Großbritannien), Deutscher Honorarkonsul in Cincinnati (USA), Deutscher Honorarkonsul in Nassau (Bahamas), Deutscher Honorarkonsul in Tonga (Tonga), Deutsches Generalkonsulat Chicago (USA), Deutsches Generalkonsulat New York (USA), Deutsches Generalkonsulat Sevilla (Spanien), Deutsches Institut Taipei (Taiwan), Deutsches Nationaltheater und Staatskapelle Weimar (Deutschland), Dirk Verheyen (Deutschland), Division for Trade and Tourism Miyakojima (Japan), Dominique & Pascal Märki (Schweiz), Editoria Perfil (Argentinien), Edwina Sandys (USA), Ein Hod Visitors Centre (Israel), Elena Codecà (Monaco), Europäische Union / Mauro Bottaro (Belgien), Europäischen Kommission in Deutschland / Reinhard Hönighaus (Deutschland), Europos Parkas, Open Air Museum of the Center of Europe / Gintaras Karosas & Maia-Liisa Anton (Litauen), Fanny Heidenreich (Deutschland), Federación de Asociaciones Argentino-Germanas (Argentinien), Fiksate Gallery, Christchurch

NZ (Neuseeland), Franklin D. Roosevelt Presidential Library (USA), George Patton Museum (USA), Georgetown University in Qatar (Katar), Georgios Bakalios (Deutschland), Gerald R. Ford Presidential Library and Museum (USA), Gerd Mielke (Bolivien), Goethe-Institut Sydney / Sonja Griegoschewski (Australien),Goethe-Institut Thessaloniki / Stavros Kitsos (Griechenland), Grand Valley State University Library (USA), Grün Berlin GmbH / Christian Lohse (Deutschland), Hach Company / Garrett Evans (USA), Hach Lange GmbH / Christian Kraatz (Deutschland), Halifax Regional Municipality (Kanada), Hans Martin Fleischer (Deutschland), Hans-Olaf Henkel (Deutschland), Hartmut Jahn (Berlin), Herbert Hoover Presidential Library (USA), Hochschule der Polizei Rheinland-Pfalz (Deutschland), Hochschule für Musik Hanns Eisler Berlin (Deutschland), Holcim Italia S.p.A. (Italien), Hoover Institution (USA), Human Nature Inc. (USA), Imperial War Museum London (Großbritannien), Institute for Peace Studies Jeju (Südkorea), J. James Kinley (Kanada), James A. Baker III. Institute for Public Policy (USA), Jean Browaeys (Deutschland), Jens Galschiøt (Dänemark), Jens Schöne (Deutschland), Jerusalem Foundation (Israel), John F. Kennedy Presidential Library and Museum (USA), John Hopkins University / SAIS (USA), Juha Lyytinen (Finnland), Kelly Cutchin (USA), Kentuck Knob (USA), Kevin W. Smith (USA), Kiddy Citny (Deutschland), Klaus Groenke (Deutschland), Klösters Baustoffwerke GmbH&Co.KG / Elmar Prost, Konkuk University Seoul (Südkorea), Kurt Goerger (Deutschland), La Plaza de Cultura a Artes / Abelardo de la Peña Jr. (USA), Landratsamt Oberhavel / Irina Schmidt (Deutschland), Langelands Museum / Peer Henrik Hansen (Dänemark), Lars-Broder Keil (Deutschland), Layla Ibrahim Bacha (Katar), Leann Maree Hopkins-Corby (Australien), Lode Anseel (Belgien), Loyola Marymount University (USA), Ludwig Johannsen (Mexiko), Ludwik Wasecki (Berlin), Lunenburg Foundry (Kanada), Mandela Rhodes Foundation / Abigail McDougall (Südafrika), Manfred Wichmann (Deutschland), Manuel Steinbrecher (Deutschland), Marbles Kids Museum (USA), Margareta Hulthén (Schweden), Martin S. Young (Kanada), Martin Wilhelmy (USA), Maruho Co. Ltd. (Japan), Michael Schleusener (Deutschland), Michael Spitzenberg (Deutschland), Microsoft Art Collection (USA), Ministerio de Defensa / Museuo de Aeronautica y Astronautica (Spanien), Museum Haus des Terrors (Budapest), Museum of Peace and Solidarity (Uzbekistan), Museum of World Treasures (USA), National Army Museum London (Großbritannien), National Museum of American Diplomacy (USA), National University of Singapore, Tembusu College / Tan Ai Hua Margaret (Singapur), Nemacolin Woodlands Resort (USA), Odsherreds Turistbureau (Dänemark), Olaf Stölt (Spanien), Outdoor Arts Foundation (USA), Patrice Lux (Deutschland), Peter Thomann (Deutschland), Pitesti Prison Memorial / Maria Axinte (Rumänien), Public Affairs Office Fort Gordon (USA), Public Museum Grand Rapids (USA), Qatar Foundation (Katar), Qatar Museums (Katar), QNCC (Katar), Reagan Ranch Centre (USA), Reykjavík Art Museum / Hildur Inga Björnsdóttir (Island), Richard Nixon Library and Birthplace (USA), Richard E. Schade (USA), Richter-Reichhelm, Kristin (Deutschland), Robert Brendel (Deutschland), Robert Golzen (USA), Robert Gulyás (Ungarn), Robert W. Steve (USA), Ronald Reagan Building and International Trade Center (USA), Ronald Reagan Presidential Library (USA), Royal Air Force Museum (Großbritannien), Santuário de Fátima (Portugal), Senat von Berlin (Deutschland), Soo-Hyun Mun (Republik Korea), South Dakota Memorial Park (USA), Stacey Warnke (USA), Stadtverwaltung Gent (Belgien), Ständige Vertretung der Bundesrepublik Deutschland bei der Nordatlantikvertrags-Organisation (NATO) / Lioba Sturtewagen, Stefan Pannen (Fernsehbüro Berlin), Steve DiMillo (USA), Stiftung Zentrum Solidarność Gdansk (Polen), Supreme Headquarters Allied Powers Europe (Belgien), Sureyya Gokeri (USA), Takahisa Matsuura (Japan), Teguh Ostenrik (Indonesien), The Freedom Forum (USA), The Gardens at Lismore Castle (Irland), The Great Passion Play (USA), The Hefner Collection, LLC (USA), The Research Triangle Foundation of North Carolina (USA), Thierry Noir (Deutschland), Tishman Speyer / Linda Szoldatits

(USA), Town of Truro (Kanada), TÜV Rheinland Japan Ltd. (Japan), U.S. Airforce Museum (USA), U.S. Department of State (USA), U.S. Naval Academy (USA), Ulrich Mählert (Deutschland), Ulrike und Jochen Guckes (Deutschland), Untapped Cities / Michelle Young (USA), Ute und Joachim Päpke (USA), Vabamu Museum of Occupations and Freedom / Aimar Anderson (Estland), VBS / Schweizer Luftwaffe (Schweiz), Wally Gobetz (USA), Wende Museum / Chloe Ginnegar, Justin Jampol (USA), Wikimedia Commons public domain (Weltkarte), Winston Churchill Memorial and Museum (USA), World Center for Peace, Liberties and Human Rights (Frankreich), World Council of Churches / Anne-Emmanuelle Tankam-Tene & Peter Williams (Schweiz), World Trade Centre Montréal (Kanada), www.freedomrocks.ca / Blake Fitzpatrick, Vid Ingelevics (Kanada), Yorkshire Sculpture Park (Großbritannien).

Unser Dank gilt insbesondere Frau Cornelia Kaluschke, die das Manuskript akribisch redigiert und die Arbeit mit wertvollen Hinweisen und Anregungen unterstützt hat. Außerdem möchten wir uns bei Karoline Punke für Ihre wertvolle Unterstützung bei den Recherchen und der Erstellung des Gesamtmanuskripts bedanken.

Leider konnten trotz intensiver Recherchen nicht alle Rechteinhaber ermittelt werden. Berechtigte Honorarforderungen erfüllen wir selbstverständlich unmittelbar gemäß MFM-Empfehlung.

Geografisches Register

BUNDESSTIFTUNG
AUFARBEITUNG

ERINNERUNG ALS AUFTRAG

Die Bundesstiftung zur Aufarbeitung der SED-Diktatur, 1998 vom Deutschen Bundestag gegründet, hat den gesetzlichen Auftrag, die umfassende Aufarbeitung der Ursachen, Geschichte und Folgen der Diktatur in SBZ und DDR zu befördern, den Prozess der Deutschen Einheit zu begleiten und an der Aufarbeitung von Diktaturen im internationalen Maßstab mitzuwirken. Gemeinsam mit anderen Institutionen und zahlreichen Partnern im In- und Ausland unterstützt sie die Auseinandersetzung mit den kommunistischen Diktaturen in der SBZ/ DDR und in Ostmitteleuropa, um das öffentliche Bewusstsein über die kommunistische Gewaltherrschaft zu befördern.

Anstoßen und fördern, informieren und vernetzen sind die Leitmotive der Stiftungsarbeit – als Partnerin von Gedenkstätten, Museen, Geschichtsvereinen, unabhängigen Archiven, der Verbände der Opfer der SED-Diktatur, der Länder und Kommunen, der Wissenschaft und der politischen Bildung sowie der schulischen und außerschulischen Bildungsarbeit, deren Projekte sie inhaltlich und – soweit möglich – finanziell unterstützt. Darüber hinaus erarbeitet die Bundesstiftung vielfältige Informationsangebote und Publikationen und bietet ein Forum für Kooperation und Vernetzung. Mit Podiumsdiskussionen, Workshops und Tagungen, Zeitzeugengesprächen, Kolloquien und Weiterbildungen fördert sie Debatten und gibt Denkanstöße, die die Aufarbeitungsprozesse durch Wissenstransfer, Kommunikation und Beratung voranbringen.

In ihrem internationalen Dokumentationsprojekt „Erinnerungsorte an die Opfer der kommunistischen Diktaturen" hat die Bundesstiftung Aufarbeitung mittlerweile rund 7.000 Erinnerungszeichen erfasst. Die auf diese Weise entstandene Topografie der Erinnerung dokumentiert zum einen Orte von Verbrechen, markiert Massengräber und Tatorte oder hält die Erinnerung an die Menschen wach, die der totalitären Gewalt in den kommunistisch beherrschten Ländern zum Opfer gefallen sind. Zum anderen sind in dem Projekt auch Orte repräsentiert, welche an die Zivilcourage und den Mut all derjenigen Menschen erinnern, die sich den kommunistischen Diktaturen widersetzten und dazu beitrugen, dass sie überwunden werden konnten.

In der Reihe „Erinnerungsorte" sind bisher erschienen:

- **Museen und Gedenkstätten** zur Erinnerung an die Opfer der kommunistischen Diktaturen, Sandstein Verlag, Dresden 2018.
- **Orte des Erinnerns.** Gedenkzeichen, Gedenkstätten und Museen zur Diktatur in SBZ und DDR, 3. Aufl., Ch. Links, Berlin 2016.
- **Die Berliner Mauer in der Welt**, 2. Aufl., Berlin Story Verlag, Berlin 2014.
- **Erinnerungsorte für die Opfer von Katyń**, Leipziger Universitätsverlag, Leipzig 2013.
- **Erinnerungsorte** an die Opfer des Kommunismus in Belarus, Metropol Verlag, Berlin 2011.
- **Erinnerungsorte** an den Holodomor 1932/33 in der Ukraine, Leipziger Universitätsverlag, Leipzig 2008.
- **Erinnerungsorte** an den Massenterror 1937/38 auf dem Gebiet der heutigen Russischen Föderation, Berlin 2007.
- **Erinnerungsorte** an die Niederschlagung des Prager Frühlings (Online-Publikation).
- **Erinnerungsorte** Republik Korea (Online-Publikation).
- **Gedenkorte** zur Erinnerung an die ungarische Revolution 1956 in Budapest (Online-Publikation).
- **Orte des Erinnerns** an die Sowjetischen Speziallager und Gefängnisse in der SBZ/DDR (Online-Publikation).
- **Orte des Erinnerns** an die Friedliche Revolution und Deutsche Einheit (Online-Publikation).

www.bundesstiftung-aufarbeitung.de

Anna Kaminsky (Hrsg.):
Museen und Gedenkstätten
zur Erinnerung an die Opfer
der kommunistischen Diktaturen,
Sandstein Verlag, Dresden 2018.

Anna Kaminsky (Hrsg.):
Orte des Erinnerns. Gedenkzeichen,
Gedenkstätten und Museen
zur Diktatur in SBZ und DDR,
3. Aufl., Ch. Links, Berlin 2016.

Anna Kaminsky (Hrsg.):
Erinnerungsorte für die Opfer von Katyń,
Leipziger Universitätsverlag,
Leipzig 2013.

Anna Kaminsky (Hrsg.):
Erinnerungsorte an die Opfer des
Kommunismus in Belarus,
Metropol Verlag, Berlin 2011.

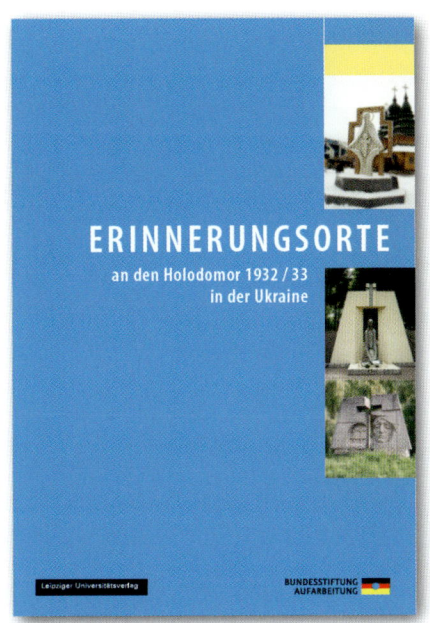

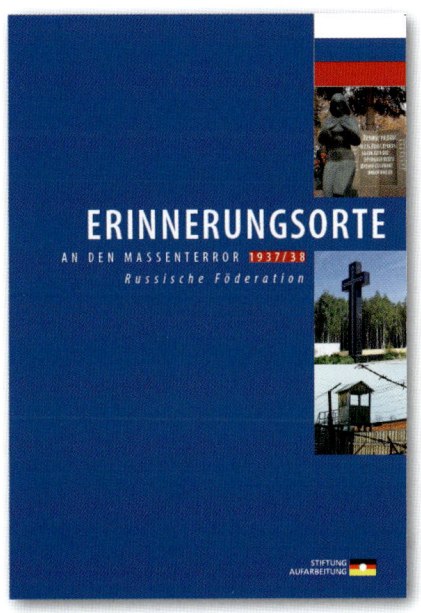

Anna Kaminsky (Hrsg.):
Erinnerungsorte an den
Holodomor 1932/33 in der Ukraine,
Leipziger Universitätsverlag,
Leipzig 2008.

Anna Kaminsky (Hrsg.):
Erinnerungsorte an den Massenterror
1937/38. Russische Föderation.
Bundesstiftung Aufarbeitung,
Berlin 2007.